Hiebel — Franz Kafka: Form und Bedeutung

Hans H. Hiebel

Franz Kafka:
Form und Bedeutung

Formanalysen und Interpretationen von
Vor dem Gesetz, Das Urteil,
Bericht für eine Akademie, Ein Landarzt,
Der Bau, Der Steuermann,
Prometheus, Der Verschollene,
Der Proceß und ausgewählten Aphorismen

Königshausen & Neumann

Gedruck mit Unterstützung des Österreichischen
Fonds zur Förderung der wissenschaftlicher Forschung

Die Deutsche Bibliothek — CIP-Einheitsaufnahme

Hiebel, Hans H.:
Franz Kafka: Form und Bedeutung : Formanalysen und
Interpretationen von Vor dem Gesetz, Das Urteil, Bericht für eine
Akademie, Ein Landarzt, Der Bau, Der Steuermann, Prometheus, Der
Verschollene, Der Proceß und ausgewählten Aphorismen / Hans H.
Hiebel. – Würzburg : Königshausen und Neumann, 1999
    ISBN 3-8260-1543-6

© Verlag Königshausen & Neumann GmbH, Würzburg 1999
Gedruckt auf säurefreiem, alterungsbeständigem Papier
Umschlagabb.: Gottfried Herrmann: „Die Frau des Lot", 1955, Federzeichnung
Bindung: Rimparer Industriebuchbinderei GmbH
Alle Rechte vorbehalten
Auch die fotomechanische Vervielfältigung des Werkes oder von Teilen daraus
(Fotokopie, Mikrokopie) bedarf der vorherigen Zustimmung des Verlags.
Printed in Germany
ISBN 3-8260-1543-6

INHALT

Vorwort: „Force et signification" versus „Forme et signification"? 7

Einleitung: Kafkas gleitende Metaphern und paradoxe Weltinnenräume: Die Grundfiguren: Gleitende Paradoxie – Gleitende Metapher – ‚Der Bau' – Der Zirkel von Innen und Außen – ‚Bericht für eine Akademie' – ‚Der Steuermann' – Strukturformeln – ‚Das Urteil' – ‚Die Verwandlung' – ‚Der Proceß' 13

Anhang: Graphiken zu den Grundfiguren 51

Eine Anamorphose oder: Die Innenwelt der Außenwelt der Innenwelt: ‚Ein Bericht für eine Akademie' 59

Exkurs I: Jacques Lacan und die Literatur 81

„Verschleppung" in ‚Der Proceß': Schuld als Metapher 92

„Später!" – Die „Legende" ‚Vor dem Gesetz' 106

Exkurs II: Metapher, Metonymie, Verschiebung und Verdichtung in Psychologie und Literatur 129

Der reversible Text und die zirkuläre „Différance": ‚Ein Landarzt' 164

Recht und Macht in ‚Der Verschollene'. Von der Hyperbel zur Parabel 181

Macht, Recht und die Unbestimmbarkeit des Realen bei Kleist und Kafka: Zu Kafkas Lieblingserzählung ‚Michael Kohlhaas' 209

Franz Kafka and Samuel Beckett: Reduction and Abstraction 234

Psychoanalyse *von* Kafkas Texten oder Psychoanalyse *in* Kafkas Texten? 247

Literaturverzeichnis, Drucknachweise 280

Vorwort
"Force et signification" versus "Forme et signification"?

"Jeder Satz spricht: deute mich, und keiner will es dulden"[1]

Wenn, wie neuerdings geschehen, Lawrence Sterne zum "postmodernen" Autor erklärt wird[2], dann möchte man dieses Diktum, vorausgesetzt es impliziert ein positives Werturteil, doch auch und sogar *a fortiori* für einen Vertreter der Klassischen Moderne wie Franz Kafka in Anspruch nehmen, der in gewisser Hinsicht als der Begründer impliziter Selbstreferentialität bzw. Metafiktionalität gelten kann. Allerdings soll in unserem Kontext die "Postmoderne" nicht als "Posthistoire" definiert werden, derzufolge das Ende der Geschichte gekommen ist und der Kunst nur noch das Spiel mit den Elementen der Vergangenheit geblieben ist. Die Geschichte der Gesellschaft und die Geschichte der Kunst steht nicht still; die Moderne scheint eher, wie Jürgen Habermas sagte, ein "unvollendetes Projekt" darzustellen, in dem der Prozeß der "Ausdifferenzierung von Wissenschaft, Moral und Kunst", d.h. der "Eigengesetzlichkeiten des kognitiv-instrumentellen, des moralisch-praktischen und des ästhetisch-expressiven Wissenskomplexes", weiter voranschreitet und mithin aus dem Bestand der Klassischen Moderne weitere selbstreflexive Formen hervortreibt (deren eine man gut und gerne, wenn es denn sein muß, "postmodern" nennen mag).[3] Dem Begriff *der* Postmoderne soll hier also, wenn überhaupt, der *des* Postmodernen gegenübergestellt werden.

In unserem Kontext wird mit dem Hinweis auf *das* "Postmoderne" die Strömung des "Poststrukturalismus" bzw. "Neostrukturalismus"[4] assoziiert, die den Bruch mit den erkenntnisgewissen, systembildenden und letztlich metaphysischen Positionen der Vormoderne bedeutete. Die absoluten und systemphilosophischen Aussagen zu den verbindlichen Begriffen der Wahrheit und der Wirklichkeit wurden im "Poststrukutralismus" in einer erkenntnisskeptischen und relativitätsbewußten Weise einer Revision unterzogen, und dies in zahlreichen Disziplinen

---

1. Theodor W. Adorno: Aufzeichnungen zu Kafka. In: Prismen. Kulturkritik und Gesellschaft, München 1963, S. 248-281, Zit. S. 249 f.

2. Vgl. David Pierce/ Peter de Voogd: Laurence Sterne in Modernism and Postmodernism, Amsterdam/Atlanta 1996 (= Postmodern Studies 15).

3. Jürgen Habermas: Die Moderne - ein unvollendetes Projekt. In: Wolfgang Welsch (Hg.): Wege aus der Moderne, Weinheim 1988, S. 177-192, Zit. S. 184 f.

4. Unlogischerweise hat sich der passendere Terminus "Neostrukturalismus", wie ihn auch Manfred Frank verwendet, nicht durchgesetzt: M. F.: Was ist Neostrukturalismus, Frankfurt a. M. 1984.

des Denkens: in Sprachwissenschaft, Ethnologie, Psychoanalyse, Philosophie, Sozialphilosophie, Geschichtsschreibung und Literaturgeschichte - bei Ferdinand de Saussure, Claude Lévi-Strauss, Jacques Lacan, Jacques Derrida, Louis Althusser, Michel Foucault, Roland Barthes und anderen. Der postmoderne bzw. poststrukturalistische Schnitt zwischen Wort und Sache bzw. semiotischem System und angeblicher Realität hat eine Parallele in jenem - Realismus und Wirklichkeitsmimesis in Frage stellenden - Schnitt zwischen Signifikant und Signifikat bzw. zwischen Bild und Bedeutung, wie er sich in der modernen Literatur - vornehmlich bei Franz Kafka - zeigt.

Die Fügung "Form und Bedeutung", eine Verdeutschung von Jean Roussets "Forme et signification"[5], verweist auf das Verfahren einer formanalytisch-strukturalen Literaturbetrachtung; für Literatur als Literatur ist die Form der Botschaft essentiell, weniger die Botschaft an sich, die ja auch in anderer und möglicherweise geeigneterer Form ausgedrückt werden könnte (soweit man diese Botschaft als énoncé bzw. histoire von énonciation bzw. discours trennen kann). Auch bei den hier vorgelegten Interpretationen und Analysen geht es nicht um die Bestätigung bestimmter Weltanschauungen oder die Erhärtung bestimmter Theoriekonzepte (und seien es diejenigen poststrukturalistischer Herkunft) nach Maßgabe einer *intentio lectoris*, sondern um die Ausdeutung der jeweiligen *intentio operis*[6]: um die textnahe Interpretation der Gehalte und Formen, d.h. die Bedeutung der Formen und die Bedeutung der Thematik. Soweit bestimmte Theoreme aus Philosophie oder Psychoanalyse herangezogen werden, sollen sie nicht als *Methoden* appliziert werden, sondern als *Gegenstände*, genauer: als im Werk implizierte Gegenstände betrachtet werden. Aber auch bei diesen ‚Gegenständen' handelt es sich weniger um inhaltliche Implikate als um Implikationen der Form: Daher bemühen sich die hier vorgelegten Studien durchgehend um ein Verfahren, das "formsemantisch"[7] genannt werden kann; in diesem Punkt rücken sie von der reinen Formdeskription und Strukturanalyse ab.

Das Ziel ist indes nicht die (methodisch gesehen) strukturale bzw. (historisch gesehen) strukturalistische Fixierung der Form und Festschreibung der Bedeutung in dogmatischer und quasi szentistischer Weise. Jacques Derrida hat in seinem Essay "Kraft und Bedeutung" ("Force et signification") Jean Rousset und die orthodoxen Strukturalisten von einem außerstrukturalen Gesichtspunkt her attackiert und ihnen "technizistischen" "Schematismus", starre Skelettierung der formalen Gegebenheiten und mithin Beschneidung der "Kraft" des Textes und seiner "reinen und unendlichen Mehrdeutigkeit" vorgeworfen[8]; Derrida hat damit

---

5. Jean Rousset: Forme et signification, Paris 1962.

6. Vgl. zu diesen Begriffen: Umberto Eco: Die Grenzen der Interpretation, München 1992, S. 35 ff.

7. Um eine solche formsemantische Erhellung der Immanenz der Kafkaschen Werke haben sich bislang alle meine Kafka-Studien – siehe hierzu das Literaturverzeichnis – bemüht.

8. Jacques Derrida: Kraft und Bedeutung. In: Die Schrift und die Differenz, Frankfurt a. M. 1972, S. 9-52; Zit. S. 12, 13, 45. (Original: Force et signification. In: L'Écriture et la Différence, Paris 1967).

die Zäsur zwischen Strukturalismus und Poststrukturalismus (bzw. Neostrukturalismus) gezogen und begründet. Indem er das Wort wieder an den Aussagevorgang (énonciation) und seine "Kraft" bzw. seine Triebpotentiale band, ebnete er den Weg für eine – traditionell gesprochen - wirkungspoetische bzw. rezeptionstheoretische Perspektive, die über eine bloß deskriptive Werkpoetik hinauszugehen erlaubt. Dieser Schritt soll hier keineswegs rückgängig gemacht werden, im Gegenteil, Derridas Warnung vor der verdinglichenden strukturalen Interpretation will ernst genommen werden; andererseits sollen die Errungenschaften und Methodenangebote des "Strukturalismus" keinesweg negiert werden, sondern vielmehr im Hegelschen Sinn "aufgehoben" werden in einer "neostrukturalistischen" Synthese: Die Intentionen von "Forme et signification" und "Force et signification" sollen in unserem Kontext nicht als einander ausschließende Alternativen verstanden werden, vielmehr sind sie beide im Titel "Form und Bedeutung" – zu lesen als "Die *Kraft* von Form und Bedeutung" - zusammengedacht.

Nun gibt es auch einen ganz spezifischen Grund, sich Derridas Perspektive nicht zu verschließen: Franz Kafka als Autor der Klassischen Moderne (und – wenn man will - des Postmodernismus) hat mit seinem Schnitt zwischen Signifikant und Signifikat, seiner in gewissem Sinn anti-mimetischen Aufhebung des Modells der (mehr oder weniger realistischen) Welt-Repräsentation zugunsten einer vielbezüglichen und multivalenten "Signifikation"[9] eine Textform geschaffen, die prinzipiell nicht mehr in schlichter Weise strukturierbar bzw. skelettierbar ist, also nicht mehr in strikt strukturaler (bzw. strukturalistischer) Weise erfaßt werden kann. Roland Barthes' Definition des modernen Textes als eines "reversiblen" und polysemischen Gewebes, das einer "Galaxie von Signifikanten", einem Sternennetz ("texte étoilé") gleiche, trifft auf die Kafkaschen Texte zu wie sonst nur noch auf die von James Joyce.[10]

Doch das philosophische Plädoyer gegen die (strukturale oder auch traditionell-hermeneutische) Schließung ("clôture") der Texte kann meines Erachtens nicht ohne weiteres von der Philosophiekritik auf die Literaturexegese übertragen werden; es kann vor allem nicht bedeuten, daß die Auslegung der bewußten (oder auch unbewußten[11]) *intentio operis* übersprungen oder ignoriert werden könnte - zugunsten einer unendlichen Sinnaufladung durch eine wie immer geartete *intentio lectoris*. Eine (das "Gemeinte" umgehende) Interpretation nach Maßgabe der *intentio lectoris*, wie sie in den letzten 15 Jahren unter dem paradoxen Titel der "Anti-Hermeneutik" Mode wurde, kann, Umberto Eco hat das deutlich gemacht,

---

9. Zum Begriff der "Repräsentation", die schließlich vom komplexeren Konzept der "Signifikation" abgelöst werde, vgl. Michel Foucault: Die Ordnung der Dinge, Frankfurt a. M. 1974 (= stw 96).

10. Vgl. Roland Barthes: S/Z, Paris 1970, S. 20 u. passim. Ders.: S/Z, Frankfurt a. M. 1976, S. 10, 16, 34 f. Auch der Begriff des "Rhizoms" ist hier erhellend, vgl. Gilles Deleuze/Félix Guattari: Kafka. Pour une litterature mineure, Paris 1975, S. 7 u. passim.

11. Zur Intention eines Textes können wir auch seine "unbewußten" Elemente oder Tendenzen zählen; vgl. dazu E. D. Hirsch: Prinzipien der Interpretation, München 1972, S. 275.

im Nu zur "Abdrift" entraten und stellt letztlich schlicht eine Form des "*Gebrauchs*" ("*uso*") eines Textes und keineswegs dessen *Interpretation* dar.[12] Mögen texttranszendierende Interpretationen auch das unendliche "Sinnpotential"[13] eines Textes zu erschließen suchen, die immanente Interpretation im Sinne der Erhellung der *intentio operis* (der gemeinten Wortbedeutungen, der Verweise, der textinternen Beziehungen usw.) kann als erster logischer Schritt des Textverstehens unter absolut keiner Bedingung übergangen werden.[14] In diesem Sinn wird hier zwischen *immanenter* und *werktranszendierender* Interpretation und vor allem zwischen *Interpretation* und (alle erdenklichen Reaktionsweisen einschließender) *Rezeption*[15] unterschieden (der *Rezeption* wäre jener Umgang mit dem Text, den Eco "*Gebrauch*" nennt, unter- bzw. beizuordnen).

Die hier vorgeschlagene Rückbindung an Jean Rousset ergibt sich unter anderem aus der genannten Reflexion auf die Logik der literarischen Interpretation: Die Auslegung geformter, fiktiver, für die Imagination verfaßter Texte bedarf einer anderen Hermeneutik als die Interpretation diskursiver – philosophischer oder sachbezogener bzw. informationshaltiger - Texte. Die beiden Sphären (des diskursiven und des ästhetischen Weltbezugs) lassen sich schwerlich unter den einen Begriff des "Diskurses", der die Kompatibilität beider Bereiche voraussetzt und Einheitlichkeit suggeriert, subsumieren. In unserem Zusammenhang gilt es, die einzelnen Bauteile und Bauformen der Texte Kafkas, d.h. die Segmente seines narrativen Geflechts, herauszuheben und auszudeuten und schließlich zur Analyse komplexerer Gebilde überzugehen; auch die bekannte *Offenheit* der Erzähltexte Kafkas und die sogenannte *Absolutheit* seiner Metaphern und Parabeln sind als intendierte Formmomente konkret und *en detail* auszudeuten, da sie nur auf der Basis der implizierten *Vielbezüglichkeit* wahrnehmbar und interpretierbar sind.[16]

---

12 . Vgl. Eco, Interpretation, S. 11, 47 u. passim.

13 . Vgl. zu dieser – Umberto Eco oder auch Wolfgang Isers Rezeptionstheorie entgegengesetzten – Auffassung: Hans Robert Jauß: Literaturgeschichte als Provokation, Frankfurt a. M. 1970, S. 186, Ders.: Ästhetische Erfahrung und literarische Hermeneutik, Frankfurt a. M. 1982, S. 89.

14 . Natürlich muß auch die immanente Interpretation ins Textjenseitige ausgreifen, aber sie kehrt doch notwendigerweise mit ihren Erläuterungen wieder zur Textimmanenz zurück, während die werktranszendierende Interpretation - auf der Basis einer primären Textauslegung - weiterreichende Bedeutungszusammenhänge zwischen diesem Text und beispielsweise dem Leben des Autors, der Epoche, den psychologischen Gegebenheiten, den problem- oder formgeschichtlichen Entwicklungen, den sozialgeschichtlichen Phänomenen und anderen Bereichen erkundet.

15 . Zur Unterscheidung von Rezeption und Interpretation vgl. Heinz Schlaffer: Ursprung, Ende und Fortgang der Interpretation. In: Germanistik - Forschungsstand und Perspektiven. Vorträge des Deutschen Germanistentages 1984, hg. von Georg Stötzel, Berlin/New York 1985, 2. Teil, S. 385-397, bes. S. 396 f.

16 . Vgl. Dominique Iehl: Die bestimmte Unbestimmtheit bei Kafka und Beckett. In: Franz Kafka. Themen und Probleme, hg. von Claude David, Göttingen 1980, S. 173-189; Christian L. Hart Nibbrig: Die verschwiegene Botschaft oder: Bestimmte Interpretierbarkeit als Wirkungsbedingung von Kafkas Rätseltexten, in: DVjS 51 (1977), S. 459-475, und allgemein:

"Nur die Treue zum Buchstaben, nicht das orientierte Verständnis" kann hier helfen.[17]

Die genannten Charakteristika machen auch deutlich, weshalb all die vereindeutigenden religiös-theologischen, psychoanalytischen, sozialgeschichtlichen, existentialistischen Kafka-Exegesen nur als beschränkte Auslegungsversuche gelten können und weshalb es an der Zeit ist, sich - wie die Eule der Minerva - (re-flektierend) zurückzubeugen und die Geschichte der Interpretationen selbstreflexiv zu überdenken. Kafkas Verfahren der Sinn-Enttäuschung (d.h. der Sinnstimulierung bei gleichzeitiger Sinn-Verweigerung) nötigt zu einem ‚*meta-interpretativen Interpretieren*‘, in welchem ältere Deutungsansätze rein transitorischen Charakter erhalten müssen. Jedes der Werke Kafkas zeichnet eine alles dominierende "Leerstelle" aus; der Versuch, diese Leerstelle aufzufüllen, ist offensichtlich unabdingbare *conditio* jeder Lektüre, aber dieser Versuch muß, um der Treue zum Text willen, letztlich (als heuristischer und partieller) transitorisch bleiben, und er muß, will er dem Text gerecht werden, zur Erörterung von Bauform und Sinn der genannten Offenheit und Unfestlegbarkeit der Texte führen.

Form ist als "sedimentierter Inhalt"[18] zu sehen, jedenfalls als das nichtdiskursive Element des literarischen Textes, welches - in Grenzen - formsemantisch ausgedeutet werden kann bzw. welches als geformtes sinnliches Material zumindest der Reflexion bedarf, soll Literatur anders denn als Gefäß referentieller, appellativer und didaktischer Botschaften verstanden werden; Literatur als Behälter religiöser, moralischer, philosophischer, soziologischer oder psychologischer Inhalte zu verstehen, heißt sie mißverstehen.

Es ist zu fragen, ob die einfacheren und komplexeren Formen nicht doch partiell aufschließbare Gehalte implizieren und transportieren. All die Konfigurationen, die von der Form der Kreisbewegung, des "stehenden Sturmlaufs" (T 169)[19], der Paradoxie, der Polysemie der Metaphorik bzw. des allegorischen Erzählgerüstes, der anamorphotischen Kippfiguren, der Zweideutigkeit der Figurationen, die auf innere wie auf äußere Geschehnisse zugleich verweisen, des offenen Endes bis zur Form des Changierens und ‚Prozessierens‘ der Bedeutungen und der Unabschließbarkeit der Bedeutungsgebung führen, werfen die Frage nach ihrem Sinn auf. Ihr soll hier nachgegangen werden.

Die psychoanalytischen bzw. poststrukturalistischen Verstehenselemente bzw. Theoriesysteme, die in diesem Kontext der "formsemantischen" Interpretation zur Anwendung kommen, sollen - wie bereits angedeutet - nur als heuristische bzw. hermeneutische Instrumente eingesetzt werden, um die Logik der literarischen Texte zu erhellen; sie sollen nicht als Methoden auf die Texte appliziert werden und diese zum Illustrations- oder Belegmaterial für philosophische oder

---

Umberto Eco: Lector in fabula, München 1979.

17 . Theodor W. Adorno, Aufzeichnungen, S. 251.

18 . Theodor W. Adorno: Gesammelte Schriften, Bd. 7: Ästhetische Theorie, Frankfurt a. M. 1970, S. 15.

19 . Zu den Zitatnachweisen siehe die Siglen im Literaturverzeichnis bzw. die Angaben in den Fußnoten der jeweiligen Kapitel bzw. Essays des vorliegenden Bandes.

psychologische Thesen degradieren, sie sollen vielmehr als Mittel eingesetzt werden, um gewisse *Parallelen* im Denken Kafkas - soweit es sich in impliziter Form in der nichtdiskursiven Dimension seiner literarischen Ausdruckswelt niederschlägt - offenzulegen.

Die hier vorgelegten Essays, die zum Teil auf in Zeitschriften oder Sammelbänden erschienene Aufsätze zurückgehen[20], können für sich gelesen werden, erhalten jedoch ihren vollen Sinn erst im Zusammenhang; vor allem die Einleitung und die beiden Exkurse sind für das Verständnis der auf sie folgenden Texte hilfreich. (Weil die einzelnen Kapitel als für sich stehende Studien behandelt werden, ergeben sich leider zahlreiche Wiederholungen von Schlüsselgedanken, Zitaten und Literaturangaben, wofür der Verfasser um Nachsicht bittet.) Die Studien beschäftigen sich zunächst mit den Grundformen der Kafkaschen Texte, eben jenen Anamorphosen bzw. vexierbildbildartigen Doppeldeutigkeiten, den sich verzweigenden Paradoxien, dem Zirkel einer sich sowohl aufs psychische Innen wie aufs soziale Draußen beziehenden Metaphorik und den diversen Verfahren des Bedeutungsaufschubs. Sie gehen schließlich zur Analyse komplexerer Formen über, wie sie die Erzählungen und Romanfragmente kennzeichnen. Im Mittelpunkt stehen die Texte 'Vor dem Gesetz', 'Bericht für eine Akademie', 'Ein Landarzt', 'Der Verschollene', 'Der Proceß', 'Prometheus' und 'Der Steuermann'. Jacques Lacans Idee eines "Gleitens" des Signifikates "unter dem Signifikanten"[21] und Jacques Derridas auf Sigmund Freud und Jacques Lacan aufbauendes Konzept des Aufschubs, der *différance*[22], sind häufig zitierte Bezugspunkte der Analyse. Jacques Derridas eigene Interpretation der Legende 'Vor dem Gesetz', die zwar von philosophischen Fragestellungen herkommt, aber in erhellender Weise zur Auslegung der Immanenz des Textes beiträgt, wird in einem eigenen Kapitel zu ‚Vor dem Gesetz' diskutiert. Einige Kapitel gehen intertextuellen Bezügen nach. Zuletzt wird dem Unterschied zwischen Psychoanalyse als *Methode* und Psychoanalyse als *Gegenstand* nachgegangen: Welches psychologische Konzept lag Kafkas eigenem Denken und Schreiben zugrunde? Ist eine Psychologie literarischer Texte, die sich als Applikation einer Methode versteht, wie sie sich in der therapeutischen Fachdisziplin entwickelte, im Hinblick auf literarische - d.h. fiktionale, poetischästhetische - Texte legitim? Ist sie literaturtheoretisch bzw. methodologisch begründbar, zumal literarische Texte schon in ihren Handlungs- und Charakterdarstellungen *eo ipso* psychologisch angelegt sind?

"Ich bin kein Licht. [...] Ich bin eine Sackgasse" (J2 204), sagte Kafka von sich selbst. Kann der Interpret aus dieser Sackgasse herausführen, wenn es denn eine gewesen ist? "Man muß ins Dunkel hineinschreiben wie in einen Tunnel." (BR 349) Kann der Interpret dieses Dunkel erhellen?

---

20. Vgl. die Drucknachweise am Ende des Literaturverzeichnisses.
21. Jacques Lacan: Schriften II, hg. von N. Haas, Olten und Freiburg i. Br. 1975, S. 27.
22. Vgl. Jacques Derrida: Randgänge der Philosophie: Die différance. Ousia und gramma. Fines hominis. Signatur-Ereignis-Kontext, Frankfurt a.M./Berlin/Wien 1976.

Einleitung:
Kafkas gleitende Metaphern und paradoxe Weltinnenräume

Franz Kafkas kurzes Leben von 1883 bis 1924 ist von einer fundamentalen Paradoxie gekennzeichnet: „lebend stirbt man, sterbend lebt man" (H 302); Schreiben schließt für Kafka Leben aus und Leben Schreiben. Diese Aporie materialisiert sich vor allem in seinem Verhältnis zur Frau, speziell dem zu Felice Bauer: Zweimal verlobt er sich mit ihr. Das erste Mal Ostern 1914; im Juli wird die Verlobung aufgehoben (im Hotel Askanischer Hof in Berlin). Kafka fühlt sich gerichtet; er spricht vom „Gerichtshof im Hotel" (T 407). Jetzt beginnt die Arbeit am 'Proceß'. Im Juli 1917 kommt es zur zweiten Verlobung mit Felice. Sie wird durch einen Blutsturz als Symptom der Tuberkulose in der Nacht zwischen dem 8. und 9. August beendet: Kafka nennt die Krankheit „die Rettung vor der Heirat", aber auch „endgültige Niederlage" (Brod 144). Er weiß, sein Schreiben erfordert „Alleinsein" (Br 121, vgl. F 754 ff., T 311). Kafka erkennt die Aporie, er korreliert „Ehe und Märtyrertod" einerseits, „Zölibat und Selbstmord" andererseits (H 87). Die Krankheit, die Lungen- und Kehlkopftuberkulose, löst das Dilemma. 1924 bringt sie ihm den Tod.

Aber Kafka kennt sein Ziel: „Der Sinn für die Darstellung meines traumhaften innern Lebens hat alles andere ins Nebensächliche gerückt [...]" (T 420, vgl. T 311 f.) „Ich magerte nach allen diesen Richtungen ab." (T 229) Aber das Schreiben des ‚Hungerkünstlers' bedeutet Verzicht und Qual: „Das Schreiben" ist ein „Hinabgehen zu den dunklen Mächten" (Br 384); Kafka schreibt ins „Dunkel [...] wie in einen Tunnel" (Brod 349).

In diesem Schreiben kehren die Charakteristika der Kafkaschen Welterfahrung wieder[1]: 1) Die Welt erscheint als zutiefst unerklärlich und paradox. 2) Sie gewinnt ausschließlich als Metapher Gestalt (Kafka dachte, sprach und schrieb in Bildern). 3) In Kafkas Weltdarstellung vermischen sich Außenwelt und Innenwelt. Kafka radikalisiert die Grundbestimmung der Poesie, die als ichzentrierte, personale, subjektive Weltwahrnehmung bzw. Mimesis der Welt, wie sie sich dem wahrnehmenden Ich präsentiert, definiert werden kann. Die generelle Subjektivität poetischer Weltwahrnehmung bzw. die *apriorische* Qualität von (fiktionaler) Poesie, für die Imagination und Anschaulichkeit und nicht für objektive Fakten-

---

1. Das vorliegende Kapitel über diese Charakteristika bzw. die Grundformen Kafkascher Prosa geht auf Überlegungen in folgenden Texten zurück: Hans Helmut Hiebel: Die Zeichen des Gesetzes. Recht und Macht bei Franz Kafka, München 1983; 2., korrigierte Aufl. München 1989; ders.: Franz Kafka. Kafkas Roman „Der *Proceß*" und seine Erzählungen „*Das Urteil*", „Die Verwandlung", „In der Strafkolonie" und „Ein Landarzt": Begehren, Macht, Recht. Auf dem französischen Strukturalismus (Lacan, Barthes, Foucault, Derrida) beruhende Textanalysen, Hagen 1987.

darstellung und Referentialität da zu sein, steigert Kafka zu einer Verschachtelung und Ineinanderverschränkung von Außenwelt und Innenwelt. – Damit haben wir die drei Grundfiguren seiner Darstellungsweise angesprochen: die (sich verästelnde) Paradoxie, die (vielbezügliche, gleitende) Metaphorik und das Ineinander bzw. den Zirkel von Innen und Außen.

Kafkas epochales Charakteristikum ist der Schnitt zwischen Signifikant und Signifikat, zwischen Zeichenkörper und Bedeutung, zwischen Vergleich und Verglichenem, zwischen Erzählbewegung und Sinn. Resultat dieser Denkbewegung ist die bekannte „kafkaeske" Rätselhaftigkeit.[2] Zur Konstituierung dieser Rätselhaftigkeit tragen (neben Irritationen der Logik der Kommunikation[3]) die genannten Prinzipien – der gleitenden Paradoxie, der vielbezüglichen Metaphorik und des Ineinanders von Außen- und Innendarstellung – wesentlich bei.

DIE GRUNDFIGUREN

In der Erzählung *'In der Strafkolonie'* wird den Verurteilten von einer mit Nadeln bestückten Maschine das „Urteil" – das „Gesetz" – auf den Leib geschrieben, und zwar in „labyrinthartigen, einander vielfach kreuzenden Linien" (ER 121). Dieses Bild der Schrift kann auch auf Kafkas Bilder-Schrift, seine Kryptogramme bezogen werden:

1) auf sich kreuzende Perspektiven, Widersprüchlichkeiten und Paradoxien (sich verzweigende, „g l e i t e n d e P a r a d o x i e n")

2) auf die U n b e s t i m m t h e i t und zugleich U n e i g e n t l i c h k e i t, besonders M e t a p h o r i z i t ä t der Kafkaschen Texte („u n b e s t i m m t e U n e i g e n t l i c h k e i t" – „g l e i t e n d e M e t a p h e r") und

3) auf die fundamentale A m b i g u i t ä t der Ineinanderbildung von Intrapsychischem und Externem ("Z i r k e l v o n D r i n n e n u n d D r a u ß e n"), die eigentlich eine Untergattung bzw. Sonderform der vieldeutigen Metapher bzw. „unbestimmten Uneigentlichkeit" darstellt. Die Kombination der Verfahren konstituiert das ‚Labyrinthische', d. h. Rätselhafte der Kafkaschen Texte.

Gerhard Neumann[4] hat das Kafkasche Paradox eingehender untersucht: Die Umkehrung der erwarteten Sinnrichtung, die Ablenkung vom zunächst erwarteten Ziel und die fortgesetzte Erweiterung des zugrundeliegenden Widerspruchs machte er zum Kriterium der sich unentwegt verzweigenden Paradoxien in Kafkas Werk. Man kann den Terminus des „gleitenden Paradoxons" auf Kafkas Uneigentlichkeit bzw. Bildlichkeit übertragen. Mit dem Begriff der „gleitenden Meta-

---

2. Vgl. hierzu Georg Weidacher: Elemente des Kafkaesken. Problematische Kommunikationsstrukturen als Ursache einer Leserirritation, Erlangen und Jena 1997
3. Vgl. ebd.
4. Gerhard Neumann: Umkehrung und Ablenkung, Franz Kafkas 'gleitendes Paradox'. In: DVjS 42 (1968), S. 702 - 744.

pher" wäre dann jenes Prinzip des nichteigentlichen Bedeutens gemeint, welches zu keinem eindeutigen Signifikat, vielmehr zu Vieldeutigkeit - Multivalenz oder Polysemie - führt. Unter Uneigentlichkeit soll im folgenden der gesamte Komplex von Verweisverfahren verstanden werden, der sich im einzelnen zusammensetzt aus der Metapher im engeren Sinn, der allegorischen Verbildlichung, dem Sinnbild, dem Symbol, der Allegorie, aber auch dem Beispiel, dem *exemplum*, dem *pars pro toto* usw. Zweifellos herrschen die auf Analogie (bzw. einer Paradigma-Zugehörigkeit) beruhenden metaphorischen Verfahren vor, aber dennoch sollen der Uneigentlichkeit auch alle Verfahren des metonymischen Verweisens (auf der Basis von Kontiguität, Nachbarschaft) subsumiert werden. (Der Oberbegriff „gleitende Metapher" statt „gleitende Uneigentlichkeit" oder „gleitende Semiose" wurde gewählt, weil in unserem Kontext die Metonymien meist zu Metaphern führen und weil die Metaphorik dominiert.)

Die Rhetorik, insbesondere die strukturale Rhetorik, geht von einer Grundopposition aus, nämlich der von Paradigma (Muster) und Syntagma (Zusammensetzung: Nacheinander oder Nebeneinander); sie hat daher der Metapher das Prinzip der Ähnlichkeit oder Similarität (bzw. Substitution innerhalb eines Paradigmas) zugeordnet. Das im *tertium comparationis* faßbare Ähnlichkeitsmoment begründet das metaphorische Verfahren. Dem *exemplum* bzw. dem *pars pro toto* aber wurde in der Tradition der Rhetorik die Synekdoche bzw. die Metonymie zugeordnet: 1) die Synekdoche, welche den Verweis vom Teil aufs Ganze bzw. vom Ganzen auf den Teil bezeichnet: wenn das „Dach" für das „Haus" steht oder die „Sterblichen" für die „Menschen" stehen, und 2) die Metonymie, den Verweis von Ursache auf Wirkung, vom Hersteller aufs Fabrikat (Citroen), vom Gefäß auf den Inhalt (Glas), vom Herrscher auf sein Land: „Cäsar schlug die Gallier. Hatte er nicht wenigstens einen Koch bei sich?" (Brecht) Die strukturale Rhetorik hat hier vereinfacht, sie zieht Synekdoche und Metonymie zusammen und bezeichnet mit dem Namen „metonymisch" alle Kontiguitätsbzw. Nachbarschafts- oder auch Kontext-Verhältnisse, d. h. den Ersatz eines Signifikanten durch einen anderen aufgrund von zufälligen oder auch nicht-zufälligen Sachrelationen in „syntagmatischer" Hinsicht (nicht aufgrund von Ähnlichkeitsrelationen oder Paradigmatizität). Weist nun das *pars pro toto* sozusagen bildhaft aufs Ganze, auf die Vielfalt ähnlicher Fälle, dann fallen gewissermaßen Metapher und Metonymie im definierten Sinne zusammen. Im Hinblick auf solche Fälle sollen auch Kafkasche Metonymien mit unter den Begriff der „gleitenden Metapher" fallen.

Die Formen der Uneigentlichkeit bei Kafka schließen (wie die der Paradoxie) die Umkehrung bzw. die Ablenkung ein; so kommt es zu einem „Gleiten", einem Prozeß fortgesetzter Sinnsetzung und zugleich Sinn-Enttäuschung; je nach Kontext entfaltet die Metapher des „Gerichts" oder des „Schlosses" oder des „Baues" neue Sinnmöglichkeiten, d. h. neue Bezugswelten und neue *tertia comparationis*. Kafkas „prozessuale Metaphern" schließen häufig Widersprüche und Paradoxien ein, bringen aber auch schlicht Additionen von Perspektiven und Ineinanderbildungen von logisch zusammengehörigen Sehweisen zur Anschauung.

Damit ist bereits die dritte der elementaren Figuren angesprochen: die Verschränkung von Perspektiven, der „Zirkel von Drinnen und Draußen". Immer wieder verdichtet Kafka die Perspektive aufs soziale Draußen mit der aufs psychische Drinnen, er hebt sozusagen die Grenze zwischen diesen Räumen tendenziell auf. Wir wissen niemals genau, handelt es sich um eine quasi objektiv dargestellte Außenwelt, um einen subjektiv verfärbten, durch Projektionen bestimmten Weltausschnitt oder um die Darstellung einer rein intrapsychischen Welt (des Traumes, der Phantasie usw.). Es gehört zum Verfahren der „gleitenden Metapher", daß Kafka Zweideutigkeiten bzw. Vieldeutigkeiten anstrebt. Nimmt eine zweideutige Metaphorik den Charakter an, sowohl aufs Innenleben bzw. Intrapsychische wie zugleich auch aufs Draußen bzw. die gesellschaftliche Außenwelt zu verweisen, dann liegt das, was wir „Zirkel von Innen und Außen" nennen können, vor.

Das einfachste - statische, noch nicht „prozessierende" - Exempel der Ambiguität bei Kafka wäre das zweideutige Bild. Im Aphorismus von der Zelle, deren „vierte Wand" frei ist (H 345), bzw. einer Variante über einen „Gitterkäfig", dessen „Gitterstangen" „meterweit" auseinander stehen (B 291 f.), haben wir es vor uns. Diese Doppel-Metapher stellt - in gewissem Sinn zufälligerweise - zugleich eine Paradoxie dar: Die Zelle bzw. der Käfig ist Bild für Zwänge und Gewalten in der externen Welt, dem sozialen Draußen. Aber offenbar sind diese Zwänge gar keine realen, offensichtlich existieren keine wirklichen Gewaltmittel: Die vierte Wand fehlt! Daher ist die Gefangenschaft Schein, die Öffnung der Zelle Wirklichkeit. Woher rührt aber der Zwang? Es muß um einen inneren Zwang, einen verinnerlichten Zwang gehen. Soll das epigrammatische Bild einen Sinn ergeben, so muß auch die paradoxe Umkehrung möglich sein: Die Öffnung ist Schein, die Gefangenschaft Wirklichkeit (subjektive Wirklichkeit). Eine tatsächliche Gefangenschaft, die sowohl irreal wie auch wirklich ist, wäre - wie die Unfähigkeit des „Schwimmers", der „nicht schwimmen kann" (H 332) - begründet in Zwängen der inneren Welt, dem psychischen Drinnen. Mithin weist der Aphorismus auf beides: das soziale Draußen und das psychische Drinnen. Da indessen angedeutet wird, daß der intrapsychische Selbstzwang in externen sozialen Zwängen seine Ursache haben mag, ergibt sich aus dem rein bildnerischen Zirkel oder dem Hin- und-Her zweier Aspekte auch ein l o g i s c h e r Z i r k e l : der „Zirkel von Innen und Außen". Oft - wie z. B. im 'Proceß' - wird angedeutet, daß die innere Disposition ins soziale Draußen hineinwirkt, d. h. Zwänge, Gewalten, Gerichte evoziert (im Sinne einer *selffulfilling prophecy*), anderseits aber auch deutlich gemacht, daß das soziale Draußen bzw. die Sozialisation ins Innere hineinwirkt. So schließt sich der logische Zirkel, auf den die Doppel-Metaphern bzw. Metaphern-Zirkel - wie Vexierbilder - bei Kafka hinweisen:

> Der Kapitalismus ist ein System von Abhängigkeiten, die von innen nach außen, von außen nach innen, von oben nach unten und von unten nach oben gehen. Alles ist abhängig, alles ist gefesselt. Kapitalismus ist ein Zustand der Welt und der Seele. (Kafka zu Janouch. J2 205 f.)

Die statische Doppel-Metapher wird in Texten wie 'In der Strafkolonie' oder 'Der Proceß' freilich zur prozessierenden, zur „gleitenden" Metapher; dies gilt auch für den - immer auf einer Doppel-Metapher aufbauenden - „Zirkel von Innen und Außen" als einer Untergattung der „gleitenden Metapher".

Gleitende Paradoxie

Der literarische Begriff des Paradoxons meint ganz allgemein die überraschenden Wendungen, die Formen des *acutum* im *genus admirabile*; im speziellen zielt er auf Antinomien und Widersprüchlichkeiten und nähert sich so dem logischen Begriff der Paradoxie. Das älteste Beispiel eines logischen Paradoxons stammt von Eubulides, einem Schüler Euklids von Megara, und heißt: „Epimenides, der Kreter, sagt, daß alle Kreter Lügner sind." Wenn Epimenides die Wahrheit sagt, lügt er, und wenn er lügt, sagt er die Wahrheit. Paradoxa dieser Art ergeben sich durch Kontamination von verschiedenen Sprachebenen wie Objektsprache und Metasprache (Aussagen und Aussagen über Aussagen) oder Denotation und Konnotation, Inhaltsaspekt und Beziehungsaspekt, Ausgesagtes (énoncé) und Aussagevorgang (énonciation) usw.[5]

In der Aussage „Ich lüge" wäre demnach die M e t a a u s s a g e von den Sätzen der bezeichneten O b j e k t s p r a c h e zu scheiden. Das gilt auch für alle semantischen Paradoxien und literarischen Antinomien; die jeweils fälschlich miteinander identifizierten Kommunikationskanäle müssen wieder auseinandergenommen werden. Wenn zum Beispiel Kafka vom „Schein der Unendlichkeit" (H 99) spricht und in einem Signifikanten (Schein) zwei Signifikate (splendor und simulatio, Lichtschein und Anschein) kontaminiert, um eine kontradiktorische Doppeldeutigkeit zu konstruieren, dann muß der Analytiker den eigentlichen vom uneigentlich-figürlichen Kommunikationsmodus bzw. den einen Kontext vom anderen Kontext scheiden, und er muß schließlich die beiden Sinnsysteme auseinanderhalten, auf welche die Konfiguration sich letztlich bezieht.

Die „unreine" Alltagskommunikation kennt sehr wohl jene bis zum Paradoxon gehende Identifikation der Kommunikationsebenen, und die „pragmatische Paradoxie" oder der „double bind" ist in der Psychiatrie als weitverbreitete Grundbedingung der Schizophrenie behauptet worden[6]. Als durchaus alltägliches Phänomen hat die „pragmatische Paradoxie" Eingang in Kafkas satirische und selbstironische Erzählpartien gefunden.

Im Gegensatz zu den logischen Spielereien („ich lüge") wird in den schizophrenen „Mystifikationen" („Betrachte diese Ohrfeige nicht als Strafe!" - „Sei spontan!") aus dem Spiel mit den zwei Sprachebenen Ernst. Es geht um eine auf unbewußte Weise intentionelle Verwirrung.

---

5 . Vgl. Paul Watzlawick u.a.: Menschliche Kommunikation. Formen, Störungen, Paradoxien, Stuttgart/Wien 1974.
6 . Gregory Bateson u.a.: Schizophrenie und Familie, Frankfurt 1969.

Auch was die poetische, also bewußt konstruierte Paradoxie angeht, gilt: Der in ihr i m p l i z i e r t e Widerspruch (oder die verborgene Logik hinter dem Schein-Widerspruch eines offen paradoxen Satzes) müssen erst entdeckt, erst rekonstruiert werden - allerdings nicht in aufklärend-entmystifizierender, sondern in ästhetischer Absicht, um die verborgene Pointe der sprachlichen Konfiguration überhaupt erst realisierbar zu machen.

a) Wenn Kafka schreibt: „Ich habe einen starken Hammer, aber ich kann ihn nicht benützen, denn sein Schaft glüht" (H 348), so ist hier das i m p l i z i e r t e Paradox erst freizulegen: Ich habe große Kräfte, aber da ich sie auszuagieren nicht die Kraft habe, habe ich hinwiederum keine großen Kräfte. Kafka bringt hier V i r t u a l i t ä t und F a k t i z i t ä t (oder P o t e n z und H e m m u n g) zusammen, dies, um durch die ostentativ paradoxe Form eine paradoxe E r f a h r u n g s t a t s a c h e festzuhalten. Diesen Typus der Paradoxie könnte man als i n d i r e k t p a r a d o x e S e l b s t d e f i n i t i o n definieren.

b) Die humoristisch zitierte Paradoxie findet sich in der satirischen Karikatur fremder und der selbstironischen Verlachung eigener Torheiten. Im 'Proceß' z. B. sagt der Advokat Huld zum Angeklagten Block, den er eben selbst hereingerufen (!) hat: „Du kommst ungelegen" (P 229). Auch die Perspektiv-Figur Josef K. wird ironisch gesehen: K. erschrickt gegenüber den Verhaftungsbeamten derartig, „daß er mit den Zähnen ans Glas" schlägt (P 18), das er in der Hand hält. Wenig später behauptet Josef K. aber, er sei „keineswegs sehr überrascht" durch die Vorgänge der Verhaftung (P 20). K. widerspricht sich, und der Autor zitiert derartige Widersprüche sozusagen paradoxiekritisch.

c) Den formalen Gegensatz zu den genannten „impliziten" Paradoxien bilden die „expliziten": nach dem Muster vom „Schwimmer, der nicht schwimmen kann". In ihnen wird der Widerspruch meist direkt und offensiv artikuliert, obgleich auch hier eine - implizit mitgedachte - Auflösung in zwei Sprachmodi oder Wortkontexte möglich ist.

> Ich kann schwimmen, wie die anderen, nur habe ich ein besseres Gedächtnis als die anderen, ich habe das einstige Nicht-schwimmen-können nicht vergessen. Da ich es aber nicht vergessen habe, hilft mir das Schwimmen-können nichts und ich kann doch nicht schwimmen. (H 332)

Die hier vorliegende (zum Allegorischen und Parabolischen) tendierende Metapher hat ein weites Bezugsfeld, sie erstreckt sich auf die verschiedensten Bereiche von Können und Nicht-Können, Vermögen und Unvermögen, Potenz und Hemmung, nicht zuletzt auf die ö d i p a l e Grundkonstellation, wie sie Kafka in jenem berühmten biographischen Dokument, dem 'Brief an den Vater', geschildert hat: Die patriarchalische Opposition der Generationen - die man mit Lacan auf die „Selbstbestrafungsneurose" beziehen kann[7] - wird darin deutlich. Vater steht gegen Sohn: „Stärke, Gesundheit, Appetit, Stimmkraft, Redebegabung, Selbstzufriedenheit, Weltüberlegenheit, Ausdauer, Geistesgegenwart, Menschen-

---

7 . Jacques Lacan: Schriften III, Olten und Freiburg i. Br. 1980, S. 94.

kenntnis" (H 164 f.) des Vaters stehen den Schwächen des Sohnes gegenüber: der „Nichtigkeit", „Jämmerlichkeit", „Verrücktheit", dem „Schuldbewußtsein", selbst das Nicht-Schwimmen-Können wird hier - ganz wörtlich (!) - erwähnt (H 168). Den „Schwimmer, der nicht schwimmen kann", lähmt also eine „Erinnerung", d. h. eine vergangene und doch noch gegenwärtige, eine g e w e s e n e und doch noch s e i e n d e - eine "g e w e s e n d e"[8] Schwäche.

Ein frühes Reflexionsbild Kafkas aus der 'Betrachtung' steht zwischen dem „expliziten" und dem „impliziten" Paradox:

> Denn wir sind wie die Baumstämme im Schnee. Scheinbar liegen sie glatt auf und mit kleinem Anstoß sollte man sie wegschieben können. Nein, das kann man nicht, denn sie sind fest mit dem Boden verbunden. Aber sieh, sogar das ist nur scheinbar. (ER 22)

Wir können hier wie beim Emblem Bild- und Sachteil, *pictura* und *subscriptio* unterscheiden: Gleichnis und Exegese. Der exegetische Teil des Gleichnisses (der Allegorie des ersten Satzes) verdunkelt hier aber eher, als daß er erhellte. Dem Scheinbaren wird das Tatsächliche gegenübergestellt, aber dann wiederum wird dieses Tatsächliche verneint: Auch das Fest-mit-dem-Boden-Verbundensein ist nur Schein. D. h., die Bäume sind mit dem Boden verbunden, und sie sind es nicht. Gerade das erste „scheinbar" bedingt das Versichernde der Aussage „Nein, das kann man nicht (...)". Die zweite Umkehr aber setzt nun das Versichernde (das „Assertionsmorphem") dieses Satzes außer Kraft. Ins zirkelhafte "G l e i t e n" gerät die Paradoxie durch ihre Dreigliedrigkeit, durch den Rückbezug des zweiten „scheinbar" aufs erste: n u r s c h e i n b a r liegen die Baumstämme „fest" auf, aber es hieß doch bereits, nur s c h e i n b a r lägen sie „glatt" (und n i c h t f e s t) auf. Damit deutet sich an, wie in den größeren Erzählungen (z. B. 'Der Bau') und den Romanen aus den Grundfiguren der zweideutigen Metapher, der semantischen Verschiebung und der Paradoxie sich eine labyrinthische Verfahrensweise entwickelt, eine „g l e i t e n d e S i n n g e b u n g", die die gleitende und sich verzweigende Paradoxie, die fortgesetzte semantische Verschiebung und die changierende, prozessual sich verschiebende Metapher in sich vereint.

Der Gedanke des „unmöglichen Möglichen" oder „möglichen Unmöglichen" prägt die meisten der Kafkaschen Paradoxien; so stark deren negatives Moment auch sei, ein Rest minimaler Positivität bleibt in der Antinomie erhalten. Bezeichnend ist ein Diktum Kafkas, das Max Brod, der Freund Kafkas, überlieferte: „[Es gibt] viel Hoffnung [...] - unendlich viel Hoffnung - nur nicht für uns". (Brod 71) Diese bittere Ironie enthält einen - wenn auch „unmöglichen" - Messianismus. Die Aphorismen zum Sündenfall wiederholen diese Figur: „Wir wurden aus dem Paradies vertrieben, aber zerstört wurde es nicht." (H 101) Die „Vertreibung aus

---

8 . Vgl. Heidegger, zit. bei Lacan: Jacques Lacan: Schriften I, Olten 1973, S. 94; vgl. auch Sigmund Freud/Josef Breuer: Studien über Hysterie, Frankfurt a. M. 1975, S. 10 (Der Hysterische leide an „Reminiszenzen"), und Sigmund Freud: Studienausgabe Bd. 6, 2. Aufl. Frankfurt a. M. 1971, S. 192: „Das hysterische Symptom ist das Erinnerungssymbol gewisser wirksamer (traumatischer) Eindrücke und Erlebnisse."

dem Paradies" ist zwar „endgültig", aber wir sind noch „dauernd" in ihm (H 46). Aus dem „unmöglichen Möglichen" (Hammer, Schwimmer) wird das „mögliche Unmögliche": In den Aphorismen vom „Schwimmer, der nicht schwimmen kann" und dem „Hammer, dessen Schaft glüht" usw. wird etwas durchaus Vorstellbares als unmöglich hingestellt, in den Aphorismen vom abwesenden und zugleich anwesenden „Paradies" wird etwas Unmögliches oder Phantastisches für denkbar gehalten, d. h., ein per definitionem Jenseitiges, Überirdisches, Utopisches wird ins Denkbare hereingeholt (um jedoch sogleich wieder abgewiesen zu werden). Man könnte diese Figur also als die des „möglichen Unmöglichen" jener anderen vom „unmöglichen Möglichen" gegenüberstellen.

Die beschriebene Figur entspricht auch Kafkas Poetik; in einem frühen Brief an einen Freund heißt es: „[Ein] Buch muß die Axt sein für das gefrorene Meer in uns." (BR 28) Die Litotes wird zur Paradoxie, wenn man berücksichtigt, daß der Gegensatz von weitem Meer und kleiner Axt gegen unendlich geht.

In den Aphorismen über die Hoffnung, das Paradies, das gefrorene Meer, das Schwimmen-Können, den Hammer oder die Rosinenmauer (H 331 f.) klingen die Mythen um Prometheus, Tantalos und Sisyphos nach. In einer der prägnantesten Paradoxien Kafkas verbindet sich die skizzierte Thematik der V e r g e b l i c h k e i t mit dem Bild des Gefängnisses: „Ein Käfig ging einen Vogel suchen." (H 41 u. 82) Ihre Struktur ist die „Umkehrung" und „Ablenkung"[9]. Umgekehrt ist die ohnehin schon paradoxe Idee vom Vogel, der den Käfig sucht. Diese Vorstellung vom gewissermaßen freiwilligen Aufenthalt im Gefängnis erscheint auch in einer anderen Aufzeichnung Kafkas. Es geht um ein Gespräch zweier Gefangener. Die Antwort des einen Zellengenossen auf die Frage des anderen nach der Wünschbarkeit der Befreiung:

> Und was mich betrifft, so habe ich es in der Freiheit, der gleichen Freiheit, die jetzt unsere Rettung werden soll, kaum ertragen können oder wirklich nicht ertragen, denn jetzt sitze ich ja in der Zelle. (H 361)

Kafka notierte an anderer Stelle folgenden Aphorismus zum Problem freiwilliger Gefangenschaft: „Meine Gefängniszelle - meine Festung" (H 421). Diese widersprüchliche Selbstdefinition gilt auch für den genannten „Zellengenossen". Er hat wie der Affe „Rotpeter" im *Bericht für eine Akademie* die Idee der „Freiheit nach allen Seiten" (ER 169) aufgegeben zugunsten des Prinzips kulturellen Selbstzwangs. Das Bild von der „Gefängniszelle" wäre also nicht wörtlich zu nehmen, sondern als Metapher für soziale Zwänge. Andererseits wäre auch die Befreiung des Affen Rotpeter aus dem „Käfig" nicht als wirkliche Befreiung zu sehen, sondern als Entlassung - hinein in die Zwänge der menschlichen Gesellschaft; das Bild vom Käfig wirkt hier gewissermaßen noch nach.

Es geht also
1) um die Zwänge der Kultur bzw. Kulturation überhaupt.

---

9 . Neumann, Umkehrung und Ablenkung.

2) aber hat die Parabel von der „Zelle" noch einen anderen Aspekt; er ergibt sich, wenn man die Rede von der Zelle partiell wörtlich nimmt: Der Gebrauch der Freiheiten i n n e r h a l b der Kultur bzw. Zivilisation scheint dem 'Delinquenten' mißlungen zu sein; die Grenzen des Erlaubten einzuhalten, muß ihm schwer gefallen sein. Ein Gerichtsverfahren hat ihn in die Zelle gebracht: „Ein Vogel ging einen Käfig suchen." Wenn man das Bild von der Zelle aber nicht wörtlich nehmen möchte, dann ist es auch denkbar, daß hier ein Akt freiwilliger Anpassung symbolisiert ist, ein extremer Akt der Triebunterdrückung, Ich-Einschränkung und Selbstkontrolle. Also nicht nur die phylogenetische Evolution der Selbstzensur und die ontogenetische Wiederholung derselben ist gemeint, nicht nur dieses Allgemeine allgemeiner Zwänge, sondern auch das Besondere einer besonderen Form von Selbstzwang, nämlich die irrationale Reaktion eines Individuums auf eine irrationale Welt übermäßiger und unnötiger Restriktionen. Es geht um eine (*apriorische*) Unterwerfung, die einen davon befreit, in der „Freiheit" selbständig die Grenzen von Erlaubtem und Verbotenem zu erkunden und zu erleiden. Dies wäre der Fall entweder bei totaler Anpassung oder bei einem - nun wörtlich zu nehmenden - freiwilligen Aufenthalt im Gefängnis.

Nun sucht aber nicht der Vogel den Käfig, sondern der Käfig den Vogel, als wäre sich das Subjekt selbst gänzlich abhanden gekommen. „Käfig" und „Vogel" scheinen sich eher auf e i n Subjekt zu beziehen und nicht auf z w e i . („Das Gefängnis wartet auf den Verbrecher"? Das scheint eine zu simple, witzlose Lesart zu sein.) Das heißt, weniger scheint gemeint zu sein, daß hier ein Gefängnis oder Jäger auf sein Opfer wartet - wie die Katze auf die Maus in der sogenannten 'Kleinen Fabel' (ER 368) -, als vielmehr, daß vom unterdrückten Begehren überhaupt nur noch der Unterdrückungsmechanismus - eben der „Käfig" - geblieben ist, und zwar in der Weise, als frage sich der menschgewordene Affe des '*Berichts*', nachdem er die „Durchschnittsbildung eines Europäers erreicht" (ER 174) hat, was denn noch Äffisches an ihm sei, d. h., was ihm an ursprünglicher Freiheit noch geblieben sei. Der „Käfig" - der Charakterpanzer des Subjekts - sucht nach der Seele, dem empfindenden, freien, spontanen Ich, das sich sozusagen verflüchtigt hat.

Das von Kafka angedeutete Problem - unserer Lesart des Kafkaschen Textes zufolge - heißt in der Psychoanalyse Selbstentfremdung oder Spaltung des Subjekts; es geht um das a u s g e s p e r r t e bzw. e i n g e s p e r r t e Subjekt, das V e r d r ä n g t e . Diese Aussperrung des Subjekts realisiert sich in historisch konkreten Erscheinungsformen. Der Kulturprozeß, wie ihn Adorno und Horkheimer in der '*Dialektik der Aufklärung*'[10] konstruierten, hat nicht nur, seiner Intention widersprechend, n e u e Z w ä n g e errichtet, er hat auch den ursprünglichen W u n s c h paralysiert. Das Über-Ich hat das Es eingefroren - oder, wie es in einem anderen Text heißt, ‚versteinern' lassen (vgl. den ‚versteinerten' '*Prometheus*', ER 351 f.). Wo bin ich? Wo ist meine Seele (Vogel)?

---

10. Theodor W. Adorno, Max Horkheimer: Dialektik der Aufklärung. Philosophische Fragmente, Amsterdam 1947.

Wir haben einen paradoxen Selbstbezug vor uns: Das Subjekt ist sich selbst abhanden gekommen, aber es sucht noch nach sich. Varianten der Sentenz vom suchenden Käfig sind in Kafkas Gefängnisparabeln zu erkennen; z. B. in jener von der „Gefängniszelle", deren „vierte Wand" „völlig frei" ist (H 345). Aus Zwang ist Selbstzwang geworden, eine innere Gefangenschaft. Daß Selbstzwang und Charakterpanzerung jedoch auch einem Bedürfnis nach Schutz entsprechen können, drückt sich in Metaphern wie der bereits zitierten „meine Gefängniszelle - meine Festung" (H 421) aus. Die Idee einer freiwilligen Selbstbeschränkung wird ausführlich in der Erzählung 'Bericht für eine Akademie' dargestellt: 'Ein Affe ging einen Käfig suchen', könnte man interpretieren (wobei „Käfig" hier im metaphorischen und nicht im buchstäblichen Sinne gebraucht wäre). Nur ist die Metapher des Käfigs im 'Bericht' eben anders plaziert und anders funktionalisiert. Das Leben der Menschen, das der Affe Rotpeter imitiert, dem er sich anpaßt, erscheint als Reich der Freiheit, in das er sich hineinarbeitet, um seinen (fiktionsimmanent wörtlich zu nehmenden) Käfig verlassen zu können. Aber dieses Reich der Freiheit erweist sich als Gefängnis, wenngleich das Bild des Käfigs sich nicht direkt auf es bezieht (nur im Sinne eines 'Nachwirkens').

Die Verzweigung und das ‚Gleiten' der Kafkaschen Paradoxie finden wir im wesentlichen erst in den größeren Texten, so z. B. in der Erzählung 'Der Bau'. Die „Festung" des Baues erweist sich dort mehr und mehr als „Gefängniszelle", die „Stille" des Baues wird mehr und mehr bedroht durch eine mysteriöse Lärmquelle, ein „Zischen", die Sicherheit durch Unsicherheit usw. Die Erzählung 'Der Bau' beruht aber nicht allein auf Paradoxien, in ihm spielt die 'prozessierende' Metapher, die von einer Allegorie zur andern (Bau als Kunstwerk, Bau als Selbstisolierung usw.) führt, ebenso eine wichtige Rolle wie letztlich auch der „Zirkel von Innen und Außen", da beispielsweise die erwähnten „Feinde" ebenso äußere wie innere Feinde (Ängste, Krankheiten) symbolisieren können.

Gleitende Metapher

Die Paradoxie realisiert sich häufig durch das Mittel der Polysemie, d. h. der doppelten Metaphorik oder der Doppelheit von eigentlicher und uneigentlicher Bedeutung. Das Möbius-Band - siehe die Graphiken im Anhang - illustriert sowohl das paradoxe Moment (da die Innenseite zur Außenseite werden kann) wie auch die Polysemie oder Doppelmetapher (eine Bedeutung schlägt in die andere um) - und zuletzt auch die Doppelheit des „Zirkels von Innen und Außen" (die Innen-Seite wird Außen-Seite). Betrachten wir nun die polysemische bzw. gleitende Metapher als privilegierte Form der „unbestimmten Uneigentlichkeit" etwas näher.

In der Erzählung 'Die Verwandlung' wird über Nacht aus dem Handlungsreisenden Gregor Samsa ein „ungeheures Ungeziefer" (ER 64). Ist diese Verwandlung als Metapher zu nehmen, ist sie in figürlicher, uneigentlicher Weise zu interpretieren? So schreibt Emrich: „Die Tiergestalten Franz Kafkas [...] repräsentieren die unbewußt traumhafte Welt, den Zustand des Menschen v o r seinem Denken [...].“¹¹ Emrich geht also von einer übertragenen Bedeutung der Bilder Kafkas aus. Demgegenüber aber behaupten z. B. die poststrukturalistischen Interpreten Gilles Deleuze und Félix Guattari, die Verwandlung sei a l s Verwandlung - als „Metamorphose" - zu nehmen, d. h. als phantastisches Ereignis, dem nicht notwendigerweise ein Bedeutetes, ein Signifikat unterstellt werden müsse: „Bewußt zerstört Kafka alle Metaphern, alle Symbolismen, jede Bedeutung und jede Designation. Die Metamorphose - das heißt die Verwandlung - ist das Gegenteil der Metapher. Es gibt keinerlei Sinn mehr, weder primären noch übertragenen [...]."¹² Deleuze und Guattari vertreten nicht die Auffassung, daß Interpretation häufig eine subjektive und überflüssige Überinterpretation ist, sondern daß es sich im Falle Kafkas um eine bewußte, intendierte Absenz von Signifikation handelt. In der Tat muß z. B. nicht jedes Steinchen, Brotbröselchen, Schrittchen im Märchen von 'Hänsel und Gretel' eine psychologische oder symbolische Bedeutung haben. Und bei Kafka finden sich viele „Metamorphosen", Details (wie die „Flöhe" im „Pelzkragen" des „Türhüters" in 'Vor dem Gesetz', ER 148 f.) und bizarre Handlungen, die sich nicht auf metaphorische (bzw. symbolische, allegorische ...) Bedeutungen festlegen lassen. Hier ist ‚Interpretieren um jeden Preis' absurd.

Dennoch verweist Kafka mit seinen Bildern und Großmetaphern - dem „Bau", dem „Prozeß", dem „Türhüter" - auf bestimmte Bedeutungen. Also: „Metapher" oder „Metamorphose"? Kafkas Erzählweise enthält wohl b e i d e Momente in sich: Einerseits etabliert sich niemals ein festes Allegorie- oder Symbolschema, andererseits hört der zunächst sich ganz wörtlich präsentierende Text seiner 'Metamorphosen' niemals auf zu „bedeuten", zu „verweisen": „Jeder Satz steht buchstäblich, und jeder bedeutet."¹³

Man hat im Hinblick auf Kafkas Metaphern von „absoluter Metapher", „absolutem Gleichnis", „absoluter Parabel"¹⁴ gesprochen. Kann es aber eine „absolute Metapher" (oder eine absolute „Metamorphose") - ohne jegliches *comparatum* oder *tertium comparationis* - überhaupt geben? Wenn wir nicht eine gänzlich a-logische, sinnlose Konstruktion vor uns haben, so müssen wir - eine akribische semiotische Analyse wird es bestätigen - Anhaltspunkte für eine - wenn auch noch so dunkle - Ähnlichkeitsrelation finden. Die „absolute Metapher" kann eigentlich niemals absolut sein. Dunkelheit (*obscuritas*) galt zwar schon immer als Bestandteil der metaphorischen Formen der *allegoria* oder *parabola*. Diese Dunkelheit aber ist nicht identisch mit Bezuglosigkeit.

Kafkas Prosa steht gewissermaßen zwischen Eigentlichkeit und Uneigent-

---

11. Wilhelm Emrich: Franz Kafka. Der mündige Mensch jenseits von Nihilismus und Tradition, Bonn/Frankfurt a. M. 1958, S. 122.
12. Gilles Deleuze/Félix Guattari: Kafka. Für eine kleine Literatur, Frankfurt a. M. 1976, S. 32.
13. Theodor W. Adorno: Aufzeichnungen zu Kafka. In: Prismen. Kulturkritik und Gesellschaft, München 1963, S. 248-281, Zit: S. 249.
14. Vgl. z. B. Ulrich Fülleborn: Zum Verhältnis von Perspektivismus und Parabolik in der Dichtung Kafkas. In: R. von Heydebrand/ A. G. Just (Hg.): Wissenschaft als Dialog, Stuttgart 1969, S. 289-312.

lichkeit, dies ist das erste und primäre Merkmal seiner „unbestimmten Uneigentlichkeit". Karl-Heinz Fingerhut sprach von „offenen Erzählgerüsten und Figurenspielen"[15] und hatte dabei die erwähnte Doppelheit im Sinn. Wenn weder für die eigentliche noch die figürlich-uneigentliche Ebene ein stringenter Sinn zu rekonstruieren ist, dann ergibt sich in der Tat die Notwendigkeit, von offenen und sinnfreien Erzählgerüsten auszugehen, d. h. von bedeutungs-losen Bildkomplexen, in welche s u k z e s s i v e verschiedene Sinnbezüge integriert werden. Immer gibt es dann aber notwendigerweise wieder Lücken im Sinn-System, d. h. wörtlich zu nehmende, sinnfreie Strecken der Erzählung. Dabei spielt es keine Rolle, ob es um realistische Partien oder um gänzlich phantastische geht. Die phantastischen Erzählstücke sind als solche bzw. als quasi-märchenhafte hinzunehmen, bis sie wiederum auf Momente einer figürlichen, metaphorischen Sinnsetzung stoßen. Bei Kafka verfestigt sich demnach weder die Ebene des „Beschreibens" noch die des „Bedeutens", weder die Ebene der „Denotation" noch die der „Konnotation", die Ebene der wörtlichen Bedeutung und der angedeuteten, mitschwingenden Nebenbedeutung bzw. der mitschwingenden übertragenen, figürlichen Bedeutung. Meist sind die Indizien einer figürlichen Bedeutung jedoch unauffällig, ja verborgen. So kommt es zu einer Ambivalenz: Eigentlichkeit und Uneigentlichkeit/Figürlichkeit bleiben in der Schwebe. Das Erzählen oszilliert zwischen Eigentlichkeit und Uneigentlichkeit.

Diese Textstruktur ist auch die Voraussetzung dafür, daß es zu einer „gleitenden Sinnsetzung", einer prozessualen, changierenden Bedeutungsgebung kommen kann: Der figürliche Sinn kann innerhalb des Textsyntagmas von Punkt zu Punkt wechseln. In den phantastischen Texten - 'Verwandlung', 'Proceß', 'Landarzt' usw. - liegen sozusagen Brüche mit Erzählkonventionen vor. Diese Brüche legen dem Leser in relativ aufdringlicher Form nahe, nach Auflösungsmöglichkeiten zu suchen. Die phantastischen Ereignisse - eine Verhaftung ohne Grund, eine Verwandlung in ein Ungeziefer ohne Grund, eine Wunde, die sichtbar und unsichtbar zugleich ist - formieren D e u t u n g s r e i z e, sie nötigen zu figürlicher Auslegung. Und dies in weit höherem Maße, als dies bei realistischen Texten der Fall ist. In dem Text 'Ein altes Blatt' (ER 146 ff.) fressen die Pferde der Nomaden Fleisch. Märchenhaft-phantastische Erfindung? Oder versteckte Metaphorik? In Kafkas Texten verdrängt die sich ausbreitende Konnotation allmählich die Denotation, das Buchstäbliche; aber dies nicht dergestalt, daß eine eindeutige (metasprachliche) Ebene des Vergleichenden sich gegenüber einer eindeutigen Ebene des Verglichenen etabliert, sondern so, daß die Denotation stets erhalten bleibt und durch dieses paradoxe Zugleich einen irrealen Status erhält. Die eigentliche Ebene weist bei Kafka aufgrund von logischen Brüchen und Indizien der Figürlichkeit auf eine u n e i g e n t l i c h e Ebene, aber deren Brüche und Unvollständigkeiten verweisen wiederum zurück auf die e i g e n t l i c h e.

---

15. Karl-Heinz Fingerhut: Die Funktion der Tierfiguren im Werk Franz Kafkas. Offene Erzählgerüste und Figurenspiele, Bonn 1969.

Der Tendenz zur Konnotation entspricht spiegelbildlich die immer schon bemerkte Tendenz zur Buchstäblichkeit. Kafka nimmt bekanntlich metaphorisch begründete Redewendungen der Alltagssprache wörtlich, materialisiert und verlebendigt sie in der Figur der Vereigentlichung des Uneigentlichen. Aus dem „Ab-" und „Verurteilen" (H 229 f.) wird ein „Urteil", aus dem „unsichtbaren Gericht" (T 31) und dem „Gerichtshof im Hotel" (T 407) wird ein „Prozeß", aus dem Schimpfwort „Ungeziefer" (H 171) der Käfer „Samsa", dem Bild des „Abmagerns" (T 229) der „Hungerkünstler", dem „Verschlossen-Sein" (H 88, BR 20) das „Schloß", dem „Sich-Verkriechen" (F 626, 647) der „Bau". Umgekehrt wird dem Buchstäblichen seine Buchstäblichkeit genommen, und zwar durch prozessual eingestreute Uneigentlichkeits-Signale, die zum erwähnten Oszillieren zwischen Buchstäblichkeit und Figürlichkeit führen.

Kafkas Metaphern haben eine Tendenz zur Allegorie und zur Parabel. Texte wie 'Der Bau' (Der Bau der Kultur, Der Bau als Kunstschaffen, Das Refugium), 'In der Strafkolonie' (Die Gesellschaft als Strafinstanz, Die Welt als Strafplanet), 'Das Schloß' (Der Bereich des Verschlossenen, Die Sphäre der Bürokratie) usw. tragen allegorische Züge in dem Sinn, daß Momente der A b s t r a k t h e i t , B e g r i f f l i c h k e i t und der P e r s o n i f i k a t i o n in sie eingehen. Im Besonderen spiegeln diese Bilder Allgemeines. Doch auch in diesen Texten, die stark zur begriffsnahen Allegorie tendieren, herrscht die „unbestimmte Uneigentlichkeit" und die „gleitende Sinnsetzung" vor. Auch das Allegorische verfestigt sich niemals. Nur minimale Indizien weisen auf eine Vergleichsgrundlage, ähnlich wie in der antiken „*permixta aperta allegoria*", die im Gegensatz zur „*tota allegoria*" niemals ihrem änigmatischen Bildteil einen erklärenden Sachteil beigab.

Ähnliche Einschränkungen gelten für die parabolischen Züge in Kafkas Werk. Die Parabel, die auf einem ausgedehnten Gleichnis bzw. einer „ausgeführten Metapher" aufbaut, zeichnet sich durch Pointierung und Lehrhaftigkeit aus; sie verweist auf unerwartete, schwer faßbare Wahrheiten. Bei Kafka verwandelt sich die Lehrparabel in die 'Leerparabel', d. h. in die „leere" oder „negative Parabel", denn der erklärende Sachteil (bzw. die *subscriptio*), soweit vorhanden, verweigert die verheißene Botschaft. So führen die Metaphern in 'Vor dem Gesetz' (ER 148 f.) und vor allem in 'Prometheus' (ER 351 f.) nur ins „Unerklärliche" (ER 352). Doch eine changierende, gleitende, unbestimmte Sinngebung schwebt auch über diesen Parabeln.

Alle Formen der Kafkaschen Bildlichkeit sind also geprägt von einer spezifischen Umstimmtheit bzw. Offenheit; diese Offenheit läßt sich aber nicht durch einen Bestimmungsmangel, sondern nur durch eine Bestimmungsfülle realisieren, dies allerdings in der Weise, daß sich die Bestimmungen wechselseitig in Frage stellen oder aufheben (was häufig zu Paradoxien führt); jedenfalls setzen Offenheit und Unbestimmtheit logisch Vielbezüglichkeit und Überbestimmung voraus.[16]

---

16 . Vgl. Christiaan L. Hart Nibbrig: Der verschwiegene Botschaft oder: Bestimmte Interpretierbarkeit als Wirkungsbedingung von Kafkas Rätseltexten. In: DVjS 51 (1977), S. 459-475; Dominique Iehl: Die bestimmte Unbestimmtheit bei Kafka und Beckett. In: Claude David

Die genannte Voraussetzung gilt auch für das - scheinbar „offene" - vom Patienten zu interpretierende und zu ergänzende Bild des sogenannten Rorschach-Tests, das eine treffende Metapher für Kafkas Verfahren abgibt (siehe die Illustration im Anhang).

‚*Der Bau*'

Ein gutes Beispiel für das Prozeßhafte der Sinngebung Kafkas, d. h. für die changierende, gleitende, prozessierende Metapher - oder allgemeiner: Uneigentlichkeit – ist die späte Erzählung '*Der Bau*'. Einer der Ursprünge der gleitenden Metapher im allgemeinen und der Erzählung '*Der Bau*' im besonderen könnte der Aphorismus „Meine Gefängniszelle - meine Festung" sein. Das Bild der - absperrenden, verschließenden - Mauer „gleitet" hier sozusagen von der Bedeutung „Gefängnismauer" zur Bedeutung „Schutzmauer" weiter. Man könnte sich den Aphorismus auch ohne Momente eines e x p l i k a t i v e n , e x e g e t i s c h e n Sachteils (*subscriptio*) vorstellen: als unbestimmte fortgeführte Metapher („Die Mauer"), die im Verlauf der Erzählung von Kontext zu Kontext sukzessive verschieden determiniert wird (durch 'prozessuale Metaphorik'). Man könnte - in einem zweiten Schritt - einen Menschen oder ein Tier hinter einer M a u e r beschreiben und diese Mauer einmal als Schutzwall und einmal als Hindernis darstellen, dann wäre man bei der Konstruktion des Textes '*Der Bau*' angelangt. Genau dies geschieht nämlich in der im November und Dezember 1923, ein halbes Jahr vor Kafkas Tod, entstandenen Erzählung '*Der Bau*': Der jeweilige Kontext determiniert die Bedeutung der einheitgebenden Metapher, spricht dem „offenen Erzählgerüst" verschiedenste Bedeutungen zu. In der Erzählung '*Der Bau*' spricht ein dachsartiges Tier von seinem scheinbar „wohlgelungenen" Bau, seinen verdeckten Ein- und Ausgängen, seinen Schein-Eingängen, seinen Labyrinthen und Burgwällen; aber immer unsicherer erscheint dem Leser dieses Bau-Tier, immer unersättlicher in seiner Sicherheitsgier, immer verwundbarer in seinen Sicherheitsvorkehrungen, bis auch von einem „Zischen" eines großen Feindes die Rede ist, der dem übermäßig sicherheits- und schutzbedürftigen Tier den Garaus machen kann. (ER 412 ff.) Verschiedene Kontext-Welten (aufgerufen durch schwach angedeutete Sinnindizien) legen mögliche Bedeutungen des „Baues" nahe. So kann es beim Werk des „Tieres", das den Bau mit Schein-Eingängen und Labyrinthen versieht und Nahrung hortet, existentiell um Sorge und Vorsorge gehen; kulturhistorisch um den Schutz gegen Feinde und Naturgewalten; sozialpsychologisch um Zwangsverhalten und egozentrisches Selbstischsein (was letztlich Selbst-Mord bedeutet); biographisch um die Bedrohung durch Krankheit und Tod; kunsttheoretisch um das schriftstellerische Werk; bewußtseinstheoretisch ums Denken, ein sich verheddernd es Grübeln voller Rationalisierungen; in erotischer Hinsicht um Sexualabwehr.

(Hg.): Franz Kafka. Themen und Probleme, Göttingen 1980, S. 173-189; vgl. die theoretischen Überlegungen zu diesem Problem in: Umberto Eco: Lector in fabula, München 1987.

Die kulturhistorische Sinndimension wird evoziert, wenn das Tier - in Übereinstimmung mit dem Grundgedanken der *Dialektik der Aufklärung'* von neuen Sorgen spricht: „Es sind andere, stolzere, inhaltsreichere, oft weit zurückgedrängte Sorgen, aber ihre verzehrende Wirkung ist vielleicht die gleiche wie jene der Sorgen, die das Leben draußen bereitet". (ER 425) Ein sozialpsychologischer Aspekt kommt hinzu, wenn das Mißtrauen des Tieres (bzw. Ich-Erzählers) Gestalt gewinnt: „Hätte ich doch irgend jemanden, dem ich vertrauen könnte [...]" (ER 423), wünscht das Bau-Tier, aber im Widerspruch dazu läßt der karikierende, ironische Autor es denken, es könne niemandem vertrauen, wenn es ihn nicht „gleichzeitig überwach[e]"; infolgedessen will das Tier sich auch nicht darüber „beklagen", daß es allein ist. (ER 424) Es „träumt" von „Verständigung", obwohl es „genau weiß, daß es etwas derartiges nicht gibt" (ER 443). Kafka versucht hier eine Verbildlichung des Hobbes'schen „*homo homini lupus*". Das Egozentrische des Tieres nimmt sodann den Charakter psychopathologischer, 'verbohrter' Grübelei - siehe das Problem eines zweiten Eingangs (ER 424) - und zwanghafter Absicherung an. Die absolute Sicherheit bestünde - und damit nähern wir uns wieder der Paradoxie - im Graben eines „Grabes" ohne Ausgang (vgl. ER 418); das „Loch" der neurotischen Angst aber kann nicht verschlossen werden. Das Bau-Tier ist in einem unlösbaren Dilemma befangen; je mehr es sich um „Stille", „Ruhe", „Alleinsein" und „Schutz" bemüht, desto geräuschvoller, unruhiger und gefährdeter erscheint sein „Bau"; Ausdruck dessen ist das „Zischen" (ER 429 ff.), das vielleicht von einer „großen Herde kleiner Tiere" oder wahrscheinlicher noch von einem einzelnen „großen Tier" (ER 438 f.) herrührt. Da das dachsartige Wesen zuweilen glaubt, „niemand außer ihm selbst würde es hören" (ER 430), wird das Zischen des Feindes indirekt als i n n e r e Unruhe, i n n e r e Bedrohung ausgewiesen.

Die „gleitende Metapher" führt wieder zu einem „Zirkel von Innen und Außen", insofern das drohende große Tier zur Allegorie der Angst wird, welche Grund und zugleich Resultat des zwanghaften Bauens ist. So gräbt sich das Tier in der Tat sein 'Grab' in die Erde, denn durch seine Abwehr und seine Verdrängungen wird ja Leben vernichtet und Tod 'hervorgerufen'. „Aufschub" bedeutet eben eine Art „Sterben": „Ist das nicht schon der Tod im Dienst eines Lebens, das sich vor dem Tod nur durch die Ö k o n o m i e des Todes, den Aufschub, die Wiederholung und den Vorrat schützen kann?"[17] Ironischer- bzw. paradoxerweise führt – wie in der Tragödie - jeder Schritt im Namen der Rettung und des Schutzes des Lebens zur Gefährdung und Einschränkung ebendieses Lebens. Das Bauen nimmt daher den allegorischen Charakter eines Kampfes zwischen Leben und Tod, zwischen Eros und Thanatos, d. h. eines Kampfes um den Aufschub (des unvermeidbaren und gewissen Endes), an. Die gleitende Metapher des „Figurenspiels" führt über die genannten Assoziationen und die Gleichung Zischen = Lungenhusten auch in eine biographische Kontext-Welt; *Der Bau'* ist ja im letzten Lebensjahr des von Lungentuberkulose und Hustenanfällen gepeinigten

---

17. Jacques Derrida: Die Schrift und die Differenz, Frankfurt a. M. 1972, S. 310.

Kafka entstanden. Der herankommende, unbekannte Gegner könnte auch die Krankheit und der Tod sein. Es geht um ein Tier, das „ich noch nicht kenne" (ER 433, vgl. 438 f.), oder eine „große Herde kleiner Tiere" (ebd.), also vielleicht Mikroorganismen, Mikroben wie Bakterien oder Viren. Doch die Gefahr wird „verdrängt", sie wird „verleugnet" (im Sinne von Freuds „Verleugnung"), d. h. anerkannt und abgewehrt zugleich: Das Tier gräbt verzweifelt und doch „glaubt" es – angeblich - „im Grunde nicht" an ein böses Ende bzw. ein „schreckliches Ergebnis" (ER 434). Der Gegner wohnt im I n n e r e n ; daher hört das Tier auch am Ende a u ß e r h a l b seines Baues „tiefe Stille" (ER 437), i n seinem Bau, der es selbst ist, herrscht Unruhe, „Zischen". Dennoch bleibt der Gegner ein „Anderer" – sei's im Innern, sei's im Äußeren! Im „Zirkel von Außen und Innen" ist der äußere Feind durch den inneren, durch Zwang und Angst, ersetzt worden, ist Symptom, Krankheit und Thanatos geworden. Die gleitende Metaphorik führt immer wieder auch zu jener Sonderform der Ambiguität, jenem Vexierbild bzw. jener Anamorphose, die wir „Zirkel von Drinnen und Draußen" nannten und dessen logisches Implikat ein „Zirkel" ist, nämlich die Interdependenz von Draußen und Drinnen, die Innenbestimmtheit des Außen und die Außenbestimmtheit des Innen (mit den Phänomenen der Projektion und *selffulfilling prophecy* bzw. der Verinnerlichung externer *imagines* usw.).

Die Metapher des Figurenspiels aber bleibt nie 'stehen'; so legen indirekt bestimmte Konnotationen einzelner Vokabeln - man denke an die Ausführungen zum „Erstlingswerk", der „dünnwandigen Spielerei" des „Labyrinthbaues", das den jetzigen Ausgang darstellt (ER 418) - die Gleichsetzung von Bau und d i c h t e r i s c h e m Werk nahe. Daß das Bauen gleichzusetzen ist mit der D e n k a r b e i t überhaupt, dafür spricht folgende Anspielung: „Für eine solche Arbeit aber habe ich nur die Stirn. Mit der Stirn also bin ich tausend- und tausendmal tage- und nächtlang gegen die Erde angerannt [...]." (ER 415) Dann wieder erscheint das Zwangsverhalten motiviert durch aggressive S e x u a l a b w e h r , wenn das Tier befürchtet, eine „beliebige kleine Unschuld", ein „widerliches kleines Wesen" könne in den Bau eindringen, oder „irgendein Waldbruder" könne in seiner „schmutzigen Gier" das „Moos" des Eingangs (bzw. Ausgangs) heben, ihm seinen „Hinteren" entgegenstrecken (ER 423).

Immer wieder verbindet sich die „gleitende Metapher" mit der Paradoxie; so wird der Bau der S i c h e r h e i t schließlich zum Bau der U n s i c h e r h e i t - was er von Anfang an war. Das Unbewußte tritt in Widerspruch zum Bewußten. Der Bau scheint „wohlgelungen" (ER 412) und ist doch mißraten (ER 418, 431). Das Schönste am Bau ist „seine Stille" (ER 413), und doch hat das Tier keine „ruhige Stunde" (ER 412), insbesondere sobald vom „Zischen" die Rede ist (ER 429 f.). Nur mehr a u ß e r h a l b des Baues herrscht „tiefe Stille" (ER 437). Der „Ort der Gefahr ist ein Ort des Friedens" geworden (ER 438); soll das Tier nun zurückkehren in die „sinnlose Freiheit" (ER 422), vor der es geflohen war? Und die „Laufrichtung" ändern - wie jene Maus in der *'Kleinen Fabel'* (ER 368)?

Die gleitende Metapher verbindet sich also dort, wo ihre Bedeutungen einander mehr und mehr widersprechen, mit der gleitenden Paradoxie; aber auch jene

Doppel-Metapher, jene Anamorphose des Zirkels von Innen und Außen ist wieder klar erkennbar. So wird deutlich, wie die Kafkaschen Grundfiguren, die wir aus dem Labyrinth seiner ästhetisch elaborierten Texte herauszuheben suchen, sich ineinander verschränken. In den Romanfragmenten 'Der Proceß' und 'Das Schloß' wird dann jene prozeßhafte, gleitende und paradoxe Semiose in großem Maßstab inszeniert.

Der Zirkel von Innen und Außen.

Kafkas Ambiguität beruht auf polysemischen, gleitenden Metaphern und auf metonymischen Konstruktionen (die „Narbe" „unterhalb der Hüfte", ER 167; die „Wunde" „in der Hüftengegend", ER 143), die wiederum häufig Metaphern evozieren. Die hervorstechendste Eigentümlichkeit der (statischen oder gleitenden) Doppelmetaphern ist der - auf Soziales und zugleich auf Intrapsychisches verweisende - „Zirkel von Innen und Außen". Die doppelte oder multivalente bzw. gleitende Metaphorik führt in den „Zirkel von Innen und Außen" hinein, wenn das eine *comparatum* (das eine Signifikat der Metapher) aufs Intrapsychische und das andere *comparatum* auf die soziale Außenwelt verweist bzw. wenn dies öfter und sukzessive - 'prozessierend', 'gleitend' - geschieht. Der Aphorismus von der „Stirn" mag das verdeutlichen:

> Als wir an eine hohe weiße seitwärts und oben sich langsam wölbende Mauer kamen, die Vorwärtsfahrt einstellten, die Mauer entlang fahrend, sie betasteten, sagte schließlich der Kutscher: „Es ist eine Stirn." (H 153)

Die Doppelmetapher weist als Vexierbild oder Anamorphose auf ein Element der äußeren Wirklichkeit hin (die 'konvexe' Stirn von außen) - und zugleich auch auf eine Innenwelt (die 'konkave' Wölbung der Stirn von innen gesehen). Wir stoßen auf eine Grenze, im Draußen oder im Drinnen: „Man glaubt, wieder und wieder der Natur nachzufahren, und fährt doch nur der Form entlang, durch die wir sie betrachten."[18] In ähnlicher Weise läßt sich der Raum in Samuel Becketts ‚Endgame' als Kopfinnenraum verstehen wie auch als Abbildung eines realen äußeren Wohnraumes; der Blickwinkel entscheidet über die Wahrnehmung (siehe die Illustrationen im Anhang: Das Vexierbild, das entweder einen Pokal oder zwei Gesichter im Profil darstellt, und die Skizze, die als Darstellung des Inneren eines Kopfes mit Augenlöchern oder als Außenraum mit Fenstern gesehen werden kann).

Blicken wir, um den angedeuteten „Zirkel" noch weiter zu verdeutlichen, nochmals auf Kafkas Gefängnis-Metaphern (d. h. auf vier Beispiele: a, b, c, d):

> Meine Gefängniszelle - meine Festung (H 421)

> Es war keine Gefängniszelle, denn die vierte Wand war völlig frei. Die Vorstellung allerdings, daß auch diese Wand vermauert sein oder werden könnte, war entsetzlich, denn dann war ich bei dem Ausmaß des Raumes,

---

18 . Ludwig Wittgestein: Schriften, Frankfurt a. M. 1960, S. 343.

> der ein Meter tief war und nur wenig höher als ich, in einem aufrechten steinernen Sarg. (H 345)

> Mit einem Gefängnis hätte er sich abgefunden. Als Gefangener enden das wäre eines Lebens Ziel. Aber es war ein Gitterkäfig. Gleichgültig, herrisch, wie bei sich zu Hause strömte durch das Gitter aus und ein der Lärm der Welt, der Gefangene war eigentlich frei, er konnte an allem teilnehmen, nichts entging ihm draußen, selbst verlassen hätte er den Käfig können, die Gitterstangen standen ja meterweit auseinander, nicht einmal gefangen war er. (B 292)

> „Nein, die Rettung ist nicht zu wünschen." [...] „Und was mich betrifft, so habe ich es in der Freiheit, der gleichen Freiheit, die jetzt unsere Rettung werden soll, kaum ertragen können oder wirklich nicht ertragen, denn jetzt sitze ich ja in der Zelle." (H 361)

Die Texte b) und c) machen deutlich, daß „Zelle" hier metaphorisch gemeint sein muß: Ein Gefängnis mit offenen Türen gibt es in der Wirklichkeit nicht.

1) Jeder der Aphorismen weist als Metapher auf verschiedenste innere Zwänge, aber auch auf äußere - allerdings nicht direkt greifbare - Gewalten.

2) Jeder der Aphorismen weist zweitens - als Paradoxie - auf eine Antinomie: Ein 'offenes Gefängnis' ist ein Widerspruch; aber die Paradoxie ergibt sich auch, wenn wir von der wörtlichen Bedeutung zur übertragenen, uneigentlichen Bedeutung weitergehen: Auch innere Zwänge, die wir theoretisch, aber nicht praktisch durchbrechen können, sind ein paradoxes Phänomen (wir erinnern uns des „Schwimmers", der „nicht schwimmen kann" [H332]). Der Text a) vor allem weist auf die Rückseite der Medaille, den anderen Pol der Paradoxie, auf das positive Moment am „Gefangensein": Dem negativen Moment der Fesselung steht positiv das Moment des Geschütztseins gegenüber (man ist auch geschützt in seinen Fesseln, in seiner Angepaßtheit, in seiner Reduziertheit, seinem Charakterpanzer); das „Gefängnis" ist auch eine „Festung"!

3) Die paradoxe Metapher (aller vier Beispiele) weist drittens sowohl auf ein soziales Draußen wie auf ein psychisches Drinnen. Die Doppel-Metapher hat - als Vexierbild, als Anamorphose - die Sonderform des „Zirkels von Innen und Außen" angenommen: Einmal denken wir an die gesellschaftlichen Zwänge (Erziehung, Konventionen, Normen, Disziplin in Beruf, Verkehr usw.); sie sind indessen in gewissem Sinn nicht absolut (die „vierte Wand ist frei"). Das Moment der „freien Wand" deutet darauf hin, daß es überhaupt nicht um direkte äußere Zwänge geht, denn diese wären unumgänglich (es gäbe keine „freie Wand"). Die implizierte Schlußfolgerung: Die Zwänge bestehen weniger im Draußen als im eigenen Innern - als selbstauferlegte Normen, als Selbstzwang. Die Doppelmetapher verweist also auf die Doppelheit von Außen und Innen; aber die Konstruktion setzt die Paradoxie des Bildes fort und löst sie keineswegs auf. Ähnlich paradox sind die folgenden einander widersprechenden Maximen Kafkas:

> Ich stand niemals unter dem Druck einer andern Verantwortung als jener, welche das Dasein, der Blick, das Urteil anderer Menschen mir auferlegten. (H 303)

Es ist ein Mandat. Ich kann meiner Natur nach nur ein Mandat übernehmen, das niemand mir gegeben hat. (H 302)

Auch in bezug auf die *inneren* Zwänge, auf die wir verwiesen werden, bzw. in bezug auf das „Gefängnis" als Metapher für innere und individuelle Fesseln (Charakterpanzerung etc.) öffnet sich offenbar eine Tür, eine „Wand": auch diese Zwänge sind nicht absolut (ebensowenig wie das „Nicht-Schwimmen-Können" des zitierten „Schwimmers"). Es gibt ein Maß an Willensfreiheit; andererseits aber scheinen wir uns mehr unseren Zwängen und Selbsteinschränkungen zu überlassen. Aber was ist nun Schein und was Wirklichkeit?

Die Gefängnis-Aphorismen sprechen jedenfalls von äußeren Zwängen wie von inneren, von Außenwelten wie von Innenwelten. Die Doppel-Metapher, die zum Zirkel von Innen und Außen geführt hat, zeigt, formsemantisch gesehen, daß ihre paradoxe Form auch einen eminent paradoxen Inhalt impliziert; die drei Grundformen wirken also zusammen. (Siehe wieder die Graphiken im Anhang: Die optischen Paradoxa, die Vexierbilder und Anamorphosen und das Möbius-Band, dessen Innenseite zur Außenseite wird; dieses Möbius-Band illustriert 1) die gleitende Paradoxie (die Außenseite wird zur Innenseite usw.), 2) die gleitende Metapher (wie das Vexierbild bringt das Möbius-Band sozusagen einmal diese und einmal eine andere Sicht - bzw. Seite - zur Anschauung) und 3) den Zirkel von Innen und Außen (da die Innenseite immer wieder in die Außenseite übergeht und umgekehrt). Setzen sich die Allusionen im Text nun prozessual fort, dann schlägt die Außenwelt sukzessive immer wieder in die Innenwelt um bzw. umgekehrt, d. h., dann haben wir es mit einer gleitenden Semiose zu tun (die durch das Bild der Spirale illustriert werden kann).

Metapher, Paradoxie und Innen-Außen-Zirkel zusammengesehen, ergeben also bezüglich der Kafkaschen Gefängnis-Aphorismen folgende Schlußfolgerung:

a) Zunächst erscheinen die gesellschaftlichen Zwänge als scheinbare: In der Außenwelt ist jeder frei, autonom, nur die inneren Zwänge lassen einen glauben, man müsse sich an die erwarteten Gebote halten. Aber letztlich nützt einem diese Freiheit nichts, denn die inneren Zwänge sind handfest und wirklich (wirk-sam), ja, sind vermutlich nur verinnerlichte äußere Zwänge, d. h. Zwang, der Selbstzwang geworden ist. Also sind wir nicht frei!

b) In bezug auf die Konstruktion der Aphorismen als Bilder für die Innenwelt bzw. die intrapsychischen Phänomene ergibt sich: Die inneren Zwänge eines Individuums sind offenbar nur Schein, denn die „Gitterstangen stehen ja meterweit auseinander". In Wirklichkeit sind wir freie Menschen. Aber - eine Wende auch hier - diese Freiheit ist nur theoretisch! In Wirklichkeit - pragmatisch gesehen - herrschen eben subjektiv gewisse Zwänge und Ängste unabweisbar, über die wir uns subjektiv - und damit sozusagen auch objektiv - nicht hinwegsetzen können (wie der „Schwimmer", der „nicht schwimmen kann"). Theoretisch sind wir frei, praktisch aber determinieren uns Zwänge. Die Situation ist also doppelt paradox.

In wie starkem Maße sich Paradoxie, Metaphorik und Innenwelt-Außenwelt-Zirkel verzweigen und ineinander verschränken können, zeigen natürlich die umfangreicheren Erzählungen deutlicher als die kurzen Aphorismen. 'Der Bau' z. B. stellt, wie wir sahen, gewissermaßen eine „gleitende" polysemische Ausweitung der Aphorismen von der „Gefängniszelle" dar: „*Der Bau* - meine Festung - mein Gefängnis", so könnte man die Grundbewegung der Erzählung umschreiben und damit an die Aspekte Innen/Außen und Freiheit/Unfreiheit erinnern. Ruhe und Zischen, Gefahr und Schutz, Kommunikation und Selbstisolierung sind die paradoxen Pole der Großmetapher „Bau"; auf den Zirkel von Innen und Außen in der Konstruktion des Textes weist vor allem der Aspekt der Verkehrung der äußeren Gefahren in innere (Feind draußen, oberhalb des Baues *versus* Feind in der Erde; äußere Gefahr *versus* intrapsychische Gefahr). Der temporale Aspekt der Erzählung hat gewissermaßen nur die Funktion, sukzessive die Metaphorik und die paradoxe Grundsituation auszuloten und auszudifferenzieren.

‚Bericht für eine Akademie'

Im *'Bericht für eine Akademie'* wird noch viel direkter bzw. wörtlicher als im *'Bau'* die Metapher des „Gefängnisses" ins Zentrum gerückt[19]; ihr werden als „offenem Erzählgerüst" - im Prozeß des „Gleitens" der Metaphorik - die verschiedensten Bedeutungen beigegeben: „Gefangenschaft" im übertragenen Sinne wird sichtbar in den Essensritualen, denen der Affe Rotpeter sich fügen muß, in den menschlichen Rollenspielen, im Berufsleben (Varieté), in sexueller Hinsicht usw. usf. Im Hinblick auf den „Zirkel von Innen und Außen" ist entscheidend, daß die Außenwelt („Zirkus Hagenbeck") nicht nur als soziale Welt gesehen werden kann, sondern auch als familiale Umwelt, die für intrapsychische Traumata verantwortlich ist, d. h. zu einem gebrochenen Selbstbewußtsein, zu inneren Ängsten, zu verschiedensten Unfreiheiten und Zwängen führen kann (wenn man den Zirkusdirektor als Familienoberhaupt sieht). Die Erzählung demonstriert gewissermaßen, was geschieht, wenn das Subjekt der „Gefängnis"-Aphorismen den Raum der Gefangenschaft verläßt: Es findet zwar einen „Ausweg" (ER 173), aber im Grunde befindet es sich nun, nachdem es sich an die Konventionen und Handlungsweisen der Außenwelt angepaßt hat, erst recht in „Gefangenschaft"; die Paradoxie des Ablaufs im *'Bericht'* hat die ironische und zynische Implikation, daß das 'freie' Dasein eines „Europäers" mit „Durchschnittsbildung" (ER 174) doch etwas eminent 'Unfreies' darstellt: „Ich habe es in Freiheit, die jetzt unsere Rettung werden soll, kaum ertragen können oder wirklich nicht ertragen, denn jetzt sitze ich ja in der Zelle." (H 361) Zurück in die „Festung"!
Der *'Bericht für eine Akademie'* stellt gewissermaßen auch eine Ausarbeitung des Aphorismus „Ein Käfig ging einen Vogel suchen" (H 41) dar: „Ein Käfig ging einen Affen suchen". In gewissem Sinn gilt hier natürlich auch die simplere, mit implizierte Variante: „Ein Affe ging einen Käfig suchen", denn Rotpeter gelangt ja schließlich in einen neuen Käfig, einen unsichtbaren Käfig - bzw. in einen andersartigen Käfig, in welchem nämlich die „vierte Wand" fehlt bzw. die

---

19 . Vgl. die ausführlichere Darstellung im folgenden Kapitel „Eine Anamorphose".

„Gittenstangen meterweit auseinander stehen": in die scheinbare Freiheit und - kritisch gesehen - reale Unfreiheit, aber doch auch in einen Schutzraum, eine „Festung", den Raum des „Auswegs". Doch Rotpeter könnte nun - wie der Käfig-Vogel bzw. Vogel-Käfig - beginnen, nach sich selbst zu suchen, nach sich selbst als freiem, lebendigem Wesen (von dem nichts blieb, trotz der vermeintlichen Freiheit; von dem nichts bleib als (innere) Gefängnisstäbe). Es verwirklicht sich die Paradoxie: Menschenfreiheit ist Menschengefangenschaft. Aber die Metaphorik bzw. Semiose der Erzählung ist natürlich sehr komplex, wieder sind viele Allusionen auf verschiedenste Bezugswelten des „offenen Erzählgerüstes" eingebaut: Wofür stehen Rotpeter, der Käfig, der Zirkus Hagenbeck, die halbdressierte Äffin?

a) Eine Bezugswelt wäre die Idee der phylogenetischen (‚stammesgeschichtlichen', sozialen) Entwicklung: Im Sinne von Horkheimers und Adornos *Dialektik der Aufklärung* wird gezeigt, daß die kulturelle Unabhängigkeit von Natur nur neue Abhängigkeiten schafft (Arbeit, soziale Ordnung, Disziplin, Selbstzwang). Interessant ist, daß „Dressur" im Zusammenhang der Erzählung bedeutet: einen zum Menschen dressieren; der Schimpansin ist die 'Veredelung' zum Menschen offenbar nicht ganz gelungen, sie gilt als „halbdressiert" (ER 174). Die Implikation dieser Seite der Metaphorik ist natürlich, daß der Affe Rotpeter sozusagen keinen 'Einzelfall' darstellt, sondern daß er für die Norm, für 'Jedermann' steht.

b) Ein zweiter Bezug wäre der zur Idee der ontogenetischen (die Lebensgeschichte jeden Individuums betreffenden) Entwicklung (womit wir die Metapher wieder deutlich als verdichtete Metapher bzw. als Doppelmetapher und Vexierbild skizziert hätten). Das Kind wird sozialisiert, lernt durch Mimesis, paßt sich den Rollen und Rollenzwängen, den gesellschaftlichen Normen, den Vorschriften der Disziplin und Selbstdisziplin usw. an und verliert mehr und mehr die ursprüngliche ('animalische') Natürlichkeit, Naivität, sexuelle Unbefangenheit. Die Anspielung auf Sexualität, ja die Idee der ödipalen Krise und der psychischen 'Kastration' sind ganz offenkundig: Im Verlauf eines sozusagen paradiesischen Lebens vor dem Sündenfall wird der Affe Rotpeter eingefangen: Zwei Schüsse treffen ihn: Einer trifft ihn in die Backe, der andere „traf mich unterhalb der Hüfte" - „man wird dort nichts finden als einen wohlgepflegten Pelz und die Narbe nach einem [...] frevelhaften Schuß" (ER 168). (Dennoch vergnügt sich Rotpeter nachts mit der „halbdressierten" Schimpansin „nach Affenart" [ER 174], was die angedeutete Kastration als rein symbolische ausweist.)

Wieder ist impliziert, daß Rotpeter für 'Jedermann' steht und nicht für ein Sonderschicksal, denn das Ödipus-Schicksal und die „symbolische Kastration" - seit dem Sündenfall mit der Konsequenz der Scham, des Trieb-Aufschubs und der Verdrängung - sind ein universelles Schicksal innerhalb der Kultur, d. h. der Menschenwelt. Diese zweite Bezugswelt hat uns natürlich in gewissem Sinn auch wieder in den „Zirkel von Innen und Außen" hineingeführt: denn die Aspekte der Hominisation und Sozialisation in Familie und Gesellschaft hängen direkt mit der *intrapsychischen* Wirklichkeit zusammen: Sie prägen die Innenwelt des Individuums (während die sozialhistorische Perspektive mehr mit der Wirklichkeit der

Außenwelt verbunden ist).

c) Da der Affe Rotpeter aber am Ende zum „Varieté"-Künstler avanciert (ER 173), können wir in der (gleitenden) Metaphorik der Erzählung auch eine Allusion auf die Künste sehen. Zwar mag dieses Bild generell auf den Nachahmungskünstler Mensch, auf die kulturell notwendige Mimesis und Mimikry eines jeden Menschen ('Jedermann') abzielen, aber der Kontext - Kafka als Schriftsteller, Künstler - legt auch die Möglichkeit des Bezugs zur Kunstwelt nahe. Es ginge dann um den mehr oder weniger unangepaßten Künstler, der nicht ganz im praktischen Leben steht, nicht ganz so angepaßt ist wie die übrigen Berufsstände, den Künstler, der gewissermaßen die Rolle des Hofnarren in der Gesellschaft übernommen hat, noch mit Impulsen natürlichen bzw. tabuierten/verbotenen Verhaltens ausgestattet ist, auch Züge kindhaften, naiven Verhaltens aufweist, den Künstler, der sich auf Grund seiner Impulse aus dem Unbewußten bzw. Verdrängten gefangen sieht in der Gesellschaft, dem Normengefüge, den Tabus, den Schamgrenzen, den Rollenzwängen usw. Dieser Künstler hat gewissermaßen die Wahl: „Zoologischer Garten oder Varieté" (ER 173) - also wieder Gefangenschaft oder Freiheit der „Kunst" (doch auch hier gilt die Paradoxie vom Gefängnis mit der „freien vierten Wand": Auch diese „Freiheit" ist letztlich eine Scheinfreiheit).

Ist der „Zoologische Garten" hier nun als Denotation einfach wörtlich zu nehmen (als phantastisch-märchenartiger Bestandteil der „Metamorphose")? Oder 'gleitet' auch hier die Metapher weiter zu anderen Bedeutungsaspekten? Weist sie vielleicht auf einen 'Menschenzoo' wie die Nervenheilanstalt oder den bürgerlich-biederen Alltagstrott in den 'Zellen' der Ein- oder Mehrfamilienhäuser? Die Alternative „Varieté" bedeutet in diesem Kontext jedenfalls die Kunst als Überschreitung des bloßen Affen- bzw. Gefangenseins durchs Mensch-Sein, das einen gewissen Freiraum gewährt für das Spiel mit dem Animalischen, dem Triebhaft-Natürlich-Unangepaßten. In diesem Kontext hat die Narbe „unterhalb der Hüfte" den Sinn, sozusagen auf „Sublimierung" nach erfolgter „Verdrängung" hinzuweisen. Das Begehren, das unbefangene Wollen, das Kindlich-Triebhafte, die verdrängten Wünsche - vom Alltagsmenschen ganz und gar verdrängt und vergessen - bleiben beim Künstler relativ wach. Doch letztlich muß auch er diesen Bereich verdrängen; er kommt nur in halb-verdrängter, maskierter Form zur Sprache (daher das Sich-Selbst-Widersprechen Rotpeters). Bei der Auslegung der Metaphorik in die Richtung der Kunst-Darstellung ist jedoch impliziert, daß der Affe Rotpeter nun nicht mehr für 'Jedermann' steht: ein Widerspruch zu den anderen Allusionen tut sich auf - und weist damit wieder die Konstruktion als eine paradoxe Konstruktion aus.

d) Zuletzt darf aber nicht übersehen werden, daß mit der genannten „Varieté"-Kunst auch Kafkas eigene, untertreibende, unprätentiöse Kunst mit seinen Darstellungen des Unbewußten, Verdrängten, Tabuisierten, 'Tierhaften' gemeint ist, eine der *mainstream*-Kultur entgegengesetzte „litterature mineure"[20]. Damit stünde Rotpeter nur noch für ein Individuum und absolut nicht mehr für

---

20. Vgl. Gilles Deleuze/Félix Guattari: Kafka. Pour une Littérature Mineure, Paris 1975.

den 'Jedermann'. Aber die paradoxe gleitende Metapher intendiert hier wohl alle diese Bedeutungen und Widersprüchlichkeiten, d. h., es scheint nicht so zu sein, daß nur eine - stimmige, widerspruchsfreie - Interpretation die richtige Interpretation darstellt, sondern daß die Widersprüchlichkeit zugelassen, ja beabsichtigt ist. Aber nicht die *intentio lectoris* führt uns auf die zahlreichen Bedeutungsmomente, sondern die *intentio operis*.

Wir sehen, auch im '*Bericht*' mit seiner gleitenden Sinngebung haben sich wieder Paradoxia, Metapher und der „Zirkel von Innen und Außen" ineinander verschränkt. Um die Figur des „Zirkels von Innen und Außen" in voller Klarheit nochmals vor Augen zu führen, sei zum Abschluß dieses Kapitels folgende Skizze zitiert:

'Der Steuermann'

„Bin ich nicht Steuermann?" rief ich. „Du?" fragte ein dunkler hochgewachsener Mann und strich sich mit der Hand über die Augen, als verscheuche er einen Traum. Ich war am Steuer gestanden in der dunklen Nacht, die schwachbrennende Laterne über meinem Kopf, und nun war dieser Mann gekommen und wollte mich beiseite schieben. Und da ich nicht wich, setzte er mir den Fuß auf die Brust und trat mich langsam nieder, während ich noch immer an den Stäben des Steuerrades hing und beim Niederfallen es ganz herumriß. Da aber faßte es der Mann, brachte es in Ordnung, mich aber stieß er weg. Doch ich besann mich bald, lief zu der Luke, die in den Mannschaftsraum führte und rief: „Mannschaft! Kameraden! Kommt schnell! Ein Fremder hat mich vom Steuer vertrieben!" Langsam kamen sie, stiegen auf aus der Schiffstreppe, schwankende müde mächtige Gestalten. „Bin ich der Steuermann?" fragte ich. Sie nickten, aber Blicke hatten sie nur für den Fremden, im Halbkreis standen sie um ihn herum und, als er befehlend sagte: „Stört mich nicht", sammelten sie sich, nickten mir zu und zogen wieder die Schiffstreppe hinab. Was ist das für Volk! Denken sie auch oder schlurfen sie nur sinnlos über die Erde?" (ER 366 f.)

Man hat hier eine a l l e g o r i s c h e Darstellung - eine Darstellung im Sinne der antiken Psychomachien oder barocken Mysterienspiele - erkennen zu müssen geglaubt und sie auf das Freudsche Modell vom Überich, Ich und Es bezogen[21]: Das rationale Ich versage vor der zu starken Macht des Überichs und lasse sich von ihm die Macht aus den Händen nehmen. Das Schiffsvolk figuriert nach dieser Lesart als das Es, als die Summe der Triebe, welche sich nicht mehr nach der Ratio richten, sondern „nur Blicke für den Fremden", das Überich, haben. Der Traumcharakter der Szene vermag jedenfalls zu bestätigen, daß hier unbewußte Verhältnisse von Macht und Ohnmacht, Befehlsgewalt und Gehorsam dargestellt werden.

---

21. Vgl. Albert M. Reh: Psychologische und psychoanalytische Interpretationsmethoden in der Literaturwissenschaft. In: Wolfgang Paulsen (Hg.): Psychologie in der Literaturwissenschaft, Heidelberg 1971, S. 34-55. Vgl. auch das Kapitel „Psychoanalyse *von* Kafkas Texten oder Psychoanalyse *in* Kafkas Texten" im vorliegenden Band.

Eine zweite Lesart könnte davon ausgehen, daß es sich hier um eine - zugegebenermaßen traumartige, stark ins Sinnbildliche verformte - Parabel über externe soziale Phänomene handelt. Nach dem Hobbes'schen Satz: „*auctoritas, non veritas facit legem*" (Leviathan, 26. cap.) setzt die M a c h t aus sich selbst, was G e s e t z heißt, setzt s i c h selbst ohne Begründung, ohne Konsens, ohne allgemeine Akklamation (d. h. ohne wahre und freie kollektive Zustimmung). Von dem „Fremden" würde mithin der „Steuermann" als der Schwächere begründungslos beiseite geschoben und niedergetreten. Zwar findet der bisherige Steuermann noch die verbale Zustimmung des Volkes („'Bin ich der Steuermann?' fragte ich. Sie nickten [...]"), aber dieser Rest von Legalität und Konsens erweist sich als Farce, als ohnmächtig und bedeutungslos angesichts der G e w a l t des „Fremden" und der G e h o r s a m s b e r e i t s c h a f t des Untertans, des „Steuermanns". Die symbolische Darstellung e x t e r n e r Verhältnisse kommt mit der allegorischen Darstellung i n t r a p s y c h i s c h e r Konstellationen überein. Zu einem Zirkel (im logischen Sinne) führt diese changierende, gleitende Metaphorik dann, wenn sich eine wechselseitige Abhängigkeit der Perspektiven deduzieren läßt: Führt nicht die Verinnerlichung einer externen Übermacht zu einer psychischen Disposition, in welcher sich das rationale Ich als schwach und das Überich als unbeherrschbar-stark erweist? Bei einem Übermaß an väterlicher Herrschaft wird das Individuum, dessen Ich sich unterwirft, die Bürde eines „übermäßigen Überichs"[22] empfangen! Und wirkt nicht auch Inneres nach außen, begünstigen nicht des Gehorsamsbereiten innere Schwäche und Angst (als Erwartenserwartungen) die Machtansprüche der weniger skrupulösen Rivalen?

Den Aspekt der Verinnerlichung hat Kafka in einem treffenden Aphorismus verbildlicht: „Das Tier entwindet dem Herrn die Peitsche und peitscht sich selbst, um Herr zu werden, und weiß nicht, daß das nur eine Phantasie ist, erzeugt durch einen neuen Knoten im Peitschenriemen des Herrn." (H 84) Der ‚*Proceß*' andererseits zeigt, in wie starkem Maß die Reaktion der Umwelt von der inneren Disposition des Subjekts abhängt: „Das Gericht will nichts von dir. Es nimmt dich auf, wenn du kommst, und es entläßt dich, wenn du gehst." (P 265) Über die Interdependenz von Innen und Außen gab Kafka in seiner Reflexion über den Kapitalismus explizit Auskunft: „Der Kapitalismus ist ein System von Abhängigkeiten, die von innen nach außen, von außen nach innen, von oben nach unten und von unten nach oben gehen." (J2 205 f.)

Der ‚*Steuermann*' kann als Modell dieser Interdependenzen gelten; Kafkas Darstellung bringt in ihm verschiedene Bedeutungsschichten zur Deckung: Das Bild kann sowohl als Abbildung innerer Vorgänge (Träume, Phantasien) genommen werden wie als Repräsentation äußerer, sozialer Prozesse; als Bild intrapsychischer Vorgänge wiederum spiegelt die Metapher auch die Urszene, die Szene der ersten großen Verdrängung durch einen anderen, „den Anderen"; damit ist aber auch die Genese des Überichs bzw. des inneren Szenarios wiedergegeben. „Inneres" besteht ja nur aus verinnerlichten Erlebnissen, die z. B. als Traumata

---

22. Lacan, Schriften III, S. 94 (zur Bestimmung der „Selbstbestrafungsneurose").

feste Formen angenommen haben und immer wieder – im Sinne des Wiederholungszwangs – wirksam zutage treten. Die Wiederholung ist immer die Wiederholung einer Urszene. Und diese Wiederholung ist letztlich auch immer am Werk, wenn Intrapsychisches auf Äußeres „projiziert" wird, d. h., wenn die Wahrnehmung der externen Wirklichkeit nach Maßgabe innerer Dispositionen verzerrt wird. Ob im ‚*Steuermann*' oder im ‚*Proceß*', Kafka versteht es, die externe Wirklichkeit stets als subjektiv gefilterte, durch Projektionen entstellte Wirklichkeit darzustellen. Und er bringt diese Perspektive mit dem Blick auf die Urszene (die sich ja in den Projektionen wiederholt) zur Deckung; man kann letztlich nicht unterscheiden, ob die Urszene oder die Wiederholung der Urszene wiedergegeben wird, was besonders in der Erzählung ‚*Das Urteil*' deutlich wird. Im Prinzip kommt es bei Kafka meist zu einem „Zirkel" bzw. einer Kongruenz von Innerem, Äußerem (Äußerem als subjektiv wahrgenommenem, durch Projektion verzerrtem Äußeren), Urszene (als Substanz des Inneren – und als Genese des Inneren) und Wiederholung der Urszene (als Projektion des Inneren und Urszenenhaften auf die äußere Welt).

Noch einmal war zu sehen, wie sich in Kafkas Werken gleitende Paradoxie, gleitende Metapher und zirkelhafte Ineinanderverschränkung von Verweisen aufs Draußen und aufs Drinnen immer wieder zu komplexen und verknoteten Gebilden zusammenschließen. Zumeist sind diese 'Knoten' Ausdruck bestimmter Annahmen über das Verhältnis von Ich und Welt bzw. das Verhältnis von Begehren, Macht und Recht und können daher - unabhängig von der Betrachtung oder Analyse ihres rein gestalterischen Reizes - formsemantisch auf ihre inhaltlichen Implikationen hin befragt werden.

Strukturformeln
Das Ineinander von Paradoxie, Gleitender Metapher und ‚Zirkel von Innen und Außen' in ‚*Das Urteil*' und ‚*Die Verwandlung*' und ‚*Der Proceß*'

Freud analysiert einen sogenannten „Verdichtungswitz" bei Heinrich Heine, der seinen Hirsch-Hyazinth nach einem Besuch beim reichen Onkel Rothschild sagen läßt: „Rothschild behandelte mich ganz wie seinesgleichen, ganz famillionär"[23]. Der Versprecher „lion" bzw. „on", metonymisches bzw. synekdocheisches *pars pro toto* für „Millionär", straft das „familiär" Lügen. In der verdichteten Zeichenfolge „fami*lli*onär" ist eine dem Sprecher eigentlich peinliche Kritik verborgen und zugleich ausgesprochen, genauer: angedeutet. Im Signifikanten „S" verbirgt sich ein anderer Signifikant bzw. ein Signifikat „(s)", die Klammer deutet das Moment der Entstellung, des Verbergens, des Verdrängens an: S/(s). Das Verhältnis kann auch als Bewußtes (bw) versus

---

23 . Ebd., S. 20 ff.

Unbewußtes (ubw) formuliert werden: bw/(ubw). Freilich geschieht im Witz *bewußt* oder doch halbbewußt, jedenfalls *intentional*, was sich in Traum und Fehlleistung (und auch in jeder Form von Symptombildung) *unbewußt* ereignet. Bewußt wird das aufgesucht, was Traum und Fehlleistung wider Willen aussprechen: eine zensierte Regung. Aber auch im Witz bleibt diese zensierte Regung halbbewußt, d. h., sie muß maskiert, entstellt, versteckt werden (durch Verschiebungen und Verdichtungen). Die Strukturformel lautet:

„Famil*lion*är" ist eine:
Verdichtung von „familiär" (S_1) + „lion" bzw. „on"
für „mil*lion*ärhaft" (S_2);

$$VD \quad \frac{S_1 + S_2}{n} \quad bzw.:$$

$$\frac{Signifikant}{Signifikat} \quad \frac{S}{(s)} \quad \frac{lion\ bzw.\ on}{wie\ ein\ Millionär} \quad bzw.$$

$$\frac{familli(on)är}{(wie\ ein\ Millionär)} \quad \frac{bw}{ubw} \quad bzw.: \quad \frac{S\ (bw) + S\ (ubw)}{(s)\ (ubw)}$$

Allseits bekannt ist der Versprecher „zum Vorschwein kommen", in dem das „w" einen „schweinischen" Hintergedanken verrät (wobei „schweinisch" als metaphorischer Ausdruck für Erotisches und das „w" als Metonymie (genauer: Synekdoche) für „Schwein" zu verstehen ist). In „Vor*schw*ein" sind zwei Signifikanten verdichtet, wobei ein Signifikant („w"), der eigentliche „Signifikant", auf Grund der Entstellung nur indirekt und versteckt auf das Gemeinte („schweinisch") hinweist; das Gemeinte (es rutscht in die Position des Signifikates) ist quasi verdrängt: S/(s) bzw. $S_1 + (S_2)/(s_2)$; man kann hier eindeutig von einer Spaltung in Bewußtes und Unbewußtes ausgehen: S/(s) = bw/(ubw). Anders als beim Witz wird hier aber das Zensierte, Verdrängte nicht intentional angesteuert, sondern es verrät sich wider Willen: Wäre der Witz vom „famillionären" Verhalten Rothschilds nicht bewußt konstruiert, sondern als realer Versprecher unbewußt artikuliert worden, dann hätte sich die gleiche Struktur ergeben: Familiär + lion/(Millionär), d. h.: $S_1 + (S_2)/(s_2)$ bzw. S/(s) bzw. bw/(ubw).

Der Versprecher verrät (wie die Gebilde des Traums) wider Willen eine verdrängte, zensierte, widerstrebende Tendenz; der Witz dagegen steuert willentlich eine solche Tendenz an, verrät sie aber nur, indem er sie zugleich versteckt, d. h., indem er vorsichtig in maskierter Form auf sie anspielt; er spricht und verschweigt zugleich. Dieses Verhältnis gilt aber *für die Literatur im allgemeinen* (und das heißt in unserem Zusammenhang: *auch für Kafka*): Soweit in der Poesie Unbewußtes artikuliert wird, geschieht dies willentlich und bewußt, gleichwohl in vorsichtiger, maskierender Weise; Verbergen und Entbergen bedingen sich hier gegenseitig.

Kafka erzählt in dem Text *‚Eine alltägliche Verwirrung'* (ER 349) wie „A" vergeblich versucht, „B" wegen eines Geschäftsabschlusses zu treffen; schließlich stößt „A" auf „B", aber erleidet eine „Sehnenzerrung", die ihn absolut lähmt; das Körpersymptom ist hier wie eine sprachliche Verdichtung von zwei Bedeutungen zu sehen, quasi einer wörtlichen Bedeutung bzw. Denotation (D) (physische Lähmung) und einer übertragenen (K) bzw. metaphorischen (M) Bedeutung (psychische Weigerung):

Der Weg führt also von der Denotation zur Konnotation:

Denotation (D)   ⟶   Konnotation (K); genauer:
Denotation (D)   ⟶   D + Konnotation (K) bzw. Metapher (M)

Strukturell gesehen, steht das Bewußte dem Unbewußten gegenüber:

bw Sehnenzerrung	bedauerte Verhinderung des Geschäftsabschlusses	S
ubw Weigerung	begrüßte Verhinderung des Geschäftsabschlusses	(s)

Die Formel:

phys. Lähmung	Ich kann nicht	D	S	bw
psych. Weigerung	Ich will nicht	K-M	(s)	(ubw)

‚Das Urteil'

Georg Bendemann hat in der ‘Durchbruchsgeschichte' *'Das Urteil'* das Geschäft seines Vaters übernommen, hat sozusagen seinen Vater - unbewußt - beiseite geschoben und hat sich mit „Frieda Brandenfeld" verlobt. Diese Verlobung verheimlichte er seinem Freund, der im entfernten Rußland lebt, vereinsamt, unverheiratet, ohne Freunde, ohne Geschäftserfolg. Der Freund ist das exakte Gegenteil von Georg, er ist sein *alter ego*. Endlich hat sich Georg entschlossen, dem Freund die Verlobung brieflich mitzuteilen. Aber bevor er seinen Brief abschickt, will er die Angelegenheit noch mit seinem Vater besprechen. Ist dies Zögern nicht Symptom einer Unsicherheit und Schwäche? Der Vater reagiert zunächst anscheinend gleichgültig, er erscheint als seniler

Alter; Georg bringt ihn zu Bett, deckt ihn zu. Der Vater fragt Georg, ob er tatsächlich diesen Freund in Rußland habe, und stellt dann noch die Frage: „Bin ich jetzt gut zugedeckt?" (ER 33). Als Georg bejaht, schreit der Vater: „Nein!", steht im Nu „aufrecht im Bett" und hält „eine Hand leicht an den Plafond". Jetzt behauptet er - paradoxerweise -, er kenne den Freund in Rußland und habe mit ihm korrespondiert. Er wirft dem Sohn vor, er habe versucht, ihn, den Vater, „unterzukriegen", damit er sich mit seinem „Hintern" auf ihn setzen könne (ER 34); er denke ans Heiraten, weil eine „widerliche Gans" die „Röcke gehoben" habe; er wolle sich an ihr „ohne Störung" befriedigen; er habe der „Mutter Andenken geschändet"; er habe den Freund „verraten" und den „Vater ins Bett gesteckt". (ER 34) Nach der „Anklage" erfolgt das „Urteil". Tod durch Ertrinken. Der Sohn gehorcht und stürzt sich in den Fluß. Georg ist jetzt dem „Schwimmer, der nicht schwimmen kann" zu vergleichen, er hat das einstige Nicht-Schwimmen-Können „nicht vergessen". Er regrediert, er wird wieder zum Kind. Und bleibt doch Erwachsener.

„*Freud natürlich*" hatte Kafka zum '*Urteil*' notiert (T 297). In der Tat erkennen wir im literarischen Spiel den Ödipuskomplex und die Rivalität mit dem Vater wieder. Aber Kafka und sein Text sind nicht pathologische Opfer psychologischer Mechanismen; vielmehr treibt der Autor - in Theoriekonkurrenz – sein Spiel mit der Psychoanalyse; das '*Urteil*' inszeniert gewissermaßen den Ödipuskomplex mit literarischen, fast humoristischen Mitteln. Dies geschieht - trotz der humoristischen Züge - nicht im Sinne einer Kritik an Freud (wie später in '*Ein Landarzt*'), sondern eher im Sinne einer Parallele mit ästhetisch-literarischen Mitteln.

Der entscheidende Punkt, das *punctum saliens* der Erzählung ist das „Zudecken" des Vaters und die Erwähnung des „*Briefs*". Der Brief sollte an den Freund in Rußland gehen, der als „*altes Kind*" geschildert wird (ER 27). Dem Weltzugewandten (Verlobung, Geschäftserfolg) steht also der Asketische, Vergeistigte, Einsame und dem vorgeblich Erwachsenen das alte „Kind" gegenüber. Dem *alter ego* also, dem Kindheits-Ich (dem Freund) will Georg seine 'Kündigung' zukommen lassen, die Kündigung des K i n d s e i n s , das Zeichen der Emanzipation: der Verlobung, des Geschäftserfolgs, des Erwachsenseins. Auf dieses Zeichen hin - ein Schriftzeichen, einen Signifikanten - erhebt sich der Vater wie ein Riese bis zum „*Plafond*". Aus dem senilen wird ein mächtiger, aus dem „*realen*" ein „*symbolischer*" Vater. Die Emanzipation mißlingt.

Wir werden in das Reich der imaginären Bilder einer traumatischen Kindheit versetzt. Georg Bendemann fällt sozusagen hinter die Ödipus-Krise zurück, zurück bis in die prä-ödipale, narzißtische Phase, das „*Spiegelstadium*"[24] und sein „*Imaginäres*". Diese imaginären (I) Bilder aber werden sozusagen durch die symbolische Ordnung (SO) regiert, durch den '*Namen des*

---

24. Vgl. dazu Jacques Lacan: Das Spiegelstadium. In: Schriften I, hg. von Norbert Haas, Olten 1973, S. 71-169.

Vaters'.

Jacques Lacans unterscheidet in seinen Freud-Interpretationen drei Termini: das „*Reale*", das im „*Spiegelstadium*" begründete „*Imaginäre*" und das die Kultur und Sprache charakterisierende „*Symbolische*".[25]

Die narzißtische Selbstbespiegelung und das Sich-Verwechseln-mit-dem-Andern, die Projektion, sieht Lacan entstehen im „*Spiegelstadium*", in welchem das Subjekt sein *Ich* (das illusionäre „*moi*" im Gegensatz zum „*je*") nach dem Bild der eigenen Ganzheit im Spiegel bzw. nach dem Bild eines ihm ähnlichen Menschen („*le semblable*"), d. h. dem Bild eines anderen (*l'autre*), modelliert. Das auf dem Bildlichen und seinen „*imagines*" aufruhende „*Imaginäre*" - mit all seinen Projektionen - hat hier seinen Ursprung. Die Illusionen und Verkennungen des Imaginären sind indessen allein mit Hilfe der Funktion des „*Symbolischen*" - der S p r a c h e - zu durchbrechen und aufzuheben. Da das Imaginäre im wesentlichen zwischen zwei Personen spielt und wesentlich die Mutter-Kind-Dyade bestimmt und aus ihr hervorgeht, ist das Symbolische mit dem „*Dritten oder Anderen*" (*l'autre*) verknüpft, d. h. mit dem Vater bzw. mit jener Instanz, welche den Spiegelungen zwischen Mutter und Kind ein Ende setzt, indem sie das Infans auf die Realität der Beziehung zwischen Mutter und Vater hinweist und damit Mutter und Kind trennt, das Inzesttabu errichtend und das „*Realitätsprinzip*" einfordernd. Die symbolische Ordnung - die Sprache - wird nun insofern etabliert, als der „*Name-des-Vaters*" - ein purer Signifikant - das Gesetz benennt und zugleich durchsetzt (das Gesetz des Inzestverbots, der Sprache, der Einpassung ins Realitätsprinzip bzw. in die soziale Wirklichkeit). Lacan hat darauf Bezug genommen, als er vom Vater als einem „*puren Signifikanten*" - eben dem „*Namen-des-Vaters*" (*genitivus subiectivus*) - sprach, ihn zum „*Autor des Gesetzes*" machte und ihm den Namen des „*Symbolischen Vaters*" oder „*Toten Vaters*" gab, da er dem imaginären Vatermord das „*fruchtbare Moment der Schuld*" zuerkannte.[26] - Vom „*realen*" Vater wollte er diesen „*symbolischen*" Vater getrennt wissen, da die b i o l o g i s c h e Position des - möglicherweise schwächlichen - Erzeugers nicht notwendig mit der s y m b o l i s c h e n Vaterschaft und ihrem großen Einfluß zusammenfalle. Der „Name des Vaters" (*genitivus subiectivus*, kein Eigenname ist gemeint!) meint und fordert wie ein Gesetz die G r e n z e z w i s c h e n d e n G e n e r a t i o n e n und zwischen den G e s c h l e c h t e r n. Das Kind muß seinen illusionären Anspruch auf die Mutter (und auf infantile Lüste) aufgeben, die 'Rechtmäßigkeit' des Anspruchs seines Rivalen erkennen und sich dem Realitätsprinzip fügen. Der bloße „Name-des-Vaters" impliziert ebendieses Inzesttabu und erfaßt insofern das

---

25 . Vgl. die vereinfachende (d.h. hilfreiche und zugleich simplifizierende) Darstellung bei Gottfried Teichmann: Psychoanalyse und Sprache. Von Saussure zu Lacan, Würzburg 1983. Vgl. auch Hermann Lang: Die Sprache und das Unbewußte, Frankfurt a. M. 1973.

26 . Jacques Lacan: Schriften II, hg. von Norbert Haas, Olten und Freiburg i. Br. 1975, S. 89

Verwandtschaftsgesetz patronymischer, patriachalischer Gesellschaften (Lévi-Strauss[27]) in sich. Die Sprache, das *„Symbolische"*, ist die G e s e t z g e b e r i n; die „symbolische Ordnung" ist also linguistischer wie rechtlich-sozialer Natur. Das *„Symbolische"* steht mithin für Kultur überhaupt, es umfaßt die Sprachlichkeit und Gesellschaftlichkeit des Menschen (Tiere kennen keine Sprache, kein Gesetz, keine Kultur); es hebt sich ab vom „Realen" als dem bloß Materiellen, Naturgesetzlichen, sowie vom *„Imaginären"* als den auf *„Imagines"* gegründeten Selbstbildern und Illusionen des Subjekts.

Mit dem *„Namen-des-Vaters"* bzw. der Einführung in die symbolische Ordnung - das Gesetz, die Sprache - ist auch das Unbewußte und sein Spiel der Signifikanten gegeben, es ist strukturiert wie eine Sprache, aber es ist eine Sprache der Anspielungen (vor allem durch die Figuren der M e t a p h e r und der M e t o n y m i e). So spricht das Subjekt zwei Sprachen: den Diskurs des Unbewußten (ubw) und den bewußten Diskurs (bw), wodurch es als Subjekt sich „spaltet" bzw. „durchstreicht" (in zwei Teile): S/(s). Das Bild dieser Spaltung aber zeichnet, so scheint mir, Franz Kafka wie kein anderer Autor in seinen Werken.

Georg Bendemann, der offenbar Schwierigkeiten mit dem Realitätsprinzip hat und letztlich vor Heirat und Geschäftserfolg zurückschreckt, fällt gewissermaßen wieder hinter das „Symbolische" und die Ödipus-Krise zurück ins „Imaginäre"; ihm gelingt die 'Kündigung des Kindseins' nicht, er wird selbst wieder Kind. Gehorsam wie ein Kind bringt er sich um sein Leben, d. h. um Begehren und Macht, um Frau und Geschäft. Die 'Traumsequenz' trägt wieder Züge einer v i e l d e u t i g e n M e t a p h e r (M): Der riesige Vater ist Metapher für den *externen* Vater der Kindheit - oder für den zum *Überich* verinnerlichten Vater im *Inneren* des epischen Subjekts der Erzählung; daneben bleibt er aber auch – auf der Ebene des Denotierten (D) - der reale Vater des erwachsenen Bendemann - womit wir auch erneut auf die Figur des *„Zirkels von Innen und Außen"*, des Zirkels von Innenwelt- und Außenweltdarstellung (IW-AW) stoßen. Georgs Vater ist eine Art Metapher für das *Überich*, den *„symbolischen Vater"*[28], aber die konnotierten Bedeutungen entwerten nicht die denotierten; so kommt es wieder zu der typischen *Ambiguität* von wörtlicher und übertragener Bedeutung bzw. der Figur der *unbestimmten Uneigentlichkeit*. Sukzessive reihen sich Konnotationen (K) aneinander ($K_1 \rightarrow K_2 \rightarrow K_3 \rightarrow K_4 \rightarrow ... K_n$) bzw. formieren sich dem Syntagma der Erzählung entlang metaphorische Hinweise (ein Paradigma oberhalb des Syntagmas formend), die Metapher „gleitet" ($M_1 \rightarrow M_2 \rightarrow M_3 \rightarrow M_4 \rightarrow ... M_n$).

1) Einmal werden wir also zurückversetzt in die Kindheit; im Imaginären wiederholt sich das ödipale Drama, das *Nein des Vaters*. Frieda wäre hier ein

---

27. Vgl. Claude Lévi-Strauss: Die elementaren Strukturen der Verwandtschaft, Frankfurt a. M. 1984.
28. Vgl. zur Differenz von „realem" und „symbolischem" Vater: Lacan, Schriften II, S. 89; ders.: Schriften III, Olten u. Freiburg i. Br. 1980, S. 76 ff.

Substitut der Mutter; der Geschäftserfolg symbolisierte den 'Vatermord'.

2) Andererseits aber bleiben wir – hier zeigt sich die Figur der *Paradoxie* - weiterhin auf der Ebene des Realen, Denotierten: Der wirkliche Vater verurteilt die wörtlich zu nehmende Verlobung und den - bislang tolerierten - Geschäftserfolg. *Intrapsychisches* und *äußere Wirklichkeit* kommen zur Deckung. Mehr, der *Zirkel von Innen und Außen* weist auf einen logischen Zusammenhang: Weil Georg den Ödipuskomplex nicht bewältigt hat, bewältigt er auch nicht die gegenwärtige Krise. Das Imaginäre und seine Projektionen überziehen die Gegenwart mit ihren Bildern! Allerdings ist hier nicht entscheidbar, ob der Vater ein irrationaler Tyrann ist oder ob der Sohn, verblendet durch seine *Imagines*, in ihm nichts anderes als den tyrannischen Riesen der frühen Kindheit sehen kann. Denotation (D) und Konnotation (K), Metamorphose (MM) und metaphorische Bedeutung (M) lassen sich eben sehr schwer auseinanderhalten. Außenwelt (AW) und Innenwelt (IW) greifen ineinander bzw. kommen teilweise zur Deckung, so wie Vergangenheit und Gegenwart zur Deckung kommen.

An der Stelle des Umschlags verwandelt sich der r e a l i s t i s c h e Text (RS) in einen p h a n t a s t i s c h e n (PH) und stellt uns die Frage nach dem Sinn der phantastischen Bilder. Offenbar werden wir in die Sphäre des Traums, des Unbewußten (ubw), des „Imaginären" (I) mit seinen *Imagines* versetzt. Dort erscheint ein Vater, der noch immer eine unerwartete Gewalt über den Sohn hat. Es ist nicht der „reale" (senile, alte), es ist der „symbolische" Vater, d. h. der Vater als kulturelle Instanz, die das Inzesttabu durchzusetzen und das *Lustprinzip* durch das *Realitätsprinzip* zu ersetzen hat. Kafka schrieb im '*Bief an den Vater*': „nur eben *als* Vater warst Du zu stark für mich." (H 164). Kafka dachte hier offensichtlich an die „*symbolische*" Vaterfunktion, nicht den „*realen*" Vater!

Mit dem Umschlag vom *Realismus* ins *Phantastische* ist der Umschlag von der *Gegenwart* in die *Vergangenheit* bzw. die Kindheitssituation gegeben: Wir werden in eine Art Urszene zurückversetzt bzw. die Urszene wiederholt sich gewissermaßen. Man könnte auch sagen, die Welt bzw. der Vater werden nach diesem Umschlag in extremer subjektiver Verzerrung gezeichnet, d. h. als bestimmt durch Projektionen, durch Bilder des „*Imaginären*" (I). Aber die Projektionen sind gewissermaßen immer Regressionen, Rückfälle auf Urszenen; sie wiederholen die Urszene anhand der neuen Situation (im Sinne der Freudschen „Wiederholung" der Verdrängung und des Verdrängten). Damit gelangen wir auch von der Ebene des *Bewußten* (bw) auf die Ebene des *Unbewußten* (ubw) bzw. *Imaginären* (I). Der Umschlag ins Groteske und Phantastische bringt, da wir ihn zunächst nicht verstehen, Deutungsreize mit sich. Handelt es sich um eine reine „*Metamorphose*" (im Sinne von Deleuze und Guattari) (MM), d. h. um eine märchenhafte Darstellung einer seltsamen bis übernatürlichen (eben „phantastischen") Welt (einer Welt, die fiktionsimmanent natürlich *real* (R) ist – wie der *realistische* (R) Beginn der Erzählung)? Das *realistische Reale* (R-RS) geht also über ins *phantastische Reale* (R-PH). In beiden

43

Strecken der Erzählungen werden uns natürlich primär wörtlich zu nehmende Geschehnisse geschildert: *Denotate* (D). Aber führen nicht die Deutungsreize der phantastischen Erzählstrecke (R-PH) bzw. des Ablaufs der „Metamorphose" (MM) mit ihren Denotaten (D) zu übertragenen Bedeutungen, *Konnotationen* (K)? D. h. zu *metonymischen* Hinweisen (*Metonymien*: ME) oder *metaphorischen* Anspielungen (M) bzw. sinnbildlichen Verweisen oder Allusionen irgendwelcher Art? Wie schon ausgeführt: Obgleich die wörtliche, *denotative* (D) Lesart durchaus erhalten bleibt zusammen mit dem *metamorphotischen* Charakter (MM) der Erzählung, nimmt das Erzählte sukzessive Aspekte einer übertragenen Bedeutung bzw. *Konnotation* (K) an, vor allem *metaphorischen* (M) Charakters. Freilich spielen hierbei häufig Metonymien eine wichtige Rolle, ja sind Metonymien zuweilen vorrangig, aber vorherrschend ist die Metaphorik. (Fügungen wie die von der „Wunde" „unterhalb der Hüfte" in ‚*Ein Landarzt*' [ER 143] und von der Schuß-Narbe „in der Hüftengegend" im ‚*Bericht für eine Akademie*' [ER 167] weisen auf die Wichtigkeit der metonymischen Konstruktionen bei Kafka.)

Georg Bendemann läßt sich also widerstandslos wie ein Kind zum „*Tode*" verurteilen, d. h. er hat kein stabiles *Ich* mehr. Der Vater verwandelt sich in den Vater, den Georg Bendemann als Kind erlebt hat. In der Folge erscheint daher (für den Vater, der aber wohl nur eine Projektion Georgs bzw. des epischen Ichs der Erzählung darstellt) die Beziehung zu Frieda Brandenfeld als eine verbotene, inzestuöse, als nähme die 'exogame' Frau die 'endogame' Stelle der Mutter ein. Was sich wie eine temporale Abfolge, eine zeitliche Sukzession liest, ist aber auch strukturell von Anfang an vorhanden. Darauf weist unter anderem das Zögern des Sohnes, dem Vater den das Drama auslösenden „Brief" zu zeigen. Die Erzählung deckt die Struktur eines Bewußtseins auf, das sozusagen jederzeit ins Unbewußte umkippen kann.

Der Text führt also vom Bewußten ins Unbewußte bzw. spielt auf den Ebenen des Bewußtseins und des Unbewußten zugleich. Dies wird vor allem dadurch möglich, daß eine wörtliche Lesart bis zum Ende aufrechterhalten und andererseits zugleich permanent eine metaphorische Lesart evoziert wird. Wie der Aphorismus von der „Zelle" (oder vom „Schwimmer") wird '*Das Urteil*' (wie auch '*Die Verwandlung*') durch eine Schicht der *Denotation* und eine Schicht der *Konnotation* konstituiert, und es ist diese Doppelheit der Schichten, die es erlaubt, einmal auf der Ebene des bewußten Diskurses und ein anderes Mal auf der Ebene des unbewußten Diskurses zu lesen.

An dieser Stelle seien nochmals die Kürzel aufgeführt:

M: Metapher
M bzw. SY bzw. M-SY: Metapher als Symbol
ME: Metonymie
MM: Metamorphose
S: Signifikant

(s): Signifikat (Einklammerung bzw. Trennstrich bedeuten: Unbewußtheit, Ausgeklammertheit)
AW: Außenwelt
IW: Innenwelt
D: Denotation
K: Konnotation (übertragene Bedeutung qua Metapher, Metonymie usw.)
bw: Bewußtes
ubw: Unbewußtes
I: Imaginäres
RS: Realismus
PH: Phantastik
R: Reales (R-RS: realistisches Reales, R-PH: phantastisches Reales)

Die Bewegung der Erzählung verläuft also folgendermaßen:

R-RS ⟶ R-(PH) bzw.
R-RS ⟶ Metamorphose (MM)
D ⟶ K bzw. M
Reales (R) ⟶ Imaginäres (I)
Außenwelt (AW) ⟶ Innenwelt (IW)
bw ⟶ ubw
S ⟶ (s) bzw.:
S ⟶ S/(s)

Da aber in der zweiten Sequenz als „Metamorphose" auch die Schicht der Denotation (D) bzw. des Realen (nun in phantastischer Form) erhalten bleibt, ergibt sich eine Doppelung:

D ⟶ D + K bzw. M bzw.:

D-S-bw ⟶ D-S-bw + K bzw. M-(s)-(ubw)

Das Verhältnis von erster zu zweiter Sequenz ist also das folgende:

$$\frac{\text{R-RS}}{\text{R-PH}} \quad \frac{\text{D}}{\text{K bzw. M}} \quad \frac{\text{S}}{\text{(s)}} \quad \frac{\text{bw}}{\text{(ubw)}} \quad \frac{\text{R}}{\text{(I)}} \; ; \quad \text{genauer:}$$

$$\frac{\text{R-RS}}{\text{R-PH}} \quad \frac{\text{D}}{\text{D+K bzw. M}} \quad \frac{\text{S}}{\text{S+(s)}} \quad \frac{\text{bw}}{\text{bw+(ubw)}} \quad \frac{\text{R}}{\text{R+(I)}} \; .$$

Die Bewegung ist die folgende:

$$R\text{-}RS\text{-}D\text{-}bw\text{-}S \rightarrow MM \rightarrow \frac{D \quad R\text{-}PH \quad bw \quad S}{K \text{ bzw. } M \quad I \quad (ubw) \quad (s)}$$

‚Die Verwandlung'

Eine ähnliche Struktur wie die des Erzählverlaufs im *‚Urteil'* weist auch die *‚Verwandlung'* auf.[29] Mit der „Metamorphose" im wörtlichen Sinn wie im übertragenen Sinn („Metamorphose" meint nach Deleuze und Guattari den Ablauf der für real zu nehmenden phantastischen Ereignisse) setzt wieder eine Serie von Konnotationen (K) bzw. metaphorischen (M) Verweisen ein; diese „gleitende" Metaphorik impliziert sehr deutlich, daß sich hier auch ein imaginärer bzw. unbewußter (ubw) Raum öffnet. Die Verwandlung Gregor Samsas in ein „Ungeziefer" (fiktionsimmanent ein unveränderliches und bedauertes Geschehen) kann auch als Ausdruck einer unbewußten Verweigerung (weiter zur Arbeit zu gehen, des Vaters Schulden abzuarbeiten, zu reisen usw.) gesehen werden, d. h. als gewolltes, begrüßtes und nicht natur- und schicksalhaftes Phänomen; Ähnliches zeigte sich schon in bezug auf die „Sehnenzerrung" in *‚Eine alltägliche Verwirrung'*. S/(s) bzw. bw/(ubw). So ergibt sich eine Spaltung in bw/ubw, in die (bewußt) bedauerte und die (unbewußt) begrüßte Verwandlung:

Samsas Verwandlg.	bedauert	bedauerte Behinderung	bw
Samsas ‚Lähmung'	begrüßt	Widerstand gegen Arbeit	(ubw)

Die Bewegung der Erzählung:

bw --- → ubw bzw. bw + (ubw)

Die „gleitende" Metaphorik bringt sukzessive eine Menge an Konnotationen bzw. metaphorischen Verweisen mit sich, die das Dasein des „Ungeziefers" als eine Art Regression auf infantile Zustände ausweisen: Das Sich-Verkriechen des Tiers unter dem Kanapee (ER 81), das Hinterlassen von „Spuren" von Schleim- bzw. „Klebstoff" (ER 89), die quasi anorektische Ver-

---

29 . Vgl. dazu Hans H. Hiebel: Franz Kafka: „Ein Landarzt", München 1984, S. 9-20.

weigerung normaler Mahlzeiten, das „gierige" Saugen an Käseresten (ER 82) usw. sprechen dafür. Wenn wir auf die Schlüsselszene der Erzählung blicken, die Verletzung Gregors durch den Apfelwurf des Vaters (ER 93-96), so ergeben sich hier deutlich ‚subkutane' Anspielungen auf ein ödipales Geschehen. Auf der Ebene des Realen (R) der phantastischen Ereignisse (PH) handelt es sich schlicht um einen Strafakt, weil der Vater glaubt, Gregor habe sich eine Straftat zuschulden kommen lassen. Die Mutter war, als sie den sich mit seinem „glühenden Bauch" am „Glas" des Bildes mit der Dame im „Pelzwerk" (ER 93) festklebenden ‚Sohn' erblickte, erschreckt ob seiner Tiergestalt, in Ohnmacht gefallen. Weist diese Schicht der realen (R) und denotativen (D) Zeichen nicht auch in metaphorischer Weise auf ein ‚ungebührliches' sexuelles Verhalten des ‚Sohnes' gegenüber der Mutter? Und kann man die Strafe durch den Vater nicht auch als das „Nein des Vaters", als Verbot erotischer Betätigung, sehen? Und bedeutet nicht die Tatsache, daß der Apfel „als sichtbares Andenken im Fleische sitzen[bleibt]" (ER 96), im übertragenen, metaphorischen Sinne auch, daß das „Nein des Vaters" verinnerlicht wird zum bleibenden Mahnmal, zur ewigen Reminiszenz, zum „gewesenden" Trauma? Und ist nicht die „Vereinigung" von Vater und Mutter die Demonstration des „Realitätsprinzips", der legitimen Zusammengehörigkeit von Vater und Mutter, die den Eltern erlaubt, was dem Sohn verboten werden muß?

> Nur mit dem letzten Blick sah er noch, wie die Tür seines Zimmers aufgerissen wurde, und vor der schreienden Schwester die Mutter hervoreilte, im Hemd, denn die Schwester hatte sie entkleidet, um ihr in der Ohnmacht Atemfreiheit zu verschaffen, wie dann die Mutter auf den Vater zulief und ihr auf dem Weg die aufgebundenen Röcke einer nach dem anderen zu Boden glitten, und wie sie stolpernd über die Röcke auf den Vater eindrang und ihn umarmend, in gänzlicher Vereinigung mit ihm – nun versagte aber Gregors Sehkraft schon – die Hände an des Vaters Hinterkopf um Schonung von Gregors Leben bat. (ER 96)

Die Schicht der Denotation (D), die hier in die Metamorphose (MM) bzw. das Phantastische (R-PH) übergeht, wird über- bzw. unterlagert von einer Schicht der Metaphorik (M), die auf Unbewußtes (ubw) hinweist – und zwar in einer Weise des „Gleitens" von einer Anspielung zur nächsten ($K_1 \rightarrow K_2 \rightarrow K_3 \rightarrow K_4 \rightarrow \ldots K_n$ bzw. $M_1 \rightarrow M_2 \rightarrow M_3 \rightarrow M_4 \rightarrow \ldots M_n$). Natürlich sind jene Momente des Unbewußten (ubw) vom Autor bewußt oder doch halbbewußt (bw) konstruiert. Es ergibt sich wieder folgende Strukturformel:

$$\text{R-RS-D-bw-S} \rightarrow \text{MM-R-PH} \rightarrow \frac{\text{D} \quad \text{R-PH} \quad \text{bw} \quad \text{S}}{\text{K bzw. M} \quad \text{I} \quad \text{(ubw)} \quad \text{(s)}}$$
$$\text{(bw konstruiert!)}$$

‚Der Proceß'

Nicht immer besteht eine Parallele zwischen dem Übergang von der realistischen (RS) zur phantastischen (PH) Erzählpartie bzw. von der denotativen zur konnotativen (K) Sequenz metaphorischen Charakters (M) einerseits und dem Übergang von der bewußten (bw) zur unbewußten Ebene (ubw) andererseits. Die Metaphorik (M) der phantastischen Sequenz kann nämlich durchaus bewußter (!) Natur sein, d. h., sie kann eine bewußte Symbolik (SY) implizieren. In ‚*Der Proceß*' bricht in die realistisch dargestellte Welt des Bankbeamten Josef K. schon zu Beginn des Romans die phantastische Welt des unsichtbaren und ungreifbaren „Gerichts" ein; die surreale „Verhaftung" Josef K.s durch die Abgesandten des „Gerichts" und die Welt dieses „Gerichts" selbst können als Metaphern bzw. Symbole (M-SY) für eine soziale Herrschaftsinstanz mit ihren Unterwerfungs- und Culpabilisierungs-Strategien interpretiert werden; an dieser Symbolik (SY) ist nichts unbewußt (ubw). Wie im ‚*Urteil*' oder der ‚*Verwandlung*' bleibt natürlich auch im '*Proceß*' neben dieser Schicht der Konnotation (K) bzw. Metaphorik (M-SY) die Schicht der Denotation (D), d. h. die Ebene der fiktionsimmanent realen (R) Phantastik (PH bzw. R-PH) oder „Metamorphose" (MM), in die das Reale der realistischen Partie (R-RS) umgeschlagen ist, erhalten (real und denotativ sind, wie gesagt, die realistischen wie die phantastischen Partien): D-R-PH-MM + K bzw. M. Aber die Struktur verkompliziert sich im ‚*Proceß*' insofern, als in der Sukzession der phantastischen Elemente die Serie von auftauchenden, „gleitenden" Konnotationen ($K_1 \to K_2 \to K_3 \to \ldots K_n$) bzw. Metaphern ($M_1 \to M_2 \to M_3 \to \ldots M_n$) nicht nur in symbolischer Weise auf soziale Machtinstanzen weist, sondern auch auf Phänomene des Inneren bzw. Unbewußten (ubw): Das „Gericht" läßt sich auch als „inneres Gericht" verstehen: „Das Gericht will nichts von dir. Es nimmt dich auf, wenn du kommst, und es entläßt dich, wenn du gehst." (P 265) Damit gewinnt der „Zirkel von Innen und Außen" eine ganz bestimmte Ausprägung. Die Doppelheit von Außen (AW) und Innen (IW) wird z. B. im ‚*Urteil*' schon dadurch konstituiert, daß neben der Schicht der Konnotation (K) oder Metaphorik (K) – auf die Urszene bzw. die unbewußte Abhängigkeit Georg Bendemanns vom Vater hinweisend – immer auch die Schicht der Denotation (D) - d. h. der phantastischen (PH) Metamorphose (MM) – erhalten bleibt: Georg wird einerseits zum vaterfixierten Kleinkind, bleibt aber andererseits – so absurd oder surreal sein Verhalten auch anmuten mag – doch der junge Kaufmann Bendemann. Im ‚*Proceß*' aber spaltet sich sozusagen die Zweitschicht, d. h. die Schicht der Konnotation (K) bzw. Metaphorik (M), nochmals in zwei Schichten bzw. zwei Ketten von „gleitenden Metaphern" auf, in die Kette der bewußten Symbole (M-SY_1 → M-SY_2 → M-SY_3 →... M-SY_n) und die Kette der auf das Unbewußte (ubw) weisenden Metaphern (M-ubw_1 → M-ubw$_2$ → M-ubw$_3$ →... M-ubw$_n$). Die phantastische Sequenz mit ihren Konnotationen weist also auf Bewußtes und Unbewußtes (wobei die Hinweise auf das Unbewußte natürlich wieder vom Autor bewußt eingesetzt, zumindest halbbewußt-intentional in den Text eingefügt sind.

Der Umschlag von

AW ------------→ IW ist also genauer in folgender Formel anzugeben:

$$AW \dashrightarrow \frac{AW\,(D)}{AW\text{-}SY + IW\,(ubw)} \quad \text{bzw.} \quad \frac{D}{M\text{-}SY + M\,(ubw)}.$$

Die Metapher selbst spaltet sich also in eine bewußte Symbolik einerseits und in Andeutungen des Unbewußten andererseits, wobei diese Andeutungen natürlich wieder bewußt vom Autor in den Text gelegt worden sind:

$$R(RS) \rightarrow R(PH)\text{-}MM + K \text{ bzw. } M \quad \frac{bw}{ubw\,(bw\,konstruiert!)} \,, \text{ genauer:}$$

D-R-RS→ MM-R-PH- D + M: M-SY-bw   +   M-(ubw):

	M-SY-(bw)	M-(ubw)
	soziales ‚Gericht'	‚Inneres Gericht'
	Gefoltert-Werden	Sich-selbst-Foltern
	Justizsatire	Selbstbestrafung
	Anklage	Selbstanklage
	Machtinstanz	Überich
		(bw konstruiert!!)

Die für den ‚Proceß' beschriebene Struktur bzw. Verlaufsform trifft auch für ‚Das Schloß' zu, denn auch dort impliziert die mehr und mehr phantastisch erscheinende Schloßwelt Konnotationen bzw. metaphorische Verweise, die das Schloß einmal als Bild bzw. Symbol (SY) für moderne Bürokratien und hierarchische Herrschaftssysteme ausweisen und daneben aber den Schloßraum auch als Weltinnenraum bzw. als Metapher (M) für intrapsychische Phänomene kennzeichnen: Der Außenweltraum verschachtelt sich also mit dem Innenraum des Unbewußten (ubw) oder Imaginären (I). Dieser Innenraum - das Schloß erinnert K. an sein „Heimatstädtchen" (S 15) usw. - bleibt für K. „verschlossen"; es ist der Raum des unendlichen Begehrens, der Raum der unerfüllbaren Sehnsüchte, der Raum des Imaginären.

Es ergibt sich also wie im ‚Proceß' eine Doppelheit der Konnotationen bzw. Metaphern:

R-RS ----→ R-PH bzw. MM bzw. D +   M (bw + ubw)   bzw.:

R-RS ----→ R-PH bzw. MM bzw. D + M-bw   +   M-ubw

bw	(ubw)
Bürokratie	(Verschlossensein;
Macht	Unerreichbarkeit des Ob-
Hierarchie	jekts des Begehrens)
	(bw konstruiert!!)

Entscheidend bei allen Konstruktionen Kafkas scheint mir aber – trotz aller Differenzierungen - das Verhältnis von Bewußtsein und Unbewußtem, welchem letzteren Kafka – wie Freud und Lacan – eine das Bewußte bei weitem übertreffende Kraft zudenkt: Dasjenige, was den „Schwimmer", der „schwimmen kann" und „doch nicht schwimmen kann", weil er sich an das einstige „Nicht-schwimmen-Können" erinnert (H 332), am „Schwimmen" hindert, das ist weniger äußere Gewalt, als eine „Erinnerung", eine „Reminiszenz", ein Trauma, ein unbewußtes Hemmnis der Innenwelt (IW). Das wörtlich genannte „Nicht-schwimmen-Können" (D) bzw. das wie ein Witz wirkende Wort von der „Erinnerung" (D) an das einstige Nicht-schwimmen-Können hat die Konnotation (K), daß es sich um eine traumatische ‚Erinnerung' (eventuell an eine „Urszene") handelt. Daher ist die fundamentale Strukturformel letztlich die Lacansche: S/(s) bzw.:

$$\frac{S\quad \text{Schwimmen-Können}}{(s)\quad \text{Nicht-schwimmen-Können}} \qquad \frac{\text{Technische Fähigkeit}}{(\text{Trauma})}$$

Formelhaft in Kürzeln:

$$\frac{AW}{IW} \quad \frac{R}{(I)} \quad \frac{D}{K} \quad \frac{bw}{(ubw)} \quad \frac{S}{(s)}$$

Jeder Stotterer wird Kafka verstehen.

Graphiken zu den Grundfiguren

Die hier nochmals skizzierten und illustrierten „Figuren" der Kafkaschen Prosa sind simple Schlüssel. Ihre Simplizität kann mit den Figuren der Euklidischen Geometrie verglichen werden, die im Unterschied zur Fraktalen Geometrie (die komplizierteste Wolkengebilde und ähnliches erfassen kann), nur die groben Gestaltschemata bzw. die elementare Aufbauformen der Natur erfaßt. Diese „Figuren" sollen Hilfsmittel für die Analyse der Kafkaschen Bauformen darstellen.

1) Gleitende Paradoxie

A) Einfache Paradoxie: mit zwei Polen eines Widerspruchs. (Vgl. *„Meine Gefängniszelle - meine Festung"* [H 421])

Illustration: Paradoxer Wegweiser

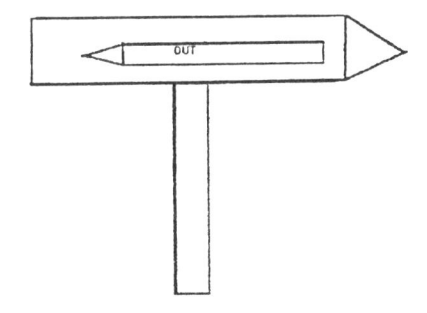

B) Paradoxie mit 3 Polen

Vgl. Kafka: *„Die Bäume. Denn wir sind Baumstämme im Schnee. Scheinbar liegen sie glatt auf, und mit kleinem Anstoß sollte man sie wegschieben können. Nein, das kann man nicht, denn sie sind fest mit dem Boden verbunden. Aber sieh, sogar das ist nur scheinbar."* (ER 22)

C) Bei n Polen können wir dann von einem *„Gleiten"* bzw. einer *„gleitenden Paradoxie"* sprechen.

2) Unbestimmte bzw. überbestimmte Uneigentlichkeit

(Metapher, Metonymie, Allusion usw.)
(bei Doppelheit von Denotation und Konnotation bzw. mehrere Konnotationen: Ambiguität, Polysemie bzw. „Gleiten")

   A) Zweideutigkeit (Ambiguität, Amphibolie)

Illustration:

Eine „*Anamorphose*" bzw. ein „*Vexierbild*" (Eine Vase, die auch als Doppel-Profil gesehen werden kann; Vögel mit Hintergrund, der wieder die Form von Vögeln annimmt (ESCHER); vgl. auch Salvator DALI: '*Apparition de Voltaire*': Der Kopf Voltaires, den man erkennen kann, wenn man das Mönchs-Paar als Augenpaar sieht und den Torbogen in der Ruine als gewölbte Stirn)

   B) Die nächste Stufe: Dreideutigkeit (der Metaphorik bzw. Metonymik)

   C) Die nächste Stufe: n-Deutigkeiten bzw. „*Gleiten*"/ „*gleitende Metapher*" (Vgl. '*Der Bau*')

3) **Der Zirkel von Innen und Außen** (Weiterentwicklung bzw. Untergattung/ Spezialausformung der Uneigentlichkeit/Metaphorik bzw. der Zweitdeutigkeit und Polysemie)

A) Die zweideutige Metapher wird zum Zirkel von Drinnen und Draußen ('*Die Zelle*': „Es war keine Gefängniszelle, denn die vierte Wand war völlig frei." (H 345). Gesellschaft oder Ich? Außen oder Innen? '*Die Stirn*': „*Ich bin gewohnt, in allem meinem Kutscher zu vertrauen. Als wir an eine hohe weiße seitwärts und oben sich langsam wölbende Mauer kamen, die Vorwärtsfahrt einstellten, die Mauer entlang fahrend, sie betasteten, sagte schließlich der Kutscher: 'Es ist eine Stirn.'*" (H 153); '*Der Steuermann*': Tyrann? Überich?)

Illustration:

Innen <--------------> Außen.

Wie beim Vexierbild kann der abgebildete Innen-Raum mit zwei Fenstern und einem Bild an der Wand auch als von außen gesehenes Gesicht gesehen werden; einen „Zirkel von Innen und Außen" spiegelt das Dargestellte aber am ehesten, wenn wir annehmen, das dargestellte Zimmer repräsentiere auch den Innenraum eines Kopfes mit zwei Augen. Vgl. Samuel BECKETT: *Endspiel*. Der Raum mit zwei winzigen Fenstern wurde auch als Inneres eines Schädels gedeutet.

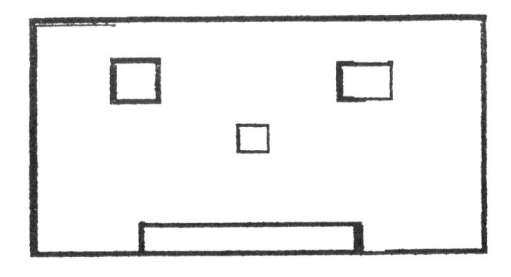

Rorschach-Test-Bild

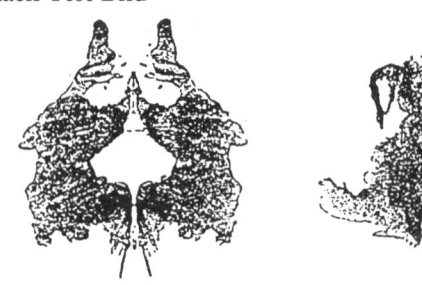

Ein **Möbius-Band** ist ein zu einer 'Achter'-Schlaufe gedrehtes Band, das so zusammengeführt und so zusammengeklebt wird, daß die einmal als Außenseite erscheinende Seite - verfolgt man die Schlaufe in ihrem Verlauf - plötzlich als Innenseite erscheint. Es mag als Illustration für den paradoxen Wechsel von Innen zu Außen stehen und zugleich als Modell für die *zweideutige Metapher* (bzw. den einfachen *Zirkel von Innen und Außen*).

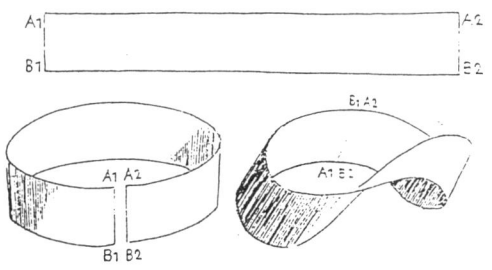

223. Wie man ein Möbiusband macht

B) Die *Gleitende Metapher* wird zum fortgeführten/unendlichen „*Zirkel von Innen und Außen*". (Häufen sich die *metaphorischen* Allusionen, so daß von einem *Gleiten der Metapher* gesprochen werden kann, und weisen diese Allusionen alternierend auf die *Innerlichkeit* und auf die *Außenwelt*, das *Intrapsychische* und das *Externe*, so kann im wahren Sinne des Worts von einem „Zirkel von Innen und Außen" bzw. einem Gleiten und Zirkulieren der Aspekte Innen und Außen die Rede sein.

Aus dem Hin-und-Her wird ein permanentes 'Weberschiffchen'
Illustration:

Innen <--------------> Außen.
Innen <--------------> Außen.
Innen <--------------> Außen.
Innen <--------------> Außen.
Innen <--------------> Außen.

oder ein Kreis bzw. eine Spirale:
(Die Spirale soll andeuten, daß der Prozeß der gleitenden Metaphorik immer wieder hin- und herpendelt zwischen Innensicht und Außensicht und dabei auch einen *Bedeutungszuwachs* erfährt bzw. die Bezugswelten, auf die alludiert wird, ändert.)

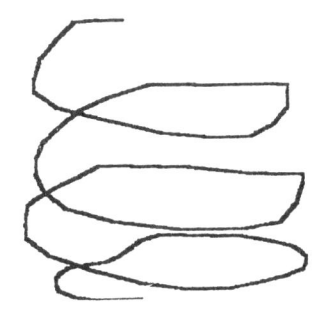

oder ein spiralenförmig angeordnetes, laufendes Möbius-Band (welches sowohl auf die Zweideutigkeit der Metaphorik von Innen und Außen wie auch auf das Paradoxe dieser Doppelheit weisen kann - und als Spirale auf das „Gleiten" bzw. die Fortführung der Metaphorik und Polysemie):

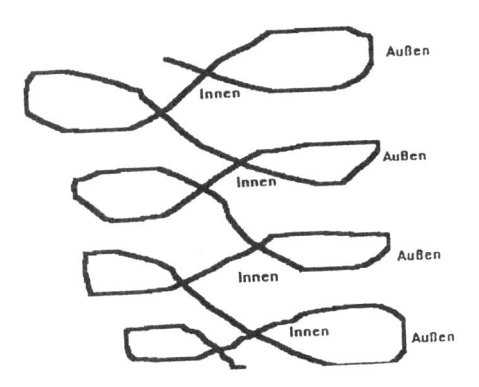

Damit ist der „*gleitende*" bzw. „*zirkulierende*" „*Zirkel von Innen und Außen*" illustriert, den am deutlichsten vielleicht Kafkas Erzählung 'Der Bau' verkörpert (der von äußeren Feinden zu inneren Feinden führt, von der Angst vor dem Nachbarn zur Angst vor der Krankheit, von der körperlichen Anstrengung zur geistigen Anstrengung usw. usf.)

Weitere Illustrationen:

Das Möbius-Band und der „Zirkel von Innen und Außen":

Das Möbius-Band ist auch als Illustration für die *Paradoxie* und auch für den *Zirkel von Innen und Äußen* geeignet, weil die Außenseite des Bandes sich in die Innenseite verkehrt und umgekehrt (und so fort): Wenn wir vom Punkt A (Innenseite) aus gegen den Uhrzeigersinn das Band verfolgen, so befinden wir uns am Punkt B an der Außenseite. Verfolgen wir vom Punkt X an der Außenseite aus das Band gegen den Uhrzeigersinn, so befinden wir uns am Punkt Y an der Innenseite.

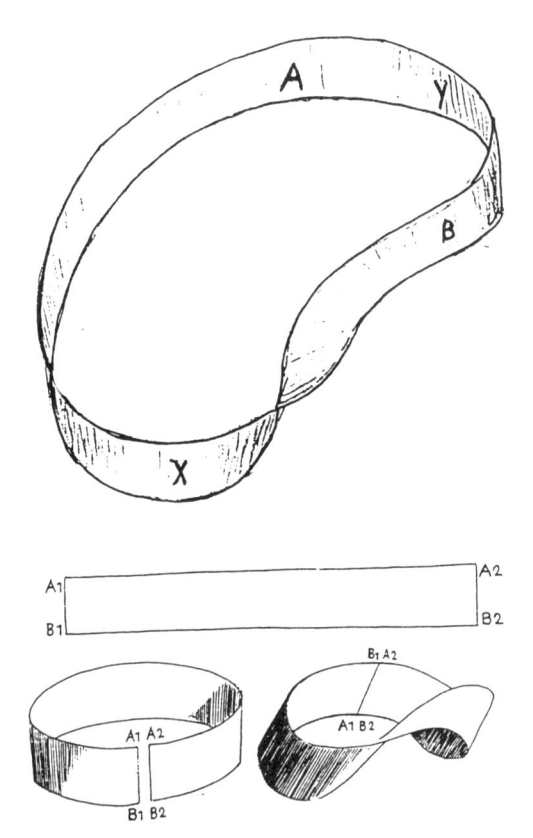

Maurits Cornelis ESCHER
Graphik und Zeichnungen, Berlin: Taschen 1991
(Vexierbilder und paradoxe Verschachtelungen von Außen und Innen usw.):
„Befreiung": Sowohl die weißen wie die schwarzen Elemente bilden die Figur eines fliegenden Vogels. - „Möbiusband": Die Innenseite wird zur Außenseite. „Bildergalerie": Der Innenraum mit den ausgestellten Gemälden verwandelt sich in einen städtischen Raum der äußeren Realität. - „Hand mit spiegelnder Kugel": Auf den ersten Blick erscheint das Portrait des Mannes im Wohnzimmer als Bild eines Außenraumes, dann aber erkennen wir, daß es sich sozusagen um eine 'Innenwelt' handelt (bildlich gesprochen), d.h. um eine Spiegelung eines Außenraumes in einer Glaskugel.

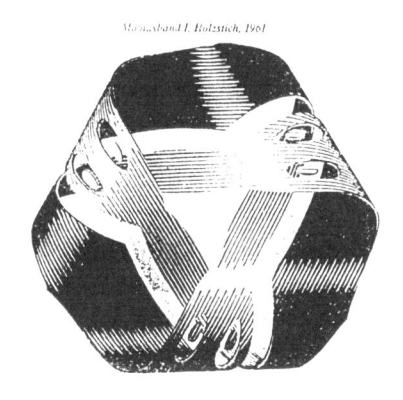

Möbiusband I, Holzstich, 1961

Illustration zu '*Der Proceß*' (als Doppelheit von Innenwelt und Außenwelt)

Vgl. dazu auch den chinesischen Aphorismus: *Einst träumte Chuang-tzu, er sei ein Schmetterling. Er ergötzte sich am Fliegen von Blume zu Blume und wußte nichts von Chuang-tzu. Plötzlich wachte er auf und fragte sich erschreckt: 'Jetzt weiß ich nicht, träumte nun ich, daß ich ein Schmetterling war oder träumt ein Schmetterling, daß er Chuang-tzu ist.'*

Dieses chinesische Gedankenspiel bildet die Struktur der '*Proceß*'-Welt ab, in welcher sich ja eine phantastische und eine realistische Sphäre gegenseitig durchdringen. Josef K. könnte sich die Frage stellen: Bin ich ein Prokurist einer Bank oder bin ich Angeklagter? Bin ich ein Prokurist, der träumt, angeklagt zu sein, oder bin ich ein Angeklagter, der träumt, Prokurist zu sein? Er könnte sich fragen, ob dieser „Prozeß" nicht ein Spuk sei, den man verjagen kann, der sich auflöst, wenn man ihn nicht „*anerkennt*" (P 55), oder ob er, Josef K., nicht tatsächlich ein Angeklagter sei, d.h. unzähligen Anklagen, Verurteilungen, Hinrichtungen ausgesetzt, ob also sein Dasein als Pensionsbewohner und Bankbeamter - dieses Dasein der begriffslosen Normalität - nur Schein, nur Oberfläche sei. Weil Kafka die realistische Welt nicht von der phantastischen trennt, nicht den Traum vom Wachen, sondern weil er beide Welten ineinandergreifen läßt, kann es dazu kommen, daß Josef K. - wie Chuang-Tzu/Tschuang-Dse - nicht mehr weiß, auf welcher Seite sein Fundament ist. Es handelt sich wieder um einen „*Zirkel von Innen und Außen*". Der Zirkel ließe sich, was den '*Proceß*' angeht, graphisch so darstellen, daß im Vorstellungsraum des wachenden Ich (wie in der Sprechblase der *Comics*) sich das träumende Ich befindet und daß in dessen Vorstellungsraum wiederum das wachende Ich eingeschlossen ist. Damit wäre die Trennung von Subjekt und Objekt tendenziell aufgehoben. Es darf aber niemals zur absoluten Deckung kommen, da sich sonst

Eine Anamorphose Oder: Die Innenwelt der Außenwelt der Innenwelt
'Ein Bericht für eine Akademie'

"Ein Käfig ging einen Vogel suchen" (H 41)

Nach H. R. Jauß verliert der moderne Roman (mit Proust, Joyce, Th. Mann) die "epische Distanz", die Überlegenheit des objektiven Erzählers; er entwirft, indem er kollektive Realitätsvorstellungen aufgibt, eine Welt der Jemeinigkeit. Dies geschieht wesentlich in der Destruktion des "Mythos der Geschichte".[1] Man kann das allgemeiner fassen und sagen, der moderne Roman erstelle *Reflexions-Bilder*, welche aus der Dekomposition[2] traditioneller Muster poetischer und weltanschaulicher Herkunft ihr Leben gewinnen. In der Komplexion und Überkreuzung "mythischer Analoga"[3] destruiert er einsinniges Selbst- und Weltverständnis. Da sich die Destruktion wesentlich auf die poetischen Anschauungsformen bezieht, verändert sie die Selbstwahrnehmung konkreter Subjektivität und konstituiert so komplexe Erfahrungswelten.

Das Gesagte trifft wesentlich auf Kafka zu. Von Brod bis Emrich, Sokel und Philippi wurde Kafka jedoch ohne besondere Berücksichtigung der Notwendigkeit einer spezifisch poetologischen Hermeneutik "gedeutet," "interpretiert" "enträtselt". Erst spät besinnt sich die Kafka-Forschung auf ästhetische Formpro-

---

1. Hans Robert Jauß: Zeit und Erinnerung in Marcel Prousts *A la recherche du temps perdu*, 2. Auflage Heidelberg 1970, S. 14-53, Zit. S. 52.
2. Zur Zeit des ersten Erscheinens des hier (korrigiert) wiederabgedruckten Beitrags zu Kafkas Erzählung *'Bericht für eine Akademie'* im Jahr 1978 war der Terminus der "Dekonstruktion", der aus Frankreich nach den USA exportiert und schließlich reimportiert wurde, noch nicht gebräuchlich. Um keine Geschichtsfälschung zu begehen, wurde die hier wieder abgedruckte Studie von 1978 (siehe die "Drucknachweise" im Literaturverzeichnis) nur im Hinblick auf Verstehbarkeit verbessert; Terminologie, Position und Konzept wurden jedoch unverändert und sozusagen 'historisch' belassen; neue Zusätze stehen in Klammern.
3. Vgl. Clemens Lugowski: Die Form der Individualität im Roman, Frankfurt a. M. 1976 (1. Auflage Berlin 1932); man kann erweiternd auch Anschauungsformen und Gattungen des 18. und 19. Jhs. als "mythische Analoga" fassen; die "Motivation von hinten" darf dann jedoch nicht als geschichtsphilosophisches Kriterium verabsolutiert werden. Die Zerstörung des Entwicklungsromans und seiner psychologischen "Motivation von vorn" - vollzogen durch den modernen Roman - mag das verdeutlichen: Die "Motivation von hinten" als mythisch-traditionelles, ja archaisches Verfahren verwandelt sich paradoxerweise in eine höchst moderne Technik bei Beckett oder Kafka.

bleme, zunächst formalistisch unter Verzicht auf Sinngebung (bei Beißner, Walser u. a.). Schließlich versucht jedoch beispielsweise Jürgen Kobs aus der Alternative Sinnerpressung - Sinnverzicht zu führen, indem er gegen das Theorem der Undeutbarkeit das der bewußt konstituierten Vieldeutigkeit hält, in welcher die Entscheidung "zwischen positivem Sinn und Sinnlosigkeit in der Schwebe bleibt."[4] Hier soll nun skizziert werden, wie das Verfahren der Sinnverweigerung, besser: der Sinn-Befragung, korreliert mit der Entstellung und Dekomposition tradierter Figuren.

Es geht also nicht primär um Auslegung, sondern um die Entfaltung der ästhetischen Strukturen oder poetischen Figuren bei Kafka. Dies läßt sich freilich nicht von Auslegung abspalten, nur ist die Fixierung an die Frage "Bedeutung" nicht primär, schon gar nicht die ans Bedürfnis eindeutiger Festschreibung und reduktiver Systematisierung. Die Übersetzung in den außerästhetischen Code der Theologie, Philosophie, Soziologie oder Psychologie vergewaltigt den spezifischen Diskurs Kafkas und damit die verschiedenen Funktionen der ästhetischen Ausdrucksform. Wenn vom "spezifischen Diskurs" Kafkas nach der Redeweise Foucaults[5] gesprochen wird, dann liegt darin der Hinweis darauf, daß die poetische Figur nicht - oder nicht ganz - jenseits wahrheitsfähiger Sprache angesiedelt sein soll, sondern als eine Form begriffen wird, die in der Bildung reflexiver Erfahrung - die auch theoretische Problematiken in subjektnahe[6] Sprache einbildet - zur Sphäre des Erkennens zu rechnen ist und folglich "formsemantisch" interpretiert werden kann. Die Bestimmung der Überkreuzungen, Verschiebungen, Drehscheiben des literarischen Apparates läßt sich folglich nicht fassen als bloß formale "literarische Technik". Wie die Linse personaler Perspektive, die Drehscheibe des Paradoxons, die Hohlform der Parabel zeigen, sind die "Techniken" Medien des Diskurses. Sie entstellen die "interpretierbaren" Gehalte und relativieren sie aneinander. So konstituiert die nicht dogmatisch fixierbare Metaphorik oder Symbolik - der Verweischarakter schlechthin ist gemeint - in '*Amerika*' ('*Der Verschollene*') einen *übergreifenden* Sinnhorizont, wenn der ödipal-sexuelle Ursprung der Sanktionen überkreuzt wird mit der gesellschaftlich-normativen Problematik und dem theologischen Bildgut von Erbsünde und Vertreibung. Keiner der durchscheinenden Gehalte wird als Basis und Ursprung behauptet; einer weist auf den anderen. Nicht die Psychologie und nicht eine Ethik oder individualisierte negative Theologie bieten den "Schlüssel" der Interpretation. Es liegt hier ein ästhetisches Spiel

---

4 . Jürgen Kobs: Kafka: Untersuchungen zu Bewußtsein und Sprache seiner Gestalten, hg. von U. Brech, Bad Homburg 1970, S. 19.

5 . Michel Foucault: Die Ordnung des Diskurses, Frankfurt a. M. 1974. Foucault geht dort auf die internen und externen Zwänge ein, die den Diskurs - bzw. die Denkform, die sich aus Basissätzen, Methoden und definierten Gegenständen konstituiert - einschränken und steuern. Bezeichnenderweise wird auch der literarische Diskurs als spezifischer Typus eingeschlossen; vgl. S. 16 f.

6 . Unter subjektnaher, ichzentrierter, erlebnishafter Weltdarstellung bzw. "konkreter Subjektivität" (Hegel) wird hier die Poesie im Unterschied zu Information, Gebrauchsprosa oder Wissenschaft, denen es um objektive Weltdarstellung geht, verstanden.

mit Deutungsreizen vor; aber gleichwohl bindet sich das Spiel an Gehalte und Diskurse, die es nicht unberührt läßt: es sucht nach deren Einheit, ohne doch eine metaphysische Systematisierung und Ableitung zu etablieren. Die Formbestimmung muß also notwendig auf die ineinander verzahnten Gehalte rekurrieren. Der Blick auf die Welt, die alles ist, "was der Fall ist"[7], bedingt die Form. Diese ist gebunden an den "Fall"; der autonomen Figur ist die Affizierbarkeit durchs Thematische vorausgesetzt. Doch die Fixierung an den bloßen "Phänomensinn" und die Blindheit gegenüber dem "Dokumentsinn" mit seinem spezifischen Form- und Ausdruckswillen[8], für welche Thema und inhaltliche Phänomene nichts weiter als bloßes Material sind, hat dazu geführt, daß der befremdliche Diskurs Kafkas zurückgebogen wurde in Formen einsinnigen, garantierten, konventionellen Weltverstehens. Ja, die Blindheit äußert sich sogar in der reduktiven Behandlung der Themen und Inhalte. Selbst wenn Kafkas ästhetische Gebilde auf Medien theoretischer, rein diskursiver Inhalte reduziert werden, gilt es, zumindest die erwähnte *Verschränkung* der Thematiken zu berücksichtigen. Hier soll jedoch eine Annäherung an das spezifisch Ästhetische, das nicht nur als Versinnlichung des Thematischen verstanden wird, versucht werden.

Anhand der Betrachtung des *'Berichtes für eine Akademie'*[9] wollen wir Elemente der poetischen Figur bzw. Grundformen der Dekomposition beschreiben und benennen. Kafkas Kontrafaktur des Bildungsromans, die auch Züge eines Anti-Märchens und einer Anti-Fabel trägt, läßt sich nicht mehr streng auf eine Gattung beziehen. In dieser dekomponierten "Erzählung" berichtet ein Mensch gewordener Affe, daß er an der Goldküste vom Zirkus Hagenbeck angeschossen und eingefangen, wie er am Schiff in einem Käfig zahm gemacht worden sei und wie er schließlich anstelle der "Freiheit nach allen Seiten", von der er jedoch

---

7. Ludwig Wittgenstein: Tractatus logico-philosophicus, Frankfurt a. M. 1975, S. 11. Wittgenstein bindet das Denken - und im Anschluß daran auch das Sprachspiel - an die spezifische Gegebenheit der Welt oder die Form der Praxis in der Welt; vgl. auch: Philosophische Untersuchungen, Frankfurt a. M. 1971.

8. Vgl. diese Unterscheidung bei Erwin Panofsky: Zum Problem der Beschreibung und Inhaltsdeutung von Werken der bildenden Kunst. In: Aufsätze zu Grundfragen der Kunstwissenschaft, hg. von H. Oberer und E. Verheyen, 2. Aufl. Berlin 1974, S. 85-97, Zit. S 86 ff. Dem "Phänomensinn", bestehend aus "Sach-Sinn" und "Ausdrucks-Sinn", stehen der "Bedeutungssinn" als der "etwas bildungsmäßig Hinzugewußtes" (S. 86) voraussetzende Sinn und vor allem der "Dokumentsinn" als der das geistige Gebilde als Ganzes verstehende Sinn gegenüber. Vgl. zum "Ausdrucks-Sinn", der für Panofsky eigentlich relativ untergeordnet - nämlich dem ikonographischen Aspekt untergeordnet - ist, bes. Theodor Hetzer: Giotto. Seine Stellung in der europäischen Kunst, Frankfurt a. M. 1941, und: Heinrich Wölfflin: Kunstgeschichtliche Grundbegriffe, 5. Aufl. München 1921. Bezüglich eines bewußten Gestaltungswillens - wie er die Moderne und vor allem die sogenannte "abstrakte Kunst" auszeichnet - kann behauptet werden, daß zum "Dokumentsinn" heute maßgeblich die Reflexion auf die Gestaltungsabsicht bzw. den autoreflexiv hervorgehobenen "Ausdrucks-Sinn" gehört.

9. Zitiert wird nach der Ausgabe der Erzählungen von Paul Raabe: Franz Kafka. Sämtliche Erzählungen, Frankfurt 1970, S. 166-174.

nichts mehr weiß, den "Ausweg" aus dem Käfig gefunden habe: seine Menschwerdung. Als durchschnittlich gebildeter Europäer tritt er schließlich in Varietés auf.

Es bietet sich eine Lesart aus phylogenetischer Perspektive an: Die Gefangennahme des Wilden durch die Normen des Gesellschaftsvertrages. Natürlich ist bildlogisch der Gesellschaftszustand erst dem Entkommensein aus dem Käfig gleichzusetzen. Welche Ironie spricht aus der geringen Differenz der Zustände! Das Bild des Käfigs wirft seinen Schatten - bzw. sein Licht - auf diesen Ausweg. Nur die Darstellung des Vorher läßt den Zustand des Integriertseins im wahren Licht der Alternativlosigkeit und Zwangmäßigkeit erscheinen. Nachahmung, Anpassung, Wissen und Bildung, Selbstdarstellung (im Varieté) und Selbstreflexion (vor der Akademie) lassen sich als kulturelle Flucht nach vorn begreifen; diese hat sich ihren Sinn und ihr Telos nicht selbst gegeben. Der Ausweg wurde mit dem "Bauch" erdacht. Geschichte erscheint als Naturgeschichte, das Vertrauen ins Subjekt und die Dialektik des Geistes ist angesichts der dressierten und verletzten Menschheit abhanden gekommen: Den "Sinn" des "Auswegs" konstruiert der Affe erst nachträglich: "Löst man [...] die Erfüllung ein, erscheinen nachträglich auch die Versprechungen genau dort, wo man sie früher vergeblich gesucht hat." Die Gesellschaft - in ihrer Gegebenheit - ist selbst der Käfig, der sie zwingt, ihr selbst zu entkommen; eine Zuständlichkeit ist in Sukzession umgesetzt. Das paradoxe Bild fängt einen paradoxen Zustand ein, ohne ihn jedoch designativ oder abbildlich wiederzugeben. In der poetischen Figur erscheint die Erfahrung eines Zirkels. Das wirft Sinn auf eine andere Paradoxie: Der Affe wird von Menschen eingefangen, und doch sind alle Menschen halbgebildete Affen; die Freiheit "kitzelt jeden an der Ferse", "den kleinen Schimpansen wie den großen Achilles". Doch auch diese Paradoxie ist noch nicht fixierbar, denn es heißt, "vielleicht" nur hat der Affe einst die Freiheit gekannt, ist er doch ganz auf "fremde Berichte" angewiesen. Es handelt sich hier sozusagen um eine *Sinnlücke*. Keine Lesart läßt sich zwingend und eindeutig machen. Mit Bestimmtheit läßt sich auch nicht die phylogenetische Lesart halten: es ist ja nur von einem Einzelfall die Rede; durch das Bild scheint auch eine privatbezogene Lesart, eine *"subjektive Allegorese"* hindurch.[10] Verschiedene Kontexte weisen nämlich auf andere Implikationen der Metaphorik; es handelt sich also um eine *variable Metapher*. Das Prinzip der Sinnlücke (das sich in vielen Texten Kafkas findet), die Variabilität der Metapher und das Verfahren der sich verästelnden, "rhizomartig"[11] sich ausbreitenden Paradoxien konstituiert jene 'Bodenlosigkeit' des Diskurses, die keine Fixpunkte und logischen Ableitungen zuläßt, ja solche Kriterien der Wahrheitsfindung mit literarischen Mitteln in Frage stellt. Das erinnert in gewissem Sinn an die strukturalistische Infragestellung

---

10 . Dieser Ausdruck kennzeichnet die kaum kommunizierbare private Allegorie, die neben objektivierteren Gestalten steht; vgl. Karl-Heinz Fingerhut: Die Funktion der Tierfiguren im Werke Franz Kafkas. Offene Erzählgerüste und Figurenspiele, Bonn 1969, S. 102.

11 . "Rhizome" (dt. "Rhizom") als undurchdringliches Geflecht ist ein (post)strukturalistischer Begriff bei Deleuze und Guattari: Gilles Deleuze/Félix Guattari: Kafka. Pour une Littérature Mineure, Paris 1975, S. 7, bzw.: Kafka. Für eine kleine Literatur, Frankfurt a. M. 1976, S. 7.

der Absolutheit des Ursprungs und Zentrums metaphysischer Systeme oder Diskurse.[12]

Die verästelte Paradoxie und die variable Metaphorik vom Käfig der Gesellschaft, dessen Ausweg selbst in einen Käfig führt, läßt noch andere Realisierungen zu: Der Käfig ist die manifest gewordene Marter der Gesellschaft, Gefängnis und Heilanstalt (nach Michel Foucaults 'Surveiller et punir' ein Instrument der gesellschaftlichen Maschinerie, das Hinrichtung und Folter ablöste[13]). Insofern der Käfig nur Korrelat der Normierung der Gesellschaft ist, nur negativ auf sie bezogen ist, erweist sich sein Anderes, die Gesellschaft, als nur scheinbar nicht mit Gitterstäben versehen. Die unfixierbare, undogmatische, nicht-designative Metaphorik hält diese Dialektik fest, legt ihre Erfahrbarkeit frei, konstituiert Erfahrung durch Destruktion gewohnter Kausalerklärung. Der zeitliche Aspekt der "Erzählung" ließe sich allerdings "realistisch" beziehen auf die Phase der Sozialisation (als Antizipation des Gefängnisses bzw. als Konditionierung). Im Hinblick auf die *conditio humana* schlechthin erweist sich der zeitliche Aspekt jedoch als scheinbarer: Als verinnerlichte bleibt die Gefangenschaft sich selbst gleich, äußerer Zwang ist Selbstzwang geworden; Ursprung und Resultat bilden eine Einheit. Sozialisation, Angepaßtsein und Strafjustiz erweisen sich als für die Erfahrungswirklichkeit identisch. In der antiempiristischen und variablen Metaphorik ist diese Erfahrung verdichtet und festgehalten.

Ein weiterer Komplex ist im Reflexions-Bild eingefangen: Die Karikatur des Durchschnittseuropäers läßt satirische bzw. sozialkritische Züge durchscheinen. Die kulturelle Erhebung über die Wildheit und Unmittelbarkeit der Bedürfnisse besteht in Gewalt und Herrschaft. Der Affe, als Individuum genommen, dient dem Profit der Produzenten und der Schaulust der Konsumenten; er hat keine andere Wahl. Masochismus und Sadismus kennzeichnen die "Kultur": Die Seeleute trinken scheußlichen Schnaps und brennen dem Affen Löcher ins Fell. Der angesprochene Bildsektor setzt also Herrschaftsgefälle bzw. die Unbegründetheit der faktisch gegebenen Normen - nicht nur deren bloßes und unabwendbares Vorhandensein - voraus. Die Aufladung mit dem sozialkritischen Impetus hängt allerdings, wenn das Bild erlaubt ist, "in der Luft". Nirgends läßt sich eine schuldige Instanz festmachen; jeder ist in die gleiche Situation gestellt, ins Dasein "geworfen". Allerdings mag der sozialkritische Affekt als Projektion hier seinen realen Ursprung haben, teilweise jedenfalls. Kafka nimmt diese Relation in die Konstruktion, die ja eher Historisches als Systematisches zum Vorwurf hat, auf. Eingebettet bleibt die Assoziation ins Bild von der unverschuldet ausweglosen Situation normativer Zwänge. Die Gesellschaftskritik ist verschränkt mit der Kritik des Weltlaufes überhaupt, ja sie ist aufgehoben in der Weltsatire. Odo Mar-

---

12 . Vgl. Jacques Derrida: Die Struktur, das Zeichen und das Spiel im Diskurs der Wissenschaften vom Menschen. In: J. D.: Die Schrift und die Differenz, Frankfurt a. M. 1972, S. 422-442. Auch in: Wolf Lepenies u. Hanns H. Ritter (Hg.): Orte des wilden Denkens, Frankfurt a. M. 1974 (1. Aufl. 1970).
13 . Michel Foucault: Surveiller et punir. La naissance de la prison, Paris 1975.

quard hat gezeigt, daß die geschichtsphilosophische Destruktion der Theologie Eschatologie als Zukünftigkeit formuliert, das Böse aber als Zerfall der Gesellschaft in Freund und Feind umdeutet: "die vormals transzendent adressierte Unzufriedenheit mit der Welt muß ans Immanente, ans Binnengeschichtliche umadressiert werden." Die Vorkämpfer der Zukunft fühlen sich "mit oftmals freudiger Empörung gern verhindert durch das geschichtlich schon Vorhandene";[14] sie denken das Gegenwärtige der *conditio humana* weg. Kafka hat jedoch in seinem ambivalenten Bild die Anerkennung des faktisch Gegenwärtigen mit der zukunftsbezogenen Perspektive der Kritik vereint. Über die Haltbarkeit der Kritik macht er jedoch keine definitiven Aussagen. Die Schüsse und die Dressur können als Zeichen von Gewalt und Herrschaft ausgelegt werden. Die Verzerrtheit der Interaktion (die Aspekte der Gewalt im gesellschaftlichen Zusammenleben), zwar als historisches Erbe in ihrer Faktizität zur *conditio humana* zu rechnen, wäre doch potentiell abwendbar im Gegensatz zu unvermeidlicher Normierung überhaupt. Aber die satirisch-kritische Lese-Variante sieht sich mit einer Sinnlücke oder Unbestimmtheitsstelle konfrontiert: Die Schüsse und die Zähmung können als metaphorischer Verweis auf die absolut unabwendbare Notwendigkeit sozialer Einschränkung und Normierung - oder auch die kulturelle Zwangsmoral ödipaler Herkunft - stehen. Damit verlören Kritik und Satire ihren Sinn.

Keine der Auslegungsmöglichkeiten wird in Kafkas Text eindeutig bestätigt. Es gibt grundsätzlich keine Garantie dafür, daß es das "große Gefühl der Freiheit nach allen Seiten" jemals gegeben hat; des Affen "Erinnerung" reicht nicht bis vor die Gefangennahme zurück. Hier wie dort läßt uns eine *Aussparung* oder eine *Sinnlücke* im Ungewissen. Paradox ist nun, daß das *Bild des Käfigs bildlogisch aber notwendig die Idee der Freiheit voraussetzt, auch wenn es sie niemals gegeben haben sollte.* Daß die genannte "Freiheit" nicht sicher, sondern nur "vielleicht" vorhanden gewesen war, erhebt die Gefängnis-Metapher zur Paradoxie. Diese kennzeichnet den assoziierbaren 'Rousseauismus' als bloßes Als-ob- bzw. bloßes Möglichkeits-Denken. Sie entzieht ihm - als einer elegischen Projektion des Idealzustands zurück in die Vergangenheit - den Boden; als Theorie ist er somit in Frage gestellt. Aber das paradoxe Bild hält dennoch in legitimer Weise eine Erfahrung fest. Wenn zur Erfahrung auch die produktiv phantasierte Utopie zu rechnen ist, die fiktiv ins Futur oder auch Präteritum verlegt werden kann, dann wird hier eine Art 'rousseauistischer' Erfahrung evoziert. Das "vielleicht" erweist sich dann nicht als bloße Technik oder abstrakte Figur, sondern als pointierender Verweis auf paradoxes Verhalten: das Ausmalen der Projektion und das Wissen um ihre Unhaltbarkeit.

Die Funktion der Sinnlücken und Aussparungen sind jedoch dem Leser nicht von vornherein klar. Im Prozeß der Realisation des Textes etabliert sich so eine Spannung, die den Leser in die Irre leitet, in Unklarheit und Widerspruch hineinlockt, ihn 'nervös' macht. In vielen Texten Kafkas stiftet eine *"Allusions-Kette"*

---

14 . Odo Marquard: Schwierigkeiten mit der Geschichtsphilosophie, Frankfurt a. M. 1973, S. 77 und 78.

eine Lesart, auf die *weder der Erzähler noch die Figur in irgendeiner Weise eingehen.* Dadurch entstehen Spannungen und Paradoxien, die wesentlich zum Irritierenden des Textes beitragen. Diese Technik des *"implizierten Lesers"* ist eng verknüpft mit der variablen Metaphorik. (Sie steht in Beziehung zum allgemeineren und insofern übergeordneten Komplex des "impliziten Lesers", d. h. der Offenheit und Füllungsbedürftigkeit literarischer Texte, wie W. Iser sie beschreibt;[15] hier ist aber die ausgeprägte Einbeziehung einer Erwartungshaltung spezifisch Kafkascher Provenienz gemeint, die sozusagen über dem Text schwebt, aber mit expliziten Haltungen kollidiert.) Im *'Bericht für eine Akademie'* begleitet die Vorstellung des Freiseins das Bild vom Käfig; in der *'Strafkolonie'* wird in keiner Weise auf die Begründung oder den Sinn der verteidigten Normen, wie sie der Leser erwartet, eingegangen; in *'Amerika'* ist der Leser ungehalten, weil weder die Maßstäbe des Onkels noch das Schweigen Karls kommentiert werden usw. Die *Perplexität* des Textes, die mithilfe von Reduktionen und Auslassungen ihr Spiel mit dem Leser treibt, hebt doch nur auf die so alltägliche Absurdität unserer Welt ab; nur scheinbar gibt es in dieser eine Garantie der "Freiheit", ein Prinzip der "Gerechtigkeit", einen Sinn des "Strafrechts". Das Bild-Spiel bringt so, unter Verzicht auf logische Stimmigkeit, Erfahrung vor unser Bewußtsein, verdoppelt und erhellt sie im Spiel.

Wenn wir von der Metapher des Käfigs sagten, ihr Negativ, die Freiheit, existiere - womöglich - gar nicht, dann führt sie den Leser 'auf Glatteis' oder besser: bekommt ihren eigenen Boden entzogen. Wenn vom Aspekt der Sozialkritik zu dem der Weltsatire übergegangen wird, dann gleitet ihr Sinn von Kontext zu Kontext. G. Neumann hat von der "entfremdeten Metapher" und dem "gleitenden Paradox" gesprochen und Umkehrung und Ablenkung als Techniken der Kafkaschen Aphorismen hervorgehoben;[16] wir könnten analog dazu auch von einer *"gleitenden Metaphorik"* sprechen bzw. von einer *"bodenlosen Metaphorik"*, in welche bildliche und logische Paradoxien hinein verflochten sind.

Man kann diese Figuren, diese Entstellungen metaphorischer und paradoxer Formen (wie schon die Entstellung des Gattungsbezugs eine darstellt), als Methoden der Dekomposition bestimmen. Das Resultat sind Reflexions-Bilder, die eingefahrene Erfahrungen und Theoreme irritieren und in Frage stellen. Sie begründen neue Beziehungen zwischen den Elementen der Wahrnehmung, versetzen sie mit Reflexion. Die Reflexionserzeugung legt Neuordnungen nahe (Identität von Angepaßtsein und Strafanstalt), sie hält Probleme offen (der Schein der "Erinnerung" an die Freiheit als realer und wirksamer Schein, der trotz aller Fiktivität motivierende Kraft besitzt, obgleich er nur im Potentialis, im Möglichkeits-Modus, vorgeführt wird) und stellt - drittens - die Leistung exakt prädizierender Diskurse, systematischer Ableitungen kausaler und abstraktiver Erklärungen in

---

15 . Wolfgang Iser: Der implizite Leser, München 1972.
16 . Gerhard Neumann: Umkehrung und Ablenkung: Franz Kafkas 'Gleitendes Paradox'. In: H. Politzer (Hg.): Franz Kafka, Darmstadt 1973, (= Wege der Forschung CCCXXII), S. 459-515.

Frage; eine subjektnahe Form der Selbstvergewisserung muß sich durch alle Formen der Objektivation gefährdet sehen. Die Paradoxie des Käfigs, der "vielleicht" einer ist, "vielleicht" keiner ist, wendet sich gegen die Elegie Rousseaus, gegen eine positive Geschichtsphilosophie fortschreitender Negation der Natur, auch gegen eine Position, wie sie Adorno und Horkheimer in der '*Dialektik der Aufklärung*'[17] vertreten; dort erscheint der Phönix der Angst vor der Natur wieder in den innerkulturellen Zwängen. Für Kafka ist weder eine Logik des Verfalls oder der Wiederholung noch eine positiver Dialektik garantiert. Immerhin existiert ein "Ausweg", auch wenn das - paradoxerweise - keiner ist. Und die Fiktion möglicher Freiheit wird als Mutmaßung zugelassen, obgleich das Reflexions-Bild weder eine Verfalls- noch eine Fortschrittstheorie bestätigt.

Reflexions-Bilder

Der Ausdruck "Reflexions-Bild" ist in Anlehnung an Benjamins "Denkbild"[18] und an Gehlens "Zeit-Bild"[19] geprägt. Er soll sich auf die Gesamtheit der Kafkaschen Erzählung beziehen, die ja eher eine *prozessuale Metapher* denn eine erzählbare Geschichte darstellt. Solche variablen 'Vexier-Bilder' geben wie das "Denkbild" nicht mehr den "Sinn der Erscheinung"[20] preis, wie man für Emblem und Symbol in Anspruch nehmen darf. Bei Kafka sind die zersplitterten Bilder und gebrochenen Sinnbezüge Produkt von Reflexion und zielen durch Dekomposition, Entstellung und Verweigerung von Stimmigkeit auf Reflexion beim Rezipienten. Sie liefern nicht "Sinn". Die Reflexion ist dargestellt im Material von Sinnlichkeit, sie liegt in der poetischen Figur, in der Konfiguration von Erfahrungsgehalten. Vergleichbar ist die Reflexionserzeugung der jener "Zeit-Bilder" der modernen Malerei, die nach Gehlen durch die Verfremdung eingefahrener Sehweisen Subjektivität konstituieren. Ein gutes Beispiel scheint mir die Destruktion räumlicher Anschauung zu sein, wie sie im Kubismus und später versucht wurde. Picassos '*Ochsenschädel*' (1942) kann das Gemeinte verdeutlichen: Fenster, Tisch und Ochsenschädel bilden ein räumliches Gefüge, sind perspektivisch akzentuiert. Zugleich werden die Flächen jedoch dekorativ und unperspektivisch gemustert, breiten sich in ihrer bloßen Zweidimensionalität aus. Der Schein der Plastizität wird zurückgenommen, die Fläche der Leinwand als Grundlage des Gebildes wird hervorgehoben. Die Ebene der Flächenhaftigkeit steht sozusagen in Widerspruch zur Räumlichkeit. Diese Perplexität ist den aufgezeigten Paradoxien, Vexierbildern und gleitenden Metaphern vergleichbar. Die im sinnlichen Material sich

---

17. Vgl. Theodor W. Adorno/Max Horkheimer: Dialektik der Aufklärung. Philosophische Fragmente, Amsterdam 1947.
18. Vgl. dazu Heinz Schlaffer: Denkbilder. In: Poesie und Politik. W. Kuttenkeuler (Hg.): Poesie und Politik. Zur Situation der Literatur in Deutschland, Bonn 1973, S. 137-154.
19. Arnold Gehlen: Zeit-Bilder. Zur Soziologie und Ästhetik der modernen Malerei, Frankfurt a. M./Bonn 1965.
20. Schlaffer, Denkbilder, S. 143.

niederschlagende Reflexion kann also Apriori der Gestaltung freilegen. Gehlen nennt die Mittel der Dekomposition Weisen der "inner-optischen Reflexion"; die entscheidende Erfindung war die "Zweischichtigkeit des Bildes, nämlich in seiner Verselbständigung zu einer Reizfläche eigenen Rechts bei dennoch festgehaltener Gegenständlichkeit".[21]

Solchen "halbabstrakten" Bildern entspricht Kafkas Verfahren, dessen mimetische Implikationen so oft absolut gesetzt wurden, während sie doch im funktionalen Ganzen aufgehoben sind. Dieses Ganze entstellt das mimetisch Dargestellte und thematisiert zugleich Darstellungformen, *Apriori* des Poetischen (Parabel, Metapher, Perspektive, Dialog, Raum- und Zeitdarstellung). Zudem werden die Gehalte in der wirkästhetischen Intention aufgehoben, der es nicht auf Objektrepräsentation, sondern Affizierung ankommt; das ist später noch darzulegen. Die Thematik ist nicht abgebildet, sie scheint nur durchs Gebilde hindurch. Damit hat sich das Ästhetische oder Autonome radikal emanzipiert von prosaischen Funktionen: Theorien, Themen, Informationen, Widerspiegelungen. Die Apriori von Anschauungsformen, von Poesie und Fiktion überhaupt werden - quasi autoreferentiell bzw. metafiktional - freigelegt. Beispielsweise tritt Fingieren *als* Fingieren auf, nicht mehr verkleidet und versteckt in der schlichten Fiktion von Sachverhalten; ein Indiz dafür ist die *paradoxe Perspektive* (der Romane wesentlich): Der Erzähler beschreibt ein "er", aber nicht schlicht personal, sondern in der Weise, daß er, der doch über allem steht, ganz in der subjektiven und verzerrenden Perspektive des erzählenden Ich befangen bleibt; dennoch weiß er, im '*Proceß*', den Tod dieses „er" zu berichten. Das Fingieren vertuscht nicht mehr seine eigenen Möglichkeitsbedingungen. Das ist analog zu den "Selbstaufhebungen" Becketts zu sehen, die W. Iser in dessen Trilogie verfolgt.[22] In *'Malone dies'* ist deutlich "fiction" zum *Prozeß* des Fingierens geworden (des Erfindens und Erdichtens, nicht nur des Dichtens wie in Gides '*Les Faux-monnayeurs*'). Die inneroptische bzw. innerpoetische Reflexivität bedingt freilich die Kommentarbedürftigkeit der Texte; allerdings geht die thematisch orientierte Auslegung des "Phänomensinns" am intendierten "Dokumentsinn" vorbei.

Die psychoanalytische Lesart

Deutlich treten die *Entstellung* einsinniger Parabolik, die *gleitende Metaphorik* und die *Verästelung der Paradoxien* zutage, wenn wir die zunächst ausgeklammerte ontogenetische oder psychologische Assoziationskette einbeziehen. Ein Schuß traf den Affen nämlich "unterhalb der Hüfte" (der andere traf die Wange). Der Affe erbost sich über einen der "zehntausend Windhunde", die in der Zeitung behaupten, des Affen Affennatur sei noch nicht völlig "unterdrückt". Sie führten als Beweis dessen das gelegentliche Fallenlassen seiner Hose an. Aber der Affe verteidigt paradoxer- und schizophrenerweise stolz seine Kastriertheit; er sagt, er könne

---

21. Gehlen, Zeit-Bilder, S. 64 u. S. 65.
22. Iser, Der implizite Leser, S. 252 ff.

sich diese Selbstentblößung erlauben, denn "man wird dort nichts finden als einen wohlgepflegten Pelz und die Narbe". Die Metapher des Käfigs bekommt durch diesen Kontext den Sinn, auf die 'Gefangenschaft' der Triebansprüche zu weisen, die durch die symbolische Kastration in der ödipalen Phase begründet wurde. Die Anpassung an die "Welt der Väter" (Benjamin[23]) zeigt, daß auch nach dem Finden des "Auswegs" (der Mensch- und Mannwerdung durch Rollenübernahme) die kulturtypische neurotische Befangen- bzw. Gefangenheit fortbesteht; der Affe besitzt weiterhin *nichts* - als einen "wohlgepflegten Pelz" und die "Narbe" der Erinnerung, der verdrängten Erinnerung. (Es ist die Narbe, die er von seinem Vater, dem Vater im *'Urteil'*[24] ererbt hat. Die Sünde des Sohnes "scheint eine Art von Erbsünde zu sein",[25] eine Erbsünde, die auf ihre psychologischen Grundlagen zurückgeführt ist). Die Vorgeschichte Rotpeters dürfte nicht folgenlos bleiben für die Abende nach "Affenart" mit der halbdressierten "Schimpansin", seiner Gefährtin. Das Vergnügen mit der Äffin, die der Affe "bei Tag nicht sehen will", da sie den "Irrsinn des verwirrten dressierten Tieres im Blick" habe, ist nur scheinbar nach "Affenart" naturbestimmt und kulturunabhängig (die symbolische Kastration ist kulturbedingt), und es ist in gewissem Sinn *doch* nach "Affenart" (denn im Schlafzimmer darf selbst der Journalisten-"Windhund" die Hose fallen lassen). Aber - wenn wir im Bilde der faktischen Kastration bleiben - das Vergnügen wird wohl nicht recht gelingen können. Das wirft ein Licht auf den *symbolischen* Status der Kastration; wobei das Symbol dann wichtiger ist als das Faktum, wie aus Kafkas Metaphorik selbst hervorgeht. (Der 'nur' symbolisch Kastrierte ist natürlich *realiter* zur Sexualbetätigung fähig, aber psychologisch bzw. symbolisch gesehen impotent.) Im Sinne von Freuds "Verhüllung" und "Verschiebung" wird das Problem metaphorisch und metonymisch verschoben: auf irgendeine Stelle der Hüfte, auf eine Verletzung, Schußwaffen, auf ein Tier (den Affen als Metapher für den bzw. einen Menschen). Nur in der Form der "Entstellung"[26] darf das Verdrängte sich dem Bewußtsein nähern. (Jacques Lacan spricht daher vom permanenten *Gleiten* der Rede, in welcher eine Metapher die andere und eine Metonymie die andere ersetzt, wobei das zugrundeliegende *signifié* nie zur Sprache kommt.[27]) Kafkas Metaphorik läßt sich wieder nicht eindeutig fixieren: das Vergnügen nach

---

23. Walter Benjamin: Franz Kafka. In: Politzer, Franz Kafka, S. 143-158, Zit. S. 145.

24. Man vergleiche den erotischen Kontext im *'Urteil'*, wo von der Narbe des Vaters die Rede ist; Sämtliche Erzählungen, S. 34. (Auf dem "Oberschenkel" des Vaters Bendemann sieht man die "Narbe aus seinen Kriegsjahren", als er das Nachthemd hebt, um Georgs Verlobte, die angeblich nur auf Verführung aus ist und deshalb die "Röcke gehoben" habe, nachzuäffen.)

25. Benjamin, Kafka, S. 146.

26. Die "Traumentstellung", die durch "Verschiebungsarbeit", aber auch "Verdichtungsarbeit" zustande kommt, erlaubt die Annäherung des Verdrängten ans Bewußtsein und die Wunscherfüllung, die Movens der Traumarbeit ist. Vgl. Sigmund Freud: Studienausgabe Bd. 2: Die Traumdeutung, Frankfurt a. M. 1972.

27. Vgl. Jacques Lacan: L'instance de la lettre dans l'inconscient ou la raison depuis Freud. In: Écrits, Paris 1966, S. 502 ("le glissement incessant du signifié sous le signifiant"); vgl. auch Hermann Lang: Die Sprache und das Unbewußte, Frankfurt a. M. 1973, S. 238.

"Affenart" widerspricht der Kastration. Diese Paradoxie läßt sich wie die des Traums auflösen: logische Stimmigkeit der Bildlichkeit ist nicht erforderlich, die Sprache erfahrungszentrierter Anschauung (d. h. die Sprache der Poesie im Unterschied zur Sprache der Information, Gebrauchsprosa oder Wissenschaft) kann diese oder jene Metapher wählen und kann auf die Metapher auch wieder verzichten oder die Metapher wechseln. Die symbolische Kastration läßt sich im für wahr zu nehmenden Symbol darstellen - oder eben als bloß symbolische (bewußt bloß bildliche). Diese Zwiespältigkeit hält Kafkas *Bild-Paradoxie* fest. Zudem könnte man wieder von einer Sinnlücke sprechen, denn die Formulierung "unterhalb der Hüfte" kann vorsichtige, metonymische Darstellung der wörtlichen Kastration sein (welche selbst natürlich nur Metapher wäre), sie kann aber auch eine bloße Bauch- oder Oberschenkelverletzung (wie im '*Urteil*') bezeichnen, die dann eine Metapher für eine Metapher wäre (oder eine Metonymie für eine Metapher).

Das metaphorische Rhizom ist natürlich noch verzweigter. Der erste Schuß trifft nämlich eine Wange und hinterläßt eine "große ausrasierte rote Narbe", die dem Berichtenden "den widerlichen und ganz und gar unzutreffenden, förmlich von einem Affen erfundenen Namen Rotpeter eingetragen hat, so als unterschiede ich mich von dem unlängst krepierten, hie und da bekannten, dressierten Affentier Peter nur durch den roten Fleck auf der Wange". Der Name ist natürlich treffend, insofern er die ödipale und allgemeine Narbe (die Scham) anspricht, und zugleich auch die womöglich individuelle Variante (die rote Wange als Schamröte). Soweit auch diese, die Schamröte, etwas Allgemeines und Universelles ist (und hier nicht nur im Sinne einer subjektiven bzw. privaten *Allegorese* eingesetzt wird), handelt es sich um doppelte Ironie. - Das Selbstverständnis des Affen wird hier geschieden vom dargestellten Sachverhalt. In der Formulierung "Affentier Peter" steckt wieder eine doppelte Logik: Der Affenwelt gegenüber betont unser Held, paradoxer- oder schizophrenerweise stolz, sein Menschsein. Gegenüber "Peter" als Rivalen besteht er auf seiner Individualität.

Die Röte der Scham (die noch Joseph K. "überleben" soll[28]) ist doch nur eine Parallelerscheinung zur Narbe "unterhalb der Hüfte". Das Bild deutet auf einen gemeinsamen Ursprung. Es handelt sich um eine "Sublimierung" und "Verschiebung" "nach oben". Scham und Verlegenheit, Betroffenheit im sublimeren zwischenmenschlichen Verkehr, sind Abkömmlinge der ödipalen Verletzung; als Elemente des Über-Ichs hat sie Freud klar aus der symbolischen Kastration abgeleitet - diese erweist sich schließlich auch als "Quelle unserer individuellen Sittlichkeit"[29]. Genau das ist bei Kafka ins Bild gesetzt, da die Schüsse in die Gefangenschaft und endlich zur Mannbarwerdung und zur gesellschaftlichen Anpassung führen.

28. Vgl. Franz Kafka, Der Prozeß. Roman, New York/ Frankfurt a. M. 1965, S.272.
29. Sigmund Freud: Das ökonomische Problem des Masochismus. In: Studienausgabe Bd. 3: Psychologie des Unbewußten, S. 339-354, Zit. S. 351.

Die poetische Technik bringt in der beschriebenen Metaphorik also poetische Symbolgebung und psychologische Symbolbildung zur Deckung. Privatsprachliche Entstellung durch Metonymie und Metapher ist soweit zurückgenommen, daß nur noch ein Schatten subjektiver Allegorese zurückbleibt ("nichtidentisch"[30] und doch spürbar), die Bilder jedoch einholbar sind. Die bewußt konstruierte *Zweischichtigkeit der Metaphorik* kann man nicht, wie das H. Kaisers psychoanalytische Deutung versucht,[31] als Manifestation einer Individualneurose darstellen; auch nicht als Manifestation einer Kollektivneurose. Die Reflexion steht über der Problematik; nicht einmal die Darstellung der Problematik ist primär, da sie im *Bild-Spiel* aufgehoben ist. Kafka spielt als Künstler bewußt mit den Zeichen des Unbewußten bzw. den Ideen der Psychoanalyse, er ist nicht Opfer psychologischer Mechanismen.[32]

Auch drückt die ironische Gestaltung des Mannbar-Werdens im Ritual des Schnapstrinkens und Rauchens Kafkas Distanz gegenüber der gesellschaftlichen Bewältigung des Dilemmas aus, mit welcher nur der ödipale Kreislauf aufs neue initiiert wird. Die Ironie und der Witz demonstrieren auch jene ästhetische Distanz, die Kafkas Demontagen der Realität oder Thematik auszeichnet: "[Les] thèmes sont bien présents dans le Procès. Mais précisément c'eux qui font l'objet d'un *démontage* minutieux [...]"[33] Entstellende Preisgabe und Witz oder Ironie affizieren den Leser; diese Funktionen kommen der poetischen Figur eher zu als die der Repräsentation von Gehalten und der Abbildung von Problemen. Die Verschränkung der Bildbereiche, die Dekomposition symbolischer Stimmigkeit, die Aufhebung einsinniger Stringenz usw. führen zu *Vexier-Bildern*, die *reflexive Rätsel* und *Spiele* darstellen. In ihnen sind freilich Themen 'aufgehoben'. Zum andern ist zu wiederholen, daß das Reflexions-Bild auch einen neuen Zugriff gegenüber der Erfahrungswirklichkeit zu begründen versucht. Die Verfilzung von intrapsychischer Sicht und externer Perspektive tastet nach einem neuartigen,

---

30. Vgl. Theodor W. Adornos Begriff des Nicht-Identischen als der Unbegrifflichkeit und nicht generalisierbaren Individualität des autonomen Kunstwerks. Theodor W. Adorno: Ästhetische Theorie, Frankfurt 1970, S. 14 u. passim.

31. Hellmuth Kaiser: Franz Kafkas Inferno. Eine psychologische Deutung seiner Strafphantasie. In: Politzer: Franz Kafka, S. 69-142. Die Kritik soll keineswegs in Abrede stellen, daß Kaiser höchst differenzierte und relevante Resultate innerhalb seiner Untersuchungs-Sphäre zutage fördert.

32. Vgl. meine nach Veröffentlichung der vorliegenden Studie formulierten Thesen: "Kafka's dream stories are not dreams but *simulations* of dreams or dreamlike textures", "Kafka drafted his stories deliberately and consciously", "It does not make sense to analyse Kafka's writings as symptoms of an illness", "[those symptoms are] portrayed consciously", in: Hans H. Hiebel: The "Eternal Presence" of a Static Dilemma. Psychology and the Use of Tense and Connotation in Franz Kafka's "Ein Landarzt". In: Herbert Foltinek, Wolfgang Riehle, Waldemar Zacharasiewicz (Hg.): Tales and "their telling difference". Zur Theorie und Geschichte der Narrativik. Festschrift zum 70. Geburtstag von Franz K. Stanzel, Heidelberg 1993, S. 337-357, Zit. S. 339.

33. Deuleuze/Guattari, Kafka, S. 82.

psychologisch-historischen Diskurs, in welchem die Fixierung an die Grundaxiome der je eingeschränkten Systeme aufgehoben wäre. Die ästhetische Figur zielt nicht nur auf eine Wirkästhetik des Rätselspiels und der psychischen Affizierung, sondern auch auf eine Transformation von Gehalten, auf eine Verunsicherung von Anschauungsformen. (Das letzte läßt sich vielleicht mit der antisystematischen und antitotalitären Funktion der Theorie W. Benjamins vergleichen[34]). Klarer als in Beziehung auf den 'Bericht' läßt sich dies im Hinblick auf die Romane und deren Verschränkung von normativ-ethischer Problematik, intrapsychischer Perspektive, theologischer Sicht und gesellschaftlicher Faktizität bzw. historischer Formierung des Willens zur Macht darlegen. 'Von den Gleichnissen' schlägt die skizzierte Dekomposition und *De-fundierung* etablierter Anschauungsformen vor. Ganz kann sie freilich im Medium der Sprache nie gelingen: "Ich kann natürlich das damals affenmäßig Gefühlte heute nur mit Menschenworten nachzeichnen [...]" Nochmals: Die Verschränkung der Perspektiven zielt auf zweierlei, auf Entgrenzung einsinniger Diskursformen und auf eine wirkästhetisch ausgerichtete 'Demontage', der es auf eine Darstellung der Objektwelt nicht primär ankommt. Letzteres demonstrieren Witz und Ironie der Geschichte: Der Sinn des *'Berichtes'* liegt im *Wie* der Präsentation. Somit ist die ödipale Problematik nur Material der Rede, die *als* Rede sich in ein Verhältnis zu ihm setzt. Das berührt sich mit der Tatsache, daß unsere Rede, Lacan zufolge, grundsätzlich nichts anderes ist als eine Serie witziger Entstellungen und metaphorisch-metonymischer Verhüllungen des ultimativen und letztlich unfaßbaren "Objekts" (des Begehrens) sein kann, ein "purloined letter", der nichts objektiv beschreibt, sondern auf die Wahrheit intersubjektiver Berührung aus ist; ein Signifikant ohne Botschaft, wie J. Lacan zu E.A. Poes *'entwendetem Brief'* sagt.[35]

Diese - in gewissem Sinne - anti-mimetische Wirkästhetik schlägt wohl auch den diskursiven Momenten zu Buch, dergestalt, daß bei Kafka nicht schlicht sachliche Reflexion über eine Objektwelt vorgeführt wird, sondern ein Subjekt *innerhalb* des intersubjektiven und gesellschaftlichen Getriebes spricht und sich in dasselbe einbildet. Der Aussagevorgang (énonciation) und nicht die Aussage (énoncé) ist das enscheidende.

Immer wieder stellt die Perplexität einer poetischen Figur bei Kafka den Leser vor die Frage, ob es sich um eine innerliterarische Konstruktion handelt oder ob einer absurden oder ungewohnten Wirklichkeitserfahrung Zugang verschafft werden soll. Wie sieht das mit der Verschränkung der phylogenetischen mit der

---

34 . Vgl. Helmut Pfotenhauer: Ästhetische Erfahrung und gesellschaftliches System. Untersuchungen zum Spätwerk Walter Benjamins, Stuttgart 1975. Ders.: Benjamins unzuverlässiger Materialismus. In: Poetica 9 (1977), H. 3-4, S. 398-418.

35 . Vgl. dazu Jacques Lacan: Das Seminar über E.A. Poes 'Der entwendete Brief'. In: Schriften I, hg. von Norbert Haas, Olten und Freiburg i. Br. 1973, S. 7-60. Der Signifikant, Rest des verdrängten ödipalen Geschehens, weist auf kein *signifié* und keine Botschaft, er taucht nur momentan in Metaphern, Metonymien, Symptomen, Wiederholungen und im Stocken der Rede auf; so auch der "letter" bei Poe.

ontogenetischen bzw. psychologischen Perspektive aus? Im Inzestverbot fällt die phylogenetische und ontogenetische Perspektive zusammen: die Kultur beginnt mit ihm (als Exogamiegebot setzt es Austausch und Kommunikation in Gang[36]) und erneuert sich mit ihm. Und Sigmund Freud leitet Sublimationsleistung und individuelle Sittlichkeit aus dem Ödipuskomplex ab, der von der intrapsychischen Verankerung der Macht des Vaters im Über-Ich ausgeht. Die patriarchalische Herrschaftsstruktur, die auch noch die moderne Industriegesellschaft prägt, wiederholt und bestärkt - und initiiert erneut - die familiale Verletzung.[37] Die Doppelbödigkeit des 'Berichtes' reflektiert die reale Verfilzung ödipaler und gesellschaftlicher Strukturen. Patriarchalisch und hierarchisch ist der "Zirkus" aufgebaut, der den Affen einfängt und zähmt; die Gesellschaft, nicht der individuelle Vater, ist verantwortlich für die Schüsse und Narben. Ist im 'Urteil' nur der familiale Patriarch Grund und Ursache der Problematik, so im 'Bericht' die "Welt der Väter", der Sozialnexus. Die 'Verwandlung' liegt zwischen den beiden Erzählungen; dort steht die Familie in Abhängigkeit von gesellschaftlichen Instanzen (Firma, Prokurist, Zimmerherren etc.). Deleuze und Guattari schreiben daher in ihrer Studie zu Kafka: "Hinter dem familiären Dreieck (Vater-Mutter-Kind) [entdeckt man] noch andere, sehr viel aktivere Dreiecke, aus denen die Familie selbst ihre Kraft schöpft, ihren Auftrag, Unterwerfung zu propagieren, das Beugen des eigenen Kopfes und das Niederdrücken der Köpfe anderer."[38] Die zitierten Verfasser formulieren im 'Anti-Ödipus' die sozialpsychologischen Grundlagen, die sie in ihrer Kafka-Analyse voraussetzen. Dort steht auch der Satz: "Der paranoische Vater ödipalisiert den Sohn [...]. Der erste Fehler der Psychoanalyse geht dahin, so zu tun, als ob alles mit dem Kind beginne."[39] Es mag deutlich werden, daß Kafka sich schon am Beginn der Psychoanalyse jenseits derselben befindet. Die Ontogenese des Komplexes wiederholt ja nur die Phylogenese stets aufs neue. Daher gibt es immanent auch keinen "Ausweg": Der Affe usurpiert durch Identifikation und Introjektion[40] sein Vorbild - und wird Mensch. Die gleichermaßen absurde Alternative dazu: Der Sohn wird Tier, Käfer, verendet, wird aus der Stube gekehrt. Die doppelbödige Metaphorik zielt also auf die reale Verfilzung der Bereiche, und sie verweigert einen fixen Ursprung und ein Fundament, da keiner der Bereiche als selbständiger und ursprünglicher behauptet werden kann.

---

36 .Vgl. die Idee bei Lévi-Strauss, zit. in: Herbert Nagel: Claude Lévi-Strauss als Leser Freuds. In: Wolf Lepenies/ Hanns H. Ritter (Hg.): Orte des Wilden Denkens, München 1974. S. 225-305, Zit. S. 284.
37 . Vgl. zu dieser Problematik Gilles Deleuze und Félix Guattari: Anti-Ödipus, Frankfurt a. M. 1974, und die Psychoanalyse-Marxismus-Debatte generell.
38 . Deleuze/Guattari, Kafka, dt., S. 17.
39 . Deleuze/Guattari, Anti-Ödipus, S. 355.
40 . Vgl. Hellmuth Kaiser, Franz Kafkas Inferno; Kaiser zeigt differenziert, wie diese Introjektion als Usurpation der Potenz des Vaters sozusagen wörtlich vollzogen wird: das Schnapstrinken wird auf anale und genitale Verdrängungen bezogen; vgl. S. 79.

Die Entstellung von Raum und Zeit

Wir haben zuletzt ein weiteres poetisches Verfahren berührt, das der *Entstellung von Raum und Zeit* bzw. des raum-zeitlichen Kontinuums. Entempirisierende Momente lösen das erzählte Gefüge aus spezifischen Bezogenheiten, es resultiert eine "Unbezüglichkeit" (König, Kobs[41]) der erzählten Welt. Durch vieldeutige und/oder paradoxe Kennzeichnungen geschieht eine *Dislokation* und *Enttemporalisierung*. Das '*Schloß*' trägt feudalistische und bürokratische Züge; das zielt nicht nur auf eine Charakterisierung patriarchalischer Elemente innerhalb der modernen Gesellschaft, sondern die Situation erstreckt sich sozusagen hinein in die Vergangenheit. Der Raum ist also nicht definit lokalisierbar, er ist *entortet;* auch die Zeit ist natürlich nicht mehr fixierbar. Deshalb verliert auch der immanente Zeitverlauf seinen linearen Charakter: Er deutet einerseits auf historische Wiederholbarkeit, andererseits – quasi metafiktional – auf eine Technik, die hier impliziert ist: auf eine Art 'absoluter Erzählzeit', d. h. auf Zeit als rein prozessuale Ausbreitung der Metaphorik und Verweisgeflechte bzw. auf Zeit als bloßer Auslotung des Bildbereichs. Faktisch berichtet das '*Schloß*' von einer Woche, der '*Proceß*' von einem Jahr - doch zielen beide Romane auf den "Prozeß" des Lebens. Ähnlich "deterritorialisiert"[42] auch der '*Bericht*' Raum und Zeit. Hier ist die Dislokation natürlich eng mit der Verfremdung und Verkehrung der Metaphorik verbunden. Die phylogenetische Lokalisierung steht im Widerspruch zur zeitlich bestimmteren Anspielung auf den Zirkus "Hagenbeck". Der Zirkus und das Varieté sind wiederum ambivalent: sie deuten auf Subkultur und Artistik, andererseits unterscheiden sich die übrigen ‚Kulturträger' und ‚Akademiker' nicht vom dressierten Affen und der Sphäre des Varietés. Der Ort als Teil der gesellschaftlichen Sphäre steht dann für ihr Ganzes - zugleich meint er auch weiterhin sich nur als Teilbereich. Hier liegt auch die eigentliche Pointe der Erzählung (über Witz und Komik ist noch zu reden): Der Affe wendet sich an einen Bereich, dessen Andersheit und Erhabenheit der Bericht selbst als Schein entlarvt: an die "hohe[n] Herren von der Akademie".- Die Widersprüche und Unbestimmtheiten bilden "Leerstellen" (Iser[43]), durch sie nötigt das Reflexions-Bild den Leser zur Herstellung von Sinn-

---

41. Vgl. Kobs, Kafka, S. 96 f; Gerd König: Franz Kafkas Erzählungen und kleine Prosa. Diss. Tübingen 1954, S. 28.

42. Dieser Terminus der "Deterritorialisierung" ist zentral bei Deleuze/Guattari; er meint eine radikale Verfremdung und Entwurzelung, die Abweichung von gesellschaftlichen, familialen und sprachlichen Gepflogenheiten; die "schizoide" Deterritorialisierung soll die "paranoiden" Muster gebräuchlicher Sprachformen, beengender Familienordnung und einschränkender Gesellschaftsordnung sprengen; vgl. Anti-Ödipus, S. 168 ff. u. passim

43. Wolfgang Iser: Die Appellstruktur der Texte. In: R. Warning (Hg.): Rezeptionsästhetik, München 1975, S. 228-252, Zit. S. 235. Iser geht von einem Textbegriff aus, der dem Leser durch Unbestimmtheits- und Leerstellen einen Spielraum von Aktualisierungsmöglichkeiten

bezügen. Zugleich werden Grundanschauungen und Grundfiguren der Poesie, hier räumliche und empirische Situierung und lineare Zeitgestaltung, *verfremdet*.

Vertraute Situierung und eingängige Metaphorik bringen die Gefahr mit sich, Erfahrung zu verhindern. Bei Kafka können die Metaphern sich nicht als eindeutige und markierte etablieren und so auf den Status verblichener Metaphern oder direkter Prädikatoren abrutschen. Dieser würde subjekt- und erfahrungszentrierte Sprache, d. h. Poesie, überführen in die Funktion reiner Objektbezeichnung (prosaischer, informativer, theoretischer Natur). Nur der irritierend rasche Wechsel der sprachlichen Ebenen, der "logischen Typen"[44], der Perspektiven läßt das *comparatum* oder *signifié* befremdlich neu hervortreten. Hier liegt die Nähe zur Sprachverwendung Schizophrener, die u. a. wohl Deleuze und Guattari verleitete, Kafka als "schizoid" im Gegensatz zu "paranoid" (im Sinne von identitätsfixiert, normenfixiert, zwanghaft und angepaßt) zu bezeichnen.[45] Natürlich führt die gleitende Metaphorik und die Entstellung von Raum und Zeit bei Kafka *bewußt* (und nicht auf Grund psychopathologischer Gegebenheiten) zu Irritationen.

Bei Deleuze und Guattari ist die "schizoide Deterritorialisierung", die den Gegensatz zu ödipaler Depressivität oder "paranoider Territorialität" bildet, freilich radikaler gefaßt. Die Zerstörung des Heimischen der ödipalen Familie, der paranoiden Staatsverfassung, der Konvention der Sprache und Philosophie wird zwar als pathologische Reaktion, aber gleichwohl als hoffnungsreichere Alternative anarchistischer Provenienz begriffen. Ein kohärentes Subjekt kennt der genuin strukturalistische Entwurf von Deleuze und Guattari nicht. Darüber, ob Kafka die Integrität des Ich bzw. Subjekts auflöse, soll hier nicht entschieden werden. Wenn oben von "subjektnaher" Sprache die Rede war, dann sollte dies nicht die Frage des Subjekts berühren, sondern lediglich die Konstitution von Poesie als konkreter Subjektivität im Sinne von G. W. F. Hegel, d. h., es waren schlicht Erlebnisnähe und Konkretheit poetischer Selbstvergewisserung gemeint, Momente, die durch jede fixe Sprachform, paranoide Musterhaftigkeit und starre Konvention in Frage gestellt und beeinträchtigt werden, da Gewohnheit und Automatismus bekanntlich Erfahrung und Erkenntnis verhindern.

Logisches Gerüst und Paradoxie

Die Konstruktion des Ganzen, aufgebaut aus gleitender Metaphorik, Paradoxie-Geflecht, Sukzession und Situierung, stiftet einen Zusammenhang. Die Einheit

---

offen läßt.

44. Von "logischen Typen" und der Entstehung von Paradoxien bei Vermengung derselben bzw. der Ebenen der Geltung hat Bertrand Russel gesprochen, vgl. Gregory Bateson, Don D. Jackson et al.: Schizophrenie und Familie, Frankfurt a. M. 1974, S. 11 ff. Ernst, Spiel, Humor, Uneigentlichkeit, Eigentlichkeit usw. markieren die Ebenen verschiedener logischer Typen. Vgl. dazu auch Paul Watzlawick u.a.: Menschliche Kommunikation. 4. Aufl., Wien/ Paris 1974, S. 177 ff. Eine ungewollte Vermengung der Ebenen kennzeichnet schizophrenes Verhalten, vgl. Bateson, Schizophrenie und Familie, S. 15; man beachte die Nähe zur gewagten Metapher im genannten Beispiel: "Die Menschen sterben, Gras stirbt, die Menschen sind Gras", Zit. S. 15.

45. Deleuze/Guattari, Kafka, frz., S. 10, 11, 26, 27, 67 u. a.

realisiert sich als Zusammenhang der Bildlichkeit und Zusammengehörigkeit der evozierten Erfahrungen. Logisch betrachtet ist die Einheit höchst brüchig und widersprüchlich. Der *'Bericht'* erweist sich insbesondere aufgrund einer paradoxen "Basis" als wahrhaft bodenlos. Wir haben zuletzt vom Varieté gesprochen, das einen Teil der Gesellschaft und *zugleich* ihr Ganzes meint. Für beide Auslegungen ergibt sich ein Widerspruch:

> 1) Das Varieté ist ein Sonderbereich einer Subkultur, die von den ‚wahren' Kulturträgern belacht wird. Das steht im Widerspruch zur Zeichnung aller Menschen als Affen.

> 2) Das Varieté ist die Weltbühne. Das steht im Widerspruch dazu, daß der Affe als Varieté-Künstler bzw. als besonderes Individuum sich an eine Akademie außerhalb wendet.

Beide Aspekte weisen auf das Grundparadox, daß ein wirklicher Affe von Menschen eingefangen wird, letztlich aber mit ihnen identisch ist. Dieses Alogon ist als bloßes Verfremdungsmittel begreifbar: Nur weil ein Affe als Affe vorgeführt wird, erscheint die Naturhaftigkeit, die erpreßte Zivilisiertheit und die perverse Hybris des Menschen im wahren Licht; sie wird erfahrbar gemacht durch Destruktion empiristischer Einstellung, durch alogische Entstellung eingefahrener Vorstellung. (In wirkungspoetischer Hinsicht könnte man hier von "Verfremdung" und "Entautomatisierung" sprechen und philosophischer Hinsicht von "Dekonstruktion".[46]) Die paradoxen und nicht-logischen Momente wären dann als Überschuß, als bloße "Kontingenz" deutbar (sozusagen wie der "Schwanz" des Affen, will man nicht die häufig genug auftretende Pornographie Kafkas dagegen anführen). Aber die Paradoxie zielt meist auf mehr, auf Erfassung paradoxer Wirklichkeitsstrukturen (die Identität von Affe und Mensch) und auf die Zerstörung eindeutigkeitsfixierter Diskurse.

In der angedeuteten Dekomposition sinngesicherter Kunstformen und Denkweisen vollzieht sich solche radikale De-fundierung; der Erzählung wird vorab der Boden entzogen, als trüge sie schon die Überschrift "ich lüge"[47]. (Das Motiv der Täuschung, zentral in ‚*Vor dem Gesetz*', zählt zu solcher Auflösung aller Fixpunkte. Im ‚*Schloß*' wird nie klargestellt, ob K. lügt, wenn er von seiner Berufung spricht.)

Die Kommunikationstheorie und Logik kennt seit Russel das Paradoxon der "Klasse aller Klassen, die sich nicht selbst enthalten".[48] "Weder kann die Klasse ein

---

46. Vgl. hierzu Viktor Sklovskij: Die Kunst als Verfahren. In: Jurij Striedter: Russischer Formalismus, München 1988, S. 3-35, bes. S. 13 f.; Jonathan Culler: On Deconstruction, 3. Aufl. Ithaca/New York 1984.

47. Das "ich lüge" ist Paradebeispiel einer semantischen Paradoxie, vgl. Watzlawick: Menschliche Kommunikation, S. 177; der Sprecher sagt nur die Wahrheit, wenn er lügt; er lügt nur dann, wenn er die Wahrheit sagt.

48. Watzlawick, Menschliche Kommunikation, S. 173.

Glied ihrer selbst sein, noch kann eines ihrer Glieder die Klasse *sein*."[49] Daneben gibt es die "semantischen Paradoxien", die verbieten, Typen verschiedener logischer Ordnung auf eine Ebene zu stellen,[50] beispielsweise Ernst und Spiel, Eigentlichkeit und Uneigentlichkeit, direkte Aussage und Meta-Aussage usw. Im "ich lüge" bezieht sich "lüge" einmal auf konkret Gelogenes und daneben, metasprachlich, auf den logischen Status der Sätze der Sprechhandlung. Also lügt der Lügner, wenn er die Wahrheit sagt.

Der 'Bericht' verstrickt uns zunächst in die erste Form der Paradoxie. Der Affe ist Bild der Klasse der Menschen innerhalb des Gesamtrahmens der Klasse der Menschenwelt, ist also auch Glied seiner eigenen Klasse. (Wie der Barbier, der alle rasiert, die sich nicht selbst rasieren, zu den Selbstrasierern gehört, wenn er zu den Nicht-Selbstrasierern - nämlich jenen, die andere rasieren - gehört.[51]) Und die Akademiker (mit ebenfalls "äffischem Vorleben") stehen dem Affen und dem Varieté gegenüber - und sind doch andererseits nur Teil des Varietés. Mit diesen Paradoxien ist die metaphorische Form der Paradoxie untrennbar verflochten, die den Affen unterscheidet von den Angestellten des Zirkus - und ihn doch mit ihnen gleichsetzt. Die Basis dieser Widersprüchlichkeiten ist also die Vermischung der "logischen Typen", hier des Typus eigentlicher Rede mit dem der uneigentlichen. Wir haben gesehen, daß diese Form sich jedoch wieder vielfältigst aufspaltet: Der Affe ist Affe - und doch ein Jedermann, die Metapher weist auf den Künstler, den quasi subkulturellen Varieté-Artisten und - in Form einer privaten Allegorese - auf den Autor Kafka, auf den Menschen als Objekt der Zwänge der Sozialisation bzw. als Opfer des Zivilisationsprozesses, als Psychopathen bzw. ‚Gefangenen' seiner Neurosen usw. Dieses *Geflecht*, in dem es eigentlich keinen Fixpunkt gibt, meinen offenbar Deleuze und Guattari, wenn sie von "Rhizom" sprechen.[52] "Wir müssen nur darauf achten, wohin er [Kafka] uns führt, über welche Verzweigungen und durch welche Gänge wir von einem Punkt zum nächsten gelangen, wie die Karte des Rhizoms aussieht und wie sie sich ändert, sobald man anderswo einsteigt. Das Prinzip der vielen Eingänge behindert ja nur das Eindringen des Feindes, des Signifikanten; es verwirrt allenfalls jene, die ein Werk zu ‚deuten' versuchen, das in Wahrheit nur experimentell erprobt sein will."[53] Wir erkennen hier eine Art *écriture automatique* wieder, der sich der Leser ohne Deutungsmühen hingeben kann, die er allerdings auch - wie der Traumdeuter die Traum(ver)dichtung - auszulegen und auszubuchstabieren sich vornehmen kann (da die "Metamorphose" oder "absolute Metapher" niemals absolut ist, sondern stets Indizien eines Sinnes in sich birgt).

---

49. Bateson, Schizophrenie und Familie, S. 12.
50. Watzlawick, Menschliche Kommunikation, S. 177.
51. Vgl. diese Paradoxie ebd., S. 178.
52. Deleuze/Guattari, Kafka, dt., S. 7.
53. Ebd.

Dekomposition und anti-mimetische Struktur

Deleuze und Guattari gehen von einem "Maschinen"-Modell der Gesellschaft aus, welches das soziale Getriebe als universelle Vermittlung der Formen der Begierde (désir) bzw. der Wunschmaschinen beschreibt. Von Kafka wird nun behauptet, daß er sozusagen in dieses Getriebe eintrete und innerhalb desselben agiere; Kafka bilde Familie und Gesellschaft nicht mimetisch ab, sondern "demontiere" die gesellschaftliche Maschinerie und baue sie in der "machine d'écriture", der "Maschine des Schreibens", neu auf.[54] Was uns an diesem Theorem interessiert, ist die Idee der Dekomposition der mimetischen Form[55] bzw. das Konzept einer anti-thematischen Funktion in Kafkas Gebilden. Nicht die Demonstration von Ideen und die Abbildung oder Widerspiegelung von Welt sind ihr Ziel; ihre autonome Konstruiertheit beweist die radikale Emanzipation von außerästhetischen (theoretischen, prosaischen, informationsbezogenen) Denkformen. Man könnte auch sagen, ihre wirkungsästhetische Seite setze sich absolut und negiere die Gehalte, hebe sie auf. Das sinnlich-reflexive Spiel (in Form von Vexierbildern, Anamorphosen, Paradoxien usw.) setzt die Inhalte als bloßes Material ein. Es kommt nicht auf Sachverhalt und Thematik an, sondern darauf, "*comment il fonctionne*"[56]. Nicht steht ein *signifiant* dem *signifié* (der Welt) gegenüber - wie Mimesis und Theorie dem Faktum gegenüberstehen -, sondern der *signifiant* ist Moment und Movens der Welt.

Die Reflexions-Bilder mit ihren Doppel-Dimensionen, Kippstrukturen, Anamorphosen, Überkreuzungen, Widersprüchen und Ambivalenzen führen einerseits zu *"Leerstellen"* bzw. *Rätsel-Spielen*, andererseits wird in ihnen Realität in der Weise demontiert, daß der Leser mit Hilfe der dramaturgischen und epischen Konstruktion – auf sozusagen psychologische Weise - Situationen der Peinlichkeit, Angst und Befürchtung, der Hoffnung, der Absurdität, des Masochismus usw. neu ausgeliefert wird; dies zum Zweck der Affekterregung, nicht der Widerspiegelung der Welt wegen). Drittens wären in diesem Zusammenhang noch die wirkungs- bzw. rezeptionspoetischen Effekte des Humors und Witzes[57] zu erwähnen, die Kafka noch in die dunkelsten seiner Texte versteckt. In ihnen konstituiert sich jene ästhetische Distanz, deren Erfahrung deutlich genug zeigt, daß

---

54. Ebd., S. 83; frz., S. 109
55. Der Terminus "Dekomposition" soll hier (wie jener der "Dekonstruktion") andeuten, daß es keineswegs um totale Destruktion und Aufhebung von Mimesis geht, sondern nur um die Umstrukturierung des Mimetischen, das mit der Vorstellung einer realistischen Mimesis der Wirklichkeit in ihrer Totalität (in Parallele zu unseren empirischen Wahrnehmungsformen) bricht; Literatur als gestalt- und vorstellungsbildende Selbstdarstelalung konkreter Subjektivität, als *travail imaginatif* (Beckett), wird niemals ganz auf mimetische Mittel verzichten können.
56. Deleuze/Guattari, Kafka, frz., S. 83.
57. Mit dieser *ars poetica* haben schon Freud und die frühe Psychoanalyse dem Theorem der Weltabbildung und Naturnachahmung widersprochen; vgl. dazu: Hans H. Hiebel, Witz und Metapher in der psychoanalytischen Wirkungsästhetik. In: GRM 28/2 (1978), S. 129-154.

nicht ihr Material oder Thema primär ist, sondern der Effekt der poetischen Figur, in dem diese (im Sinne Hegels) "aufgehoben" sind.

Der ‚Bericht' führt uns in ein Geflecht von Pointen und komischen Bezügen. Grundsätzlich wird das Geschehen ästhetisch bzw. ironisch distanziert dadurch, daß der Affe Rotpeter sich in hybrider Weise als Gebildeter stilisiert und sich dabei jedoch in eklatante Widersprüche verwickelt. Natürlich handelt es sich hierbei um bittere und nicht heitere Komik bzw. um schwarzen und nicht fröhlichen Humor. Die auf "Deutung" fixierten Interpretationen, die die Bilder und Metaphern der Erzählung nur als parabolische "Zeichen" für den angeblich "eigentlichen" Gehalt aus- und festlegen möchten, können freilich in der Metaphorisierung *als solcher* keinen Sinn entdecken: Einer ist die Wirkästhetik des Komischen. Nur weil der Affe Affe ist (wie der Käfer Käfer), lachen wir über seine Gesten und das Fiktivitäten-Spiel überhaupt. Deleuze und Guattari sprechen daher auch vom "Tier-Werden"[58] - statt von Metaphorik. "Bewußt zerstört Kafka alle Metaphern, alle Symbolismen, jede Bedeutung und jede Designation. Die Metamorphose - das heißt die Verwandlung - ist das Gegenteil der Metapher."[59] Die indizierte anti-mimetische Konstruktion führt sozusagen zur absoluten Wirkungsästhetik. Primär sind nicht Beschreibung, Bezeichnung und Abbildung von Welt. Der *signifiant* emanzipiert sich aus der bloß instrumentellen Position, in der er der Welt als rein referentielles Zeichen gegenübersteht.[60] Das entspricht jener ‚Bodenlosigkeit', die wir von der anderen Seite her als *Resultat* der gleitenden Metaphorik und paradoxen Verflechtung bestimmten. Die Dekomposition der Objektwelt (das Außerkraftsetzen der Referentialität als Spiel) entspricht der Steigerung und abstrahierenden Heraussetzung ästhetischer Autonomie. Die Affizierung der konkreten Subjektivität (als Mit-teilung) wird vom Objektivismus der Bezeichnung und Designation (als Information) geschieden. Die Dekomposition oder das Reflexions-Bild stößt hier wieder (indirekt autoreflexiv bzw. indirekt metafiktional) bis zu Apriori des Poetischen vor; die Ich-Zentriertheit präsentischer Rede gegenüber objektbezeichnender Rede wird somit offenkundig. (Der historische Prozeß der "Ausdifferenzierung" von "Wissenschaft, Moral und Kunst"[61] treibt Poesie in ihrer Reinheit als Phänomen *sui generis* hervor.)

Vor dem Hintergrund des Gesagten läßt sich die Grundthese von Deleuze und Guattari verstehen: Die Metamorphose *ist* eine Metamorphose und "bedeutet" nichts. Daher liegt auch keine *darstellungs*ästhetische Mimesis neurotischer oder ödipaler Sachverhalte vor, sondern deren wirkungsästhetische Funk-

---

58 . Deleuze/Guattari, Kafka, dt., S. 63; frz., S. 84 ("devenire-animal").
59 . Deleuze/Guattari, Kafka, dt., S. 32.
60 . Poesie ist nicht Information, sondern Mitteilung, interpersonale Mitteilung von Person zu Person über Personsein; das macht die Erzählkunst seit dem 18. Jh. sich und uns mehr und mehr deutlich.
61 . Jürgen Habermas: Die Moderne - ein unvollendetes Projekt. In: Wolfgang Welsch (Hg.): Wege aus der Moderne. Schlüsseltexte der Postmoderne-Diskussion, Weinheim 1988, S. 177-192, Zit. S. 185.

tionalisierung, das bewußte Spiel mit ihnen.[62] Wir haben kein "entstelltes" oder "verschobenes" Objekt des Unbewußten vor uns, sondern bewußt eingesetzte Bildlichkeit: die verhüllenden Metaphern und Metonymien sind (als von Kafka bewußt intendierte) soweit objektiviert und kommunikabel, daß sie im Verhüllen auch etwas preisgeben. Aber nicht das *Was* ist entscheidend, sondern das *Wie* der metaphorischen oder witzigen Inszenierung. Schon Freud hat daher nicht die *Darstellung* psychischen Geschehens für ästhetisch relevant erachtet, sondern die "Verschiebung der Aufmerksamkeit" als die "eigentliche *Ars poetica*" des Dichters erkannt[63], also die wirkpoetische Affizierung des Lesers mit Hilfe bewußter Verhüllungs- bzw. Andeutungstechniken; diese *"Ars poetica"* ist für Freud genau deshalb möglich, weil er Sprache nicht bloß als designativ (bzw. referentiell) und instrumentell versteht, sondern ihre Elemente, die *signifiants,* als Triebrepräsentanzen begreift.[64] Nur deshalb kann im Witz - als bloßer "Rede" (d. h. bloßer Zeichenfolge, die scheinbar keine Handlung darstellt) - eine erotische oder aggressive Tendenz wirksam agiert werden. Die uneigentliche - also verhüllend preisgebende - Sprache des Witzes bringt das Exkommunizierte zu Bewußtsein und *Wirkung.*[65] Es werden also nicht Erfahrungsgehalte designativ (bzw. referentiell) festgehalten, vielmehr wird durch das In-Funktion-Setzen von Signifikanten-Spielen neue Erfahrung initiiert. Die ironische Distanz des Erzählers zur Selbstinszenierung des Affen Rotpeter kann das verdeutlichen. Es wird offensichtlich, daß es hier tatsächlich weniger um "Symbole und Bedeutungen" geht als um "expérimentation"[66]. In der "Demontage", in der witzigen Verkehrung, der metaphorischen Entstellung und alogischen Verdichtung, in Vexierbild, Ambiguität und Paradoxie, sind freilich die angesprochenen Objekte bzw. Gehalte anwesend, "aufgehoben", doch entscheidend ist das *subjektive* Verhältnis des Autors ihnen gegenüber und dem Leser gegenüber, der nicht als Mit-Wisser bloßer Objekte imaginiert wird. Man kann daher auch von der *"Transparenz"* der poetischen Figur bei Kafka sprechen, der Transparenz der Figur hin auf Erfahrung und Thematik. Die autonome Figuration besitzt nämlich keine Kraft ohne die Realisierung der (durchs transparente Gebilde) durchscheinenden Gehalte; auch wenn diese

---

62. Vgl. meine spätere Ausarbeitung dieser These: Hiebel, The "Eternal Presence" of a Static Dilemma. Psychology and the Use of Tense and Connotation in Franz Kafka's "Ein Landarzt". (Die These von der bewußten und spielerischen Inszenierung neurotischer bzw. unbewußter Phänomene schließt selbstverständlich auch aus, daß es bei Kafkas Texten um Dokumente einer neurotischen bzw. psychopathologischen Persönlichkeit geht.)

63. Sigmund Freud: Der Dichter und das Phantasieren. In: Studienausgabe Bd. 10: Bildende Kunst und Literatur, S. 169-179, Zit. S. 179; vgl. nochmals Hiebel, Witz und Metapher.

64. Parallelen zu dieser Idee wären die Unterscheidung von "emotiv", "konativ" und "poetisch" versus "referentiell" bei Roman Jakobson: Poetik, Frankfurt a. M. 1979 (= stw 262), S. 94, und der Gegensatz von "illokutionär" bzw. "perlokutionär" und "lokutionär" bei John L. Austin: Zur Theorie der Sprechakte, Stuttgart 1972 (= RUB 9396).

65. Vgl. Sigmund Freud: Der Witz und seine Beziehung zum Unbewußten (1905). In: Studienausgabe Bd. 4: Psychologische Schriften, S. 9-219.

66. Deleuze/Guattari, Kafka, frz., S. 7.

nicht primär sind, so sind doch ihre Präsenz (ihre Vergegenwärtigung), ihre Komplexität und Relevanz notwendige Voraussetzung fürs Interesse an der Figur, am Reflexions-Bild, am Wirk-Gebilde. Der "Doppelcharakter des Autonomen" als eines sich von der "empirischen Realität" absondernden und ihr zugleich doch verhaftet bleibenden Phänomens[67] läßt sich auf der Basis des gerade Ausgeführten als Festhalten des durchscheinenden Gehalts, Themas oder praktischen Problems einerseits und Gelingen der reflexiven und wirkungsästhetischen Demontage desselben andererseits begreifen. Mit dieser Demontage (in Vexierbild, Ambiguität, Paradoxie usw.) vergleichbar ist die Technik des Witzes, dessen Inhalt nur auf Grund seiner *ars poetica*, seiner Form und Rezeptionsstrategie, wirkt, d. h. dessen Figur einer libidinösen Ökonomie entspringt, die aber auf Inhalte verweist: aufs Exkommunizierte und die Gewalt der Unterdrückung.

Der im Motto zitierte Aphorismus "Ein Käfig ging einen Vogel suchen" demonstriert als *halbabstrakte Demontage* - wie ein Bild Paul Klees - den "Doppelcharakter" der Werke Kafkas. Eine sublimierte Form von Witz sowie eine auf Irritation und Reflexion abzielende verblüffende Verkehrung lassen Probleme, Gehalte und Wirklichkeiten durchscheinen, die nicht auf dogmatische Weise fixiert und vereindeutigt werden können: private Neurose, allgemeine ‚Charakterpanzerung', Gewalt, Herrschaft und die Zwänge der Sozialisation und Vergesellschaftung.[68]

---

67 . Theodor W. Adorno: Ästhetische Theorie, S. 374; durch konkretisierende Interpretationen wie die vorliegende könnte, so wäre zu hoffen, dieser behauptete Doppelcharakter anschaulich gemacht werden.

68 . Die *conditio sine qua non* poetischer Mitteilung (im Gegensatz zu sachbezogener, objektiver Information) ist die im Prozeß der Rezeption sich realisierende Wirkung des ästhetischen Gebildes, nicht die Widerspiegelung der Realität.

Exkurs: Jacques Lacan und die Literatur

> d'a letter à a litter,
> d'une lettre (je traduis)
> à une ordure"[1]

1. Struktural-poststrukturale Psychoanalyse

Bei Jacques Lacan scheint die Form, das Sprachspiel, den Inhalt, die Psychoanalyse, in den Schatten zu stellen, vielleicht deshalb, weil für den Praktiker wie den Theoretiker Lacan das „énoncé" (das Ausgesagte) hinter die „énonciation" (den Aussagevorgang) zurücktritt: Der Versprecher verrät die Wahrheit („la verité"), das bewußt Ausgesagte gehört nur dem Bereich des Wissens („le savoir") zu[2]. - Wie dem auch sei, Jacques Lacan hat sich zeitlebens schlicht als Interpret der Schriften Freuds verstanden. Gleichwohl ergeben sich Unterschiede, vor allem im Hinblick auf die Linguistisierung bzw. Strukturalisierung der Psychoanalyse wie auch im Hinblick auf die Einbeziehung der Psychose ins Feld der Analyse.[3] Auch die Skepsis gegenüber der Möglichkeit, Störungen - die ihre Bedingung in einem strukturalen Gefüge haben - durch Erkenntnis beheben zu können, wäre aus der Zahl der Abweichungen hervorzuheben. Das Freudsche Postulat: „Wo Es war, soll Ich werden" wird von Lacan skeptisch umgedeutet.[4]

Mit Lacan wird die Psychoanalyse in eine strukturale und - im gleichen Moment - in eine „poststrukturale" (oder: neo- bzw. spätstrukturale[5]) Disziplin transformiert. Lacan stellt, von Saussure ausgehend, die Sprache ins Zentrum seiner Psychoanalyse, definiert den Menschen als das sprechende, symbolbildende Tier

---

1. Jacques Lacan: Lituraterre. In: Littérature Nr. 3 (Oktober 1971)."Von 'a *letter*' zu 'a litter', von einem Brief - übersetze ich - zu einem Stück Dreck". Mit einem Wortspiel, das von dem im Motto zitierten Sprachspiel James Joyce' ausgeht, versucht Lacan den Status von Literatur als den eines „Briefes" und eines Stück „Drecks" oder „Abfalls" zu bestimmen: Das Spiel führt von letter/litter zu: litura, liturarius, rature, terre, littoral, littéral usw.: „Rature d'aucune trace qui soit d'avant, c'est qui fait terre du littoral. *Litura* pure, c'est le littéral." Ebd., S. 7.

2. Anika Lemaire: Jacques Lacan, Brüssel 1977, S. 195 f.

3. Lacans Thèse/Dissertation stellt die Analyse einer psychotischen Frau dar: Jacques Lacan: De la psychose paranoiaque dans ses rapports avec la personnalité, Paris 1932.

4. Jacques Lacan: Écrits, Paris 1966, S. 524. Jacques Lacan: Schriften II, hg. von N. Haas, Olten und Freiburg i. Br. 1975, S. 50.

5. Bedauerlicherweise hat sich der un- oder 'post'-geschichtliche Terminus „Poststrukturalismus" gegenüber dem des „Neostrukturalismus" - wie er z.B. verwendet wird in: Manfred Frank, Was ist Neostrukturalismus?, Frankfurt a. M. 1985 - nicht durchgesetzt. Auch „Spätstrukturalismus" schiene angebracht, da für den Neostrukturalismus in allen Fällen - trotz radikaler Innovationen und tatsächlicher Umkehrungen - der „Strukturalismus" gleichwohl immer die Ausgangs-Basis darstellt.

und erklärt: „das Unbewußte ist strukturiert wie eine Sprache."[6] Lacan liest Freuds Werk quasi als semiotisches System. Aber er trennt nicht nur - in strukturaler Weise, wie Saussure - die traditionelle Bindung von Symbol und gemeintem Referenten, er trennt - „poststrukturalistisch" - auch Signifikant (Zeichenkörper) und Signifikat (Vorstellungsschema): „If structuralism divided the sign from the referent [...], 'post-structuralism' [...] divides the signifier from the signified"[7].

2. Das Begehren

Lacan, der sich von 1938 an (mit dem Artikel *'La Famille*[8]) um die strukturale Rekonstruktion der Freudschen Theorie bemüht, erhebt den „Wunsch" explizit zum Zentrum der seelischen Logik und gibt ihm den Namen „Begehren" (désir); er läßt das Begehren, das durch seine Beziehung zur Phantasie definiert ist, jener Kluft zwischen „Bedürfnis" (besoin) und „Verlangen" bzw. „Bitte" (demande) entspringen, die sich im Prozeß der fruchtbaren und zugleich furchtbaren Separation eröffnet, welche über das narzißtische Spiegelstadium von der dyadischen Mutter-Kind-Totalität zum Ödipus-Komplex als dem Ende der Geburt führt: Indem das Subjekt durch den „Dritten", der die duale Beziehung bzw. Dyade in Frage stellt, - d.h. durch den Vater - in die Ordnung der Familie - die symbolische (sprachliche) Ordnung überhaupt - eingeführt wird, sieht sich die Erfüllung des „Bedürfnisses" fortan auf die Formulierung des „Verlangens" („demande") verwiesen und können Ich und Anderer nur mehr durch den Engpaß der Sprache zueinander finden[9]. Mit der Sprache wird zugleich das Unbewußte geboren.

Der Eintritt in die sprachliche Ordnung - und somit die soziale Welt - ist der Einschnitt, der den nostalgischen Wunsch, das Begehren, allererst provoziert; das Begehren ist „weder Appetit auf Befriedigung, noch Anspruch auf Liebe, sondern vielmehr die Differenz, die entsteht aus der Substraktion [sic] des ersten vom zweiten, ja das Phänomen ihrer Spaltung selbst"[10]. Das Begehren, der Wunsch (die nicht-reale, quasi halluzinatorische Wunscherfüllung, die das Unbewußte und seine „Primärprozesse" bestimmt - im Gegensatz zu den „Sekundärprozessen" des „Realitätsprinzips" sind sie dem „Lustprinzip" zuzurechnen) stellen sich nun erst

---

6. Jacques Lacan: Die vier Grundbegriffe der Psychoanalyse. Das Seminar XI (1964), Olten u. Freiburg i.Br. 1978, S. 26.
7. Terry Eagleton: Literary Theory. An Introduction, Oxford 1983, S. 128 („Löste der Strukturalismus das Zeichen vom Referenten (vom Bezugsobjekt), so trennt der 'Poststrukturalismus' den Signifikanten vom Signifikat.")
8. Jacques Lacan: La Famille. In: Encyclopédie francaise, Bd. 8., hg. von Henry Wallon, Paris 1938, 8.40-3 - 8.40-156 u. 8.42-1 - 8.42.8.
9. Jacques Lacan: Schriften III, Olten und Freiburg i.B. 1980, S. 41-100. Die relativ festen Termini *désir* (Begehren, zuweilen als „Verlangen", „Begierde" übersetzt), *demande* (Bitte, Anspruch, Verlangen; die Übersetzung mit „Verlangen" kann zu Verwirrung führen, da auch *désir* bisweilen mit dieser Vokabel wiedergegeben wird), und *besoin* (Bedürfnis) hat Lacan jedoch erst nach 1938 herausgebildet. Vgl. Die Bedeutung des Phallus [1958], in: Lacan, Schriften II, S. 119-132, bes. S. 126 f.
10. Lacan, Schriften II, S. 127.

der Realität entgegen in den Träumen, den Fehlleistungen und Symptomen, regieren als „Sprache des Anderen" („l'inconscient, c'est le discours de l'Autre")[11], was sich dem Zugriff des Ich bzw. des Cogito entzieht. (Vgl. die Art. 'Wunsch', 'Wunscherfüllung', 'Lustprinzip', 'Realitätsprinzip' bei Laplanche/ Pontalis[12]). Der Begriff des Wunsches oder Begehrens trennt demnach in radikaler Weise einen soziologischen Diskurs, der sich - wie der Marxsche - um die Begriffe des „Bedürfnisses" (und des „Verlangens" als der Dimension sozialer Interaktion) zentriert, von einem genuin psychoanalytischen.

3. Das Spiegelstadium und das Imaginäre

Den Begriffen Bedürfnis, Anspruch und Begehren entspricht in gewissem Sinn die Trias von „Realem", „Imaginärem" und „Symbolischem". Das Reale als das Materiell-Naturhafte tritt uns nur als die durch das Symbolische strukturierte Wirklichkeit entgegen; innerhalb der symbolischen Ordnung (der Sprachbeziehung als Grund von Intersubjektivität) aber etabliert sich das Feld des Imaginären: der Spiegelungen, Projektionen und Phantasmen (in Bildern und Worten). Es hat seinen Ursprung im sogenannten „Spiegelstadium"[13], in welchem das Infans (im Alter von 6-8 Monaten) sich im Spiegel oder in einem andern Kind (vornehmlich einem ihm ähnlichen, „le semblable") zu erkennen meint und fortan sein Ich („moi") - in einem Akt der Entfremdung und Verkennung - nach diesem Bilde des anderen formt. Zerstückeltsein, Fragmentarisiertsein - die Erfahrung des „corps morcelé" - haben bis zu diesem Zeitpunkt die Selbstwahrnehmung des Infans charakterisiert, jetzt wird ihm - zusammen mit der Idee der Koordinierbarkeit seiner bislang unkontrollierten Bewegungen - das (illusionäre) Bild einer Einheit seiner selbst vorge"spiegelt": Unser Ich ist demnach modelliert nach der Imago des anderen, ist „imaginär"; das Ich ist ein anderer.[14] „Man bedient sich des Ich, wie der Bororo sich des Papageis bedient. Der Bororo sagt, *ich bin ein Papagei*, wir sagen, *ich bin Ich*."[15] Imaginäre Identifikationen, Vermengungen von Ich und anderem, Projektionen usw. sind das Zeichen dafür, das sich ein selbständiges Ich noch nicht ausgebildet hat. Und auf dergleichen imaginäre Vorstellungen fällt das Subjekt und besonders derjenige, dessen Einführung in die „symbolische Ordnung" mittels der ödipalen Ereignisse nicht glückt, immer wieder zurück; im Falle der Psychose führt die Regression zurück bis auf die Vorstellung vom zerstückelten Körper.

Die duale Beziehung zwischen Ich und anderem („l'autre" bzw. „objet petit a", „a") wird - im Verlauf des ödipalen Dramas - durchbrochen durch den Dritten:

---

11 . Lacan, Écrits, S. 379.

12 . J. Laplanche/ J.B. Pontalis: Das Vokabular der Psychoanalyse, 2 Bde., Frankfurt a. M. 1973.

13 . Jacques Lacan: Schriften I, hg. von N. Haas, Olten 1973 (und - seitenidentisch - Frankfurt a. M. 1975), S. 71-171.

14 . Jacques Lacan: Das Ich in der Theorie Freuds und in der Technik der Psychoanalyse. Das Seminar II (1954-55), Olten u. Freiburg i. Br. 1980, S. 16.

15 . Ebd., S. 54.

den Anderen („l' Autre", „le grand Autre", „A") . Der Vater als symbolischer - d.h. als differenzielles Element eines strukturalen Komplexes bzw. als Repräsentant der Ordnung der Familie, des Inzesttabus, der symbolischen Ordnung - führt zur Separation von Mutter und Kind; dieser „symbolische Vater" fungiert schlicht als Name, als „Name-des-Vaters"[16] (genitivus subiectivus!), als genealogisches Zeichen der Barriere zwischen den Generationen und den Geschlechtern; es geht um einen „puren Signifikanten"[17]. „Verbotene Sexualobjekte" kann es nicht geben, „ohne daß es genealogische Rede und d.h. Sprache" gibt.[18] (Die Divergenz von „symbolischem" und „realem" Vater - letzterer ist „stets irgendwie mangelnd, abwesend, erniedrigt, gespalten oder unecht"[19] - führt Lacan zufolge gerade im Zeitalter des „Verfall[s] der Vaterimago"[20] zu Pathologien.) - Der Name oder das Nein des Vaters („Nom/Non du Père"), die das Inzesttabu als primäres Gesetz verkünden, durchschneiden die Mutter-Kind-Dyade und ermöglichen durch diesen Schnitt der „symbolischen Kastration"[21] dem In-fans (wörtlich: dem Nicht-Sprechenden) den Zugang zur symbolischen Ordnung und damit zur Selbständigkeit des Ich („je"). Der „Name-des-Vaters", ein Sprachzeichen bzw. Signifikant, ist der (Para-) Graph des Gesetzes, der den Eintritt in das Gesetz bzw. die Sprache vor-schreibt, denn Sprache und Gesetz sind eins; aber mit dem Eintritt in die Sprache (und ihre symbolische Ordnung) ist auch schon das Unbewußte gesetzt, denn dieser Eintritt bedeutet zugleich den Ausgang aus dem 'Paradies' der Symbiose und damit jene Urverdrängung, die das Subjekt spaltet (oder „durchstreicht": „sujet barré": $). Das vom anderen („l'autre") abgespaltene Subjekt ist fortan ein Ich, das durch einen Mangel charakterisiert ist: den Verlust der imaginären Einheit mit der Mutter. Es muß das Begehren nach der verlorenen Einheit verdrängen, oder umgekehrt: die Verdrängung generiert dieses Begehren: „ich denke, wo ich nicht bin, also bin ich, wo ich nicht denke"[22]. „[La] loi et le désir refoulé sont une seule et même chose [...]."[23]

4. Der „Phallus"

Die imaginäre 'Symbiose' zerbricht indessen auch dann, wenn das Kind erkennt,

---

16 . Lacan, Schriften II, S. 89.
17 . Ebd.
18 . Friedrich A. Kittler: „Das Phantom unseres Ichs" und die Literaturpsychologie: E.T.A. Hoffmann - Freud - Lacan. In: Friedrich A. Kittler und Horst Turk (Hg.): Urszenen, Frankfurt a. M. 1977, S. 139 - 166, Zit. S. 154.
19 . Lacan, Schriften III, S. 77.
20 . Ebd. S. 76 f. An dieser Stelle artikuliert Lacan den Gedanken der *Historizität* psychischer Strukturen und psychologischer Diskurse.
21 . Vgl. Moustafa Safouan: Die Struktur in der Psychoanalyse. Beitrag zu einer Theorie des Mangels. In: François Wahl (Hg.): Einführung in den Strukturalismus, Frankfurt a. M. 1973, S. 259-326. Mit „symbolischer Kastration" ist weniger eine reale Kastrations-Drohung bzw. - Angst als vielmehr - in allgemeiner und symbolischer Weise - der Schnitt der Separation von Mutter und Kind bzw. Infans überhaupt gemeint.
22 . Lacan, Schriften II, S. 43.
23 . Lacan, Écrits, S. 782.

daß die Mutter auch noch ein anderes Begehren als das nach dem Kinde hegt: das nach dem Dritten. Nur ist dieser Anhaltspunkt nur die Kehrseite des „Namens-des-Vaters" bzw. des „Phallus", der seinerseits nichts anderes darstellt als das Zeichen der Kopula(tion)[24], von der sich das Kind nun ausgeschlossen weiß. Der „Phallus" wird zum (imaginären) Zeichen dessen, was das Kind „sein" oder „haben" müßte[25], um sich das Paradies weiterhin sichern zu können; er ist Symbol eines imaginierten Zauberschlüssels zur Einheit und Ganzheit, er hat nichts (nichts Essentielles) mit dem biologischen Geschlechtsunterschied zu tun. Damit ist auch der Gegensatz von Phallus-Haben und Kastriert-Sein ein rein symbolischer und kann auf beide (!) biologischen Geschlechter bezogen werden. „Zu haben ist der Phallus, Symbol des Seins, auch für das männliche Kind nicht."[26]

Bei diesem anti-biologischen Symbolismus setzt der lacanistische Feminismus[27] ein - auch Roland Barthes' strukturale Analyse der Balzacschen Erzählung *Sarrasine* hat hier einen ihrer Ankerpunkte[28].

So ergibt sich, daß im Diskurs, vornehmlich im analytischen, zwei Relationen, die imaginäre und die symbolische, zu betrachten sind, wobei die imaginäre vom „Objekt klein a" („a"/"l'autre") zum Ich („moi", „a") führt, und eine andere Relation kreuzt, nämlich den Diskurs des Anderen (Unbewußten), der von der Position des Anderen („A"/ „l'Autre") zum Subjekt („S" bzw. „$" durchgestrichen) weist (vgl. das „Schema L"[29]). [Siehe Abbildung Seite 158.]

5. Metapher und Metonymie

Da das Unbewußte strukturiert ist wie eine Sprache, konstituiert sich der Diskurs des Anderen aus materiellen Signifikanten; nur können diese für alles stehen außer für das, was sie sagen: Man bedient sich der Sprache, „pour signifier tout autre chose que ce qu'elle dit"[30]. Das gilt a fortiori für den Diskurs des Unbewußten. Auch sind die Signifikanten letztlich abgekoppelt von einem Signifikat (dem verlorenen Objekt „a" bzw. dem imaginären „Phallus", der dieses Objekt substituiert). Im Aufsatz *Das Drängen des Buchstabens*[31] geht Lacan daher von der Vorstel-

---

24. Lacan, Schriften II, S. 128.
25. Der Weg des Subjekts geht vom (imaginären) Phallus-Sein zum (ebenso imaginären) Phallus-Haben: Lemaire, Lacan, S. 141 f.
26. Marlene Müller: „Wir müssen uns erinnern, sonst wird sich alles wiederholen" - Anregungen zum Nachdenken über das Geschlechtsverhältnis, angeleitet von Jacques Lacan. In: Frauen-Literatur-Politik, Hamburg 1988, (= Argument-Sonderband AS 172/173), S. 28. Vgl. Gottfried Teichmann: Psychoanalyse und Sprache. Von Saussure zu Lacan, Würzburg 1983, S. 140 ff.
27. Vgl. Toril Moi: Sexual/textual Politics. Feminist Literary Theory, London/New York, 1985, S. 109 f. u. passim (bes. zu Hélène Cixous, Luce Irigaray, Julia Kristeva).
28. Roland Barthes: S/Z, Frankfurt a. M. 1976, S. 41 („Das symbolische Feld ist also nicht das der biologischen Geschlechter, sondern das der Kastration: des kastrierend/kastriert und des aktiv/passiv.")
29. Lacan, Schriften II, S. 81.
30. Lacan, Écrits, S. 505.
31. Lacan, Schriften II, S. 15-59.

lung aus, daß „das Signifizierte unaufhörlich unter dem Signifikanten gleitet"[32].

Es ist der Schnitt zwischen Signifikant und Signifikat, der das „poststrukturalistische" Moment an Lacan indiziert und die Verwandtschaft mit Derridas Konzept der „différance"[33], des unaufhebbaren Aufschubs, markiert (es geht um den mit Differenzierungen/différences verbundenen aufschiebenden/différant Aufschub: den Aufschub der Unmittelbarkeit, von dem G. F. W. Hegel ausging, den Aufschub unmittelbarer Verausgabung, von dem Georges Bataille sprach, den Triebaufschub, der den zentralen Ankerpunkt Freuds darstellt).[34]

Saussure hatte deutlich gemacht, daß es keinen für sich bestehenden Signifikanten gibt, daß jeder „Signifikant" die Spur aller anderen Signifikanten eines Systems in sich trage, d.h. „Differenzen" bzw. „Oppositionen" zu allen anderen Signifikanten eines gegebenen „Wert"- bzw. Bezugs-Systems in sich vereine. Erst der jeweilige Kontext weise dem (arbiträren) Signifikanten ein Signifikat zu. Diese Lockerung des Bandes zwischen Signifikant und Signifikat radikalisieren Lacan und der gesamte Spätstrukturalismus: „Der Referenzwert wird abgeschafft und übrig bleibt allein der strukturale Wertzusammenhang."[35]

Lacan dreht Saussures Formel s/S (Signifikat/Signifikant) um und privilegiert den Signifikanten S/(s), wobei er das „s" einklammert, um sein Verschwinden im Unbewußten anzudeuten. Auf dieses „(s)", das mit dem verlorenen Objekt („klein a") bzw. dem imaginären „Phallus" (nicht gleichzusetzen einem biologischen Geschlechtsmerkmal!) in Beziehung steht, weisen in der „Rhetorik" des Unbewußten - neben Ellipse, Hyperbaton, Katachrese usw.[36] - vor allem *Metapher* und *Metonymie*.

Deren Semiotik wird mit Freuds „Verschiebung" (bewerkstelligt durch eine metonymische Kontiguitätsrelation) und „Verdichtung" (produziert auf Grund einer - von Lacan „metaphorisch" genannten - Überlagerung von Signifikanten) in Verbindung gebracht. Im Traum ist bekanntlich jede *feste* Zuordnung von Zeichenkörper und Bedeutetem, von Signifikant und Signifikat aufgelöst. Ein Pferd kann - metaphorisch - für den leiblichen Vater stehen (vgl. Freuds Fallbeschreibung des „kleinen Hans"[37]); eine „Bahre" kann, obgleich dies widersinnig scheint,

---

32. Ebd. S. 27.
33. Jacques Derrida: Randgänge der Philosophie. Die différance. Ousia und gramme. Fines hominis. Signatur-Ereignis-Kontext, Frankfurt a. M./Berlin/Wien 1976; Jacques Derrida: Freud und der Schauplatz der Schrift. In: Die Schrift und die Differenz, Frankfurt a. M. 1972, S. 302-350, bes. S. 320.
34. Vgl. zur Parallele Lacan-Derrida: Elizabeth Wright: Lacan und Literaturanalyse. In: Inge Stephan u. Carl Pietzker (Hg.): Frauensprache - Frauenliteratur? - Für und Wider einer Psychoanalyse literarischer Werke, Tübingen 1986 (= Albrecht Schöne [Hg.]: Akten des VII. Internationalen Germanisten-Kongresses. Kontroversen, alte und neue, Göttingen 1985, Bd. 6), S. 213-220, S. 44: „Beide [Derrida und Lacan] bezweifeln die Festigkeit der Verbindung zwischen Signifikant und Signifikat [...]."
35. Jean Baudrillard: Der symbolische Tausch und der Tod, München 1982, S. 17.
36. Lacan, Schriften I, S. 107.
37. Sigmund Freud: Studienausgabe Bd. VIII, Frankfurt a. M. 1969, S. 9-123.

auf metonymischem Weg für das Begehren nach einer bestimmten Person stehen, nur weil der Zufall einmal beides miteinander verband[38]. Ein Traum-Wort wie „Propylen" kann (metaphorisch) auf einen nach Amyl(en) riechenden Likör weisen - oder (metonymisch) auf einen Freund, den man in der Nähe der Münchner Propyläen getroffen hatte.[39]

Lacan geht in seiner Definition von Metapher und Metonymie mit R. Jakobson auf die zwei Grundfunktionen der Sprache zurück, die paradigmatische bzw. selektive, die er in Beziehung zur Metapher (und zur „Verdichtung") setzt, und die syntagmatische bzw. kombinatorische, die er mit der Metonymie (und der „Verschiebung") in Verbindung bringt.

Die Metonymie sei getragen „von dem Wort für Wort"[40] („mot à mot"[41]) einer Verknüpfung (von Segel und Schiff z.B.); an anderen Stellen scheint Lacan eher an die generelle syntagmatische Funktion der Kombination der Sprachelemente zu denken als an den fest umrissenen Tropus der Metonymie. - „Ein Wort für ein anderes"[42] („Un mot pour un autre"[43]) ist die Formel für die Metapher. „Der schöpferische Funke der Metapher entspringt nicht der Vergegenwärtigung zweier Bilder, das heißt zweier gleicherweise aktualisierter Signifikanten. Er entspringt zwischen zwei Signifikanten, deren einer sich dem andern substituiert hat, indem er dessen Stelle in der signifikanten Kette einnahm, wobei der verdeckte Signifikant gegenwärtig bleibt durch seine (metonymische) Verknüpfung mit dem Rest der Kette."[44] Im Unbewußten ist das Feld der Metapher die „Verdichtung", das der Metonymie die „Verschiebung" (als Mittel der Umgehung der Zensur)[45].

Nun scheint die Metapher als Überlagerung bzw. Signifikanten-Ersatz offenbar auch die Metonymie im engeren Sinne, den fest umrissenen Tropus der Metonymie, einzuschließen, d. h. jenen Signifikanten-Ersatz, der nicht auf einer Similaritäts-, sondern auf einer Kontiguitäts-Relation basiert („Propylen" für den über die Brücke „Propyläen" angesprochenen Freund Sigmund Freuds, Wilhelm Fließ, und ein mit Fließ assoziiertes Sexualhormon); auch wird der metaphorische Ersatz oft, wenn ich Lacan richtig verstehe, als verschleiernde „Verschiebung" oder doch zumindest als „Entstellung" und „Maskierung" begriffen; umgekehrt führt das metonymische „mot à mot" häufig zu metaphorischen Ersatzbildungen.[46]

---

38. Vgl. Sigmund Freud: Über Träume und Traumdeutungen, Frankfurt a. M. 1971 (= Fischer TB 6073), S. 43.
39. Vgl. Sigmund Freud: Die Traumdeutung, Studienausgabe Bd. II, Frankfurt a. M. 1972, S. 126 ff. („Irmas Injektion"). Vgl. dazu Hans H. Hiebel: Witz und Metapher in der psychoanalytischen Wirkungsästhetik. In: GRM 28 (1978), S. 129-154.
40. Lacan, Schriften II, S. 30.
41. Lacan, Écrits, S. 506.
42. Lacan, Schriften II, S. 32.
43. Lacan, Écrits, S. 507.
44. Lacan, Schriften II, S. 32.
45. Ebd. S. 36.
46. Vgl. Hiebel: Witz und Metapher; Jens Hagestaedt: Die Entzifferung des Unbewußten. Zur Hermeneutik psychoanalytischer Textinterpretation, Frankfurt a. M./ Bern/ New York/

Nun ist allerdings von Wichtigkeit, daß für Lacan nicht nur der Traum, das Symptom und die Fehlleistung Ausdrucksformen unbewußter Bedeutungen sind, sondern daß dies ausnahmslos für *jede* menschliche Artikulation gilt; und da die poetische hier nicht auszunehmen ist, gilt für viele sich an Lacan orientierende Literaturinterpreten der struktural-psychoanalytische Ansatz nicht als fachfremd und einseitig, sondern als universell und notwendig; diese Interpreten versuchen allerdings auch nicht, Kausalerklärungen zu geben und psychogenetische Pathographien zu erstellen, sondern setzen sich das Ziel, das verborgene Gesetz eines gegebenen Zeichen-Gefüges und seine unbewußten Motive und Ziele zu eruieren. Der hier angesprochene psychologische Universalismus Lacans ist - neben bestimmten Konzepten Jacques Derridas und Michel Foucaults - vermutlich der Grund dafür, daß der Terminus „Diskurs" Mode wurde bzw. daß auf der Basis dieses „Diskurs"-Begriffs die Differenz zwischen genuin diskursiven Texten und poetisch-geformten, nicht auf Diskursives reduzierbaren literarischen Texten eingeebnet bzw. ignoriert wurde.

6. Poe: *'Der entwendete Brief'*

Im Artikel *'Lituraterre'* bestimmt Lacan die Literatur als „Letteratur", als Buchstaben- bzw. Signifikanten-Kunst, als Brief-Stellerei („*a letter*" bzw. „*une lettre*" heißt „ein Buchstabe" und „ein Brief"), d.h. als Zeichen-Botschaft mit Ausradierungen, Auslassungen, Anspielungen, Metonymien und Metaphern, d.h. als doppelten (bewußt-unbewußten) Diskurs, dessen Signifikanten nicht zuletzt wieder auf das verlorene „Objekt klein a" bzw. den „Phallus" als Zeichen des fundamentalen Seins-Mangels weisen.[47] An einem *letter* (*lettre*) - im Sinne von Literatur/'Littera-tur'/'Letteratur' - , der von einem zirkulierenden *letter* (*lettre*), nämlich von einem „purloined letter" (einer „lettre volée", einem „entwendeten Brief") handelt, vermag Lacan seine Theorie der Letter – des „Briefes", des „Buchstabens" bzw. „Signifikanten" - wie an keinem andern Beispiel zu illustrieren; gemeint ist Lacans Seminar zu Edgar Allan Poes „The Purloined Letter".[48] Die Literaturexegese und die „Allegorie der Psychoanalyse"[49] gehen hier Hand in Hand: Eine Person, nach Lacan die Königin, muß zusehen, wie ihr ein sie kompromittierender Brief, von welchem der König nichts wissen darf, vom Minister D— kaltblütig entwendet wird. Diese Konstellation wiederholt sich, als der Detektiv Dupin, der die Raffinessen des Diebs durchschaut, dem Minister den offen daliegenden - und insofern verdeckten, von niemand erkannten - Brief stibitzt und - wie der Minister - eine Art Faksimile (statt des richtigen Briefes, der schlicht verkehrt zusammenge-

---

Paris 1988, S. 66.

47. Lacan, Lituraterre.

48. Jacues Lacan: Das Seminar zu E. A. Poes 'Der entwendete Brief'/Le séminaire sur 'La Lettre volée' [zu Edgar Allan Poe: 'The Purloined Letter']. In: Schriften I, S. 7-61 bzw. Lacan, Écrits, S. 11-61.

49. Elizabeth Wright: Klassische und strukturalistische Ansätze der psychoanalytischen Literaturforschung. In: Jochen Hörisch/Georg Christoph Tholen (Hg.): Eingebildete Texte. Affairen zwischen Psychoanalyse und Literaturwissenschaft, München 1985, S. 41.

faltet, aber offen daliegt) hinterlegt. Lacan sieht im Brief sozusagen die Metapher des „Signifikanten": Der „*letter*" steht für die Letter. Der Brief als Buchstabe oder der Buchstabe als Brief – „Signifikant" des Begehrens als des Begehrens des Anderen - erhält seine (für das Unbewußte relevante) Bedeutung nur durch das Begehren des Anderen. Das Begehren („désir"), entsprungen dem Mangel, imaginiert sich das Zeichen einer Allmacht, das Signum der Potenz – sozusagen das Szepter - in der Hand des Andern. Dem jeweiligen Besitzer ist der Brief/letter/Buchstabe Machtmittel und zugleich Gefahr; der „*letter/lettre*" verweist wie der Versprecher bzw. das Symptom auf das Tabuisierte, auf Angst und Begehren; aber er verrät es nur demjenigen, der zu lesen versteht; dieser wiederum ist aber nicht gefeit gegen Versprecher oder Fehlleistungen aller Art. Der „*letter*" allegorisiert Leistung und Fehlleistung, Begehren und Ohnmacht, „Phallus" und „Kastration", ja er ist das eine wie das andere.[50] Sein Zirkulieren symbolisiert das unentwegte Changieren von „Phallus" und „Kastration": Der Signifikant wird, da er „Symbol einer Abwesenheit ist", eines Mangels, „dort, wo er ist, wohin er auch immer ginge, sein und nicht sein"[51]. Er kann nicht entwendet (behalten), sondern nur umgeleitet bzw. verschoben („purloined") werden, muß indessen immer seinen Bestimmungsort erreichen.

Derrida hat dieses Zirkulieren des „Signifikanten" zu einem endlosen Aufschub („différance"), in dem es keinen zentralen Ankerpunkt gebe, radikalisiert und Lacans (eigentlich nur minimal ‚zentristischer') Poe-Interpretation Phallo- und Logozentrismus bzw. „phallogocentrisme" vorgeworfen.[52] Barbara Johnson wiederum spielte den Detektiv Dupin, der Lacan und auch Derrida - quelle „autruicherie"[53]! - die Straußenfedern „aus dem Hintern"[54] rupft.[55] - Die feministische Literaturtheorie beruft sich sehr häufig auf den genannten Phallo(go)zentrismus-Vorwurf und den „différance"-Begriff, um das weibliche Schreiben zu definieren bzw. zu konstituieren: als „semiotisches" Schreiben, das in der „chora" durch reine Rhythmen dem Symbolischen, so die Behauptung, opponiere (Julia Kristeva) bzw. als differenziell-bisexuelles Schreiben, das angeblich die binäre Logik des patriarchalisch-männlichen Denkens unterminiere (Hélène Cixous).[56] (Die nicht-diskursiven Elemente der Geformtheit, der sinnlich-materiellen Anschaulichkeit, der Musikalität, der Überstrukturiertheit, der verfremdenden Devianz usw. waren immer schon Bestandteil der Literatur, ja, sie sind Definiens und Kernsubstanz der Poesie.) Auf der anderen Seite gilt aber Lacan gar nicht als der Teufel, im Gegenteil: Seine antibiologistische, rein symboli-

---

50. Vgl. Lacan, Lituraterre, S. 4 („Ce n'est pas faire métaphore de l'épistole").
51. Lacan, Schriften I, S. 23.
52. Jacques Derrida: Le facteur de la verité. In: Poétique 21 (1975), [Zu Lacans Seminar über E. A. Poes „The Purloined Letter"/ „La Lettre volée"], S. 96-147, Zit. S. 133 ff.
53. Lacan, Schriften I, S. 30.
54. Ebd., S. 14.
55. Barbara Johnson: The Critical Difference. Essays in the Contemporary Reading, Baltimore/ London 1980 [Zu Lacans „La Lettre volée"], S. 110-147.
56. Julia Kristeva: La Révolution du langage poétique, Paris 1974; Hélène Cixous: Prénoms de personne, Paris 1974; vgl. Toril Moi, Sexual/textual Politics.

sche, rein psychologische Bestimmung der Geschlechter (des „Phallus") sowie seine Erörterung des trans-phallischen Lusterlebens der Frau[57] - 1976 erschien eine deutsche Teilübersetzung von *Encore* im Kontext der Frauenbewegung[58] - sind von Einfluß auf die feministische Theorie gewesen.

7. Die Anwendung der Lacanschen Theorie auf die Literatur

Die quasi literarischen, dem Spiel mit der Sprache verpflichteten Studien Lacans haben zahlreiche Literaturwissenschaftler zu Applikationen seiner Thesen auf die Literatur veranlaßt. Dabei geht es weniger als bei Freudianischen Literaturanalysen um die Psychoanalyse als „Methode", die in quasi klinischer Weise statt auf Patienten auf Texte angewandt wird, um die Psyche oder auch Psychopathologie eines Autors aufzudecken. Der Strukturalismus Lacans im Verein mit seinem Universalismus sind wohl der Grund dafür, daß Lacansche Literaturanalysen – wie beispielsweise Friedrich A. Kittlers '*Sandmann*'-Studie[59] - nicht zu Fehlleistungsanalysen und Autorenpathographien gerieten, sondern mehr zu diskursanalytischen Aufdeckungen bestimmter genereller Strukturen (der Diskurse, der psychischen Konditionen, der Schreibweisen usw.).[60] Meine eigenen Studien zu Kafka gehen an vielen Stellen auf Lacan zurück; die Methode ist als die des *parasprachlichen* Kommentars zu verstehen, der kongeniale Parallelen zwischen

---

57 . Jacques Lacan: Encore. Das Seminar XX (1972/73), Berlin 1986, S. 79 ff.
58 . Jacques Lacan: LA femme n'existe pas. In: Das Lächeln der Medusa. Texte von Hélène Cixous, Cathérine Clément, Luce Irigaray, Jacques Lacan, Julia Kristeva u.a., (= alternative 108/109 [1976]), S. 160-164 (= Übersetzung eines Kapitels aus *Encore*).
59 . Friedrich A. Kittler, „Das Phantom unseres Ichs" und die Literaturpsychologie: E.T.A. Hoffmann - Freud – Lacan.
60 . Als Beispiele Lacanscher Literaturanalysen wären zu nennen: Hedwig Appelt: Die leibhaftige Literatur. Das Phantasma und die Präsenz der Frau in der Schrift, Berlin 1988; Helga Gallas: Das Textbegehren des 'Michael Kohlhaas'. Die Sprache des Unbewußten und der Sinn der Literatur, Reinbek 1981; Peter Henninger: Der Buchstabe und der Geist. Unbewußte Determinierungen im Schreiben Robert Musils, Frankfurt a. M. 1980; Ders: Der Text als Kompromiß. Versuch einer psychoanalytischen Textanalyse von Musils Erzählung 'Tonka' mit Rücksicht auf Jacques Lacan. In: Bernd Urban u. Winfried Kudszus (Hg.): Psychoanalytische und psychopathologische Literaturinterpretation, Darmstadt 1981, S. 398-420; Friedrich A. Kittler: „Erziehung ist Offenbarung". Zur Struktur der Familie in Lessings Dramen: In: Jahrb. d. Dt. Schillergesellsch. 21 (1977), S. 111-137; Ders., „Das Phantom unseres Ichs"; Ders.: Über die Sozialisation Wilhelm Meisters. In: Gerhard Kaiser und Friedrich Kittler: Dichtung als Sozialisationsspiel, Göttingen 1978, S. 13-124; Ders.: Der Dichter, die Mutter, das Kind. Zur romantischen Erfindung der Sexualität. In: Richard Brinkmann (Hg.): Romantik in Deutschland, Stuttgart 1978, (= DVjS Sonderband), S. 102-114; Ders: Die Irrwege des Eros und die „absolute Familie". Psychoanalytischer und diskursanalytischer Kommentar zu Klingsohrs Märchen in Novalis' 'Heinrich von Ofterdingen'. In: Urban/ Kudszus, Psychoanalytische und psychopathologische Literaturinterpretation, S. 421-470; Ders.: Dichter - Mutter - Kind, München 1991; Wolf Kittler: Der Turmbau zu Babel, das Schweigen der Sirenen und das tierische Pfeifen. Über das Reden, das Schweigen, die Stimme und die Schrift in vier Texten von Franz Kafka, Erlangen 1985 (Diss. Erlangen 1978); Reinhart Meyer-Kalkus: Werthers Krankheit zum Tode. Pathologie und Familie in der Empfindsamkeit. In: Kittler/Turk, Urszenen, S. 76-139.

werkimmanenten Textbefunden und Lacanschen Theoremen (des Imaginären, des Namens-des-Vaters, der symbolischen Kastration usw.) meint aufweisen zu können. Vor allem aus dem *Urteil*[61], der *Strafkolonie*[62] und dem *Proceß*[63] lassen sich Strukturen des Imaginären (Spiegelungen, Narzißmen), Zeichen des abwesenden „Symbolischen Vaters" bzw. „Toten Vaters"[64] und Bilder der „symbolischen Kastration" (dem Korrelat der „Selbstbestrafungsneurose"[65] bzw. der Schuld-Neurose) herausheben. Meine Studie zu Kafkas *Ein Landarzt*[66] versteht die Erzählung nicht als Indiz einer angeblichen Pathologie Kafkas und auch nicht als „Traum"-Text im Sinne symptomatischer Primärprozesse, sondern als bewußte und künstlerische Simulation der Mechanik des Unbewußten; sie illustriert die bei Kafka in Szene gesetzte endlose Verschiebung des Signifikates (das immer wieder in die Position des Signifikanten rutscht). Zentrum der Analyse ist die metonymische wie metaphorische Relation zwischen „Rosa", dem Dienstmädchen des Ich-Erzählers, und der Beschreibung der Wunde seines männlichen Patienten: „Rosa, in vielen Schattierungen [...]" (ER 143) Es etabliert sich eine (kreisförmige) Kette von metaphorischen Substitutionen, ein Metaphern-Zirkel besonderer Art, eine zirkuläre „différance". Es geht also um Psychologie als „Gegenstand", nicht um Psychoanalyse als „Methode", d.h. um Aufdeckung der intendierten Psychologie des Autors und seines Textes und nicht um bedingungslose Applikation einer psychologischen Methode auf einen literarischen Text, weise dieser nun psychologische Intentionen auf oder nicht.

Grundgedanken Jacques Lacans[67] sind auch immer wieder in die hier vorgelegten Einzelstudien eingegangen, häufig verbinden sie sich mit Querverweisen auf Jacques Derridas Überlegungen zur Psychoanalyse Freuds und Lacans.[68]

---

61. Vgl. hierzu Hans H. Hiebel: Die Zeichen des Gesetzes. Recht und Macht bei Franz Kafka, 1. Aufl. München 1983, S. 115-123.
62. Ebd., S.129-152.
63. Ebd. S. 180-235.
64. Lacan, Schriften II, S. 89.
65. Lacan, Schriften III, S. 95.
66. Vgl. Hans H. Hiebel: Franz Kafka - „Ein Landarzt", München 1984 (= UTB 1289).
67. Darstellungen dieser Grundgedanken finden sich bei: Hermann Lang: Die Sprache und das Unbewußte. Jacques Lacans Grundlegung der Psychoanalyse, Frankfurt a. M. 1973; Anika Lemaire: Jacques Lacan, Brüssel 1977; Moustafa Safouan: Die Struktur in der Psychoanalyse. Beitrag zu einer Theorie des Mangels. In: François Wahl (Hg.): Einführung in den Strukturalismus, Frankfurt a. M. 1973, S. 259-321; Gottfried Teichmann: Psychoanalyse und Sprache. Von Saussure zu Lacan. Würzburg 1973; Samuel M. Weber: Rückkehr zu Freud. Jacques Lacans Entstellung der Psychoanalyse, Frankfurt a. M./Berlin/Wien 1978.
68. Lacan, Schriften III, S. 95.

"Verschleppung" in *Der Proceß*: Schuld als Metapher

I. Interpretationsgeschichte

„Schmutzig bin ich, Milena, endlos schmutzig, darum mache ich ein solches Geschrei mit der Reinheit"[1]: Äußerungen wie diese, in welchen Kafkas Hang zu Skrupeln, zu Selbstverurteilung und Selbsterniedrigung erscheint, haben offenbar die Interpreten der ersten Stunde dazu verleitet, auch Kafkas Figuren - vornehmlich Georg Bendemann im *'Urteil'*, Josef K. im *'Proceß'*, K. im *'Schloß'* und sogar den Verurteilten der *'Strafkolonie'* - Fehlverhalten und Schuldhaftigkeit zuzuschreiben. So sprach Martin Buber vom „ontischen Charakter der Schuld" bei Kafka und der „Tiefe der Existenzialschuld über alle bloßen Tabuverletzungen hinaus", welche Josef K. nicht wahrhaben wolle.[2] K. wäre ins „Innere des Gesetzes" gelangt, hätte er nur „das Geständnis" abgelegt.[3]

Geradezu akrobatische Verrenkungen wurden üblich, um Schuld hervorzuzaubern (vgl. P 179), wo keine ist: So ging z. B. Kobligk von der Schuld als „Existential" aus und schrieb über Georg Bendemann: „Seine Schuld besteht in seiner Liebe zu seinen Angehörigen."[4]

Aber am Ende wurde doch deutlich, daß Kafkas Figuren nur teilweise den Autor spiegeln, ja, daß die Werke prinzipiell weniger als Widerspiegelungen von Realität und Autormeinung denn als vielbezüglich-unbestimmte Parabeln im Sinne der abstrakten Konstruktionen der Moderne zu lesen sind.[5]

Außerdem ging in Westdeutschland die Stimmung der Selbstbezichtigung der Nachkriegsphase in den 60er Jahren in eine aggressiv-gesellschaftskritische über. Günther Anders konnte 1951 über Kafka noch schreiben: „Was *ist*, ist ihm (wenn auch nicht „vernünftig", so doch) berechtigt: Macht ist ihm Recht. Und der Entrechtete schuldig."[6] Adorno aber hielt dann schon den *'Proceß'* für eine Aufleh-

---

1. Franz Kafka: Briefe an Milena, hg. v. Willy Haas, Frankfurt a. M. 1952, S. 208.
2. Martin Buber: Schuld und Schuldgefühle. In: Merkur 114 (1957) H. 8, S. 705-730, Zit. S. 724.
3. Ebd. S. 723, 725 u. 727.
4. Helmut Kobligk: „... ohne daß er etwas Böses getan hätte ..." Zum Verständnis der Schuld in Kafkas Erzählungen „Die Verwandlung" und „Das Urteil". In: WW 6 (1982), S. 391-405, Zit. S. 395.
5. Vgl. Theo Elm: Die moderne Parabel. Parabel und Parabolik in Theorie und Geschichte, München 1982, S. 151 ff.
6. Günther Anders: Pro und Contra. Kafka. Die Prozeß-Unterlagen, München 1951, S. 100.

nung gegen das Un-Recht der Macht (eines antizipierten Faschismus) und sah im entrechteten Josef K. einen Un-Schuldigen.[7]

Die poststrukturalistischen Kafka-Interpreten haben dann schließlich die moralistischen Sichtweisen radikal attackiert und Kafka als subversiven Autor gelesen; so schrieben Deleuze und Guattari 1975: „Nur eins macht Kafka betrübt [...]: wenn man ihn als intimistischen, in sich gekehrten Autor behandelt, [...] als den Dichter der Einsamkeit, der *Schuld* und des inneren Unglücklichseins. Freilich hat er selbst dazu beigetragen, denn er hat sich mit all diesem Zeug kostümiert - aber nur, um darüber zu lachen und lachend der Falle zu entwischen. [...] Er ist ein *lachender* Autor, erfüllt von einer tiefen Fröhlichkeit, trotz oder gerade wegen seiner Clownerien, die er wie eine Falle aufbaut oder wie einen Zirkus vorführt."[8]

Das mag pointiert klingen, doch zumindest wird hier auf die Differenz zwischen Autor und Werk bzw. zwischen Autor, Erzähler und Figur aufmerksam gemacht; und bei genauer Analyse scheinen Georg Bendemann, Karl Roßmann und Josef K. in der Tat eher durch *Schuldempfindungen* bzw. unbewußte *Schuldgefühle* bestimmt zu sein als durch wahrhaft *schuldhaftes* Verhalten. Etwas „Böses" (P 9)[9] - im Sinne eines „erkennbaren juristischen oder moralischen Vergehens"[10] - haben K. und seine Brüder sich nicht zuschulden kommen lassen.

Wenn es im 'Urteil' oder im 'Proceß', im 'Verschollenen' oder der 'Strafkolonie' überhaupt eine Schuld gibt, die der Autor affirmiert, dann die *Schuld, Schuldgefühle zu haben* (skrupulös zu sein), womit das Konzept der Schuld freilich ad absurdum geführt wäre. So schreibt Citati von Josef K.s „namen- und grundlose[r] Schuld": „Seine Sünde ist [...] das schreckliche Schuldgefühl, vom dem Franz Kafka ein Leben lang gepeinigt wurde."[11] Die Schuld liegt, das mag paradox klingen, in der Un-schuld, in der Schuld-losigkeit, oder anders: die Schuld liegt im „grenzenlosen Schuldbewußtsein"[12], über das Kafka im *'Brief an den Vater'* deutlich genug klagt und für das eher der Vater als der Sohn verantwortlich ist.

Ganz integer scheint aber z. B. Josef K. nicht zu sein, wenn man sich vor Augen hält, daß er Fräulein Bürstner überfällt wie ein Scherge des Gerichts - wie ein "Frauenjäger"[13] -, sie auf die „Gurgel" (P 42) küßt, als wäre sie ein erbeutetes Tier, oder daß er Kaufmann Block erniedrigt, wenn er ihn „hinten an den Hosenträgern" zurückhält (P 202)[14]. Das gleiche gilt für Georg Bendemann, der seinem

---

7 . Theodor W. Adorno: Aufzeichnungen zu Kafka. In: Prismen, München 1963, S. 248-281, zuerst in: Neue Rundschau 64 (1953).

8 . Gilles Deleuze/Félix Guattari: Kafka. Für eine kleine Literatur. Frankfurt a. M.: Suhrkamp 1976 (= edition suhrkamp 807), S. 58 (Hervorhebung von mir, H.H.H.).

9 . Franz Kafka: Der Prozeß. Roman, Gesammelte Werke, hg. v. Max Brod, Frankfurt a. M. 1965, künftig zitiert unter der Sigle „P" in Klammern mit Seitenangabe.

10 . Das hatte auch Koblig gesehen, Koblick, Schuld, S. 391.

11 . Pietro Citati: Kafka. Verwandlungen eines Dichters, München/Zürich 1987, S. 144.

12 . Franz Kafka: Hochzeitsvorbereitungen auf dem Lande, Gesammelte Werke, hg. von Max Brod, Frankfurt a. M. 1966, S. 196 (künftig zitiert unter der Sigle „H").

13 . Ein Urteil, daß Josef K. seinerseits über die Angehörigen des Gerichtes fällt, vgl. P 253.

14 . Später duzt K. Block herablassend, der ihm vorwirft: „Sie sind kein besserer Mensch als ich, denn Sie sind auch angeklagt und haben auch einen Prozeß." (P 230)

russischen Freund Banalitäten berichtet, seine Verlobte im Unklaren läßt und sich wünscht, daß der sich vor ihm auftürmende Vater „fiele und zerschmetterte"[15].

Ich habe angesichts dieser Widersprüchlichkeiten in meiner Analyse 'Die Zeichen des Gesetzes. Recht und Macht bei Franz Kafka' 1983 den Vorschlag gemacht, von einer Ambivalenz bzw. einer intendierten Paradoxie auszugehen: Von der Doppelheit einer prinzipiellen Schuldfreiheit Georg Bendemanns oder Josef K.s einerseits - und minimalen, teilweise unbewußten Verschuldungen im Sinne menschlich-allzumenschlicher Fehltritte andererseits. (Dieser Doppelheit entspräche dann spiegelbildlich jene von tyrannischem und doch Wahres erkennendem Vater Bendemann bzw. von korruptem und doch unbewußte Verfehlungen ahn(d)endem Gericht.)

Vor allem aber erschien mir das, was man bis dato als tiefe Schuld gelesen hatte, als Zeichen - weitgehend unbewußter - Schuldgefühle, die nicht mit Schuld identifiziert werden dürften: So Georg Bendemanns vermeintliches (!) Schuldeingeständis, d.h. sein schicksals- und vaterergebener Selbstmord - oder Josef K.s vermeintliche (!) Schuld-Symptome: seine unbewußten Rechtfertigungszwänge, sein dem Gericht-'Verhaftetsein', seine Fehlleistungen und Versprecher: er sucht verzweifelt nach seinen „Legitimationspapieren" (P 13 f.), er schlägt erschreckt „mit den Zähnen ans Glas" (P 18), als er vom Aufseher gerufen wird, behauptet aber, er sei überhaupt nicht „sehr überrascht" (P 20), oder es bricht plötzlich aus ihm hervor: „Es ist doch noch nicht die Hauptverhandlung" (P 18).

Schuldgefühle aber sind nicht (oder nicht notwendigerweise) auf reales Verschulden zurückzuführen, sie haben als dem „Imaginären" zugehörige Phänomene prinzipiell nichts mit dem „Realen"[16] zu tun: es sind in der Regel fortdauernde Traumata bzw. traumatische Relikte früherer Strafen (seien diese nun berechtig oder völlig unberechtigt gewesen); Schuldgefühle sind - um mit Martin Heidegger und dem Psychoanalytiker Jacques Lacan zu sprechen - „gewesende"[17] Strafen, d.h. verinnerlichte, aus der Vergangenheit herrührende, fort-währende Zeichen des väterlichen Verbots, des „Non-du-Père"[18], wie Lacan sagt.

Auf jeden Fall können der freiwillige Tod Georg Bendemanns und der elende Tod Josef K.s, der wie ein „Hund" (P 272), um nicht zu sagen: wie ein Schwein, abgestochen wird, doch nicht im Ernst als Formen gerechter Strafe für eine - noch dazu unerkannte und unbenannte - Verschuldung bzw. als Formen poetischer Gerechtigkeit aufgefaßt werden; darin verriete sich denn doch eine recht degoutante Ethik.

15 . Franz Kafka: Das Urteil. In: Sämtliche Erzählungen, hg. von Paul Raabe, Frankfurt a. M. 1969, S. 35.

16 . Im Sinne von Lacan und dem Poststrukturalismus, vgl. Gilles Deleuze: Woran erkennt man den Strukturalismus. In: François Chatelet: Geschichte der Philosophie Bd. VIII. Das XX Jahrhundert, Frankfurt a. M., Berlin, Wien 1975, S. 269-298.

17 . Vgl. dazu Hans H. Hiebel: Die Zeichen des Gesetzes. Recht und Macht bei Franz Kafka, 2 Aufl. München 1989 (1. Aufl. 1983), S. 180 ff.; Ders.: Franz Kafka - „Ein Landarzt", München 1984, S. 88 ff.; Ders.: Henrik Ibsens psycho-analytische Dramen. Die Wiederkehr der Vergangenheit, München 1990, S. 149 u. passim.

18 . Vgl. Jacques Lacan: Écrits, Paris 1966, S. 577 ff.

In einer Parallele zur Parabel *'Vor dem Gesetz'* wird das rein Imaginäre bzw. Subjektive der Schuld-*Gefühle* der Kafkaschen Helden ganz deutlich ausgesprochen:

Ich überlief den ersten Wächter. Nachträglich erschrak ich, lief wieder zurück und sagte dem Wächter: „Ich bin hier durchgelaufen, während du abgewendet warst." Der Wächter sah vor sich hin und schwieg. „Ich hätte es wohl nicht tun sollen", sagte ich. Der Wächter schwieg noch immer. „Bedeutet dein Schweigen die Erlaubnis zu passieren?" (H 359)

Das Schweigen des Wächters bildet (wie das Schweigen des Psychoanalytikers) die leere Leinwand bzw. die Projektionsfläche, auf welche sich das Imaginäre zu projizieren vermag. Am Durchgehen hindert den Erzähler nur *sein eigenes Inneres*. Der Wächter schweigt! Nicht der reale Andere, sondern der internalisierte Andere spricht: „L'inconscient, c'est le discours de l'Autre"[19]. Die zitierte Parabel legt die Vermutung nahe, daß auch in der Parabel *'Vor dem Gesetz'* das *Tabu* des eigens für den Mann vom Lande eingerichteten und für ihn „offensteh[enden]" Eingangs (P 256) dessen *Innerem* entstammt.

Doch die inneren Zwänge sind die mächtigeren: „Mit einem Gefängnis hätte er sich abgefunden", aber „die Gitterstangen standen ja meterweit auseinander".[20]

Schuldgefühle - im Unterschied zu realen Verschuldungen - können sich aber auch als gesellschaftlich produziert erweisen: „Zum Schluß aber zieht es [das Gericht] von irgendwoher, wo ursprünglich gar nichts gewesen ist, eine große Schuld hervor." (P 179) Ulf Abraham hat gezeigt, daß Kafka eben jene soziale Produziertheit (pro-ducere heißt hervorziehen) des - unbegründeten - Schuldgefühls darstellt bzw. in Szene setzt und daß er veranschaulicht, auf welche Weise die Schuld-Produktion in Verhör-Ritualen und ähnlichen Diskurs-Maschinerien vor sich geht.[21]

II. Schuld und Schuldgefühl im *'Proceß'*

Vergegenwärtigen wir uns die wichtigsten Aussagen bzw. metaphorisch-uneigentlichen Kommentare zum „Schuld"-Komplex im *'Proceß'*-Roman:

Josef K. wird verhaftet und einer unbekannten Schuld angeklagt; ob diese Schuld überhaupt existiert, bleibt bis zum Ende des Romans offen. Josef K. wird nicht müde zu beteuern, er sei „vollständig unschuldig" (P 179) (und der Erzähler präsentiert die Ereignisse so, daß wir - zumindest prima vista - *für* K. und *gegen* das schmutzige Gericht Partei ergreifen); gleichzeitig aber versucht Josef K. dennoch, sich zu rechtfertigen, Schuldgefühle zu unterdrücken, Ängste zu verleugnen, Fehlleistungen zu verneinen.[22]

---

19. Ebd., S. 814 u. passim.
20. Franz Kafka: Beschreibung eines Kampfes. Novellen, Skizzen, Aphorismen aus dem Nachlaß, Gesammelte Werke, hg. von Max Brod, Frankfurt a. M. 1954, S. 291 f.
21. Vgl. Ulf Abraham: Der verhörte Held. Recht und Schuld im Werk Franz Kafkas, München 1985.
22. Vgl. Hiebel, Die Zeichen des Gesetzes, S. 180 ff.

Die Vertreter der Anklage bzw. des „Gerichts" *behaupten*[23], das „Gericht" werde „von der Schuld angezogen" (P 15). Habe sich das Gericht einmal von der Schuld eines Angeklagten überzeugt, so sei es „[n]iemals" mehr von dieser „Überzeugung" „abzubringen" (P 180); es gebe „bei Gericht kein Vergessen" (P 191). Der Gefängniskaplan erklärt denn auch Josef K.: „ich fürchte, es wird schlecht enden. Man hält dich für schuldig." (P 252) „Freisprechungen", so erläutert Titorelli, gebe es de facto keine, sie seien nicht „nachweisbar" (P 186); K.s Kommentar dazu lautet: „Ein einziger Henker könnte das ganze Gericht ersetzen" (P 185).

Selbst wenn diese Kommentare oder Sinnbilder überzeugend auf die jüdische Glaubenstradition zurückgeführt werden können[24] und auch von der sensibel-skrupulösen Haltung Kafkas zeugen[25], können sie doch auch nicht fraglos als *eindeutiger* Ausdruck der hohen Moralansprüche des Autors gelesen werden, sondern müssen auch im Hinblick auf die Frage geprüft werden, ob Kafka nicht zugleich (und eventuell in paradoxer Weise) eine schuldhafte und tyrannische Umwelt schildern wollte. Auf jeden Fall geben weder Autor noch Erzähler Hinweise dafür, daß der Roman für den Leser eine Art Falle darstellt, d.h. daß K. ein Lügner, die Schuldbehauptung rechtmäßig und das zwielichtige Gericht nur scheinbar totalitär ist.[26] Der These von der Scheinbarkeit der Tyrannei des Gerichts soll jedenfalls die These von der Scheinbarkeit der Schuld gegenübergestellt werden.

Titorelli rät K. angesichts der genannten Auswegslosigkeit schließlich zur „Verschleppung" (P 192), zur endlosen Aufschiebung des Urteils, obgleich es eigentlich gar keine Alternative zu ihr gibt[27]; de facto ist die „Verschleppung" *das Prinzip schlechthin*, das alle 'Prozesse' in der Welt des Romans zu charakterisieren scheint (vgl. P 193 ff.).

---

23. Vgl. Josef Ranftl: Von der *wirklichen* zur *behaupteten* Schuld. Studie über den Einfluß von F. M. Dostojewskijs Romanen *Schuld und Sühne* und *Der Doppelgänger* auf Franz Kafkas Roman *Der Prozeß*, Erlangen 1991.

24. Vgl. Karl Erich Grözinger: Schuld und Sühne bei Kafka im Lichte jüdischer Theologie. In: Wolfgang Kraus/Norbert Winkler (Hg.): Das Schuldproblem bei Franz Kafka. Kafka-Symposion 1993 Klosterneuburg, Wien, Köln, Weimar 1995 (= Schriftenreihe der Franz Kafka-Gesellschaft Band 6), S. 126-148.

25. Vgl. Eduard Goldstücker: Josef K.s Schuld neu untersucht. In: Wolfgang Kraus/ Norbert Winkler, Das Schuldproblem bei Franz Kafka, S. 12-21. Natürlich verunsichert der Hinweis auf Kafkas hohe Moralmaßstäbe immer wieder jede Auslegung, die in der Gegenwelt des 'Proceß'- oder 'Schloß'-Romans ein Bild oder wenigstens einen Aspekt von ungerechtem oder totalitärem Verhalten in der Welt der Väter, der Autoritäten, der sozialen Machteliten oder des schicksalshaften Laufs der Welt zu sehen versucht.

26. Kafkas Notiz „Roßmann und K., der Schuldlose und der Schuldige", Franz Kafka: Tagebücher 1910-1923, Gesammelte Werke, hg. von Max Brod, Frankfurt a. M. 1951, S. 481, bedeutet nicht notwendigerweise, daß die Gegenseite schuldfrei und nicht korrupt und tyrannisch ist.

27. Der „Freispruch" ist legendär und der „scheinbare Freispruch" läßt sich letztlich wieder als „Verschleppung" - als endloses Verzögern des Prozesses - verstehen; es bliebe nur sofortige Aburteilung und Hinrichtung auf Grund eines sofortigen Geständnisses (auch wenn es nichts zu gestehen gäbe).

Allerdings gibt es dennoch eine Art Zielorientierung im Roman: Das „Urteil kommt nicht mit einemmal, das Verfahren geht allmählich ins Urteil über" (P 253) - und das Urteil in die *Strafe*, können wir ergänzen. Denn das „Verfahren", das praktisch mit der „Verschleppung" (P 192) gleichgesetzt werden kann, ist ja identisch mit der *Strafe*. K.s Tod kann man nämlich kaum als punktuelle Strafe für eine bestimmte, aber unerkannte Schuld sehen, er bedeutet entweder eine Art Liquidation - oder eine Art von vorzeitigem Freitod (K. hält sich für ihn bereit und ergibt sich resignativ in sein Schicksal, vgl. P. 266 ff.) bzw. eine Art Allegorie, in der sich das sukzessive und kumulative Leid der „Verschleppung" symbolisch konzentriert und in einen Punkt zusammenfließt.

K. ist zeitweilig der - weitgehend zutreffenden - Meinung, „daß man nicht nur unschuldig, sondern auch unwissend verurteilt wird" (P 65). In der Tat bleibt die „Anklageschrift" „dem Angeklagten und seiner Verteidigung unzugänglich" (P 139). Leni, die Angestellte des Advokaten Huld, rät K. dagegen - in naiv-dümmlicher und zugleich unernst-mechanischer Weise, das „Geständnis" abzulegen: „Machen Sie doch bei nächster Gelegenheit das Geständnis." (P 132)

Zuweilen ist K. indessen der Meinung, das „Verfahren" sei nur „ein Verfahren", wenn er „es als solches anerkenne" (P 55), als sei das „Gericht" eben nur ein *intrapsychisches* Phänomen oder zumindest ein Phänomen, das ganz von der psychischen Befindlichkeit des Subjekts abhängt. Dementsprechend nimmt sich K. vor, „jeden Gedanken an eine mögliche Schuld von vornherein abzulehnen" (P 152); aber letztlich gelingt es ihm nicht, diesen Vorsatz durchzuhalten. Er erliegt der Logik des „Gerichts" - und läßt sich am Ende in passiv-resignativer Weise erkenntnislos (und doch die *Macht* der Gegenwelt erkennend) verurteilen und abstrafen, da er nicht „als ein begriffsstützige r Mensch abgehen" (P 269) möchte.

Als K. einem Geschäftsfreund der Bank den Dom und andere „Kunstdenkmäler" (P 237) zeigen will, trifft er auf den „Gefängniskaplan", der ihn über den Schuldverdacht informiert (P 252); K. legt ihm die Frage vor, wie denn „ein Mensch überhaupt schuldig sein" könne (P 253), worauf der Kaplan entgegnet: „so pflegen die Schuldigen zu reden" (P 253).

Auf Grund des Gebrauchs dieses Verhör- und Beschuldigungstricks[28] erscheint hier die Kirche als der privilegierte Ort der 'Culpabilisierung' (der Produktion von Schuldgefühlen). Ein „Album der städtischen Sehenswürdigkeiten" trägt K. wie einen Schutzschild vor sich her, aber als der Geistliche ihm gebietet, es wegzulegen, heißt es: „K. warf es so heftig weg, daß es aufklappte und mit zerdrückten Blättern ein Stück über den Boden schleifte."(P 252) Hinter K.s Fassade erscheinen plötzlich seine latente Unsicherheit und Unterwürfigkeit, sein unbewußtes Schuldgefühl. - Aber dieses Schuldgefühl hat nichts mit der behaupteten großen Schuld zu tun - und es kann auch die menschlich-allzumenschlichen Fehltritte K.s nicht zur Ursache haben.

Ich möchte zusammenfassend festhalten:

---

28. Vgl. Abraham, Verhör, S. 39. Wehrt sich der Schuldige, so gilt dies als Zeichen der Schuld, wehrt er sich nicht, so gilt dies als Geständnis.

1) Die „Schuld" Josef K.s wird zunächst einmal nur von Seiten des Gericht *behauptet*[29], da von „Schuld" nur dann die Rede sein kann, wenn ein objektiver Verstoß gegen juridische (d.h. rein faktische, positiv gesetzte), sittliche (bzw. soziale), moralische oder religiöse Normen vorliegt.

2) anstelle eines „Schuldbewußtseins" demonstriert uns Josef K. primär seine Schuldlosigkeit.

3) Die Zeichen von Schuld, soweit überhaupt vorhanden, weisen primär nur auf Schuld*gefühle* K.s. hin - also auf sozial 'pro-duzierte' Schuldempfindungen bzw. innere Traumata frühkindlicher, ödipaler Provenienz (deren Genese der *'Brief an den Vater'* und Kafkas Text über die „Eigentümlichkeit"[30] beschreibt).

4) Zeichen einer objektiven Schuld - also realer Verstöße gegen Normen oder Gesetze - sind zwar vorhanden, aber erweisen sich als minimal; vor allem legitimieren sie keine Hinrichtung bzw. Hinschlachtung. Das trifft m. E. auch zu, wenn man wie Eduard Goldstücker von Vergehen Josef K.s gegenüber der Familie[31] oder wie Walter H. Sokel von einem Mangel an autonomer Selbstverantwortung[32] ausgeht.

5) Nach Freud ist das Schuldgefühl nichts anderes als die den Martern und Vorwürfen des Über-Ichs „entsprechende Wahrnehmung im Ich"[33]: Insofern der *'Proceß'* bzw. das 'Gericht' eine Allegorie intrapsychischen Geschehens[34] bzw. des Über-Ichs darstellt, präsentiert sich uns - indirekt - ununterbrochen jene „Wahrnehmung im Ich": *Schuldgefühl*. Dieses Schuldgefühl[35] manifestiert sich freilich nicht im Text, es wird nur virtuell dargestellt, da wir ausschließlich die Foltertätigkeit des Über-Ichs präsentiert bekommen. 'Schuld' erscheint nur ex negativo als unsichtbares Korrelat der Schuldbezichtigungen und Anklagen des Gerichts. Selbst wenn wir das Gericht also nicht wörtlich nehmen, sondern es als Allegorie des Inneren lesen, als Personifikation des Gewissens, kann von „Schuld" nur in dem Sinn die Rede sein, daß die Anklagen bzw. Gewissensbisse sich auch hier nur auf eine „Schuld" beziehen, die weitgehend im *Unbewußten* - also jenseits der Verantwortung des Subjekts - liegt.

---

29 . Vgl. Ranftl, Schuld.

30 . Vgl. Hiebel, Die Zeichen, S. 95 f.

31 . Vgl. Goldstücker, Josef K.s Schuld neu untersucht. Sicher wogen diese Vergehen für den gläubigen und auch ungläubigen Juden und für Kafka schwer, ich kann mich dennoch nicht dazu entschließen, die - z. B. auch von Adorno als totalitär empfundene - Gegenwelt positiv zu sehen.

32 . Vgl. Walter H. Sokel, Schuldig oder Subversiv. Zur Schuldproblematik bei Kafka. In: Wolfgang Kraus/ Norbert Winkler, Das Schuldproblem bei Franz Kafka, S. 1-11.

33 . Sigmund Freud: Studienausgabe Bd. 3, Frankfurt a. M. 1975, S. 319.

34 . Ich habe 1983 von der paradoxen Verquickung von einer Allegorie des Innerseelischen mit einem Sinnbild der äußeren Welt (bzw. von einem „Zirkel von Innen und Außen") im *'Proceß'* und in anderen Werken Kafkas gesprochen, vgl. Hiebel, Die Zeichen, S. 191 ff., 225 ff. u. passim.

35 . Dieses Schuldgefühl ist als totales Prinzip von den bloßen Spuren von Schuldgefühl, wie sie sich in der *erzählten Figur Josef K.* manifestieren, strikt zu scheiden!

Kein Wort bei Kafka ist wörtlich zu nehmen.[36] Daher ist auch die Rede von der „Schuld" im *Proceß* eine uneigentliche und entzieht sich als solche - wie jene vom „Gericht", der „Verhaftung", dem „Urteil", der „Strafe" und der „Verschleppung" - der Festlegung auf das lexikalische Signifikat. „Schuld" mag also sehr wohl als uneigentlicher Ausdruck auf unbewußte Schuldgefühle und sozial produzierte Schuldempfindungen, aber auch ganz allgemein auf Minderwertigkeits- und Unterlegenheitsempfindungen bezogen werden.

III. Von der Schuld zum Schuldgefühl und vom Schuldgefühl zum Insuffizienzgefühl oder: Das Ungenügen am Aufschub

Ich möchte nun aber versuchen, über den angedeuteten Stand der Erkenntnis hinauszugelangen und eine neue Sichtweise vorzuschlagen. Mir stellt sich nämlich die Frage, ob mit einer Auslegung wie der eben skizzierten Kafkas *Gleichnishaftigkeit* radikal genug und weit genug aufgefaßt wurde oder ob wir Kafka noch immer zu *buchstäblich* lesen. Man erinnere sich seiner Mahnung: „Die Sprache kann für alles außerhalb der sinnlichen Welt nur andeutungsweise, aber niemals auch nur annähernd vergleichsweise gebraucht werden." (H 45)[37]

Ist nicht die Rede von Schuld, Recht, Gericht, Urteil und Strafe vielleicht noch elementarer und existentieller gemeint und überhaupt nicht (zumindest nicht direkt) auf private und gesellschaftliche Vergehen bzw. auf familiale und soziale Schuldsprüche und Strafen zu beziehen? Mir scheint die *Proceß*-Metaphorik in letzter Instanz auf das Leben überhaupt, auf das menschliche Leben unter der Bedingung von *Sprache* und *Aufschub* gemünzt zu sein. Ich meine damit die Notwendigkeit für das Kulturwesen Mensch, animalische Unmittelbarkeit aufzuschieben, die Triebe zu kontrollieren, unmittelbare Verausgabung zu verhindern, d.h. ich meine den *Aufschub* als die Voraussetzung jeglicher Gebote oder Gesetze religiöser oder ethischer Herkunft. Damit wären die scheinbar juridischen Begriffe „Anklage", „Verhaftung", „Gesetz", „Gericht", „Urteil", „Strafe" usw. ganz universell auf das Gebot des Triebaufschubs und das Gebot des Sprechens (als aufschiebender Symbolbildung und interaktiver Vermittlungstätigkeit) zu beziehen. Der metaphorische Ausdruck „Schuld" wäre dann weder mit *Normverletzungen* noch mit verinnerlichten *Ängsten* oder *Schuldempfindungen* zu assoziieren, sondern ganz allgemein - und *moralfrei* - auf *Insuffizienzgefühle* zu beziehen, d.h. auf das Gefühl des *Ungenügens*, weil es nie ganz gelingt, dem Gebot des Triebaufschubs, des Sich-Eingliederns in die gegebene Ordnung, des rationalen Hand-

---

36. Vgl. „Jeder Satz steht buchstäblich, und jeder bedeutet", Adorno, Aufzeichnungen zu Kafka, S. 249.

37. Ich darf hier vorweg anmerken, daß ich dasjenige, was Freud oder Lacan bzw. Derrida an Unbewußtem in der Kultur, die auf Triebaufschub, Verdrängung und sich verschiebendem, sich sublimierendem verborgenem Begehren beruht, nicht zur „sinnlichen", also äußerlichen, sondern sehr wohl zur verborgenen „geistigen", also wesentlichen, „Welt" zähle.

delns und Sprechens nachzukommen.[38] Das Gebot des „Realitätsprinzips"[39] (Freud) bzw. das Gesetz der „symbolischen Ordnung"[40] (Lacan) - das elementare Gebot der Kultur überhaupt - fordert seinen Tribut.[41] *Das Ich, das hinter dem Roman steht, leidet sozusagen unter ständigen Vorwürfen, die es zwar auf keine Schuld beziehen kann, die ihm aber ständig sein eigenes Ungenügen vor Augen führen, welches es fast wie eine Schuld empfindet. Wobei es ununterscheidbar ist, ob es sich um Vorwürfe anderer oder um Selbstvorwürfe handelt.* Impliziert ist vielleicht auch ein gewisses Maß an Widerstand bzw. unbewußter Rebellion gegen das Gebot des Aufschubs und der Verdrängung, sozusagen ein Sich-Wehren gegen das „Realitätsprinzip" bzw. ein narzißtisches Festhalten am „Lustprinzip"[42].

Josef K.s 'Schuld' fächert sich folglich auf in folgende Aspekte:

1) Der *'Proceß'* ist die Allegorie des Gesetzgebers oder 'Gerichts', das den Aufschub fordert. Wie der Marter des Über-Ichs virtuell das „Schuldgefühl" als Wahrnehmung im Ich entspricht, so der Marter und Foltertätigkeit des Aufschubs das Insuffizienzgefühl.
2) Josef K. beteuert indessen, „vollständig unschuldig" (P 179) zu sein, d.h. dem Gesetz des Aufschubs, Triebverzichts, Realitätsprinzips angeblich immer nachgekommen zu sein.
3) Seine Selbstrechtfertigung verrät indes die unbewußte Ahnung, dem Gesetz noch einiges „schuldig" zu sein, ihm nicht in allem und immer nachgekommen zu sein.
4) K. ahnt und erkennt schließlich (er ist nicht mehr „begriffsstützig"), daß er dem Gebot des endlosen Aufschubs nicht gewachsen ist, daß er de facto den Forderungen des Gesetzes nie absolut wird nachkommen können.
5) Die Zeichen unbewußter 'Schuld' verraten, daß K. immer versucht war, dem „Lustprinzip"[43] nachzugeben, statt dem „Realitätsprinzip" oder Gesetz des Aufschubs zu gehorchen.

---

38. Vgl. dazu Sigmund Freud: Das Unbehagen in der Kultur. In: Studienausgabe Bd. 9, Frankfurt a. M. 1978, S. 191-270.
39. Vgl. Sigmund Freud: Jenseits des Lustprinzips. In: Studienausgabe Bd. 3, Frankfurt a. M. 1975, S. 213-272.
40. Vgl. „ordre symbolique" bei Lacan, Écrits, passim.
41. Konkrete Aspekte des Romans bzw. der Schuld könnten dem freilich subsumiert werden. Das Insuffizienzgefühl, unfähig für eine Ehe zu sein, unfähig zu sein, Schreiben und Ehe miteinander vereinbaren zu können, läßt sich unschwer dem Insuffizienzgefühl gegenüber den Forderungen des „Realitätsprinzips" subsumieren. - Der Bezug zum Eheproblem ist im Roman impliziert auf Grund der Verkoppelung von Fräulein Bürstner mit Felice Bauer (F.B.) bzw. der Anspielung auf das „Gericht" im Askanischen Hof in Berlin, wo die Entlobung Kafkas stattfand; vgl. Franz Kafka: Tagebücher 1910-1923, Gesammelte Werke, hg. von Max Brod, Frankfurt a. M. 1951, S. 407 und 411.
42. Vgl. Anm. 39, Freud zum „Realitätsprinzip" als dem Gegensatz zum Wunsch- oder Lustprinzip als der Sphäre der Primärprozesse des „Es".
43. „Lustprinzip" natürlich im übertragenen und terminologischen Sinne; dennoch könnte diesem Prinzip der „Sündenfall" mit Fräulein Bürstner bzw. mit Leni durchaus subsumiert werden.

All diese Aspekte des „Gesetzes" liegen jedenfalls jenseits von realer Schuld, d.h. jenseits von gut und böse, wahr und falsch: „[M]an muß nicht alles für wahr halten, man muß es nur für notwendig halten" (P 264), erläutert folgerichtig der Gefängniskaplan. Es handelt sich offensichtlich um ein Gesetz jenseits von Ethik, um eine 'Schuld' jenseits von Schuldhaftigkeit.

Ein anderer Name für „Schuld" wäre - so paradox es klingen mag: „Hoffnung"; gemeint ist der *Wunsch*, hinter das Gesetz des Aufschubs zurückzugelangen, der Versuch, ins Paradies jenseits der Gesetze der Väter, Herren und Richter gelangen zu können.[44]

Bezeichnenderweise ist in der 'Türhüterlegende', die doch nur eine Verkleinerung des „Processes" darstellt, *keine Rede von Schuld*: In dieser Binnenerzählung entspricht der „Anklage" bzw. Schuldbezichtigung des 'Proceß'-Rahmens schlicht das *Eintrittsverbot*, und der „Verschleppung" (P 192 f.) des Prozesses oder Schuld-Spruchs schlicht das *Hinauszögern der Eintrittserlaubnis*. Von Verstößen ist keine Rede![45] Also kann es auch keine Schuld geben.

Wo aber liegt in der „Legende" die Entsprechung zur „Schuld"? Was ist das 'Vergehen' des Mannes vom Lande? Offenbar allein (quod erat demonstrandum) die illusionäre *Hoffnung*, es gäbe eine Eintrittsmöglichkeit, es gäbe - sozusagen - einen „Freispruch", oder anders: seine 'Schuld' besteht im Sich-nicht-Fügen, in seiner Unbelehrbarkeit[46]. Das tertium comparationis zwischen 'Proceß'-Rahmen und Binnenerzählung 'Vor dem Gesetz' besteht also in der Hoffnung auf eine 'Lösung', auf *die* Lösung.

Was im einen Text das *Warten*, ist im anderen die *Rechtfertigung*.

Aber auch in der 'Rahmenhandlung' des Romans ist eigentlich von keinen Vergehen die Rede, sondern nur abstrakt von „Schuld". Folglich meinen hier *Rechtfertigung* und *Selbstverteidigung* auch nichts anderes als: *Warten* auf die Lösung, Aufschieben des Endes in der Hoffnung, an ein Ende des Aufschubs - „später" (P 256)[47] - gelangen zu können, einen Punkt jenseits des Realitätsprinzips, jenseits der Triebkontrolle, jenseits des Kampfes.[48]

Und tatsächlich spiegelt der Begriff der „Verschleppung", wie ihn Titorelli definiert (im Sinne des Hinausschiebens des Urteils, der endlosen Verlängerung

---

44. Vgl. dazu Hans H. Hiebel: „Später!" Poststrukturalistische Lektüre der „Legende" *Vor dem Gesetz*. In: Klaus-Michael Bogdal (Hg.): Neue Literaturtheorien in der Praxis. Textanalysen von Kafkas 'Vor dem Gesetz', Opladen 1993, S. 18-42.

45. Sollte indes die *Unterlassung* (ins Gesetz einzudringen) das entscheidende Vergehen sein, dann müßte aber doch gesagt werden, daß der Wächter und der Gerichtskaplan als Vertreter des Gerichts in zynischer Weise Erkenntnismöglichkeiten bewußt verhindern.

46. Vgl. „Du bist unersättlich" (P 257); K. dagegen sagt sich: „Soll ich nun zeigen, daß nicht einmal der einjährige Proceß mich belehren konnte?" (P 269) Er will nicht „begriffsstützig" abgehen (P 269).

47. Auf die Frage des Mannes vom Lande, ob er „später" werde eintreten können, antwortet der Kaplan: „'Es ist möglich [...], jetzt aber nicht'" (P 256).

48. Das Motiv ist sozusagen der Hang zum Lustprinzip, der Narzißmus, die Mutterfixierung, der Wunsch nach Rückkehr zur Mutter-Kind-Dyade, die „Sehnsucht nach dem Ganzen", vgl. Jacques Lacan: Die Familie. In: Schriften III, Olten und Freiburg i. Br. 1980, S. 52 f.

des Verfahrens oder Prozesses), exakt das lebenslang wirksame Gebot des Aufschubs: des Aufschubs der Unmittelbarkeit, der unmittelbaren Triebbefriedigung, der unmittelbaren Verausgabung; die Vorstellung vom „Freispruch" (von der endgültigen 'Lösung') ist in Wirklichkeit eine imaginäre Chimäre; in bezug auf dieses illusionäre Festhalten an einer Chimäre ähneln sich K. und der Mann vom Lande. Das lebenslange *Warten* des „Mannes vom Lande" auf den Eintritt in das „Gesetz", das seinerseits nur die Totalität des „Prozesses" mit seiner „Verschleppung" spiegelt, ist ein Bild für den lebenslangen Prozeß des Aufschubs (im Glauben an eine „spätere" Lösung). Das Gesetz des Aufschubs verlangt lebenslang und bis zum Tode vom Kulturwesen Mensch, wie schon Hegel formulierte, sich durch Sprache und Arbeit von den unmittelbaren „Bedürfnissen" bzw. der „natürlichen Unmittelbarkeit" zu distanzieren.[49] Die „Hemmung der Begierde" ist nach Hegel das Korrelat der verstandesmäßigen Unterscheidungen sowie der Differenzierung der Bedürfnisse.[50] Nach Freud wiederum führt der Aufschub zur „Verschiebung"[51] - und nach Jacques Derrida wirken *Aufschub*, *Verschiebung* und *Differenzierung* zusammen, weshalb Derrida sie in seinem Neologismus „différance"[52] auch zusammenfaßt.

Die *Spiegelrelation* zwischen der Rahmenhandlung des „*Processes*" und der Binnenhandlung der „Legende" 'Vor dem Gesetz' legt uns jedenfalls nahe, die *morali(sti)sche* Rede von „Schuld" und Rechtfertigung auf die - moralfreie - Rede vom „Warten" vor dem Gesetz zu beziehen. Die „Legende" kennt, wie gesagt, gar keine „Schuld", sondern nur das „Warten" bzw. nur die Insuffizienz, das Ungenügen auf Grund der Vertröstung, des Aufschubs.

Dem Warten bzw. Nicht-ins-Gesetz-gelangen-Können entspricht im *'Proceß'*-Rahmen das Sich-nicht-verteidigen-Können, Sich-nicht-befreien-Können. Meines Erachtens ist mit diesem Motiv nicht die Unmöglichkeit, sich von einer *Schuld* reinwaschen zu können, gemeint, sondern die Unmöglichkeit, dem Gesetz des Aufschubs *Genüge* tun zu können. Im Hinblick auf dieses Ungenügen bleibt es offen, ob die Ohnmacht K.s, seine Insuffizienz, aus der Überforderung durch das Gericht oder aus persönlichen Schwächen ('Schuld') resultiert. Josef K.s Kampf gegen den Schuld-Vorwurf illustriert jedenfalls in metaphorischer Weise den Kampf gegen das permanente Gebot des Aufschubs bzw. das Leiden unter dem Gesetz der „symbolischen Ordnung" (die Rede und Recht umschließt).

---

49 . Georg Friedrich Wilhelm Hegel: Rechtsphilosophie, Werkausgabe Bd. 7, Frankfurt a. M. 1970, S. 348.

50 . Ebd., S. 348. „Der Verstand, der die Unterschiede auffaßt, bringt Vervielfältigung in diese Bedürfnisse ..." „In der Vervielfältigung der Bedürfnisse liegt gerade eine Hemmung der Begierde ...", ebd. Schon hier fallen also différence (Unterschied) und différance (Aufschub) zusammen!

51 . Sigmund Freud: Die Traumdeutung, Studienausgabe Bd. 2, Frankfurt a. M. 1973, passim.

52 . Jacques Derrida: Die différance. In: Randgänge der Philosophie: Die différance, Ousia und gramme, Fines hominis, Signatur-Ereignis-Kontext, Frankfurt a. M., Berlin, Wien 1976. (Différance" setzt sich aus „différence" bzw. „différent" und „différant" zusammen.)

Die dargelegten Vermutungen sehe ich bestätigt in Jacques Derridas Interpretation der Legende 'Vor dem Gesetz' in 'Préjugés'[53]. Zwar habe ich selbst mehrfach zu Derridas Begriff des „Aufschubs" bzw. der „différance" Entsprechungen in Kafkas Texten - dem 'Proceß' und dem 'Landarzt'[54] - gefunden, aber ich habe den Begriff nie radikal und in toto auf die Werke appliziert; interessanterweise steht uns nun aber eine solche Applikation aus erster Hand zur Verfügung, Derrida selbst lieferte sie (seit 1992 liegt die deutsche Übersetzung vor[55]):

In 'Préjugés' kommt er zu dem Resultat, daß das „Gesetz", um das es geht, kein bestimmtes Gebot darstellt, sondern eben dieses *Gesetz des Aufschubs bzw. der différance*, d.h. den *Aufschub als Voraussetzung und Wesen von „Gesetz" überhaupt*:

Ist das „Gesetz", fragt er, „das der Moral, des Rechts oder der Politik", ist es „eine Sache, eine Person, ein Diskurs, eine Stimme, eine Schrift oder ganz einfach ein Nichts, das unablässig den Zugang zu sich aufschiebt [...]?"[56]

> Das, was verzögert wird, ist nicht diese oder jene Erfahrung, der Zugang zu einem Genuß [...]. Was für immer aufgeschoben ist, bis zum Tod, ist der Eintritt in das Gesetz selbst, das nichts anderes ist als eben das, was die Verzögerung diktiert. Das Gesetz untersagt, indem es die *„férance"*, die Beziehung, die *relatio*, die Referenz interferiert und differenziert (*en différant*, aufschiebt). Der Ursprung der *différance* ist das, dem man sich *nicht* nähern, das man sich *nicht* präsentieren, sich *nicht* repräsentieren und in das man vor allem *nicht* eindringen *darf* und kann. Dies ist das Gesetz des Gesetzes, der Prozeß eines Gesetzes, in Ansehung dessen man niemals sagen kann „da ist es", hier oder da ist es.[57]

Aber das Verbot ist nur ein Aufschub, ein „später[!]". Auf die Frage, ob er „später" werde eintreten können, antwortet der Türhüter dem Mann vom Lande bekanntlich: „Es ist möglich [...], jetzt aber nicht." (P 256) Der Aufschub, die *différance*, ist ihrerseits nur die Wiederholung der Urverdrängung, die Wiederholung der Urszene, die Wiederholung des ersten Hinausschiebens unmittelbarer Verausgabung, des Tods im Leben.[58]

Es handelt sich also, wohlgemerkt, nicht um ein eindeutiges Verbot[59], sondern nur um einen Aufschub, ein „später!" Dem entsprechend wird K. im 'Proceß'-Rahmen nicht eindeutig und sofort verurteilt, sondern praktisch zur lebenslangen „Verschleppung" gezwungen. Wir erfahren auch im 'Proceß'-Rahmen von keinem bestimmten Gesetz, keiner bestimmten Schuld, keinem bestimmten

---

53. Jacques Derrida: Préjugés. Vor dem Gesetz, hg. v. Peter Engelmann, Wien 1992. (Dieser Text geht auf „La faculté de juger" von 1985 zurück.)
54. Vgl. Hiebel: Die Zeichen des Gesetzes, S. 204 u. öfter, und Ders., Franz Kafka - „Ein Landarzt", bes. S. 126 ff.
55. Derrida, Préjugés. Vor dem Gesetz.
56. Derrida, Préjugés, S. 48 u. 73 f.
57. Ebd. S. 68. Vgl. meine Formulierung „différance en différant les différences, Hiebel, Franz Kafka - „Ein Landarzt", S. 128.
58. Vgl. Derrida, Die différance, 6 ff., 26 f.
59. Vgl. nochmals: „Mit einem Gefängnis hätte er sich abgefunden", aber „die Gitterstangen standen ja meterweit auseinander", Kafka, Beschreibung eines Kampfes, S. 291 f.

Urteil. Dieser Umstand legt uns den Gedanken nahe, daß es auch dort nur um das „Gesetz" an sich, um das „Gesetz" des *Aufschubs*, um die „symbolische Ordnung" (der Triebe, der Familie, der Gesellschaft, der Arbeit, der Sprache) geht, mit anderen Worten: das Gebot, sich nicht zu verausgaben und sich den Normen der Kultur zu fügen.

Aber hören wir nochmals Derrida: Das Warten des Mannes vom Lande kommt Derrida einer Art *Vorverurteilung* gleich, da ja das *Warten* selbst als eine Art *Strafe* gesehen werden kann; damit stellt Derrida die Verbindung zum *Proceß*-Rahmen (mit seinen Begriffen von „Schuld", „Urteil", „Gericht" und „Strafe") her. Aber Derrida bestreitet zu Recht jeden Zusammenhang mit einer bestimmten Schuld, einem bestimmten Gesetz, einem bestimmten „Vor-Urteil": 'Préjugé' - „vorverurteilt" - heißt für ihn nicht: Antizipation eines bestimmten Urteils oder Angst vor einem bestimmten Urteil, sondern bedeutet nur die Not und Notwendigkeit des Aufschubs (und man könnte ergänzen: die 'Schuld', diesem Gesetz nie ganz genügen und mit ihm nie an eine Ende kommen zu können):

> Im Grunde ist dies eine Situation, in der es niemals um einen Prozeß oder ein Urteil (*jugement*) geht. Weder um ein Urteil (*verdict*) noch um einen Richtspruch (*sentence*), und das ist umso erschreckender. Es gibt Gesetz [sic], ein Gesetz, das *nicht da ist, das es aber gibt*. Das Urteilen *(jugement)* geschieht nicht. In diesem anderen Sinne ist der Naturmensch nicht nur Subjekt des Gesetzes außerhalb des Gesetzes, er ist auch, unendlich, aber endgültig, der Vorverurteilte (*le préjugé*). Nicht insofern er im voraus verurteilt ist, sondern weil er von vor einem Urteil (*d'avant un jugement*) ist, das sich fortwährend vorbereitet und auf sich warten läßt. Vorverurteilt, insofern er gerichtet werden muß, dem Gesetz vorhergeht, welches bedeutet, ihm einzig bedeutet: „später".[60]

Alles in *'Préjugés'* Gesagte bezieht sich - sei's implizit, sei's explizit - auch auf den *'Proceß'*-Rahmen[61], man könnte das Angedeutete auf den gesamten Roman applizieren und die vielfältigsten Beziehungen hervorkehren.

Mit der Erstellung einer solchen Relation wäre dann auch die Position der Rede von der „Schuld" (im Rahmen von „Verhaftung", „Anklage", „Verschleppung", „Urteil" und „Strafe" bzw. „Hinrichtung") zu bestimmen: Der werk-immanente Begriff der „Verschleppung" insinuiert ja, wie gesagt, daß es um das Gesetz überhaupt, d.h. das Leben unter dem Gesetz des Aufschubs, also dem Gesetz der Wiederholung der Urverdrängung, des ödipalen „Non-du-Père"[62], der „symbolischen Kastration"[63] bzw. um das Gesetz der Eingliederung in die Ordnung der Sprache, der Familie und der Kultur geht. Daher gibt es auch keine be-

---

60. Derrida, Préjugés, S. 69 f.
61. Vgl. Derridas eigenen Aussagen zu dieser Relation, Préjugés, S. 73 u. passim.
62. Lacan, Écrits, S. 577 ff.
63. Vgl. ebd. S. 627, 555 u. passim, sowie Moustafa Safouan: Die Struktur in der Psychoanalyse. Beitrag zu einer Theorie des Mangels. In: François Wahl (Hg.): Einführung in den Strukturalismus, Frankfurt a. M. 1973, S. 259-321.

stimmte „Anklage" und kein bestimmtes „Urteil", keine bestimmte „Schuld" und keine bestimmte „Strafe", sondern nur das „später!". Wenn es im *Proceß* heißt, das „Verfahren" gehe „allmählich ins Urteil über" (P 253), dann legt dieser Satz doch nahe, daß es sich nicht um bestimmte Sanktionen für bestimmte Vergehen handelt, sondern um die „Verschleppung" *als Verfahren, Urteil und Strafe*, um die „Verschleppung" an sich, d.h. um das Leben unter dem ständig drohenden „Urteil" bzw. drohenden „Gesetz" bzw. das Leben „vor" dem „Urteil", „vor" der Strafe, „vor dem Gesetz" (*avant* und *devant la loi*). In diesem Sinn ist das Prozeß-Führen, das 'procedierende' Kämpfen mit dem Gericht bzw. Gesetz eben die „Strafe". Aber das alles bedeutet nichts anderes, als daß das Leben unter dem Gesetz aller Gesetze, das Leben des Aufschubs bzw. der „Verschleppung" schon immer die *Strafe* ist: Wir sind „préjugés". In der Angst vor der Strafe, der Antizipation der Straße, der Verdrängung der unmittelbaren Befriedigung (d.h. dem Aufschub), dem Vorverurteiltsein liegt die Strafe.

Die „Hinrichtung" Josef K.s ist nur der biologische Tod oder der Freitod als Schlußstrich unter die Rechnung der „Verschleppung" bzw. die - auf einen Punkt konzentrierte - Symbolisierung der Gewalt, die hinter der lebenslangen „Verschleppung" (bzw. dem Aufschub, der différance) steht.

Und die „Schuld"? Kein bestimmtes Vergehen gegen das „Gesetz", die Ordnung der Sprache, der Familie, der Gesellschaft: nur das Dem-Aufschub-nicht-genügen-Können, das unbewußte Gefühl, sich nicht restlos der „symbolischen Ordnung" überantworten zu können und es auch nicht vorbehaltlos zu wollen, nur das Gefühl, *irgendetwas falsch zu machen*, aber dennoch keine zurechenbare, zu verantwortende *Schuld* erkennen zu können.

Im Dom-Kapitel erklärt der Kaplan, wir wissen es, man müsse die Worte des Türhüters nicht unbedingt für „wahr", man müsse sie nur für „notwendig" (P 264) halten; und im letzten Kapitel wird K. dann das von ihm erfahrene Gesetz tatsächlich als *factum brutum* - als Notwendigkeit - zu nehmen lernen, seine „Begriffsstützigkeit" (vgl. P 269) und alle Fragen nach der *Schuld*, alle Wahrheits-, Rechts- und Rechtfertigungsansprüche aufgeben. Die „Verschleppung" und das aufschiebende „jetzt nicht!" des Türhüters, beides Allegorien des Aufschubs, liegen jenseits von gut und böse, jenseits von Schuld. Das Wort „Schuld" im *Proceß* meint nur *scheinbar* Schuld, es weist auf eine „geistige Welt" (H 44) hinter der „sinnlichen" (H 45), es steht - „andeutungsweise" (H 45) - für lebenslang wirksame Gefühle des Ungenügens angesichts lebenslang wirksamer Verbote und Forderungen.

105

„Später!" – Die „Legende" *Vor dem Gesetz*

I. Einleitung

Die folgende Interpretation[1] bezieht sich auf Gedankengänge Jacques Lacans und Jacques Derridas, sie ist aber nicht auf eine strukturalistisch-psychoanalytische Ausrichtung beschränkt, sondern ist – wie meine früheren Kafka-Arbeiten – an einem allgemeineren poststrukturalistischen oder besser: neo-strukturalistischen[2] Konzept orientiert; vor allem versucht sie, trotz dieser quasi fachfremden Perspektive, den Rahmen einer literaturwissenschaftlichen Textexegese, ja, einer textnahen immanenten Interpretation nicht zu verlassen. Dies deshalb, weil „Methoden" der Interpretation nicht beliebig appliziert werden können, sondern allein durch das Interpretandum, den Text, legitimiert bzw. aufgerufen werden. (Es gibt keine „Methoden" der Interpretation.) Das bedeutet, daß sich von Fall zu Fall - entsprechend der Ausrichtung der Kafka-Texte selbst - die semiologisch-psychoanalytische (sprich: Lacan'sche) bzw. textphilosophische (sprich: Derrida'sche) Annäherung an den Text beispielsweise mit einer soziologischen, an Foucaults *Überwachen und Strafen*[3] ausgerichteten, Sicht verbinden kann, weil die Rechtsvorstellungen Kafkas durch das poststrukturalistische Konzept Foucaults sehr gut erhellt werden können, das nicht mehr von eindeutigen Herrschafts-Knechtschafts-Verhältnissen, sondern von einer Pyramide „überwachter Überwacher"[4] (um nicht zu sagen „Türhüter") ausgeht. Andererseits soll der Blick auf erzähltheoretische Konzepte, speziell die poststrukturalistische Narratologie Roland Barthes'[5] und die Textanalyse von Deleuze und Guattari[6], die Untersuchung steuern; dies unter anderem deshalb, weil in bezug auf Kafka eine Segmentierung und vereindeutigende Formskelettierung im Sinne des frühen

---

1. Das vorliegende Kapitel fußt auf dem Beitrag: Hans H. Hiebel: „Später!" - Poststrukturalistische Lektüre der „Legende" *Vor dem Gesetz*. In: Klaus-Michael Bogdal (Hg.): Neue Literaturtheorien in der Praxis. Textanalysen von Kafkas '*Vor dem Gesetz*', Opladen 1993, S. 18-42; der Beitrag stellt eine (partielle) Applizierung meiner literaturtheoretischen Überlegungen dar, die in der dem zitierten Band vorangegangenen Sammlung enthalten sind: Hans H. Hiebel: Strukturale Psychoanalyse und Literatur (Jacques Lacan). In: Klaus-Michael Bodal (Hg.): Neue Literaturtheorien. Eine Einführung, Opladen 1990, S. 56-81. 2. Aufl. 1997, S. 57-83.

2. Manfred Franks Terminus „Neostrukturalismus" wäre geeigneter gewesen, das angeblich „*post*-strukturalistische" Denken zu charakterisieren, vgl. Manfred Frank: Was ist Neostrukturalismus?, Frankfurt a. M. 1984.

3. Michel Foucault: Überwachen und Strafen. Die Geburt des Gefängnisses, Frankfurt a. M. 1977.

4. Foucault, Überwachen und Strafen, S. 228 f.

5. Vgl. Roland Barthes: S/Z. Frankfurt a. M. 1976.

6. Vgl. Gilles Deleuze, Félix Guattari: Kafka. Für eine kleine Literatur, Frankfurt a. M. 1976.

Strukturalismus inadäquat wäre. Für Kafka ist der Schnitt zwischen Signifikant und Signifikat und das Moment des „Gleitens" des Signifizierten „unter dem Signifikanten"[7] charakteristisch, aber ebenso auch die alle Binarität unterlaufende Polysemie, das Gestrüpphafte, 'Rhizomatische'[8] und das Sternennetz bzw. die „Galaxie"[9] der Bedeutungselemente. Derridas Begriff der „Dissemination"[10] wäre geeignet, das Feld dieser Charakteristika zu erhellen. Kennzeichnend ist mithin auch das „Reversible"[11] des Textes, das Prinzip der Umkehrbarkeit und Ungerichtetheit der tausendfachen Bedeutungspartikel - semischer, referenzieller, symbolischer Natur - , d.h. die „Reversibilität", die nach Barthes den modernen im Unterschied zum klassischen Text definiert.[12]

Die genannten Momente erklären auch, weshalb all die ver-eindeutigenden religiös-theologischen, psychoanalytischen, sozialgeschichtlichen, existentialistischen Kafka-Exegesen nur als beschränkte Auslegungsversuche gelten können und weshalb es an der Zeit ist, sich - wie die Eule der Minerva - zurückzubeugen (reflektieren) und die Geschichte der Interpretationen selbstreflexiv zu überdenken. Kafkas sinnverweigernde Sinn-Dissemination, d.h. Sinnstimulierung bei gleichzeitiger Sinn-Verweigerung, nötigt gewissermaßen zu meta-interpretativem Interpretieren', in welchem ältere Deutungsansätze ausschließlich transitorischen Charakter erhalten. Jedes der Werke Kafkas kennzeichnet eine alles dominierende „Leerstelle"; der Versuch, diese Leerstelle aufzufüllen, ist offensichtlich unabdingbare *conditio* jeder Lektüre, aber er muß, um der Treue zum Text willen, letztlich (als heuristischer und partieller) transitorisch bleiben und, will er dem Text gerecht werden, in den Aufweis eben dieser Offenheit und Unfestlegbarkeit der Texte und die Verdeutlichung ihrer Konstruktionsprinzipien münden. Kafka umgibt die Aura des Religionsstifters und Gesetzgebers, dies aber doch nur im Sinne einer ganz individuellen *negativen Theologie*, die allen Sinn durchstreicht, anderseits aber die Möglichkeit von Sinn letztlich nicht in atheistischer Weise verneint.

II. Recht, Macht, Begehren - Die Figuren der *Paradoxie, gleitenden Metapher* und des *Zirkels von Innen und Außen*

Auch 'Vor dem Gesetz' läßt sich im Hinblick auf jene drei Themen: Macht, Recht und Begehren sowie jene drei Grundfiguren: Paradoxie, gleitende Metapher, Zirkel von Innen und Außen, mit deren Hilfe ich das Werk Kafkas aufzuschließen versuche[13], interpretieren; als „aufschließbar" erweist sich der Text '*Vor dem Ge-*

---

7 . Jacques Lacan: Schriften II, hg. von N. Haas, Olten und Freiburg i. Br. 1975, S. 27.
8 . Deleuze/Guattari, Kafka, S. 7 ff.
9 . Barthes, S/Z, S. 10.
10 . Jacques Derrida: La dissémination, Paris 1972.
11 . Barthes, S/Z, S. 35.
12 . Ebd., S. 34 f.
13 . Hans H. Hiebel: Die Zeichen des Gesetzes. Recht und Macht bei Franz Kafka. München 1983 (2. Aufl. 1989); Hans H. Hiebel: Franz Kafka - 'Ein Landarzt', München 1984 (=

setz' freilich nur hinsichtlich des permanenten Aufschubs, der „différance"; es verwundert nicht, daß Derrida selbst, der den Begriff der „différance"[14] – des Aufschubs unmittelbarer Verausgabung - prägte, aus Kafkas *'Vor dem Gesetz'* im wesentlichen den „unzugänglichen Charakter des Gesetzes" herausliest[15] und meint, dieser Text präsentiere keinen „identifizierbaren Gehalt jenseits der Erzählung selbst [...], außer einer unabschließbaren *différance* bis zum Tode"[16]. Derrida bestätigt mit seiner Kafka-Interpretation von 1985 (bzw. 1992), was ich 1983 in *‚Die Zeichen des Gesetzes'* und 1984 in einer Studie zu *‚Ein Landarzt'* auf der Basis von Derridas philosophisch-psychologischen Thesen von 1972 bzw. 1976 (neben der Verfolgung anderer Interpretationsziele) zu demonstrieren versucht hatte.[17]

Blicken wir auf die erwähnten Grundfiguren:

1) Die Qualität des Irritierend-Unauflöslichen, meist erzeugt durch textuelle Tricks wie jenen der *Paradoxie* - einer Paradoxie, die sich oft endlos verzweigt - kennzeichnet das gesamte Werk Kafkas.

2) Der Schwebezustand zwischen Wörtlichkeit und Uneigentlichkeit sowie die Vielbezüglichkeit bzw. Unbestimmtheit dieser Uneigentlichkeit oder Figürlichkeit prägt Kafkas Werk; vorherrschend ist daher die *Metapher*, die oft einen ganzen Text determiniert (die Metapher der Strafkolonie, des Prozesses, des Volks der Mäuse, des Baus usw.); aber Kafkas Metaphern sind prozessuale, changierende *Metaphern*, die von einer Bedeutung zur anderen „*gleiten*"[18].

3) Aus der Form der unbestimmten Uneigentlichkeit bzw. gleitenden Semiose läßt sich häufig die Figur des *Zirkels von Innen und Außen* hervorheben, eine Doppeldeutigkeit, derzufolge es (wie in *'Der Proceß'*) unentscheidbar scheint, ob von einer inneren Instanz (Anklage-, Kritik- und Strafinstanz) oder einer äußeren, familialen oder sozialen, Struktur (Anklage-, Verfahrens-, Urteils-, Strafinstanz) die Rede ist. Versuchen wir, *'Vor dem Gesetz'* auf diese drei Formen hin zu

---

UTB 1289). In didaktisch-vereinfachter Form findet sich dieser Ansatz auch in: Hans H. Hiebel, Franz Kafka. Kafkas Roman „Der Prozeß" und seine Erzählungen „Das Urteil", „Die Verwandlung", „In der Strafkolonie" und „Ein Landarzt": Begehren, Macht, Recht. Auf dem französischen Strukturalismus (Lacan, Barthes, Foucault, Derrida) beruhende Textanalysen, Hagen 1987 (= Lehrbrief der Fernuniversität Hagen); revidierte und ergänzte Auflage, Hagen 1998.

14 . Jacques Derrida: Randgänge der Philosophie: Die différance. Ousia und gramma. Fines hominis. Signatur-Ereignis-Kontext, Frankfurt a. M./Berlin/Wien 1976, S. 6ff.; Jacques Derrida: Freud und der Schauplatz der Schrift, in: Die Schrift und die Differenz, Frankfurt a. M. 1972, S. 302-350; vgl. dazu Hiebel, Die Zeichen des Gesetzes, S. 159 ff., S. 204; Hiebel, Ein Landarzt, S. 126 ff.

15 . Jacques Derrida: Préjugés. Vor dem Gesetz, Wien 1992, (= Übers. von: Préjugés. Devant la loi, in: La faculté de juger. Colloque de Cerisy, Paris 1985), S. 56 f.

16 . Derrida, Préjugés, S. 78; vgl. auch S. 54 u. 68.

17 . Vgl. die Überlegungen zu Derrida, Freud, 1972, und Derrida, Die différance, 1976, in Hiebel: Die Zeichen des Gesetzes, 1983, S. 207 u. passim, und Hiebel, Ein Landarzt, 1984, S. 130 u. passim.

18 . Hiebel, Die Zeichen des Gesetzes, S. 35 ff.

befragen:

1) *Paradox* am Text *'Vor dem Gesetz'* ist vor allem seine Fabel: Für den Mann vom Lande existiert ein Eingang ins Gesetz, aber genau diesen Eingang darf oder kann er nicht passieren; für ihn und *nicht* für ihn ist der Eingang bestimmt. Diese Figur - des bitteren Sarkasmus – ist bekannt: „[Es gibt] unendlich viel Hoffnung - nur nicht für uns"[19] „Du hast keine Chance, aber nütze sie" wäre die humoristische Spiegelverkehrung dieser Paradoxie.)

2) Jedes Wort bei Kafka steht buchstäblich und darf doch niemals nur wörtlich genommen werden: Urteil, Gesetz, Strafe, Prozeß, Fürsprecher. Was also ist gemeint mit „Gesetz"? Ein Gebäude ('Justizpalast')? Das Gesetzeswerk als die Summe aller positiven Gesetze? Extrajuridische Gesetze? Das moralische Gesetz? Die Richtschnur für das richtige Leben? Der wahre Weg? Der wahre Weg, der für jedes Individuum anders definiert ist („dieser Eingang war nur für Dich bestimmt"[20])?

Der Sinn des Signifikanten verschiebt sich offenbar von Partie zu Partie, die *Metapher gleitet*: Zunächst wird der Leser vielleicht „das Gesetz" als die Summe der Gesetze verstehen. Der „Türhüter" und die Vorstellung vom „Eintritt in das Gesetz" indessen legen die Vorstellung eines Gebäudes nahe, d. h. die Personifizierung bzw. Allegorisierung des Gesetzes, oder schlicht des Ortes, an dem man *vor* Gericht zu erscheinen hat und 'im Namen des Gesetzes' verhört oder verurteilt wird.

Vielleicht zitiert der Titel der dem *'Proceß'* entwendeten Parabel *'Vor dem Gesetz'* auch schlicht eine Redewendung? Den Beginn von „*vor dem Gesetz* sind alle gleich"? Vielleicht zitiert er ein „Idiom"[21], das paradoxerweise zu einem Wesen personifiziert und darüberhinaus zu einer Stätte vor einem Bauwerk allegorisiert wird? Ein „Idiom", das den Titel als den „Eigennamen" des Textes und als den Indikator seines Inhalts sowie das „Incipit" der Erzählung („Vor dem Gesetz steht ...") abgibt?[22] Die Metapher gleitet, die Semiose verschiebt die Bedeutungen (und stellt zugleich eben diese Verschiebung, diesen Aufschub, diese *différance* dar[23]).

Ist das Gesetz „das der Moral, des Rechts oder der Politik", ist es „eine Sache, eine Person, ein Diskurs, eine Stimme, eine Schrift oder ganz einfach ein Nichts, das unablässig den Zugang zu sich aufschiebt [...]?"[24]

---

19 . Max Brod: Über Franz Kafka - Franz Kafka. Eine Biographie; Franz Kafkas Glauben in Lehre; Verzweiflung und Erlösung im Werk Franz Kafkas. Frankfurt a. M./Hamburg, 1966, S. 71.

20 . Franz Kafka: Der Proceß, hg. von Malcolm Pasley, Frankfurt a. M. 1990 (Franz Kafka: Schriften - Tagebücher - Briefe. Kritische Ausgabe, hg. von Jürgen Born, Gerhard Neumann, Malcolm Pasley, Jost Schillemeit), (in Hinkunft immer im Text unter der Sigle „P" mit Angabe der Seitenzahl zitiert), S. 294.

21 . Derrida, Préjugés, S. 41.

22 . Vgl. ebd., S. 81, 63, 17 f.

23 . Genau diese Zweiheit läßt sich auch in *'Ein Landarzt'* erkennen, vgl. Hiebel, Ein Landarzt, S. 126 f.

24 . Derrida, Préjugés, S. 48 u. 73 f.

3) Kommen wir zur dritten Figur, in der sich die gleitende Metapher oder unbestimmte Uneigentlichkeit zu einem *Zirkel von Innen und Außen* verfestigt: Der Türhüter und die hinter ihm sich erhebenden Instanzen können für die *gesellschaftlichen* Vertreter „des Gesetzes" genommen werden, die Vertreter des Rechts bzw. der Summe der positiven Gesetze oder die Vertreter der Macht, die das Gesetz diktieren oder das Gesetz 'sind': „Was der Adel tut, ist Gesetz"[25], heißt es in *'Zur Frage der Gesetze'*; und Kafkas Text *'Fürsprecher'* trennt „Gesetz" und „Tatbestand eines Urteils"[26] radikal voneinander, d. h. Gesetzes-Codex einerseits und Realität des Verfahrens oder des *processus* (die von Macht, Korruption, Kontingenz und Zufall bestimmt zu sein scheinen) andererseits.[27] Ob nun ein höheres Regulativ (ein *kategorischer Imperativ*, ein Gesetz aller Gesetze) existiert oder nicht, entscheidend sind all jene *faktisch* wirksamen juridischen und extrajuridischen Akte innerhalb der Pyramide „überwachter Überwacher" der modernen „Disziplinargesellschaft"[28].

Der „Zirkel" führt aber schließlich auch ins „Innere", Intrapsychische: Wie der Rahmen, der *'Proceß'*, so kann auch die Binnenerzählung *'Vor dem Gesetz'* als *Psychomachie* gelesen werden: Bittender und Verbietender, Trieb und Aufschub-Instanz, Wunsch und Zensur, Es und Über-Ich, „désir" (Begehren) und „loi" (Gesetz)[29] können auch im *Inneren* des Subjekts angesiedelt sein - zumal der Wächter den Mann vom Lande nicht „gewaltsam" abhält und dieser eigentlich „sich selbst den Eintritt untersag[t]"[30]. Aus sozialem Zwang ist Selbstzwang geworden: „Das Tier entwindet dem Herrn die Peitsche und peitscht sich selbst, um Herr zu werden, und weiß nicht, daß das nur eine Phantasie ist, erzeugt durch einen neuen Knoten im Peitschenriemen des Herrn."[31] Ewig wiederholt sich die Urszene der Verdrängung im Innern der Psyche: Der Wunsch oder das Begehren, ins Innere des Gesetzes zu 'penetrieren', wird versagt durch ein Nein, das an das *non/nom du père* erinnert, mit dem - Lacan zufolge - der große Andere oder Dritte den Inzest untersagt, die Mutter-Kind-Dyade zerschneidet, die Urverdrängung einleitet, das Gesetz aufrichtet und das Subjekt in die *symbolische Ordnung* einführt, in Sprache und Gesetz (Gesetz der Sprache, Sprache des Gesetzes)[32], denn das „Gesetz des Menschen" ist das „Gesetz der Sprache"[33]. Deshalb vermag der pure Signifikant „Vater" („nom du père"), da er die Struktur der Familie benennt, markiert und sogar erschafft, zugleich als Inzesttabu zu fungieren, als primordiales

---

25. Franz Kafka: Sämtliche Erzählungen, hg. von Paul Raabe, Frankfurt a. M. 1969, S. 360-362, Zit. S. 361.

26. Kafka, Sämtliche Erzählungen, S. 369-371.

27. Vgl. Hiebel, Die Zeichen des Gesetzes, S. 180 ff.

28. Foucault, Überwachen und Strafen, S. 228 ff.

29. Jacques Lacan: Écrits, Paris 1966, S. 782.

30. Derrida, Préjugés, S. 66.

31. Franz Kafka: Hochzeitsvorbereitungen auf dem Lande und andere Prosa aus dem Nachlaß, New York/Frankfurt a. M. 1966, S. 42.

32. Vgl. Lacan, Écrits, S. 278, 577 ff.

33. Jacques Lacan: Schriften I, hg. von N. Haas, Olten 1973 und Frankfurt a. M. 1975, S. 112.

Gesetz („loi")[34].

Aber das Verbot ist nur ein Aufschub, ein „später[!]". Auf die Frage, ob er „später" werde eintreten können, antwortet der Türhüter dem Mann vom Lande: „Es ist möglich [...], jetzt aber nicht." (P 292) Der Aufschub, die *différance*, ist ihrerseits nur die Wiederholung der Verdrängung, die Wiederholung der Urszene, das Hinausschieben unmittelbarer Verausgabung, der Tod im Leben[35]. Tyrannei oder Gerechtigkeit? Die Antwort des Türhüters: „man muß nicht alles für wahr halten, man muß es nur für notwendig halten." (P 303) Jedenfalls deutet Kafka im „Zirkel von Innen und Außen" an, daß nicht gesagt werden kann, wo der Ursprung liegt: draußen oder drinnen? Das Drinnen wirkt immer nach außen und das Draußen immer nach drinnen.

III. Die Parabel vom Unzugänglichen

Eine Parallele - es gibt weitere[36] - zur Legende 'Vor dem Gesetz', die wie jene das Ganze des ‚*Proceß*'-Romans allegorisch spiegelt und als Figur der Vergeblichkeit an die Mythen von Tantalos und Sisyphos erinnert, stellt jene „Geschichte" übers Leid der „kleinen Advokaten" dar, die der Advokat Huld Josef K. erzählt.

> Ein alter Beamter, ein guter stiller Herr, hatte eine schwierige Gerichtssache, welche besonders durch die Eingaben des Advokaten verwickelt worden war, einen Tag und eine Nacht ununterbrochen studiert - diese Beamten sind tatsächlich fleißig wie niemand sonst. - Gegen Morgen nun, nach vierundzwanzigstündiger wahrscheinlich nicht sehr ergiebiger Arbeit gieng er zur Eingangstür, stellte sich dort in Hinterhalt und warf jeden Advokaten, der eintreten wollte, die Treppe hinunter. Die Advokaten sammelten sich unten auf dem Treppenabsatz und berieten, was sie tun sollten; einerseits haben sie keinen eigentlichen Anspruch darauf eingelassen zu werden, können daher rechtlich gegen den Beamten kaum etwas unternehmen und müssen sich, wie schon erwähnt auch hüten, die Beamtenschaft gegen sich aufzubringen. Andererseits aber ist jeder nicht bei Gericht verbrachte Tag für sie verloren, und es lag ihnen also viel daran einzudringen. Schließlich einigten sie sich darauf, daß sie den alten Herrn ermüden wollten. Immer wieder wurde ein Advokat ausgeschickt, der die Treppe hinauf lief und sich dann unter möglichstem allerdings passivem Widerstand hinunterwerfen ließ, wo er dann von den Kollegen aufgefangen wurde. Das dauerte etwa eine Stunde, dann wurde der alte Herr, er war ja auch von der Nachtarbeit schon erschöpft, wirklich müde und gieng in seine Kanzlei zurück. (P 158 f.)

Schließlich ziehen die Advokaten ein, aber wagen offenbar „nicht einmal zu murren". (P 159) Hier führt die gleitende Metapher - das „Gericht" als Großmetapher und offenes Erzählgerüst genommen - in die schiere Justizsatire. Sind die „großen Advokaten" (P 243) von den Anklägern und Richtern kaum zu unterscheiden, so

---

34. Vgl. Lacan, Schriften I, S. 112, und Lacan, Schriften II, S. 89.
35. Vgl. Derrida, Randgänge der Philosophie, S. 6 ff., 26 f.
36. Vgl. Kafka, Hochzeitsvorbereitungen, S. 253, 359, 322 f.

verhalten sich die „kleinen Advokaten" opportunistisch und werden auf diese Weise zu Parteigängern der Ankläger; das „Recht" erscheint letztlich als reiner Machtmechanismus, als ein transversales Kräfteverhältnis, ein „allseitiges und ungerichtetes Verlangen"[37]. Eine Richtung jedoch scheint konstant zu bleiben: Aus der Sicht der Opfer ist die Verteidigung - bei vorausgesetztem Machtgefälle - eine Legitimationszwecken dienende Farce. Recht und Gesetz erscheinen im Sinne Nietzsches als Mittel der Macht. Soweit Gesetzesbruch bzw. Delinquenz ein soziales Produkt ist und das (positive) „Recht" auf der Seite der Ankläger steht, ist die Verteidigung ohnmächtig, opportunistisch oder voreingenommen gegen den Angeklagten. Häufig sichert ja der Rechts-Verstoß nur „das Überleben der Ärmsten"[38]. Die Form der *Paradoxie* scheint auch diese Parabel zu prägen, in welcher die Advokaten oder *Für*sprecher sich letztlich nur als Gegner entpuppen. Daneben läßt sich wieder die Figur des *Zirkels von Innen und Außen* erkennen; sie führt erneut in einen intrapsychischen Raum. Auch eine Auflehnung gegen *innere Anklagen* scheint gemeint zu sein, eine Auflehnung, die sich als vergeblich, ein Kampf gegen den *inneren Ankläger* (Verdrängungsinstanz, Zensur, Über-Ich), der sich als unmöglich erweist. Es kommt zu einem *circulus vitiosus* und ewigen Ritual (zur ewigen Wiederkehr des Verdrängten und der Verdrängung), da die Selbstrechtfertigung eigentlich immer schon die Anerkennung der Anklage voraussetzt. Gehe es nun um Pathologisch-Extremes oder um Normales, also im speziellen um eine „Selbstbestrafungsneurose"[39] oder um die allgemeine Notwendigkeit von Verdrängung und Aufschub, d. h. um das „Gesetz" schlechthin - „loi"[40], in jedem Falle entspringt die Selbstverteidigung (anders als die Selbst-Setzung) den Anklagen im Namen des petrifizierten Über-Ichs. Aufgrund des vorausgesetzten Machtgefälles zwischen Ich bzw. Es und Über-Ich muß die „Verteidigung" scheitern, auch wenn sie andere „Fürsprecher" oder „Advokaten" - Stimmen, die einem beipflichten - zu Hilfe nimmt. All die inneren „Advokaten" prallen sozusagen am Vertreter des „Gesetzes" („loi") ab. Das schwache, geängstigte Ich kommt nicht an gegen die Zensur, das Verbot, das Nein.[41] „Was die Korruption im Recht ist, das ist im Denken die Angst", hatte W. Benjamin notiert[42].

Benjamin hatte auch behauptet, daß Kafkas Werk aus dem „Gestus" als der „wolkigen Stelle der Parabel" hervorgehe[43]; eine Notiz zum 'Proceß' erläutert dies: „Bei Kafka ist die Neigung sehr bemerkenswert, den Vorfällen gewissermaßen den Sinn abzuzapfen. Siehe den Gerichtsbeamten, der eine Stunde lang die Advokaten

---

37. Deleuze/Guattari, Kafka, S. 69.
38. Foucault, Überwachen und Strafen, S. 108.
39. Jacques Lacan: Schriften III, Olten und Freiburg i. Br. 1980, S. 94.
40. Lacan, Écrits, S. 278 u. 782.
41. Vgl. dazu die Interpretation von Kafkas 'Der Steuermann' bei: Albert M. Reh: Psychologische und psychoanalytische Interpretationsmethoden in der Literaturwissenschaft. In: Wolfgang Paulsen (Hg.): Psychologie in der Literaturwissenschaft, Heidelberg 1971, 34-55.
42. Walter Benjamin: Benjamin über Kafka. Texte, Briefzeugnisse, Aufzeichnungen, hg. von Hermann Schweppenhäuser, Frankfurt a. M. 1981, S. 142.
43. Benjamin, Benjamin über Kafka, S. 20.

die Treppe hinunterwirft."[44] Aber diese Art Sinnentzug ist nur die Kehrseite der Vieldeutigkeit, die das „Gleiten" der Metapher oder Semiose ermöglicht.

IV. Der *Proceß*-Kontext

Nähern wir uns nun einer detaillierteren Lektüre der Erzählung *'Vor dem Gesetz'*. Zunächst zum Kontext, dem *'Dom'*-Kapitel bzw. dem *'Proceß'*:

Josef K., verhaftet und einer unbekannten Schuld angeklagt, wird nicht müde, zu beteuern, er sei „vollständig unschuldig" (P 200), und gleichzeitig zu versuchen, sich zu rechtfertigen, Schuldgefühle zu unterdrücken, Ängste zu verleugnen, Fehlleistungen zu verneinen.[45] Die Bank, seine Arbeitsstätte, wird schließlich vom „Proceß" bzw. „Gericht" eingeholt und erscheint K. als „Folter, die, vom Gericht anerkannt, mit dem Proceß zusammen[hängt]" (P 177 f.). Schließlich erhält K. in der Bank einen Auftrag, der ihn von seinem Büro entfernt; er soll einem italienischen Geschäftsfreund der Bank den Dom und andere „Kunstdenkmäler" (P 272) zeigen. Im Dom trifft er jedoch anstelle des Italieners den Gerichts- bzw. „Gefängniskaplan". Wenn Leni am Telephon zum gerade aufbrechenden K. sagt: „Sie hetzen dich" (P 278), dann ist hier nicht mehr zu unterscheiden, ob da die Bank oder das Gericht gemeint ist.

Der Dom - Ort des „ewigen Lichts" (P 281) - ist ironischerweise der dunkelste aller Räume der Prozeß-Welt; die „Finsternis", die K. empfängt, wird durch das Licht einer einzelnen Kerze nur noch „vermehrt" (P 280). Die symbolische Qualität des Raumes macht diesen zum Ort der 'letzten Dinge': des verlorenen Paradieses, des Sündenfalls, der Schuld, des jüngsten Gerichts, des Todes und der - von Kafka sogleich in der Türhüterlegende in Frage gestellten - Erlösung, also besser: zum Ort des *Aufschubs* der Erlösung, des Aufschubs-bis-zum-Tode. Über allem schwebt das Auge Gottes, des großen Anderen: „auf dem Hauptaltar ein großes Dreieck von Kerzenlichtern" (P 280). Von jenem großen Anderen, *l'Autre* als Verkörperung des Unbewußten, der Sprache und des Gesetzes[46], der nun in Erscheinung tritt (in seinem Repräsentanten, dem Geistlichen) und Josef K. bei seinem Namen ruft, ihn ganz zu kennen und zu durchschauen scheint, ist indessen nicht zu sagen, ob er dem Himmel oder der Hölle, der Gerechtigkeit oder dem Terror zugehört. Der Gefängniskaplan scheint K. mit seiner Predigt und Parabel nur noch mehr zu verwirren, zu „hetzen", d. h. als ein bald zu erlegendes 'Wild' in sein Ideologie-Netz einzufangen, das aus religiösen, rechtlichen und literarischen Motiven gewoben zu sein scheint. Der Geistliche kann als eine Imago des Über-Ichs aufgefaßt werden, die aus dem oder im Dunkel des Unbewußten auftaucht; als 'geistlicher Vater' ist er ja ein „Symbolischer Vater", der im „Namen des Vaters"[47] (nach dem Modell von Freuds *'Totem und Tabu'*[48]) Anklage erhebt

---

44. Ebd., S. 127.
45. Hiebel, Die Zeichen des Gesetzes, S. 180 ff.
46. Vgl. Lacan, Écrits, S. 379.
47. Lacan, Schriften II, S. 89. Lacan nennt den imaginär oder real ermordeten Vater der Urhorde Freuds im zitierten Kontext auch - eben weil er als 'toter' Schuldgefühle verursacht -

und die Reue des Sohnes verlangt: „ich fürchte, es wird schlecht enden. Man hält dich für schuldig." (P 289) Die Kirche erscheint mithin als der privilegierte Ort der 'Culpabilisierung' (der Produktion des Schuldgefühls, der Verdrängung, des Aufschubs, der Einprägung des „Gesetzes" - im Sinne von Lacans „loi").

Der Zwiespältigkeit des Gerichts entspricht jene Josef K.s. Auch K. wird einerseits als schuldlos, andererseits als ein Mensch mit Fehlern gezeichnet, dem seine Hybris, seine Widersprüche und Fehlleistungen, seine Verleugnungen nicht zu Bewußtsein kommen. Hier zeigt sich K.s Gespaltenheit, und zwar vor allem im Widerspruch von blinder Selbstsicherheit einerseits und verleugneten, verneinten, verdrängten, unbewußten Schuldempfindungen und Ängsten andererseits. Von Anfang an fällt K.s. unbeteiligt säkulare, pietätlose Betrachtung der „Kunstdenkmäler" auf: Mit der „elektrischen Taschenlampe" sucht er zollweise einige Bilder ab, beleuchtet mit ihr das „Altarbild", das „eine Grablegung Christi in gewöhnlicher Auffassung" darstellt (und auf K.s Hinrichtung vorausdeutet). „Störend schwebte das ewige Licht davor", heißt es in der erlebten Rede aus personaler Perspektive. (P 281 f.) Ein „Album der städtischen Sehenswürdigkeiten" trägt K. wie einen Schutzschild vor sich her, und als der Geistliche ihm das Buch wegzulegen gebietet, heißt es: „K. warf es so heftig weg, daß es aufklappte und mit zerdrückten Blättern ein Stück über den Boden schleifte." (P 288) Hinter K.s Fassade erscheinen plötzlich seine latente Unsicherheit und Unterwürfigkeit, sein unbewußtes Schuldgefühl, seine Angst. Schon in dem Augenblick, als der Geistliche in die Kanzel aufzusteigen beginnt, „bekreuzigt" und „verbeugt" sich Josef K. (P 284), läßt sich 'culpabilisieren' im „Namen des Vaters". Und als er das „Josef K.!" hört - wie ein „Wo bist du, Adam?" -, macht er nach einigem Zögern das „Geständnis"[!], d. h. das „Geständnis", „gut verstanden" zu haben. (P 286 f.) Was hat er verstanden? Seinen Namen, den Vornamen und den Familiennamen, welcher der „Name des Vaters" ist.

Diese Namensanrufung hat H. Turk (mit Lacan) als „'Urszene' der Benennung" der „'Urszene' der Verdrängung" korreliert.[49] Es gehe um jene mit dem Eintritt in die *symbolische Ordnung* - die Welt der Sprache und des Gesetzes - gesetzte Verdrängung des Gelebten.[50] Der Tatsache, daß das Subjekt nur mehr als Leerstelle hinter dem Signifikanten erscheine, entspreche es, „daß der Eintritt in den 'ordre symbolique' durch das Verbot eines symbolischen Vaters ('nom du père') und das heißt, die Manifestation eines Mangels, erwirkt" werde.[51] K. ge-

---

den „Toten Vater"; auch Derrida erwähnt in seiner Kafka-Interpretation den „toten Vater" als den Ursprung von Reue und Gesetz (Mord- und Inzesttabu): Derrida, Préjugés, S. 58 ff.

48. Für Freud liegt im Vatermord bzw. im Schuldgefühl der Ursprung der Religiosität, der Sittlichkeit, der Moral, der sozialen Gefühle - des „Gesetzes", wenn man so will. Sigmund Freud: Totem und Tabu. Einige Übereinstimmungen im Seelenleben der Wilden und Neurotiker (1912-13). In: S. F.: Studienausgabe Bd. IX, Frankfurt a. M. 1974, S. 351 u. 427 ff.

49. Turk, Horst: „betrügen ... ohne Betrug". Das Problem der literarischen Legitimation am Beispiel Kafkas. In: Friedrich A. Kittler/Horst Turk (Hg.): Urszenen. Literaturwissenschaft als Diskursanalyse und Diskurskritik, Frankfurt a. M. 1977, S. 381-409, Zit. S. 389, vgl. S. 388 ff.

50. Vgl. Turk, Literarische Legitimation, S. 393.

51. Ebd., S. 397.

stehe mit seinem Namen, „daß er ist wie der Vater, ohne der Vater zu sein".[52] Es ist daher folgerichtig, wenn H. Turk die „Schuld" Josef K.s als die „Schuld der Verdrängung" (der Verdrängung des Lustprinzips und des phantasierten bzw. symbolischen Vatermords) interpretiert.[53] Dem paradoxen Gebot, sein zu *sollen* wie der Vater und *nicht* sein zu *dürfen* wie er,[54] kann ja der Sohn - nach der Logik von 'Totem und Tabu' - nur rebellierend und zugleich schuldbewußt bereuend bzw. verdrängend nachkommen. Der Mangel, der den Sohn gegenüber dem (vermeintlich) vollkommenen Vater auszeichnet, unterstellt ihn dem Gesetz der „symbolischen Kastration"[55]. Aus dieser „symbolischen Kastration", der Schuldempfindung und Reue auf Grund der Rebellion, gehen aber nach Freud letztlich Sittlichkeit, Moral und Religion (das „Gesetz"/"loi") hervor[56].

Das „Gesetz" (Inzesttabu, Mordverbot, Moral, Recht, Religion), nach Lacan die Wirkung eines „puren Signifikanten", des „Namens-des-Vaters" und der Anerkennung dessen, „was die Religion uns als Namen-des-Vaters anzurufen lehrt"[57], wird von Kafka demnach höchst sinnfällig inszeniert mittels der Verkoppelung von Namensanrufung und Schuldzuschreibung durch einen 'geistlichen Vater', d.h., mittels der Verkoppelung von Vater-Namen und Religion, weltlichem und himmlischem Vater.

V. 'Vor dem Gesetz'

Der Gefängniskaplan teilt nun Josef K. eine „Legende" aus den „einleitenden Schriften zum Gesetz" mit. (P 292) Diese „Legende" vermag der Kaplan selbst nicht zu deuten; er zitiert nur die „Meinungen" (P 298), die über sie bestehen; wie die *Thora* erscheinen das „Gesetz" selbst ebenso wie die ins Gesetz einleitende „Schrift" einem unabschließbaren (mündlichen) Auslegungsprozeß überantwortet zu sein[58]: „Die Schrift ist unveränderlich und die Meinungen sind oft nur ein Ausdruck der Verzweiflung darüber." (P 298) Die „Legende" ist daher als undeutbare Parabel der Undeutbarkeit bestimmt worden, als „Leerform", welche durch das Prinzip der „gleitenden Sinnentäuschung" nur die Sinnprojektionen seiner Deuter aufruft und widerlegt.[59]

---

52. Ebd., S. 388.
53. Ebd., S. 390.
54. Vgl. Freud, Sigmund: Das Ich und das Es (1923). In: S. F.: Studienausgabe Bd. III, Frankfurt a. M. 1975, S. 273-330, hier: S. 301 f.
55. Moustafa Safouan: Die Struktur in der Psychoanalyse. Beitrag zu einer Theorie des Mangels. In: François Wahl (Hg.): Einführung in den Strukturalismus, Frankfurt a. M. 1973, S. 279 ff. und Herrmann Lang: Die Sprache und das Unbewußte. Jacques Lacans Grundlegung der Psychoanalyse, Frankfurt a. M. 1973, S. 282-286.
56. Freud, Totem und Tabu, S. 351 u. 427 ff.
57. Lacan, Schriften II, S. 89.
58. Vgl. Gershom Scholem: Über einige Grundbegriffe des Judentums, Frankfurt a. M. 1976, S. 109.
59. Theo Elm: Der Prozeß. In: Hartmut Binder (Hg.): Kafka-Handbuch in zwei Bänden. Bd. 2: Das Werk und seine Wirkung. Stuttgart 1979, S. 420-441, Zit. S. 424 f.

Aber es ist gleichwohl möglich und sogar notwendig, die bei aller Offenheit und Vielbezüglichkeit des Textes dennoch vorhandenen – zumindest transitorischen - Sinnimplikationen herauszuarbeiten. Zunächst fällt auf, daß der Türhüter die (einleitende) „Schrift" „Legende" nennt: ein Zu-Lesendes, wie er später ja auch betont, daß die „Schrift" (als Schrift!) unveränderlich sei: „Die Schrift ist unveränderlich [...]." (P 298) Hier liegt offensichtlich eine Anspielung auf das Verhältnis von Schriftlichkeit und Mündlichkeit vor, speziell: auf das Verhältnis von (verschlossen gehaltener) Thora und sie auslegenden Exegesen bzw. auf das Verhältnis von Halacha und Haggadah, schriftlich kodifiziertem Gesetzeswerk (Codex) und mündlichen bzw. erzählend-parabolischen Interpretationen (im Sinne eines unabschließbaren Auslegungsprozesses, wie ihn die rabbinische Tradition darstellt[60]). In eine „Schrift" kann man nicht eintreten, eher schon in eine Erzählung. Aber vielleicht liegt das „Gesetz", in das der Mann vom Lande eintreten möchte, *jenseits* aller Schrift, denn die „einleitende Schrift" zum „Gesetz" besagt nicht, daß das „Gesetz" selbst, d.h. das eigentliche „Gesetz", durch eine *Schrift* verkörpert werde. Dennoch scheint sich im Verhältnis des Mannes vom Lande zum „Gesetz" das Verhältnis von Literalität und Oralität zu spiegeln: Der ländliche Mann erwartet gewissermaßen - als aus einer archaisch-naiven, oralen *face-to-face*-Kultur Kommender - einen konkreten Ratschlag im Sinne empragmatischer Faßlichkeit; daher die Materialisierung des „Gesetzes" bzw. des Mannes Glaube an die Anfaßbarkeit des „Gesetzes". Er will die Literalität des „Gesetzes" - die lebensferne Abstraktheit, Generalität, Situationsunabhängigkeit der Schrift - nicht wahrhaben.

Aber das Wort „Legende" bedeutet ja auch Glossar, Erläuterung, Anleitung, wie ein Plan oder Text zu lesen (legere) sei; die „Legende" ist also - ironischerweise - selbst schon eine Interpretation, ein Kommentar (zu einer Schrift?): eine uninterpretierbare Interpretation des Uninterpretierbaren. Andererseits spielt das Wort „Legende" auch auf „Legendäres", auf das Heiligenlegendenhafte, auf den märchen- oder mythenhaften Charakter der Erzählung an und macht sie damit wieder zu einer Gattung der Mündlichkeit: nicht gesetzförmige Formulierung einer Norm, nicht Schrift, sondern *Erzählung*, die gehört, nicht gelesen wird. Das Zu-Lesende - „Legendum" - trägt also paradoxerweise Züge des mündlich Erzähl-

---

60. In der jüdischen Tradition gilt die Thora/Tora (die ersten fünf Bücher Mose), die als Schriftrolle im Thoraschrein versperrt wird, als unveränderlich und letztlich unzugänglich („Die Schrift ist unveränderlich", erläutert der Kaplan, d.h. der quasi rabbinische Erzähler der Legende ‚*Vor dem Gesetz*' [P 298]); aus der Thora gingen als Auslegungen die Mischna und die rabbinische Mischna-Auslegung, die Gemara hervor, die nach langer mündlicher Tradition schriftlich fixiert wurden und zusammen den Talmud (in der babylonischen Fassung) ausmachen; der Talmud – die Basis der rabbinischen Schriftgelehrten - gliedert sich 1. in die Halacha (Gesetze und Normen) und 2. die Haggadah (den wiederum auslegenden, erzählenden Teil); auch der Midrasch ist (neben der Tosefta) ein auslegendes, erzählendes Konvolut, das auf die Gemara zurückgeht. Unter dem Einfluß der mystischen Kabbalah bildeten sich bereits im 1. Jh. n. Chr. die Chassidim als Talmud-Ausleger heraus, auf die die späteren Chassidim Osteuropas (im 19. Jh.) zurückgehen. Von dieser rabbinischen bzw. chassidischen Tradition, die Gesetzes-Exegese mit Erzählung verbindet, ist Franz Kafka sicherlich nicht zu trennen.

ten; es verkörpert so auf einer Metaebene zugleich die Vorstellung, daß Poesie die Statthalterin der Mündlichkeit in einer Epoche der Schriftkultur darstellt. Mündlichkeit wird zu einem überkommenen archaischen Rest, der Sinn zu verbürgen scheint. (Das fügt sich in Kafkas Programm, Sinnaura, Lichtschein und „Glanz" (P 294) tradierter Formen (mythischer, religiöser, narrativer bzw. allgemein poetischer Formen) – glaubenslos - zu beschwören und diese zugleich auszuhöhlen. Die Poesie wird zur – glaubenslosen – Statthalterin mythisch-transzendenter Erwartungen; die Form der Mündlichkeit ist nur eines der Elemente in diesem Arsenal poetischer Archaismen.) Die „Stadt" wäre mithin einer Kultur der Schrift, das „Land" einer - auf Mündlichkeit basierenden - archaisch-naiven *face-to-face*-Kultur zugeordnet. Was Derrida als „Singularität" von „Idiom" und literarischer „Erzählung" faßt und der Allgemeinheit entgegensetzt[61], steht wohl mit dieser Bedeutungsschicht in Verbindung. (Eine mediengeschichtlich orientierte Interpretation könnte diesen Punkt näher ausführen.)

Nun wäre außerdem festzuhalten, daß die ‚Legendäres' festhaltende „Legende" als Beispiel einer „Täuschung" erzählt wird: Josef K. „täusche" sich in dem „Gericht", entgegnet der Geistliche ihm, als dieser äußert: „Du bist eine Ausnahme unter allen, die zum Gericht gehören. Ich habe mehr Vertrauen zu dir als zu irgend jemandem von ihnen, so viel ich schon kenne. Mit dir kann ich offen reden." (P 292) Täuscht sich K. darin, daß er zuviel Vertrauen in den Geistlichen, oder darin, daß er zuwenig Vertrauen ins Gericht setzt? Offenbar gilt beides: K. ist 'schuldig' eines Widerspruchs, schuldig darin, daß er den Vorsatz „Es gab keine Schuld" (P 168) nicht selbstsicher durchhält und zugleich darin, daß er das „Geständnis", das zu machen ihm Leni vorschlägt (P 143), verweigert, d. h. das Eingeständnis seines Schuldgefühls, seiner Schwäche, seiner Ohnmacht, seines Seins-zum-Tode (nicht das Geständnis einer moralischen oder sittlich-sozialen „Schuld"). Die Parabel über den „Mann vom Lande", der sein Leben vor dem Gesetz verwartet, legt indessen nahe, daß die „Täuschung" schlicht im Hoffen, im Prinzip Hoffnung, zu liegen scheint: Alles Dasein ist nur ein *'En attendant Godot'*, nur ein „Aufschub" - wie für Scheherazade. Daß der Eingang ins Gesetz eigens für den Mann vom Lande da ist - „dieser Eingang war nur für Dich bestimmt" (P 294) -, wie dieser im Sterben erfährt, diese Einsicht hätte ihm - sozusagen - auch früher nichts genützt. Als tragische Ironie (und als Paradoxie) ist es auch zu sehen, daß er erst im Sterben jenen „Glanz" wahrnimmt oder wahrzunehmen meint, der „unverlöschlich aus der Türe des Gesetzes bricht" (P 292). Nach der Logik des Diktums: „unendlich viel Hoffnung -, nur nicht für uns" mag es Möglichkeiten geben, ins „Gesetz" zu gelangen; vom „Mann vom Lande" aber - wie von Josef K. - , so führte auch G. Kaiser aus[62], können sie nicht realisiert werden. *De facto* steht also der Mann vom Lande einem Eingang gegenüber, der für ihn da ist und zugleich für ihn verschlossen ist; in dieser Paradoxie besteht, wie gesagt, die Pointe der Parabel. Die Tür zum „Gesetz" steht „offen" „wie immer" (P 292), darf aber

---

61. Derrida, Préjugés, S. 39 f.
62. Gerhard Kaiser: Franz Kafkas 'Prozeß'. Versuch einer Interpretation. In: Euphorion 52 (1958), S. 23-49, Zit. 37.

nicht passiert werden, „jetzt" nicht. Das „Gesetz" bzw. die Vorstellung vom Eintritt in dieses „Gesetz" ist ein Phantasma. „Im" Gesetz - als dem Feld der vielen Gesetze, der Gesetzesvertreter, der 'prozessierenden' bzw. 'procedierenden' Kräfte und Mächte - befindet sich Josef K. indessen schon seit eh und je; der Mann vom Lande wohl auch. „Gesetz" scheint hier aber der Name für den Ort *jenseits* der Gesetze zu sein (jenseits der *symbolischen Ordnung*), an den zu gelangen K. die Sehnsucht nach dem verlorenen Paradies, die „Sehnsucht nach dem Ganzen"[63], der vorsymbolischen Existenz, antreibt (einem Ort vor Sündenfall, Ödipus und Urverdrängung, vor der Einführung in das Realitätsprinzip durch das „non-dupère"). (Bei allem Skeptizismus, aller Glaubenslosigkeit und Absurdität sind Kafkas Werke dennoch – wenngleich negativer - Ausdruck von Sinnsuche und Religiösität; Kafka ist der letzte Hermeneutiker, während Samuel Beckett die Suche nach Sinn und Transzendenz aufgibt und nur noch das Spiel und das Absurde übrigläßt.)

Die Vorstellung vom 'wahren Weg' suchte Kafka offensichtlich zuweilen heim, einmal zitierte er eine Bemerkung Flauberts über eine glückliche Alltagsszene: „'Die sind im Rechten' (Ils sont dans le vrai)".[64] Um dieses Imaginäre geht es offenbar, diesen Traum von der Unmittelbarkeit. Doch wir müssen korrigieren: Weshalb nennt der Mann vom Lande diesen Ort „Gesetz"? Mit diesem Wort sind doch Mittelbarkeit, Regelhaftigkeit, Allgemeinheit, Rücksicht auf den Anderen und Reflexion angesprochen! Geht es letztlich um eine imaginäre *coincidentia oppositorum*, einen Traum von der Einheit von Unmittelbarkeit und Mittelbarkeit, Naivem und Sentimentalischem, Gefühl und Reflexion, Schriftlosigkeit und Schrift, Leben und Denken, Paradies und Welt? Gesucht wird die Regel schlechthin, die Regel, die ins „Rechte"/"le vrai" führt und die Lösung, die Erlösung bringt: „Ich habe niemals die Regel erfahren", schrieb Kafka bedauernd.[65] „Im"-Gesetz-Sein bedeutete für Kafka offenbar ein unmittelbares und doch reflexives Aufgehobensein in Familie und Gesellschaft: Der „Junggeselle" steht daher „außerhalb des Gesetzes"[66].

Kafkas Aphorismen zu Paradies und Sündenfall bestätigen die skizzierte Doppelheit: „Wir wurden aus dem Paradies vertrieben, aber zerstört wurde es nicht."[67] „Die Vertreibung aus dem Paradies ist in ihrem Hauptteil ewig: Es ist also zwar die Vertreibung aus dem Paradies endgültig, das Leben in der Welt unausweichlich, die Ewigkeit des Vorganges aber (oder zeitlich ausgedrückt: die ewige Wiederholung des Vorgangs) macht es trotzdem möglich, daß wir nicht nur dauernd im Paradies bleiben könnten, sondern tatsächlich dort dauernd sind, gleichgültig ob wir es hier wissen oder nicht."[68] „Ewige Wiederholung" des Ver-

---

63. Lacan, Schriften III, S. 53.
64. Franz Kafka zu Max Brod in: Franz Kafka: Das Schloß, Frankfurt a. M. 1967, S. 530.
65. Kafka, Hochzeitsvorbereitungen, S. 232.
66. Franz Kafka: Tagebücher, New York/Frankfurt a. M. 1910-1923 (= Gesammelte Werke, hg. von Max Brod), S. 22.
67. Kafka, Hochzeitsvorbereitungen, S. 101.
68. Ebd., S. 94.

botes, ewige Wiederholung des Aufschubs, ewiges Leben im „Gesetz" (im Sinne von Lacans „loi") als in der „Welt", der Welt der Sprache und Gesetze; aber auch Leben im Traum, im Unbewußten, im Verdrängten, im „Paradies". Vielleicht ist es deshalb nicht das „Paradies", der Traum, das Objekt des Begehrens, das der „Türhüter" behütet, sondern das „Gesetz", weil Kafka eben von dieser Doppelheit von Paradies und Welt, Traum und Wirklichkeit, Wunsch und Gesetz oder Ordnung, Lustprinzip und Realitätsprinzip, Unbewußtem und Bewußtem ausgeht, d. h., weil er nicht an ein reines Traumland (ein *Imaginäres* jenseits von Reflexion, Sprache, Gesetz) hinter der Tür des Türhüters glaubt, sondern nach einer Einheit strebt, die *désir* und *loi*, Wünsche und Gesetze, Es und Über-Ich, Leben und Reflexion miteinander versöhnt hätte (einer Einheit, die natürlich noch immer eine Illusion, einen phantastischen Traum darstellt). Jedenfalls geht es Kafka offenbar nicht um das Naive, sondern die sentimentalische Rekonstruktion des Naiven, also einen Zustand der Reflexion, wie es Kleist, der Kafka die Urszene des Paradies-Verlustes vorgegeben hatte, um die reflexive Rekonstruktion des Paradieses gegangen war: Das „Bewußtsein" zerstört die natürliche „Grazie", die „Unschuld" und das „Paradies", aber wenn die „Erkenntnis gleichsam durch ein Unendliches gegangen ist", findet sich die „Grazie wieder ein"; mithin „müßten wir wieder von dem Baum der Erkenntnis essen, um in den Stand der Unschuld zurückzufallen".[69] „Das Naive ist das Sentimentalische"[70]; das Sentimentalische ist das Naive, das durch die Reflexion gegangene und zu sich selbst zurückgekehrte Naive. Ein Traum, was sonst?

„'Es ist möglich', sagt der Türhüter, 'jetzt aber nicht'" (P 292), so lautet die Formel des „Aufschubs", der *différance*, die vermittelt ist mit dem Prinzip Hoffnung als dem Phantasma späterer Erfüllung. Es stellt sich hier aber die Frage: „Ist das nicht schon der Tod im Dienst eines Lebens, das sich vor dem Tod nur durch die *Ökonomie* des Todes, den Aufschub, die Wiederholung und den Vorrat schützen kann?"[71] K. und der Mann vom Lande sind „Préjugés", „Vorverurteilte", nicht „im voraus verurteilt", sondern vom Urteil, das „sich fortwährend vorbereitet"[72], betroffen, getroffen: „lebend stirbt man, sterbend lebt man"[73]. Der Tod, den Josef K. im letzten Kapitel so plötzlich stirbt, ist dann eher als Endpunkt eines im Grunde sehr langen Prozesses zu sehen; er ist selbst ein „Prozeß". Entsprechend heißt es ja auch: „das Urteil kommt nicht mit einemmal, das Verfahren geht allmählich ins Urteil über" (P 289). In einem gewissen Sinn ist es der Tod selbst, der K. den „Prozeß" macht; K. ist denn auch der Meinung, das Gericht könne durch einen „einzigen Henker" ersetzt werden (P 207).

---

69. Heinrich von Kleist: Sämtliche Werke und Briefe, hg. Von Helmut Sembdner, München 1977, 2 Bde., Bd. 2: S. 338-345, Zit.: S. 343 u. 345.

70. Peter Szondi: Das Naive ist das Sentimentalische. Zur Begriffsdialektik in Schillers Abhandlung. In: Euphorion 66 (1970), S. 174-206.

71. Jacques Derrida: Freud und der Schauplatz der Schrift. In: J.D.: Die Schrift und die Differenz, Frankfurt a. M. 1967, S. 302-350, Zit. S. 310.

72. Derrida, Préjugés, S. 69 f.

73. Kafka, Hochzeitsvorbereitungen, S. 302.

Die Türhüterlegende kann man - wie die andere Parabel vom Unzugänglichen (über die „kleinen Advokaten"), beide formen *Figuren der Vergeblichkeit* - auch als *simulacrum* des 'Schloß'-Romans lesen, aber ebenso reflektiert sie (teils in inverser Spiegelschrift) das 'Proceß'-Geschehen; der Text umfaßt „das Ganze" des ,Proceß'-Romans *in nuce*, ist eine „*[scène] mis en abyme*"[74]. (Kafka hat hier, wie eine komparatistische Analyse zeigen könnte, die wechselseitige Spiegelung von Dostojewskijs 'Schuld und Sühne' und der *Lazarus*-Erzählung bzw. von 'Die Brüder Karamasoff' und der 'Legende [!] vom Großinquisitor' nachgestellt.[75]) Kafka stellt einen „Mann vom Lande", der *ins* Gesetz zu gelangen begehrt, einem Mann der Stadt - K. -, der *aus* dem Prozeß auszubrechen sucht (P 291), gegenüber; einen Wartenden einem Handelnden; ein Verbot (des Eintritts) einem Gebot (der Selbstverteidigung); einen passiven Türhüter den aktiven Verhaftungs- und Exekutionsbeamten. Aber man darf nicht sophistisch verfahren und die Unterschiede wörtlich nehmen. Die Analogien sind offensichtlich, sie bestehen darin, daß den unermüdlichen und vergeblichen Fragen die unermüdliche und vergebliche Selbstverteidigung oder Rechtfertigung parallelisiert wird: der Gewalt des Verbots die Gewalt der Anklage, der Unzugänglichkeit des Gesetzes die des hohen Gerichts, dem Türhüter bzw. den Türhütern die Verhaftungsbeamten bzw. die vielen Delegierten des Gerichts, dem lebenslangen Nicht-Eingelassen-Werden das Ausbleiben des Freispruchs, dem aufschiebenden „später[!]" die „Verschleppung" (P 216), dem Tod die Hinrichtung. Der *Aufschub* bis zum Tode, die „*différance* bis zum Tod"[76], ist das Verbindende; wie das „hohe Gericht" (P 312) bleibt das behütete und verhütete „Gesetz" im Verborgenen: „Der Ursprung der *différance* ist das, dem man sich *nicht* nähern, das man sich *nicht* präsentieren, sich *nicht* repräsentieren und in das man vor allem nicht eindringen *darf* und kann."[77] Die Urszene wiederholt sich (die Vertreibung aus dem Paradies ist „ewig", „ewige Wiederholung"), das ist im Aufschub („*non*" bzw. „jetzt nicht") impliziert; Kafka gelingt es immer wieder, Urszene, Wiederholung und aktuelle Szene in einer mehrdeutigen Metapher zu überlagern und zu verdichten: in 'Vor dem Gesetz', in 'Der Proceß', 'Die Verwandlung', 'Ein Landarzt' und vielen anderen Texten[78]; die „Verdichtung von Urszene und Wiederholung" ist ein auffallendes Kompositionsprinzip[79].

Aus dem Warten und der Unkenntnis des Gesetzes in der Binnenerzählung wird in der Rahmenerzählung mehr: ein Warten in Unkenntnis *und* ein Angeklagt- und Hingerichtetwerden in Unkenntnis. K. will mehr als nur erkennen, und das Gericht will mehr als nur verborgen bleiben. Die parabolische Spiegelung legt indessen nahe, daß es hier um scheinbare Differenzen geht; offenbar ist des

---

74 . Derrida, Préjugés, S. 75 u. 89.
75 . Vgl. Josef J. Ranftl: Von der *wirklichen* zur *behaupteten Schuld*. Studie über den Einfluß von F. D. Dostojewskijs Romanen Schuld und Sühne und Der Doppelgänger auf Franz Kafkas Roman Der Prozeß, Erlangen 1991.
76 . Derrida, Préjugés, S. 68 u. 78.
77 . Derrida, Préjugés, S. 68.
78 . Vgl. Hiebel, Die Zeichen des Gesetzes, S. 126 f., 190.
79 . Hiebel, Ein Landarzt, S. 92.

Mannes *'Warten auf Godot'* identisch mit der „Verschleppung" (P 216), dem Aufschub des Prozeßverfahrens bzw. dem Hinauszögern des Urteils-, Straf- und Hinrichtungsverfahrens. Warten (*'Vor dem Gesetz'*) und Selbstkasteiung im Namen des Aufschubs (*'Proceß'*) erweisen sich als identisch. Die Qual resultiert aus dem Begehren nach der endgültigen „Regel", nach der endgültigen (Er-)Lösung, nach dem transzendenten Jenseits bzw. „sagenhaften Drüben"[80], nach dem „Gesetz" als dem phantasmatischen Raum des absoluten Rechts, des „hohen Gerichts" (P 312), während in Wirklichkeit die *vielen* „Gesetze" oder wirklichen Auseinandersetzungen das Warten v o r dem „Gesetz" *de facto* bestimmen. Es geht um das e i n e „Gesetz", während *de facto* jede E i n h e i t im Prozeß des Kampfes mit den v i e l e n Gesetzen zerfällt. Kafka macht ganz offensichtlich einen gravierenden Unterschied zwischen „dem Gesetz und den Gesetzen"[81], dem „toten Punkt"[82] *des* Gesetzes und der nackten Faktizität der *vielen* Gesetze. Es bleibt offen, ob sich überhaupt hinter dem Hüter des Gesetzes ein „Gesetz" bzw. hinter den Gesetzes-Hütern ein „hohes Gericht", eine höchste Instanz des Rechts - oder womöglich Unrechts - finden ließe; vielleicht nur das Meta-Gesetz „Seid gerecht", das möglicherweise auf eine Tautologie oder Leerformel hinausläuft (denn das „Gesetz" besagt: „Seid g*erecht*", „Handelt *rechtens*", „Handelt nach *Recht* und Gesetz").

Benjamin bringt jenen „toten Punkt" „*des* Gesetzes" jedenfalls mit Kafkas angeblicher „Geheimniskrämerei"[83] in Verbindung, und Deleuze und Guattari sehen in ihm ein bloßes Phantasma bzw. ein Spiel mit einer absoluten Leerstelle[84]; dagegen nimmt Derrida die Rede vom unzugänglichen einen „Gesetz" in emphatischer Weise ernst und begreift es als „Gesetz des Gesetzes"[85], als unfaßlich-unzugängliches, doch existierendes Zentrum, das immer nur vermittelt über seine Rechtsvertreter in Erscheinung treten kann; Derrida sieht in ihm den *kategorischen Imperativ Kants* aufscheinen[86], der als abstraktes, nicht-empirisches, apriorisches Regulativ natürlich nicht faßbar ist und sein kann, und er erkennt in ihm auch das *Gesetz der Juden* (wohl in Anspielung auf die Thora bzw. die Wirksamkeit der rabbinischen Tradition) und zitiert in diesem Zusammenhang Jean-François Lyotard: „man weiß nicht, was dieses Gesetz sagt. Es gibt eine Art von Gesetz der Gesetze, es gibt ein Meta-Gesetz, das lautet: 'Seid gerecht.' Dies ist das Einzige, worum es dem Judentum geht."[87] Die Unzugänglichkeit einer apriorischen Konstruktion ist aber für Kafka vielleicht weniger relevant als die existentielle Frage nach dem „Rechten" („le vrai") bzw. nach der Quelle des Wunsches nach dem Wahren und

---

80. Von jenem „Drüben", in das man nur per „Gleichnis" gelangen könne, spricht der kabbalistisch-rabulistische Text *‚Von den Gleichnissen'*, Kafka, Sämtliche Erzählungen, S. 411.
81. Benjamin, Benjamin über Kafka, S. 158.
82. Ebd., S. 154 u. 158.
83. Ebd., S. 154.
84. Deleuze/Guattari, Kafka, S. 62.
85. Derrida, Préjugés, S. 48.
86. Ebd., S. 45 f.
87. Lyotard in: Derrida, Préjugés, S. 44.

Rechten; die Kehrseite dieser Frage Kafkas ist seine Wahrnehmung der 'vielen Gesetze', d. h. der Faktizität der vielen Rechts-Kollisionen[88], des *processus* bzw. des *procedere* permanenter Macht- und Rechtskämpfe[89], hinter welchen *das* „Gesetz" mehr oder weniger verschwindet. (Aber Kafka hält als glaubensloser ‚Religionsstifter' im Sinne einer Art negativen Theologie an diesem Phantasma, das durch keine Realität gedeckt ist, fest; er hält dieses Phantasma *als* ein Phantasma aufrecht; auf ebendieses Unerreichbare bewegen sich seine Texte hin, d.h. auf dieses nichtexistente Unerreichbare bewegt sich sein Erzählen hin, das sozusagen nur mehr Erzählbewegung - also reine narrative Bewegung, reine zielorientierte Temporalität - ist.)

Durch den „toten Punkt" des Gesetzes, diese einzige „Tür" im Universum des ‚*Proceß*'-Romans, verliere, so hat G. Kaiser behauptet, Josef K.s Welt „ihre Schlüssigkeit"[90], erweise sich als nur subjektiv-jemeinige Welt. Das ist richtig; wir wissen nicht, ob das Gericht gerecht oder terroristisch und korrupt ist; so wenig wie eine nihilistische Sicht bestätigt wird, so wenig wird ein Sinn des Ganzen affirmiert. Aber das Seins-Gleichnis '*Vor dem Gesetz*' demonstriert doch *faktisch* die Vergeblichkeit allen Tuns, und zwar nach der absurden Logik des paradoxen Diktums: „unendlich viel Hoffnung -, nur nicht für uns". Es mag, wie die „Legende" nahelegt, einen Rückweg aufs „Land" geben - „die Geschichte erzählt von keinem Zwang" (P 300) -, oder es mag theoretisch eine Eintrittsmöglichkeit ins „Gesetz" geben (wie für „Arnold" in einer Variante der Parabel[91]), für den Mann vom Lande oder Josef K. sind diese Möglichkeiten praktisch *nicht* vorhanden. Die negative Parabel (vom vorhandenen und doch nicht passierbaren Eingang ins „Gesetz") ist - als leere Lehre - auch eine Parabel der Negativität. Das „Es ist möglich [...], jetzt aber nicht" (P 292), das der Geistliche für keinen „Widerspruch" hält (P 295), konstituiert, lebenslang wiederholt, zweifelsohne eine teuflische Paradoxie, einen *double bind*. Dieses Skandalon versuchen all jene Interpreten zu leugnen, die mit der Unterstellung einer realen Schuld des Einlaß Begehrenden die Möglichkeit einer realen Erfüllung konstruieren[92]. Solchem Optimismus wird dadurch widersprochen, daß die tragische Ironie der „Legende", die darin besteht, daß der Mann vom Lande erst im Sterben den „unverlöschlichen Glanz" des Gesetzes-Lichts erblickt (oder zu erblicken meint), durch den Romanverlauf in puren Sarkasmus gewendet wird. Zwar heißt es hoffnungsweckend in der Steinbruch-Szene im Schlußkapitel: „Wie ein Licht aufzuckt, so fuhren die Fensterflügel eines Fensters [...] auseinander" (P 312), aber hier eröffnet sich weder eine Hilfe noch eine Antwort für den sterbenden Josef K.

Der Mann vom Lande und Josef K. suchen letztlich *das* Gesetz hinter *den* Gesetzen; der Türhüter bewacht es wie das unzugängliche und doch allzeit geöff-

---

88. Vgl. Franz Kafka: Fürsprecher, in: Sämtliche Erzählungen, S. 369 f.
89. Vgl. Deleuze/Guattari, Kafka, S. 67.
90. Kaiser, Franz Kafkas 'Prozeß', S. 43.
91. Kafka, Hochzeitsvorbereitungen, S. 322 f.
92. Vgl. etwa Ingeborg Henel: Die Türhüterlegende und ihre Bedeutung für Kafkas Prozeß. In: DVjS 37 (1963), S. 50-70, hier: S. 60 u. 66.

nete „Paradies"[93]. „Wir wurden aus dem Paradies vertrieben, aber zerstört wurde es nicht."[94] Diese Paradoxie prägt Kafkas Schreiben überhaupt: „Ich bin von zuhause fort und muß immerfort nachhause schreiben, auch wenn alles Zuhause längst fortgeschwommen sein sollte in die Ewigkeit"[95]. Das Imaginäre ist unzerstörbar; doch die Urszene wiederholt sich, die „Vertreibung aus dem Paradies" ist „ewige Wiederholung". Wenn das „Gesetz" aber Aufschub heißt, dann ist der „Mann vom Lande" schon längst „im" Gesetz; er habe das „Gesetz" „als Macht des Wortes [...] immer schon in sich", schreibt R. Kreis, eine „Macht, die ihm die Laufbahn in Richtung auf den Ort vorschreibt, wo sich die Verknüpfung von Sprache und Umwelt einst schicksalhaft vollzog: in die Kindheit"; damit sei er „Mann u n d Kind" zugleich.[96] Er ist gespalten in den Sprechenden und den Seienden. Das gespaltene Subjekt spricht sich lebenslang vorwärts und bleibt zugleich zurück an einem Ort der Abwesenheit, einem abwesenden Ort, dem Unbewußten. Nach diesem Ort, der *in* ihm liegt, sehnt es sich unentwegt (wie K. im 'Schloß'); die „Sehnsucht nach dem Ganzen"[97], der vorödipalen Mutter-Kind-Dyade, die zerschnitten wurde durch die Einführung in die Sprache, in die *symbolische Ordnung*, ins Gesetz („*loi*") - mittels Verdrängung, Separation von der Mutter und das „Non-du-père" (Ödipus) -, kann das Subjekt niemals aufgeben. Die „symbolische Kastration" ist nichts anderes als dieser Schnitt, der sozusagen eine 'symbolische Kastriertheit' hinterläßt.[98] Die „Sehnsucht nach dem Ganzen" und die „symbolische Ordnung" gehören indessen zusammen; „das Gesetz und die verdrängte Begierde sind ein und dieselbe Sache"[99]. „Der Mensch, sofern er Mensch ist, *ist* Begierde, ist jenes 'sujet barré $\cancel{S}$', das wir als Resultat der Einführung in die Ordnung der Sprache [...] festhalten können."[100] Diese Barriere oder Durchstreichung des Subjekts (S) bezieht sich - als Inbegriff oder Ursache der *Spaltung* des Subjekts - auf die Trennung von Bewußtsein und Unbewußtem durch das Symbolische (die Sprache) bzw. auf die Unzugänglichkeit und Unbewußtheit des Signifikates (s) und seine Abgetrenntheit vom Signifikanten (S)[101]. Das Subjekt strebt fortan, unstillbar, in einer Kette von *metonymischen Verschiebungen* nach dem imaginären, unerreichbaren, verbotenen, aufgeschobenen Objekt des Begehrens. Sein Begehren ist nichts anderes als jene Kette der Metonymien. Derridas Analysen dessen, was er *différance* nennt[102], sind nur ein Fortdenken und zugleich Kommentieren des Lacanschen Konzepts der metonymischen

---

93 . Kafka, Hochzeitsvorbereitungen, S. 94.
94 . Ebd., S. 101.
95 . Franz Kafka: Briefe 1902 - 1924, New York/Frankfurt a. M. 1958 (= Gesammelte Werke, hg. von Max Brod unter Mitarbeit von Klaus Wagenbach), S. 392.
96 . Rudolf Kreis: Ästhetische Kommunikation als Wunschproduktion. Goethe - Kafka - Handke. Literaturanalyse am „Leitfaden des Leibes", Bonn 1978, S. 140.
97 . Lacan, Schriften III, S. 53.
98 . Lang, Die Sprache, S. 282-286.
99 . Ebd., S. 228; Lacan, Écrits, S. 782.
100 . Lang, Die Sprache, S. 222.
101 . Vgl. Lacan, Écrits, S. 515 f.
102 . Derrida, La dissémination; Randgänge der Philosophie; Préjugés.

Verschiebung nach dem Gesetz der symbolischen Ordnung.

Es ist also kein Wunder, daß man immer wieder festgestellt hat, Kafkas Figuren strebten „ausschließlich nach dem Verbotenen"[103], den Sirenen[104]. Auch in der Türhüter-Parabel geht es um dieses Streben nach dem Imaginären, Unzugänglichen, den „fremden Sälen des eigenen Schlosses"[105]. Die ewige Wiederholung stellt sich ein, weil das *Nein ("Non")* kein absolutes war[106], nur ein 'jetzt nicht', 'vielleicht später' („es ist möglich, jetzt aber nicht"), welche den Aufschub, die *différance*, konstituierten: „Die Vertreibung aus dem Paradies ist in ihrem Hauptteil ewig: Es ist also zwar die Vertreibung aus dem Paradies endgültig", die „ewige Wiederholung des Vorgangs" aber macht es trotzdem möglich, daß wir „tatsächlich dort dauernd sind"[107]. Das „später" und die Abwesenheit von „Zwang" lassen alle Möglichkeiten offen, aber der Aufschub, die *différance*, ist dennoch unausweichlich. So wenig wie die „Advokaten" ans *Über-Ich* (das *Gesetz* im Sinne von „*loi*") herankommen, so wenig erreicht der „Mann vom Land" das vom Über-Ich – seinen einen oder seine vielen Repräsentanten - bewachte Objekt des Begehrens. Aber nochmals: Geht es um dieses Objekt, den Ort des Es, das Paradies? Oder zielt das Wort „Gesetz" in *'Vor dem Gesetz'* vielmehr auf Gesetz im Sinne von „*loi*": Recht, Sprache, symbolische Ordnung? Es bleibt bei einer radikalen Zweideutigkeit, die vielleicht darauf zurückzuführen ist, daß das Begehren das Gesetz und das Gesetz das Begehren erzeugt: „la loi et le désir refoulé sont une seule et même chose"[108].

„Im" Gesetz - zumindest im Sinne von „loi" - befindet sich der Mann vom Lande also schon immer: erstens im *Urgesetz*, das wie eine „sprachliche Ordnung" als „Reich der Kultur durch die Regelung von Verwandtschaftsbeziehungen das der Natur" überlagert, d. h. durch das Inzesttabu (non/nom-du-père) das Begehren regelt[109], und zweitens im *Gesetz der Rechtsnormen*, die sich ja mittels der Sprache im Subjekt verankern: „Unkenntnis der Gesetze schützt nicht vor Bestrafung. Übersetzt aus dem Humor des Gesetzbuches drückt diese Formel trotzdem eine Wahrheit aus, auf der unsere Erfahrung beruht und die sie bestätigt. Denn niemand lebt wirklich in Unkenntnis der Gesetze, weil das Gesetz des Menschen das Gesetz der Sprache ist."[110]. Die „*vielen* Gesetze" des Sprechens aber sind offenbar

---

103 . Jörgen Kobs: Kafka. Untersuchungen zu Bewußtsein und Sprache seiner Gestalten, hg. von Ursula Brech, Bad Homburg 1970, S. 528.
104 . Walter Sokel: Franz Kafka. Tragik und Ironie. Zur Struktur seiner Kunst, München/Wien 1964, S. 200 u. 240.
105 . Kafka, Briefe, S. 20.
106 . Vgl. zur Qual der Freiheit auch den Aphorismus: „Mit einem Gefängnis hätte er sich abgefunden", aber die Gitterstäbe „standen ja meterweit auseinander", in: Franz Kafka: Beschreibung eines Kampfes. Novellen, Skizzen, Aphorismen aus dem Nachlaß, New York/Frankfurt a. M. 1954 (= Gesammelte Werke, hg. von Max Brod), S. 291 f.
107 . Kafka, Hochzeitsvorbereitungen, S. 94.
108 . Lacan, Écrits, S. 782.
109 . Lacan, Schriften I, S. 118.
110 . Ebd., S. 112.

nicht der Ort, an den der Mann vom Lande sich hinsprechen möchte[111], es geht ihm um „*das* Gesetz" des Seins[112] *hinter* der Sprache, um jenes Gesetz, das Gesetz und Begehren reguliert.

Gesetze müssen situationsunabhängig, also als allgemeine Normen formuliert sein. (Die Situationsunabhängigkeit ist ein Resultat der Schriftkultur, die eben auch den Ursprung der staatlichen und religiösen Gesetze darstellt.) Auch von *dem* „Gesetz" erwartet der Mann vom Lande *Universalität*: „Alle streben doch nach dem Gesetz" (P 294). Das am meisten sinnverwirrende und zutiefst paradoxe Moment der „Legende" liegt aber nun darin, daß dieses eine Gesetz - und auch dieses eine Gesetz muß als Gesetz, als Maxime, als Richtschnur *per definitionem* universell sein - nur für *ein* Individuum, den Mann vom Lande, gedacht ist: Den Aufschub muß jedes Individuum für sich meistern. Der Weg ins „richtige" Leben („le vrai") ist für jedes Individuum ein anderer. Aber gibt es diesen Weg und dieses „Richtige" überhaupt? Kafkas mystische Antwort: „Wir wurden aus dem Paradies vertrieben, aber zerstört wurde es nicht."[113]

Zahlreiche Indizien (innerhalb des „Zirkels von Innen und Außen") deuten darauf hin, daß der Türhüter nicht nur der externen Welt zugehört, sondern auch das Innere des Mannes vom Lande (bzw. des Text-Subjekts) in allegorischer Weise spiegelt, wie ja auch das Gericht als Spiegel Josef K.s fungiert. Der Hüter entspricht - als Beamter, Repräsentant der Rechtsordnung und Vertreter des Gesetzes - der Imago des inneren Zensors, des Über-Ichs. Daher wohl bleibt es auch offen, ob der Türhüter den Mann vom Lande überhaupt mit Gewalt („Zwang") davon abhielte, einzudringen; jedenfalls legen drei Varianten der Parabel den Gedanken nahe, daß alles in der Hand des Subjekts liegt.[114] Die *différance* geschieht immer im Namen der anderen (oder des Anderen) und zugleich in unserem eigenen Namen.

Doch Eindeutigkeit bezüglich der vom „Gefängnis[!]kaplan" erzählten Legende ist hier - im Sinne des „Zirkels von Innen und Außen" - nicht zu gewinnen, so wenig wie bezüglich der Parabeln vom 'offenen Gefängnis': „Mit einem Gefängnis hätte er sich abgefunden", aber „die Gitterstangen standen ja meterweit auseinander"[115]. „Es war keine Gefängniszelle, denn die vierte Wand war völlig frei. [...]"[116] Wird die Gefangenschaft durch die Außenwelt oder die Innenwelt begründet? Das Nicht-Eingelassen-Werden der Türhüter-Legende wird hier - spiegelverkehrt - zum Nicht-Freigelassen-Werden. In beiden Fällen erweist sich der *Unfreie* als nur *scheinbar Unfreier*, aber schließlich doch wieder als nur *scheinbar Freier*. Irgendeine Gewalt - sei es eine gegenwärtige, sei es eine sozusagen aus der Vergangenheit herrührende wie bei den „Kurieren", die sich durch ihren

---

111. Vgl. Derrida, Préjugés, S. 56.
112. Ebd., S. 70.
113. Kafka, Hochzeitsvorbereitungen, S. 101.
114. Ebd., S. 253, 359, 322 f.
115. Kafka, Beschreibung eines Kampfes, S. 291 f..
116. Kafka, Hochzeitsvorbereitungen, S. 345.

„Diensteid" an einen längst nicht mehr existierenden „König" gebunden fühlen[117] - geht vom Türhüter aus, obgleich dieser doch durch nichts als durch *Sprechakte* Wirklichkeit gewinnt oder Macht ausübt und man keinerlei realen „Zwang" erkennen und nichts über die angeblichen weiteren Türhüter - „einer mächtiger als der andere" (P 293) - erfahren kann. Gibt es sie überhaupt? Vieles spricht dafür, daß es um eine Gewalt aus der Vergangenheit, eine „gewesende" Gewalt geht. „Das Ich ist ja nichts anderes als ein Käfig der Vergangenheit."[118]. Die Urszene wiederholt sich, ewig, eisern. In der Innenwelt. Und in der Außenwelt. Wie die „Kuriere" hat der Türhüter vermutlich keinen „König" (kein „hohes Gericht") über sich, ist womöglich - und das trifft auf den Mann vom Lande natürlich ebenso zu - gehorsam gegenüber einem rein *imaginären* Machthaber. Damit wären beide zu Angehörigen einer „Gesellschaft in mythischem Bann"[119] erklärt, in der Gewalt sich verflüssigt hat zum Ungreifbaren, Zwang und Selbstzwang ununterscheidbar geworden sind. Der Türhüter gehört jedenfalls sowohl der Außenwelt wie der Innenwelt an.

Wie der Leser in der Regel Partei nimmt für Josef K., so identifiziert sich dieser ausschließlich mit dem Mann vom Lande - „Der Türhüter hat also den Mann getäuscht" (P 295) - und nicht mit dem Türhüter, dem Beamten des Gesetzes, wie der Geistliche zu bemerken scheint (P 298); daß der Kaplan auf die Parteilichkeit K.s hinweist, erklärt die Parabel in der Tat zum 'Rorschach-Test', zur „Leerform" für Sinnprojektionen[120]. Der Geistliche erläutert K., daß es unter den zahllosen „Meinungen" zur Legende auch eine gebe, nach welcher der *Türhüter* der „Getäuschte" sei (P 298 ff.): der Gebundene, Unterlegene, Dienende und Blinde. Kafka - Dichter („Mann vom Lande") und im Versicherungs-Recht tätiger Beamter („Türhüter") - kennt beide Seiten; er nähert sich zuweilen seinen Helden und distanziert sich zuweilen von ihnen, er hat mit den beiden Figuren der Parabel nur zwei Seiten *einer* Medaille beschrieben bzw. die „Täuschung", die darin besteht, jeweils nur die *eine* Seite wahrzunehmen. Der Andere erscheint uns immer als anders und fremd und niemals als *alter ego*. Aber der „Türhüter" befindet sich doch ebenfalls nur *vor* dem Gesetz[121], nicht *in* ihm! Sind wir nicht alle – als Deutende, Interpretierende, Lesende - „zugleich Wächter", wie Derrida sagt, „und [!] Männer vom Lande"[122]? Für den Türhüter ist der „Mann vom Lande" der Türhüter.

---

117. Ebd., S. 44.
118. Kafka in: Gustav Janouch: Gespräche mit Kafka. Aufzeichnungen und Erinnerungen. Erweiterte Ausgabe, Frankfurt a. M. 1968, (1. Aufl. Frankfurt a. M. 1951), S. 87.
119. Im Bann traditionaler und symbolcharismatischer Abhängigkeit (nach Begriffen von Max Weber), vgl. Karin Keller: Gesellschaft in mythischem Bann. Studie zum Roman 'Das Schloß' und anderen Werken Franz Kafkas, Wiesbaden 1977.
120. Elm, Prozeß, S. 424.
121. Vgl. Derrida, Préjugés, S. 61 f.
122. Ebd., S. 79.

VI. Schluß

Nachdem der Geistliche darauf hingewiesen hat, daß auch der Türhüter selbst der Getäuschte sein mag, erklärt er, man müsse dessen Worte nicht unbedingt für „wahr", man müsse sie nur für „notwendig" halten; K. entgegnet: „Die Lüge wird zur Weltordnung gemacht"; sein „Endurteil" aber, so bemerkt der Erzähler (in auktorialer Weise), sei dies nicht gewesen (P 303). Im letzten Kapitel wird K. dann nämlich die von ihm erfahrene Welt als *factum brutum* - als Notwendigkeit - zu nehmen lernen und alle Wahrheits-, Rechts- und Rechtfertigungsansprüche aufgeben. Das *Nein*, das „jetzt nicht", der *Aufschub* sind Recht und Terror zugleich, aber sie liegen jenseits von Gut und Böse, sind schlicht „notwendig". Damit wird rückwirkend die Parabel vom Türhüter zu einem - an Tantalos und Sisyphos gemahnenden - Mythos, der - wie es im 'Prometheus' heißt - das Unerklärliche erklärend ins „Unerklärliche" zurückführt, in das „grundlos Gewordene", die „grundlos[e]" Notwendigkeit.[123]

Josef K. scheint nach der 'Offenbarung' des Geistlichen mit einemmal alles Gehörte zu verdrängen und zu verleugnen, als wäre nichts gewesen: Er verdrängt, daß er verdrängt, er schiebt von sich, daß er – wie der Mann von Lande – unter dem Diktat des Aufschubs bzw. der „Verschleppung" lebt. Im Anschluß an die Frage des Geistlichen, ob K. schon weggehen wolle, heißt es: „Obwohl K. gerade jetzt nicht daran gedacht hatte, sagte er sofort: 'Gewiß, ich muß fortgehen. Ich bin Prokurist einer Bank, man wartet auf mich, ich bin nur hergekommen, um einem ausländischen Geschäftsfreund den Dom zu zeigen.'" (P 304) Die Sprache des Unbewußten wird zugedeckt durch die des Bewußten; und doch bewerkstelligt es der humoristische Erzähler, daß einzelne Zeichen - der Plötzlichkeit, der gewaltsamen Selbstsicherheit - das Unbewußte verraten, das sich unterhalb der Zeichenkette der bewußten Rede hält. Ein Verrat, der sich verrät. Im Schlußkapitel 'Ende' aber ist die gewaltsam aufrechterhaltene Selbstsicherheit K.s endgültig verlorengegangen, wird die „Verschleppung" aufgegeben. Wozu Aufschub, wenn das Urteil schließlich unvermeidbar ist? Weshalb „als ein begriffsstützer Mensch abgehn" und als unbelehrbar erscheinen (P 380)? K. ist ja immer schon „préjugé", „vorverurteilt, insofern er gerichtet werden muß"[124]. Ist K.s Resignation ein Bild für das Nachlassen der Kräfte im Herannahen des natürlichen Todes? Oder handelt es sich um eine Abkürzung des noch zu gehenden Wegs? Schließen wir mit der vielleicht unabschließbaren Frage, ob K.s Vorverlegung des Todes, des Schlusses, dem Lebensende des „Mannes vom Lande" entspricht, dem der „Türhüter" abschließend bedeutet: „Ich gehe jetzt und schließe ihn" (P 295).

---

123. Kafka, Sämtliche Erzählungen, S. 351 f.
124. Derrida, Préjugés, S. 70.

Exkurs II: Metapher, Metonymie, Verschiebung und Verdichtung in Psychoanalyse und Literatur[1]

In Ezra Pounds ideogrammatisch konzipierten '*Cantos*' findet sich eine Stelle, die an Freuds Beispiele von „Traumverdichtungen" und „Traumverschiebungen", von „Fehlleistungen" in der Form von „Versprechern" (Lapsus) und auch an seine Beispiele von „Verdichtungswitzen" erinnert[2]:

> Und sie trat ans Fenster und stürzte sich hinaus,
> Immerfort, immerfort, schreien die Schwalben:
> Ityn! [...][3]

Der Stoff dieser Zeilen ist der Inzestthematik griechischer und provençalischer Mythen entnommen. Tereus, Proknes Gemahl, vergewaltigt deren Schwester Philomele. Prokne rächt sich, indem sie dem Gemahl den eigenen Sohn Itys zum Mahle vorsetzt. Die Schwestern, von Tereus verfolgt, werden von den Göttern in eine Schwalbe und eine Nachtigall verwandelt. Bei Pound beklagen die Schwalben (Philomele) den toten Itys. Aber das zu „Ityn" entstellte „Itys" deutet – wie ein verschobenes Sprachgebilde im Traum - auf einen zweiten Kontext[4]. Im „Ityn" sind zwei Mythen verdichtet; das „n" steht nämlich metonymisch - als *pars pro toto* - für „Cabesta*n*". In einem Wort (auch ein Bild wäre möglich) sind zwei Metonymien (im Sinne von Bruchstücken von Worten) komprimiert bzw. verdichtet, wie das Freud zufolge auch typisch für die Traumverdichtung ist. Cabestan war vom eifersüchtigen Gemahl seiner Geliebten getötet worden, der seiner Frau das Herz des Ehebrechers auftische. Wie ein Versprecher könnte das „n" andeuten, daß den Träumer eine verdrängte Eifersucht bewegt. Das Problem wäre dann „verschoben" auf einen metaphorisch-ähnlichen Fall, die Itys-Fabel. Die „Verschiebung" - auch die verunklärende „Verdichtung" - stehen bei Freud im Dienste der „Entstellung"; nur der entstellte Wunsch vermag die Zensur zu täuschen und

---

1. Der hier vorgelegte Essay geht auf folgende Studie des Verf. zurück: Hans H. Hiebel: Witz und Metapher in der psychoanalytischen Wirkungsästhetik. In: GRM 28/2 (1978), S. 129-154.

2. Vgl. Sigmund Freud: Die Traumdeutung, Bd. II der Studienausgabe, Frankfurt a. M. 1972; Ders.: Der Witz und seine Beziehung zum Unbewußten. In: Bd. IV der Studienausgabe (= Psychologische Schriften), Frankfurt a. M. 1970, S. 9-219; Ders.: Zur Psychopathologie des Alltagslebens. Über Vergessen, Versprechen, Vergreifen, Aberglaube und Irrtum, Frankfurt a. M./ Hamburg 1954 (= Fischer TB 68).

3. Ezra Pound, zit. in: Walther L. Fischer: Zur ideogrammatischen Schreibweise Pounds. In: Ezra Pound. Text + Kritik 10/11 (1965), hg. von H. L. Arnold, S. 64.

4. Nach Freud geht der „manifeste Trauminhalt" auf komplexere „latente Traumgedanken" zurück, vgl. Freud, Die Traumdeutung, passim.

sich dem Bewußtsein zu nähern. Der ‚Aberwitz' der Traumverdichtungen und Traumverschiebungen deutet die Verwandtschaft der Traumphänomene mit denen des Witzes an. In beiden Mythen wird verbotene *Fleischlichkeit* gerächt mit *totem Fleisch*, sie führen von ‚*sündigem' Fleisch* zum Opfer *unschuldigen Fleisches*. Es wird, nach der Ödipus-Interpretation von Lévi-Strauss, die „Überbewertung" der „Blutsverwandtschaft" (Inzest u. ä.) mit einer „Unterbewertung" (Verwandtenmord u. ä.) konfrontiert.[5] Der poetische ‚Bedeutungsknoten' bei Pound läßt sich nun mit ähnlichen Gebilden in Traum, Witz und Fehlleistung in Beziehung bringen.

1) Pounds Ideogramm läßt sich gut vergleichen mit Freuds Musterbeispielen in der '*Traumdeutung*', beispielsweise dem Modell von „Irmas Injektion"[6]. Freud träumte von seiner Patientin Irma, nachdem seine Behandlung keinen Erfolg erzielte, sie wäre somatisch erkrankt, und zwar an einer Infektion, hervorgerufen durch eine nicht ganz saubere Injektion von „Propylen", verabreicht durch seinen „Freund O.". Freud ‚erträumt' sich also (dem Prinzip „Wunscherfüllung" gemäß), daß das Ausbleiben der Genesung nicht seine Schuld ist, sondern die des offenbar gar nicht so freundschaftlich verehrten Freundes O. Aggression gegen ihn versteckt sich im Traum und seiner Konstruktion „Propylen-Injektion". Das Serum „Propylen" führt nämlich zu mehreren latenten Traumgedanken (wie „Ityn" zu zwei Mythen führt): Von „Freund O." (der für Freunds Freund Wilhelm Fließ steht) hatte Freud vor kurzem einen ungenießbaren Likör bekommen, der wie Fusel („Amylen") roch! „Propylen" steht also metaphorisch (aufgrund der Ähnlichkeit der Substanzen bzw. Gerüche und/oder der Wortfassungen bzw. Lautgestalten) für diesen Likör. Die Verschleierung, Maskierung, „Entstellung" verkehrt (auf metaphorische, nicht metonymische Weise) die Likör-Geschichte in einen medizinischen Fall.

Das Wort „Propylen" führt jedoch (wie die Zeichenfolge „Ityn") zu einem weiteren latenten Traumgedanken, zu den „Propyläen" in München, wo Freud den Kollegen Wilhelm Fließ (also „Freund O.") getroffen hatte. In der Zeichenfolge „Propylen" sind also zwei Lautgestalten oder Signifikanten „verdichtet", diesmal nicht in Form einer Synekdoche bzw. eines *pars pro toto*, sondern auf Grund von Homophonie, Gleichklang. Im überdeterminierten „Propylen" überkreuzen sich also zwei latente Gedankengänge. Das „Propylen" (als ‚Metapher' für „Propyläen") führt *metonymisch* zu Fließ, da die Propyläen in München sich nur durch ‚Zufall', d.h. zufälligen Zusammenfall, Zusammenhang, Kontiguität, mit Wilhelm Fließ verbinden; dessen von Freud befürwortete Theorie des Sexualstoffwechsels (und seines Produktes „Trimethylamin") bestärkt *qua* Gegensatz die verborgene Abneigung gegen den „Freund O." und bestätigt noch einmal, daß Freud nicht Schuld hat am Falle Irma, da offenbar deren sexuelle Enthaltsamkeit als Witwe die Heilung behindert (und nicht Freuds Therapie). Der Traum kennt neben Mischworten auch Mischpersonen, also bildlich-ikonische

---

5. Claude Lévi-Strauss: Strukturale Anthropologie, Frankfurt a. M. 1971 (= st 15), S. 236.
6. Freud, Die Traumdeutung, S. 126 ff.

„Verdichtungen". Das bleiche Gesicht Irmas komme eigentlich weniger ihr selbst, als Freuds eigener Frau zu: Als metonymische Synekdoche oder *pars pro toto* führt dieses Gesicht der Mischperson bzw. bildlichen Verdichtung also auch zu Freuds Ehefrau. Die Hieroglyphik des Traumes verfährt sprachlich und optisch, genauer: sowohl sprachlich (in akustischer oder optischer Form) wie bildlich und akustisch (soweit neben der akustisch vermittelten Sprachlichkeit auch Geräusche auftreten); sie kann die Ebene des Verbalen mit der des Bildlichen verquicken; Metaphern, Metonymien und Verdichtungen können auf der Ebene des Verbalen spielen, d.h. sowohl auf der Ebene der Wortkörper (Signifikanten) wie auf der Ebene des Bedeuteten (der Signifikate), und auf der Ebene der Bildzeichen (ikonisch): Ein Signifikant kann für einen anderen Signifikanten stehen, ein Signifikat für ein anderes, ein Signifikant kann für ein Signifikat stehen und umgekehrt; ein Bild oder Bildteil kann für ein anderes Bild oder ein Wort bzw. für ein Bruckstück einer Lautgestalt stehen (die Farbe „Rosa" für den Namen „Rosa" oder für ein „R", eine Flasche „Evian" für eine Flasche „Perrier" oder den Namen, eventuell Familiennamen „Perrier", usw. usf.), und eine Lautgestalt kann für eine andere oder ein Bild stehen („Propylen" für „Propyläen", „Evian" für „Perrier", „*Herz*egowina" für „Herr", „Signor" oder „Signorelli" usw. usf.). (Wobei – im Traum – ein gemeintes verbales Signifikat quasi auf einer Ebene mit einem Bildsignifikanten oder einem Bildsignifikat steht, denn im Traum ist – wie im Foto – das gemeinte Objekt mit dem Bildzeichen für das Objekt quasi identisch.) Freud spricht daher in absolut treffender Weise vom Bilderrätsel oder „Rebus", um die Grammatik bzw. Rhetorik des Traumes zu charakterisieren.[7] Die Gesetze der Assoziation werden vor allem von Metapher und Metonymie bestimmt. Letztlich kann jedes Element (Signifikat/Ikon oder Signifikant) für ein anderes stehen. Nach Jacques Derrida trifft dies nicht nur für den Traum, sondern auch für die Sprache überhaupt zu.[8] Zumindest können wir Parallelen im Bereich der Poesie, exemplarisch im Bereich des Witzes (im engeren Sinne) sehen.

2) Ezra Pounds Verdichtung „Ityn" zeigt auch Parallelen auf dem Gebiet des Sprachspiels bzw. des *Witzes*, der mit Polysemien, Verdichtungen, Homophonien oder Homonymien arbeitet: Freud analysiert einen sogenannten „Verdichtungswitz" bei Heinrich Heine, der seinen Hirsch-Hyazinth nach einem Besuch beim reichen Onkel Rothschild sagen läßt: „Rothschild behandelte mich ganz wie seinesgleichen, ganz famillionär"[9]. Der Versprecher „lion" bzw. „on", metonymisches bzw. synekdocheisches *pars pro toto* für „Millionär", straft das „familiär" Lügen. Wie das „n" in „Ityn" die „Cabestan"-Legende andeutet oder das „Propylen" das Treffen mit Fließ bei den Propyläen, so wird in der verdichteten Zeichenfolge „famil*lion*är" eine dem Sprecher eigentlich peinliche Kritik verborgen und zugleich ausgesprochen, genauer: angedeutet. Im Signifikanten „S" ver-

---

7. Ebd., S. 280.
8. Vgl. Jacques Derrida: Freud und der Schauplatz der Schrift. In: Die Schrift und die Differenz, Frankfurt a. M. 1972, S. 302-350.
9. Freud, Der Witz, S. 20 ff.

birgt sich ein anderer Signifikant bzw. ein Signifikat „(s)", die Klammer deutet das Moment der Entstellung, des Verbergens, des Verdrängens an: S/(s). Freilich geschieht im Witz bewußt oder doch halbbewußt, jedenfalls intentional, was sich in Traum und Fehlleistung (und auch in jeder Form von Symptombildung) *unbewußt* bzw. *unwillkürlich/nicht-willentlich* ereignet. Bewußt wird das aufgesucht, was Traum und Fehlleistung wider Willen aussprechen: eine zensierte Regung. Aber auch im Witz bleibt diese zensierte Regung halbbewußt, d.h., sie muß maskiert, entstellt, versteckt werden (durch Verschiebungen und Verdichtungen). Wir sehen also, daß auch der Witz mit Metonymien, Metaphern und Verdichtungen arbeitet, wie umgekehrt allen Metaphern und Metonymien ein gewisser ‚Witz' eignet.

3) Eine dritte Parallele zu Pounds „Ityn" wäre im Bereich der *Fehlleistungen* bzw. *Versprecher* und Vergeßlichkeiten zu sehen, womit wir vom Bereich des Bewußten oder Halbbewußten (der Sprache bzw. Literatur) wieder zum Bereich des Unbewußten zurückgekehrt wären. Allseits bekannt ist der Versprecher „zum Vorschwein kommen", in dem das „w" einen „schweinischen" Hintergedanken verrät (wobei „schweinisch" als metaphorischer Ausdruck für Erotisches und das „w" als metonymische bzw. synokdocheische Abbreviatur, in der sich das ungewollt Assoziierte versteckt, zu verstehen ist). Freud erwähnt in seiner Studie ‚Zur Psychopathologie des Alltagslebens' den Versprecher bzw. Lapsus einer Patientin, die von einer ihr verhaßten Familie sagt: „Überhaupt eine saubere Lippschaft"; in „Lippschaft" ist neben dem gemeinten Wort „Sippschaft" durch das metonymische Zeichen „L" auch das Wort „Liebschaft" verdichtet, das auf eine unerlaubte Beziehung der Tochter der erwähnten Familie anspielt. In „Lippschaft" sind zwei Signifikanten verdichtet, wobei ein Signifikant („L"), der eigentliche „Signifikant", *der* „Signifikant", auf Grund der starken Verkürzung bzw. Entstellung nur höchst indirekt und versteckt auf das Gemeinte („Liebschaft") hinweist; das Gemeinte (es rutscht in die Position des Signifikates) ist quasi verdrängt: Signifikant/(Signifikat): S/(s) bzw. $S_1 + (S_2)/(s_2)$; die Klammer (...) deutet an, daß das Signifikat verborgen bzw. unbewußt ist. Man kann hier, da es sich nicht um intendierte Signale, sondern um unwillkürliche Ausrutscher handelt, auch von einer Spaltung in Bewußtes (bw) und Unbewußtes (ubw) ausgehen: S/(s) = bw/ubw. Anders als beim Witz wird hier das Zensierte, Verdrängte nicht intentional (bewußt bzw. halbbewußt) angesteuert, sondern verrät sich wider Willen in einem rätselhaften Signifikanten („L"): „Das Unbewußte ist gleich einer Sprache gebaut."[10] Wäre der Witz vom „famillionären" Verhalten Rothschilds nicht bewußt konstruiert, sondern als realer Versprecher unbewußt artikuliert worden, dann hätte sich ein absolut ähnliches Gebilde ergeben: Familiär + lion/(Millionär), d.h.: $S_1 + (S_2)/(s_2)$ bzw. S/(s).

Den großen Bereich der Symptombildung (zusammen mit Traum und Fehlleistung das Gebiet des Unbewußten ausmachend) müssen wir hier (bei unserem

---

10. Hermann Lang: Die Sprache und das Unbewußte. Jacques Lacans Grundlegung der Psychoanalyse, Frankfurt a. M. 1973, S.107; vgl. Jacques Lacan: Écrits, Paris 1966, S. 431.

Vergleich mit den Ver-dichtungen der „Dichtung") aussparen, da er weniger mit sprachlich-linguistischen Phänomenen als vielmehr mit Handlungsweisen und Körpersignalen verbunden ist; gleichwohl wären auch hier Parallelen zu konstruieren, denn letztlich beruhen auch die Körpersymptome und die Zwangshandlungen auf den Operationen von Metapher und Metonymie: Im Waschzwang ist der Zusammenhang mit der Urszene, d.h. der metonymische Kontext, unbewußt geworden, in der hysterischen Lähmung ist eine metaphorische Relation verdrängt worden.[11]

Quod erat demonstrandum: Die Poesie (zumindest ein großer Bereich des Poetischen) und die Mechanik des Unbewußten ähneln einander; poetische Formen, Formen der Traumsprache, Fehlleistungen und Witzbildungen sind einander – bis auf die Differenz „halbbewußt versus unbewußt" – sehr ähnlich; daß Poesie und Witz einander ähneln, ist freilich eine Tautologie, die hier nur deshalb formuliert wurde, weil gezeigt werden sollte, wie viel der Witz (im engeren Sinn) mit dem ‚Witz', dem Esprit, dem Genie, der Originalität, der Verfremdung und Überstrukturiertheit der Poesie im allgemeinen gemeinsam hat; außerdem wird dem Witz hier ein eigenes Terrain eingeräumt, weil er in unserem Zusammenhang vor allem als psychologisches Phänomen gesehen wird und weil Freud ihm eine große Abhandlung gewidmet hat.

Der Witz

Eine kleine Anmerkung Freuds in der '*Traumdeutung*' macht die Nähe von Traum und Witz deutlicher als die Abhandlung zum Witz selbst: „Der Traum wird witzig, weil ihm der gerade und nächste Weg zum Ausdruck seiner Gedanken versperrt ist."[12] Der Witz entstellt seine „Tendenz" (erotischer oder aggressiver Natur) wie der Traum sein Motiv, die Wunscherfüllung, entstellt, maskiert, kaschiert. Die Verfahren der „Witzarbeit", i. e. die Mechanismen der *indirekten* Darstellung durch metaphorische und metonymische Anspielung und Verdichtung, führen uns allerdings deutlicher als die Formen der „Traumarbeit" zur rhetorischen bzw. ästhetischen Technik der Poesie.

Die Aufklärung hat den „Witz" (im weiteren Sinne) als rhetorisches Vermögen schlechthin und als Geist, Esprit, Genie überhaupt zu bestimmen gesucht. So schrieb schon J. Locke im '*Essay*': „Wit lying most in the assemblage of ideas and putting those together with quickness and variety, wherein can be found any resemblance or congruity."[13] Eine Kernbedeutung – besonders den metaphorischen Aspekt beinhaltend – hält sich von Chr. Wolff bis ins 19. Jh.: Der Witz ist

---

11. Vgl. Anika Lemaire: Jacques Lacan, Brüssel 1977, S. 284 („*Les symptômes* sont des *métaphores*.") und S. 289 ff.; Jacques Lacan: Schriften I, hg. von Norbert Haas, Olten 1973, S. 122 („Das Symptom ist hier Signifikant eines aus dem Bewußtsein des Subjekts verdrängten Signifikats.")
12. Freud, Die Traumdeutung, S. 299.
13. John Locke: Philosophical Works, Vol. I, London 1908, S. 271.

das „Vermögen der Seele, Ähnlichkeiten, und besonders verborgene Ähnlichkeiten, zu entdecken".[14] Noch Sulzer spricht von Assoziation durch „Ähnlichkeit" und „Contrast"[15], und Vischer schreibt: „Der Witz ist eine Fertigkeit, mit überraschender Schnelle mehrere Vorstellungen, die nach ihrem inneren Gehalt und dem Nexus, dem sie angehören, einander eigentlich fremd sind, zu *einer* zu verbinden."[16] Für Jean Paul, der den „bildlichen Witz"[17] (die Metaphorik) für das Hauptgebiet des Witzes hält, definiert sich der Witz (im engeren Sinn) als „das Verhältnis der Ähnlichkeit, d.h. teilweise[n] Gleichheit, unter größere Ungleichheit versteckt"; der Witz ist der „verkleidete Priester, der jedes Paar kopuliert".[18] Alle Bestimmungen gehen also von einer Kombination von Zusammenhang und Zusammenhangslosigkeit, von Similarität und Differenz, von Sinn und Unsinn, Identischem und Nicht-Identischem aus. Der gemeinte „Sinn im Unsinn" läßt sich durchaus mit Freud auf die „unsinnig" erscheinende Entstellung durch Verschiebung und Verdichtung beziehen.

Im Badehaus-Witz, den Freud in seiner Abhandlung zitiert, findet die Verschiebung einer Sinnrichtung statt:

„Hast Du genommen ein Bad?" fragt ein Jude den anderen vor dem Badehaus. „Wieso?", antwortet der andere, „fehlt eins?"[19]

Identität bzw. Zusammenhang liegt in der Homonymie von „Bad nehmen" („sich waschen" → „stehlen"), die Zusammenhangslosigkeit bzw. Nicht-Identität liegt in der absurden Abweichung von der einen zur anderen Bedeutung, von einem Signifikanten zum anderen ($S_1 \rightarrow S_2$). (Die Homonymie ist wie die Homophonie eine Spezialform der Verdichtung; dem Verschiebungswitz dieser Art liegt also eine Verdichtung zugrunde.)

Der Umschlag von Zusammenhangslosigkeit in Zusammenhang, von Unsinn in Sinn findet sich auch in jenem „Verdichtungswitz", den Freud aus Heines Werken zitiert: „Rothschild behandelte mich ganz wie seinesgleichen, ganz famillionär."[20] Der Signifikant „lion" (oder „on"), metonymisches bzw. synekdocheisches *pars pro toto* für „Millionär", stellt das „familiär" in Frage. Metonymie und Metapher sind also Werkzeuge des „Witzes"; durch Einordnung in eine Polysemie (Homophonie, Homonymie, Verdichtung bzw. Kompression/Kompilation usw.) werden sie in Elemente des Witzes transformiert. Es ist wohl immer so, daß der eine der Signifikanten, sagen wir „S_2" sich im anderen versteckt, er bzw. sein Si-

---

14. Johann Christoph Adelung: Auszug aus dem grammatisch-kritischen Wörterbuche, 4. Theil, Leipzig 1802, S. 1242.
15. Johann Georg Sulzer: Allgemeine Theorie der schönen Künste, 4. Theil, 2. Aufl. Leipzig 1794, S. 737 a.
16. Friedrich Theodor Vischer: Über das Erhabene und Komische, Frankfurt a. M. 1967, S. 191.
17. Jean Paul: Vorschule der Ästhetik, München 1963, S. 182 ff.
18. Ebd., S. 171 u. 173.
19. Vgl. Freud, Der Witz, S. 49.
20. Ebd., S. 20 ff.

gnifikat ist dann verdrängt: (S_2) bzw. (s_2).

Wenn wir unter „S" das Symbol für einen Signifikanten verstehen wollen, lassen sich die Formen folgendermaßen darstellen: In der Verdichtung (VD) des „Verdichtungswitzes" werden „S_1" und „S_2" (usw.), die einander ähnlich sein oder sich auch antithetisch zueinander verhalten können, komprimiert; „n" deutet die Verdichtung/Kompression bzw. Division an:

Verdichtung (VD):

$$VD = \frac{S_1 + S_2}{n} \text{ bzw.}$$

$$VD = \frac{S_1 + (S_2)}{n} \text{ bzw. } \frac{S_1 + (S_2)}{n\,(s_2)} \text{ bzw. } \frac{S_1}{(s_2)}$$

Als „Signifikanten" kommen wörtliche Ausdrücke bzw. Denotate (D) in Frage wie auch übertragene Bedeutungen bzw. Konnotationen (K), vor allem Metaphern (M) und Metonymien (ME), so können zwei Denotate oder ein Denotat und eine Metapher („Vorschwein") komprimiert sein, eine Metapher und eine Metonymie („Propylen" für „Amylen" und für „Propyläen"/"Fließ") usw. (also: D+D, D+K bzw.: D+ME, M+ME, K+K bzw. M+M, ME+ME).

Für den „Verschiebungswitz" (VSW) soll „c" (*comparable*) die Homophonie bzw. Homonymie oder Vergleichbarkeit bzw. Similarität ausdrücken:

$VSW = S_1(c) \rightarrow S_2(c)$

In bezug auf die Metapher gilt „c" als Index der *Similarität* (wobei dieser Similarität natürlich immer auch ein Maß an Unterschiedlichkeit bzw. Differenz gegenüber steht; bei der kühnen und besonders ‚witzigen' Metapher ist dieses Maß an Unähnlichkeit besonders groß):

Metapher (M):

$M = S_1(c)$ statt $S_2(c)$.

Bezüglich der Metonymie (als Tropus) zeigt „co" (*contiguité*) das Benachbartsein, den Zusammenhang an:

Metonymie (ME):

$ME = S_1(co)$ statt $S_2(co)$.

Die logische Form der genannten Verfahren besteht also in der Kombination von Identität, Ähnlichkeit, Zusammenhang, Sinn einerseits und Nicht-Identität, Unähnlichkeit, Zusammenhanglosigkeit und Unsinn andererseits. Auf die psychologische Basis dieser Formen weist das Faktum, daß sie schon immer mehr in wirkungsästhetischer als in mimetischer Hinsicht betrachtet worden sind. Schon Bodmer und Breitinger scheiden die Belustigungen des „Witzes" von denen des „Verstandes": „Jene sind lustig und ergetzlich, diese sind lehrreich und erbaulich."[21] Da der „sinnreiche Witz" sich auf das „Mögliche" gründet (d.h. nicht auf Fakten und Konventionen), so kann er auch „gantz neu und wunderbar herauskommen".[22] Die Abhebung des Witzes von mimetischem und vor allem von zweckbezogenem Denken bereitet die neu entstehende Ästhetik bzw. den Gedanken der poetischen Autonomie[23] vor. Das Selbstzweckhafte bzw. Autonome des Witzes spricht am deutlichsten Friedrich Schlegel aus, für den der Witz als „fragmentarische Genialität" wie ein „Blitz aus der unbewußten Welt" das „freie und spielende" Denken konstituiert[24]. Die Idee der „Befreiung" wird bei Freud dann psychologisch gewendet, d.h. nicht nur in kognitiver Hinsicht betrachtet, sondern vor allem im Hinblick auf Triebdynamik und innere Zensur diskutiert, besonders an den Stellen, an welchen von der Funktion des „Ablachens" und der „Ersparung psychischen Aufwands"[25] die Rede ist: Das Abreagieren unterdrückter Tendenzen (vor allem aggressiver und erotischer) begründet die Befreiung. Jean Pauls Rede vom Witz als dem „Verhältnis der Ähnlichkeit, d.h. teilweise[n] Gleichheit, unter größere Ungleichheit versteckt"[26], deutet – obgleich sie rein kognitiv und nicht psychologisch gemeint ist - auf das Moment des Maskierens („Versteckens") voraus, d.h. auf die – wie Freud zeigt - indirekte Darstellung des Witzes und seine Anspielungstechnik, die an den Traum mit seinen Verschiebungen und Entstellungen bzw. Aussparungen und Verdichtungen erinnern, also an Techniken, die besonders geeignet sind, die Zensur zu täuschen und Zensiertes bzw. Verdrängtes anzudeuten. (Jean Paul rechnet, wie gesagt, bezeichnenderweise die Metapher und die Allegorie zum Witz[27]; daher ist auch sein ‚sinn- und witzreiches' Werk voll von Metaphern und Vergleichen; ein Beispiel: Im 'Titan' berührt Albano „bebend Lianens Blumenlippe, wie Johannes Christum küßte".[28] Unter der „Ungleichheit" liegt die Parallele „versteckt".)

Es mag deutlich geworden sein, daß die unendlich vielfältigen Formen von Witz, Metapher, Metonymie und Verdichtung die Literatur im weitesten Sinne (ja sogar die poetischen Elemente der Umgangssprache) konstituieren, was auch

---

21. Johann Jacob Breitinger: Critische Dichtkunst, Zürich 1740, Bd. II, S. 104.
22. Ebd., Bd. I, S. 407 f.
23. Vgl. Hans H. Hiebel: „Autonomie" und „Zweckfreiheit" der Poesie bei Jean Paul und seinen Zeitgenossen. In: Jb. der Jean-Paul-Gesellschaft 32/33 (1997/98), S. 151-191. Kant nennt das Zusammenwirken von Einbildungskraft und Verstand im „regelmäßigen Spiel" das spezifisch Reizvolle am Witz; vgl. Immanuel Kant: Werke in sechs Bänden, hg. von W. Weischedel, Darmstadt 1963, Bd. V, S. 392.
24. Friedrich Schlegel: Kritische Ausgabe, hg. von E. Behler, Bd. 12, München, Paderborn, Wien 1964, S. 392 und S. 393.
25. Freud, Der Witz, S. 114 u. passim.
26. Jean Paul, Vorschule, S. 171.
27. Ebd., S. 182 ff. („Der bildliche Witz").
28 Jean Paul: Werke in 12 Bd., hg. von N. Miller, München 1975, Bd. 5, Titan, S. 352.

letztlich das Ziel unserer Überlegungen darstellt. Auch dürfte klar sein, daß wir uns auf die elementarsten Techniken beschränken, auf welche freilich zahlreiche poetische Verfahren bzw. Verweistechniken reduziert werden können; Formen wie Litotes, Hyperbel, Ironie (die in psychologischer Hinsicht zur Kategorie der „Verneinung" oder der „Darstellung durchs Gegenteil" zu rechnen wären) bleiben bei unserer Betrachung der „Rhetorik" des Unbewußten und der Poesie außerhalb des Blickfeldes. Zur Metaphorik sind in unserem Kontext letztlich auch Allegorie, Vergleich, Gleichnis, Parabel, Fabel, Exempel, Sinnbild, Emblem und alle Arten der Allusion zu rechnen (soweit sie metaphorischer und nicht metonymischer Natur sind). Die Metonymie - mit den Untergruppen der Synekdoche und Antonomasie - soll jene Strukturen bezeichnen, in welchen durch Nachbarschaft, Sachzusammenhang, Kontext, „Kontiguität" auf den Sinn des eigentlich Gemeinten hingewiesen wird.

Metapher und Metonymie als quasi metasprachlichen Phänomenen ist stets eine elementare Objektsprache, ein Lexikon der Grundbedeutungen, d.h. ein elementarer, direkter Verweisungszusammenhangs (von Signifikant und Signifikat bzw. Objekt/Referent) vorausgesetzt. Wenn Paul Ricoeur die psychoanalytische Tiefenhermeneutik als '*Symbol*'auslegung begreift, so geht er von diesem Sachverhalt des Verweises von Ausdrücken eines „unmittelbaren Sinns" auf „einen mittelbaren Sinn" aus. „Etwas anderes sagen wollen, als man sagt, das ist die symbolische Funktion."[29] Man bedient sich der Sprache, „pour signifier *tout autre chose* que ce qu'elle dit", sagt Lacan.[30] Ähnlich unterscheidet auch Roland Barthes die Ebene der „Konnotation" (der übertagenen Bedeutung) von der Ebene der „Denotation" (der objektsprachlichen, referentiellen Bezeichnung): Ein Zeichen (mit Signifikant *und* Signifikat, z.B. englisch „*star*"/"Stern") wird in einen Signifikanten mit neuen Signifikat („*star*" im Sinn von „*filmstar*") transformiert.[31] Die hier angedeutete Trennung von Signifikant und Signifikat (*signifiant* und *signifié*) ist für den Freud-Exegeten Jacques Lacan entscheidend: Das „Symbolische", „le symbolique", zeichnet sich gerade dadurch aus, daß das Signifikat im Dunkel, in der Verdrängung verbleibt, sich aber dennoch durch ein Zeichen verrät.[32]

Es ist, wie sich gezeigt hat, in unserem Zusammenhang nötig, den Terminus der Metapher, gekennzeichnet durch Similarität (bzw. Zugehörigkeit zu einem Paradigma), auch auf die Ebene der Signifikanten (und nicht nur der Signifikate) zu beziehen, er meint dann Parallelen auf der materiellen Ebene der Sprache, der Lautlichkeit bzw. Buchstäblichkeit, auf welchen so manche Assoziationskette aufbaut. So kann der Ersatz von „Amylen" durch „Propylen" in Freuds Traum (die Injektion und den Likör betreffend) als metaphorische Operation gesehen

---

29. Paul Ricoeur: Die Interpretation, Frankfurt a. M. 1974 (= stw), S. 24.

30 Jacques Lacan: L'instance de la lettre dans l'inconscient ou la raison depuis Freud. In: Écrits, Paris 1966, S. 493-528, S. 505.

31. Vgl. Roland Barthes: Die Mythen des Alltags, Frankfurt a. M. 1964, S. 93 f.; Ders.: Der entgegenkommende und der stumpfe Sinn, Frankfurt a. M. 1990, S. 32, 37, 41 u. passim.

32. Vgl. Lacan, L'instance de la lettre; vgl. auch Hermann Lang, Die Sprache, bes. S. 184.

werden. Aber auch die Metonymie, gekennzeichnet durch Kontiguität bzw. Kontextualität, muß auf die Materialität der Signifikanten ausgedehnt werden: Metonymische bzw. synekdocheische Bruchstücke von Worten lassen sich auf Grund des syntagmatischen Zusammenhangs ergänzen: „L" zu „Liebschaft", „lion" zu „Millionär" oder „norekdal" zu „Nora und Ekdal" (in Ibsens „Nora" bzw. „Die Wildente"; „norekdal" nennt Freud in einem Traum - es könnte auch in einem Witz oder einem Versprecher geschehen - eine schwülstige, an Ibsen erinnernde Abhandlung[33]).

Der Traum ist ‚witzig', ebenso wie die Fehlleistung; die Poesie hat ‚Witz', darin liegt der Grund für die hier versuchte Zusammenschau; andererseits sind Metaphern, Metonymien und Verdichtungen *per se* „witzig", wie - umgekehrt - der Witz, Jean Paul zufolge, sein Hauptgebiet im „bildlichen Witz" hat; daher spielen Metonymien, Verdichtungen und vor allem Metaphern in allen Bereichen – in Traum, Fehlleistung und Poesie (den Witz im engeren Sinn eingeschlossen) – eine zentrale Rolle. Das Moment der Verdichtung ist auch der Metapher und der Metonymie (da sie beide das gemeinte Signifikat elidieren), ja auch dem Vergleich, der das *tertium comparationis* aussparen kann, *per se* eigen. Nicht von ungefähr trägt die Poesie daher auch den Namen „Dichtung".

Freuds Poetik

Wir wollen uns nun Freuds '*Traumdeutung*', dem „Königsweg" zum Unbewußten, und seiner Studie '*Der Witz und seine Beziehung zum Unbewußten*', aber weniger Freuds direkt literaturtheoretischen Arbeiten zuwenden. Weshalb? Die Witz-Studie analysiert die Mechanismen der „Verschiebung" und „Verdichtung", die auf Metapher, Metonymie und Polysemie beruhen, also Operationen, die die engste Verwandtschaft mit poetischen Verfahren aufweisen. Dies trifft auch für die '*Traumdeutung*' zu, ja, noch mehr für sie als für die Abhandlung vom Witz, obgleich die Traumanalyse sich dem Unbewußten und nicht den bewußten sprachlichen Operationen widmet. Doch wir wissen: Das Unbewußte ist strukturiert wie eine Sprache. Da die Hieroglyphik des Unbewußten wie die der Poesie (den Witz eingeschlossen) weniger mimetischen, als vielmehr funktionalen Zwecken gehorcht, sind die folgenden Überlegungen einem „wirkungsästhetischen" bzw. „rezeptionstheoretischen" Ansatz verpflichtet.

Die Freudsche Poetik wird sich im Folgenden als eine Rhetorik des Unbewußten darstellen. In der Regel werden in der Literaturpsychologie Freudsche bzw. freudianisch-psychoanalytische Theoreme i n h a l t l i c h e r Natur auf die Poesie appliziert, im wesentlichen ist dies die sich (unseres Erachtens unbestreitbar) universal manifestierende ödipale Struktur, d.h. die systemische Genese des Subjekts (auch des pathologischen) im Rahmen der Struktur der Familie (mit all den individuellen Triebschicksalen als dem Resultat dieser Genese). So weisen z. B. die von A. Mitscherlich veröffentlichten '*Psychopathographien*' auf Mutterbin-

---

33 . Freud, Die Traumdeutung, S. 297.

dung und Rivalitätsphantasie in Nabokovs 'Lolita', auf homoerotische Identifikation mit dem vom Vater geliebten Kind in Thomas Manns 'Tod in Venedig', auf Vaterhaß und Kastrationsangst in Balzacs 'Père Goriot' und auf weitere Muster der Folgeerscheinungen einer Kultur des Inzestverbotes.[34] Zwar kann man es sich zur hermeneutischen Aufgabe machen, die ödipale Struktur in ihren Variablen bzw. konkreten Erscheinungsformen in der Literatur (die ja häufig Charaktere, Emotionen, Motive und Handlungsweisen zeichnet oder Charakter und Veranlagung des Autors verrät) zu entdecken, gleichwohl geht bei dieser Tätigkeit häufig die Frage nach der *ästhetischen Funktion*, nach Machart und Wirkungsweise des poetischen Werks, verloren. Was Freud in seiner Psycho-Logie der Traumdeutung nur als *ein* inhaltliches Beispiel für die Mechanik des psychischen Apparates darstellt (den „typischen Traum" vom „Tode teurer Personen"), wird zum Telos der Literaturanalyse: Der Ödipus- bzw. Kastrationskomplex. (Freilich wird dieser Komplex im *späteren* Werk Freuds zum Ursprung der Verdrängung überhaupt erklärt; aber diese Zentrierung berührt nicht die Frage nach der Mechanik des Unbewußten bzw. nach der Logik des seelischen Vorgangs, wie sie eben in der ‚Traumdeutung' überzeugend analysiert werden.) In der inhaltlich am Ödipus-Komplex orientierten und in der Regel nachahmungstheoretisch ausgerichteten Literaturpsychologie wird meist die wirkpoetische Dimension (und damit auch die ästhetische Funktion) literarischer Werke ignoriert; häufig steht die biographische bzw. entwicklungsgeschichtliche, also autorzentrierte Perspektive im Vordergrund; unter ihrem Blick gerät das Werk rasch zum Dokument der (angeblichen) Pathologie des Autors und zum privatsprachlichen Ausdruck der Veranlagung des Autors, während das literarische Werk doch auf Grund seiner Kommunikabilität, seines bewußten Sagens, seiner Intentionalität das Zu-Sagende immer verallgemeinert und verobjektiviert.[35]

Anders als seine inhaltlich und nachahmungstheoretisch orientierten literaturpsychologischen Nachfolger hat Freud selbst bereits in '*Der Dichter und das Phantasieren*' in wirkungspoetischer Weise die Funktion des Poetischen aus den Begriffen der „Wunschphantasie", des „Tagtraumes" und des „Spiels" zu entwickeln getrachtet.[36]

---

34. Alexander Mitscherlich (Hg.): Psychopathographien I, Frankfurt a. M. 1972; vgl. auch Bernd Urban (Hg.): Psychoanalyse und Literaturwissenschaft, Tübingen 1973.
35. Vgl. zu diesem methodologischen Problem: Hans H. Hiebel: The „Eternal Presence" of a Static Dilemma. Psychoanalysis and the Use of Tense and Connotation in Franz Kafka's '*Ein Landarzt*'. In: Tales and „their telling difference". Fs. für Franz K. Stanzel, hg. von Herbert Foltinek, Wolfgang Riehle, Waldemar Zacharasiewicz. Heidelberg 1993. S. 337-359, vgl. bes. S. 339 („Kafka's dream stories are not dreams but simulations of dreams or dreamlike textures", „Kafka drafted his stories deliberately and consciously". „It does not make sense to analyse Kafka's writings as symptoms of an illness, as symptoms of the author's private unconscious desires and fears, his private problems with his father or his alleged neurotic constitution, etc., because all these things are in fact portrayed consciously.")
36. Der Dichter und das Phantasieren. In: Sigmund Freud: Bd. X der Studienausgabe (= Bildende Kunst und Literatur), Frankfurt a. M. 1969, S. 169-180. Peter von Matt ist Freud

Freud hat selbst einige rein ‚inhaltistische', nachahmungstheoretisch ausgerichtete Literatur-Interpretationen unternommen, in welchen das Literarische im Grunde nur als Material oder Demonstrationsobjekt im Dienste einer Psychologie der normalen Alltagspathologie oder der supranormalen Störung fungiert; bei seiner Zwecksetzung (die Strukturen und Mechanismen der Psyche erst einmal zu erkunden) hatte das noch seinen guten Sinn. So waren also die Analysen des 'König Ödipus' und des ‚Hamlet' in der Traumdeutung (1900) Beispiele für aggressive und inzestuöse Wunschphantasien. Auch die Diskussion der 'Gradiva'-Novelle von W. Jensen (1907), in der sozusagen *zufällig* Träume und Wahnvorstellungen Thema der Poesie sind, dient nicht der Literaturtheorie, sondern nur der Erhärtung der Traumtheorie. Freud findet in dieser Novelle eine kongeniale literarische Parallele zu seinen eigenen theoretischen Arbeiten. Inhaltlich orientiert sind auch die Studien zu Ibsens 'Rosmersholm', zu ‚Macbeth' u.a. (in '*Einige Charaktertypen aus der psychoanalytischen Arbeit*'; 1916), zu Hofmanns 'Sandmann' ('*Das Unheimliche*'; 1919), Dostojewskis 'Die Brüder Karamasoff' (‚*Dostojewski und die Vatertötung*'; 1928) und zu ‚Hamlet' (in: ‚*Psychopathische Personen auf der Bühne*'; 1942)[37] - (Hamlets Zielgehemmtheit markiere bereits einen säkular fortgeschrittenen Stand der kulturellen Zwangsmoral und Verdrängung, des Unbehagens in der Kultur); alle diese Studien sind Applikationen der Psychoanalyse auf literarische Texte, Anwendungen der „Methode" der Psychoanalyse auf die Literatur, mit dem Ergebnis der *Wiedererkennung* des schon *Erkannten*; es geht in ihnen um das Herauslesen der schon beschriebenen psychologischen Stukturen aus den Charakteren eines Werks bzw. aus der tiefblickenden Gestaltung dieser Charaktere durch ihren Autor. Nur in '*Der Dichter und das Phantasieren*' (1908) und ansatzweise in ‚*Einige Charaktertypen*' versucht Freud der Literatur als Literatur gerecht zu werden und eine Art *Ars poetica* zu skizzieren. Von hier läßt sich über die Brücke „Tagtraum" die Verbindung zur ‚*Traumdeutung*' und zur Theorie des Unbewußten überhaupt herstellen. Ausschließlich die Arbeit ‚*Der Witz und seine Beziehung zum Unbewußten*' (1905) untersucht tatsächlich eine poetische Form (bzw. eine Urform des Poetischen) im Hinblick auf seine *ästhetische* Funktionsweise; sie stellt die einzige spezifisch literaturpsychologische Untersuchung Freuds dar.

In seiner Arbeit über die Entwicklung der Tragödie zum bürgerlichen, psychologischen und schließlich psychopathologischen Schauspiel (dem 'Hamlet') ('*Psychopathische Personen auf der Bühne*') von 1905/1906 kommt Freud erstmals auf das m.E. zentrale Dichtungstheorem der „Verschiebung der Aufmerksamkeit" oder der „Verdeckung" zu sprechen: Es scheint „Bedingung der Kunstform, daß die zum Bewußtsein ringende Regung, so sicher sie kenntlich ist, so wenig mit deutlichem Namen genannt wird, so daß sich der Vorgang im Hörer wieder mit abgewandter Aufmerksamkeit vollzieht und er von Gefühlen ergriffen wird, an-

---

hierin gefolgt: Peter von Matt: Literaturwissenschaft und Psychoanalyse, Freiburg 1972, S. 23, S. 86 und S. 29.

37 . Vgl. die genannten Studien im Bd. X der Studienausgabe; ‚*Das Unheimliche*' im Bd. IV der Studienausgabe (= Psychologische Schriften), Frankfurt a. M. 1970.

statt sich Rechenschaft zu geben. Dadurch wird gewiß ein Stück des Widerstandes erspart, wie man es in der analytischen Arbeit sieht [...]."[38] Literarische Sprache wird hier nicht in ihrer Referentialität verstanden bzw. mißverstanden (als Summe von Signifikanten, die auf Signifikate bzw. Referenten verweisen), sondern als Moment der Leiblichkeit, Triebbestimmtheit und Intentionalität des Subjekts, auch nicht als Instrument des sich selbst transparenten Bewußtseins, sondern als Ausdruck des gespaltenen Subjekts und seiner dem Zugriff des Bewußtseins entzogenen Dimension.[39] In der Sprache ist, so können wir Freuds Ausführungen ergänzen, durch das Zeichen als *Triebrepräsentanz* die Bindung an Wunsch und Libido - und somit die wirkungsästhetische Potenz - gegeben. Die von der Zensur hinabgestoßenen und verdrängten Triebpotentiale des (schon immer sprachlichen, weil interpretierenden und symbolisierenden) Unbewußten vermögen als *maskierte* unter der Voraussetzung der Lockerung der Zensur sich dem Bewußtsein zu nähern, auch dem Bewußtsein des Rezipienten. Was die „Traumarbeit" durch unbewußte „Entstellung" mittels „Verschiebung" usw. (ähnlich der ‚Arbeit' der Fehlleistungen und der Symptombildungen) bewerkstelligt, das verrichtet analog dazu *bewußt* die „Verdeckung" als poetische Technik: die ‚Dichtungsarbeit'. Genau jenes Entbergen durch Verbergen leistet auch die „Witzarbeit"[40] (die ja zur ‚Dichtungsarbeit' zählt): das Lachen ist „Ergebnis eines automatischen Vorganges, der erst durch die Fernhaltung unserer bewußten Aufmerksamkeit ermöglicht" wird.[41]

Der Witz erlaubt durch seine uneigentliche Sprache das sublimierte Artikulieren einer erotischen, aggressiven oder zynischen Tendenz[42]; dabei wird die Zensur unterlaufen und ein „psychischer Hemmungsaufwand erspart"[43]; die ersparte Energie wird mit Lustgewinn abgelacht. Wir wollen jedoch festhalten, daß die Befriedigung der Tendenz in abgeschwächter, sublimierter Form durchaus jener „regredienten" Befriedigung ähnelt, die uns die „Wunscherfüllung" des Traumes mit seinen „Primärprozessen" verschafft (wie auch die unbewußte Symptombildung und die unbewußte Fehlleistung). Eine Parallele hierzu ist die Lockerung der Zensur und die symbolische Wunscherfüllung bei der Lizenzierung des Verbotenen im zeremoniellen bzw. rituellen Fest: „Ein Fest ist ein gestatteter, vielmehr ein gebotener Exzeß, ein feierlicher Durchbruch eines Verbotes."[44] Wie das Ritual „verdeckt" im Witz das Spiel der uneigentlichen Ausdrücke die eigentliche Tendenz. Die *Ars poetica* des Witzes bedient sich folglich jener Mittel der

---

38. Freud, Psychopathologische Personen auf der Bühne. In: Studienausgabe Bd. X, S. 167.
39. Emphatisch weist Jacques Lacan immer wieder darauf hin, daß bei Freud das Subjekt aus dem Zentrum gerückt ist und als Spielball des „grand Autre", des Unbewußten, begriffen wird; vgl. dazu Lang, Die Sprache.
40. Vgl. den Terminus bei Freud, Der Witz, S. 141.
41. Ebd., S. 144.
42. Ebd., S. 109.
43. Ebd., S. 112 und 140.
44. Sigmund Freud: Totem und Tabu. In: Bd. IX der Studienausgabe, Frankfurt a. M. 1974, S. 287-444; Zit. S. 425.

Verdeckung, die auch der Traum kennt, dessen Entstellungen durch Verschiebung und jegliche Art der „indirekten Darstellung"[45] bewerkstelligt wird. Doch die Verschiebungsmittel im Witz „halten zumeist die Grenzen ein, die ihrer Anwendung im bewußten Denken gezogen sind"[46].

Damit kommen wir auf unser Ausgangszitat zur „Verdeckung" zurück. *Die poetische Entstellung ist als relativ bewußtseinsnahe zu begreifen.* Dennoch gilt für den *Dichter und das Phantasieren*, daß der Gedanke zunächst hinabsteigen muß in die Tiefen des unbewußten, genauer: vorbewußten „Tagtraums"[47]. Hier wird - dem Spiel analog - Realität dekomponiert und den Wunschphantasien gemäß rekomponiert; wie im Traum wird die Zensurschranke ein wenig angehoben. Nach (oder mit) der Sprachrekonstruktion, der Anhebung des Verdrängten, kann die Maskierung bzw. Verdeckung einsetzen. Auch die Ablenkung der Aufmerksamkeit im *Witz* ist bei- oder nachgeordnet einer „Absenz", die dem „plötzlichen Auslassen der intellektuellen Spannung" vergleichbar ist[48], und die den ‚Fang' erst ermöglicht. Was hier produktionsästhetisch gefaßt ist, läßt sich auch als Struktur des Werkes und als Wirkmechanik formulieren: Der Rezipient vollzieht jenen Prozeß nach, den der Autor durchgemacht und im Witz bzw. Werk materialisiert hat. Nachvollziehbar ist er jedoch nur dann, wenn der Autor Privatsprachliches bewußt oder zumindest intentional-halbbewußt in allgemeine, intersubjektive Sprachformen transformiert hat. Der private „Tagtraum" muß in den „gemeinsamen Tagtraum" (wie Hanns Sachs sagt[49]) verwandelt werden, d.h. in einer intersubjektive Sprache, die auch deutlich macht, daß der Einzelfall generalisiert werden kann, d.h. daß der Rezipient andere, aber ähnliche Probleme und Träume haben mag; diese Aufgabe der ‚Kollektivierung' wäre zur *Ars poetica* hinzuzunehmen. (Diese Aspekte der Intentionalität, Intersubjektivität und Generalisierbarkeit übersehen sehr viele literaturpsychologische - z.B. Kafka gewidmete - Textanalysen; sie suchen nur angebliche ‚Fehlleistungen' und ‚Symptome' des Autors aufzudecken, d.h. angeblich Unbewußtes oder gar Pathologisches zu ‚decouvrieren' oder ‚dekonstruieren'.)

Der implizierte Inhalt, als welchen man Freud zufolge die Varianten des Ödipus-Komplexes, aber auch verdrängte Partialtriebe, soziale Traumata und anderes angeben kann, eignet nicht nur der Literatur, sondern dem Erleben überhaupt. Freud hat somit recht, wenn er Erlebnisphänomene, nämlich die Verdeckung der Peinlichkeit des Tagtraumes, welche ihren Grund in Zensur und Widerstand („Abstoßung") hat, zum Zentrum der Poetik macht: „In der Technik der Überwindung jener Abstoßung [...] liegt die eigentliche *Ars poetica.*" „Der Dichter mildert den Charakter des egoistischen Tagtraumes durch Abänderungen und Verhüllungen und besticht uns durch rein formalen, d.h. ästhetischen Lustge-

---

45. Freud, Der Witz, S. 160.
46. Ebd., S. 161.
47. Vgl. Freud, Bd. X, S. 172.
48. Freud, Der Witz, S. 157.
49. Hanns Sachs in: Urban, Psychoanalyse und Literaturwissenschaft, S. 98.

winn." Die formale „Verlockungsprämie" oder „Vorlust" dient der „Entbindung größerer Lust aus tiefer reichenden psychischen Quellen [...]. Ich bin der Meinung, daß alle ästhetische Lust [...] den Charakter solcher Vorlust trägt und daß der eigentliche Genuß des Dichtwerkes aus der Befreiung von Spannungen in unserer Seele hervorgeht."[50] Das Ästhetische (im engeren Sinne) ist hier Mittel des Poetischen, wie im Witz mit Hilfe des Sprachspiels die Energie freigesetzt wird, die es möglich macht, die „sonst stärkere Hemmung zu überwinden" und den massiveren „Tendenzen" Ausdruck zu verschaffen.[51]

(Das Gesagte läßt sich natürlich vom Witz auf die übrigen Formen der Literatur übertragen. W. Schönau versucht z.B. auf der Basis rezeptionsästhetischer und psychoanalytischer Begriffe, das „unbewußte Substrat der Appelstruktur" von Günther Grass' 'Blechtrommel' zu rekonstruieren.[52] Die ödipalen und polymorph-perversen Anspielungen führen Schönau zufolge beim Leser zu zwei alternativen Urteilstypen: der moralischen Zensur und Entrüstung einerseits, der rein ästhetischen Schätzung andererseits. Genau zwischen diesen Alternativen hat jedoch die *Ars poetica* zu vermitteln, und das versuche Grass.[53])

Aus dem Gesagten läßt sich folgern, daß Freuds Theorie des Unbewußten bzw. der Sprache des *Traumes* mit Hilfe der Transfer-Brücken „Tagtraum" und „Verdeckung der Aufmerksamkeit" für eine (psychologische) Poetik fruchtbar gemacht werden kann; in der ‚*Traumdeutung*' finden sich die Analysen der Mechanismen, die der *Dichter und das Phantasieren* und andere Poetik-Versuche schon voraussetzen; zu überbrücken ist allein der Unterschied zwischen den absolut unbewußten Vorgängen und den halbbewußten bzw. intentionalen.

Es bedarf nun noch des Hinweises darauf, daß „Verschiebung" und „Verdichtung" der Traumtheorie nicht ganz identisch mit den Phänomenen des Verdichtungswitzes und Verschiebungswitzes (der Hauptform der Gattung der Gedankenwitze) sind. *Jeder* Witz nämlich muß aufgrund seiner indirekten Sprache teilhaben an *Verschiebung* und *Entstellung*, wodurch erst die Hemmung überspielt und die „Tendenz" ausagiert werden kann. Diese Doppelheit von Verschweigen und Andeuten (‚Sprechen' in metaphorischer, metonymischer und verdichteter Weise) liegt offenbar dem Witz und zahlreichen anderen Formen der Poesie zugrunde.

‚Die Traumdeutung': Verschiebung, Verdichtung, Metapher, Metonymie

Der Traum dichtet: Er stellt Freud zufolge 1) im Optativ stehende Gedanken durch eine Anschauung im Präsens dar, er fingiert; 2) er ver-dichtet sein Material; 3) er bedient sich der Rhetorik uneigentlicher, poesienaher Darstellungsmittel

---

50. Freud, Bd. X., S. 179.
51. Freud, Witz, S. 129.
52. Walter Schönau: Zur Wirkung der 'Blechtrommel' von Günther Grass. In: Psyche 37 (1974), hg. von A. Mitscherlich, S. 573-600.
53. Ebd., S. 584.

zum Zwecke der Entstellung; 4) er „dramatisiert" und „inszeniert" seine Gegenstände und 5) er gibt sich noch eine „Fassade" von Folgerichtigkeit und Kohärenz.[54]

Der Traum bringt die Ordnung von Raum und Zeit durcheinander; ein *post hoc* (danach) meint oft ein *propter hoc* (daher) oder impliziert andere logische Zusammenhänge; die Veränderungen des empirischen Raumes und der Zeitfolge gehorchen – wie die Worte und Bilder des Traumes – Gesetzen der Verdichtung, Verschiebung und Parallelisierung (bzw. Metaphorik). Der Traum assoziiert die Phänomene Raum, Zeit, Personen, Dinge und Ereignisse nach einer nicht-empirischen Ordnung, d.h. nach der Logik der Ähnlichkeit, der Kontiguität (Nachbarschaft) und der inneren Kausalität. Aber immer nimmt er „Tagesreste", d.h. „rezente" Eindrücke der unmittelbaren Vergangenheit auf und geht, da diese Eindrücke immer auch durch alte ‚Muster' oder ‚Skripten' präformiert sind, in „regredienter" Weise auf frühere und früheste, infantile Erfahrungen bzw. Urszenen zurück. Der Traum würfelt die Elemente der Erfahrungswirklichkeit (quasi wie die sich drehende Glaskugel des Lottospiels die Kugeln mit den Lottozahlen) nach den Gesetzen von Similarität, Kontiguität, Verdichtung, innerer Logik und Relevanz durcheinander: jede Nacht neu – und doch nie nach Zufallsprinzip; dabei – so möchte ich, über Freuds Theorie hinausgehend, vermuten – leistet er eine Art *Interpretationsarbeit*: Er interpretiert die gegenwärtige Befindlichkeit des Träumers und setzt sie in Beziehungen zu parallelen gegenwärtigen und analogen früheren Szenen, d.h. er konstruiert als Ganzes – wie die Dichtung - quasi Sinnbilder, Metaphern.

Freuds Grundaxiom, die „Wunscherfüllung", impliziert, daß ein verdrängter Wunsch im Traum so erscheint, als ginge er real in Erfüllung; ein Optativ erscheint als Indikativ im Präsens; mit Hilfe der regredienten, narzißtischen Phantasie wird eine - wenn auch nur partielle - Triebbefriedigung ermöglicht: „Der Traum ist die (verkleidete) Erfüllung eines (unterdrückten, verdrängten) Wunsches"[55]. So befriedige das Drama *Ödipus Rex* - nach Freud dem Muster eines weit verbreiteten, relevanten Traumtyps verwandt - unsere aggressiven und inzestuösen Wünsche, die im Theaterstück durch die Maske des Fatums verdeckt würden. (Die Dichtung hat als „Tagtraum" im Prinzip eine ähnliche Funktion wie der Traum.)

Ob die „Wunscherfüllung" der Motor der „Traumarbeit" schlechthin ist, mag bezweifelt werden. Vielleicht leistet der Traum eher eine quasi neutrale ‚Interpretationsarbeit', ‚unbewußte Bewußtseinsbildung', d.h. vielleicht bringt er sozusagen unbewußt die Erfahrungswirklichkeit zu Verarbeitungszwecken ‚zu Bewußtsein' bzw. ins Bild. Da aber unser gesamtes Streben sich nicht auf Unlust, sondern Lust, nicht auf Unglück, sondern Glück richtet, mag Freuds Annahme

---

54. Vgl. Freud, Die Traumdeutung; eine knappe Übersicht gibt auch Sigmund Freud: Über den Traum. In: Ders.: Über Träume und Traumdeutungen, Frankfurt a. M. 1971 (= Fischer TB 6073).
55. Freud, Die Traumdeutung, S. 175.

ihre Richtigkeit haben, zumal dann, wenn man - wie Freud es später in ‚Jenseits des Lustprinzips' (1920)⁵⁶ - sich korrigierend - tat, zum ‚Wunsch' auch den „Todestrieb" bzw. den „Wiederholungszwang", d. h. die Wiederholung bzw. Erinnerung der Traumata und die wiederholte Sammlung „nachträglicher Angstbereitschaft", sowie die masochistischen ‚Wünsche' rechnet; auch jenen negativen ‚Wünschen' entspricht irgendein - wenn auch verschobenes und problematisches - Bedürfnis. Und auch reine „Interpretationsarbeit" würde wohl immer im Dienste der „Libido", der Lebens- und Liebesenergie und des „Eros", d.h. im Dienste einer Unglück vermeidenden bzw. Lust und Glück bringenden Integrationsarbeit stattfinden.

Im „manifesten Trauminhalt" sind die „latenten Traumgedanken" „rezenter" und „infantiler" Herkunft komprimiert, ver-dichtet. Bilder und Wortgestalten fügen sich aufgrund der Komprimierung (bzw. ‚Dividierung') zu Mischgebilden. Die Elision weist auf Similarität, aber auch andere logische Beziehungen: Gegensätzlichkeit, Kausalität, Zusammenhang. Auch die Verdichtungswitze elidieren ja ein „wie", „aber", „und", „weil" usw. (Das „famillionär" setzt „Millionär" in Gegensatz zu „familiär"; während im „roten Fadian" hauptsächlich Ähnliches - rothaarig, roter Faden, Fabian, Fabelhans, fad, langer Faden, langweilig - zusammengezogen ist.⁵⁷)

Eine weitere ‚poetische' Leistung des Traumes ist die Verschiebung, die der Täuschung der Zensur dient; sie verlagert - im weitesten Sinne metonymisch - die Besetzung psychisch brisanter Momente auf psychisch „indifferente" Momente.⁵⁸ Die Form der Metonymie, der Verweis durchs bloße Kontiguitäts-Verhältnis (Nachbarschaft, Zusammenhang, Kontext), eignet sich Freud zufolge vorzüglich zur „Entstellung" (der Sachverhalte, Worte, Wünsche usw.). Aber auch der symbolische oder metaphorische Verweis, soweit er „rätselhaft" genug ist, impliziert eine Art Verschiebung und damit eine Verdunkelung, Verdeckung, Maskierung bzw. „Entstellung".⁵⁹ (Gleiches gilt für symbolische Anspielungen und die räumlichen und zeitlichen Umstellungen auf Analogie-Basis.) Es ist klar, daß auch im Witz neben der zunächst undurchsichtig erscheinenden Metonymie die scheinbar unsinnige *Metapher* der Verschiebung, zumindest der Entstellung dienen kann.

Es sei wiederholt, daß die „Verschiebung" der Witztheorie nicht mit der Traumverschiebung identisch ist. Metonymische und metaphorische Entstellungen sind Bestandteile des „Verschiebungswitzes" und auch des „Verdichtungswitzes"; der „Verschiebungswitz" „verschiebt" nicht notwendigerweise metonymisch, er ‚verschiebt' bzw. verkehrt ganze Gedankengänge, er wendet die eine

---

56. Freud, Jenseits des Lustprinzips (1920). In: Studienausgabe Bd. III (= Psychologie des Unbewußten, Frankfurt a. M. 1975, S. 213-27.

57. Freud, Der Witz, S. 26 (Jemand spricht von einem rothaarigen, langweiligen Schriftsteller: „Ist das nicht der rote Fadian, der sich durch die Geschichte der Napoleoniden zieht?").

58. Freud, Die Traumdeutung, S. 179 ff.

59. Vgl. Freud, Die Traumdeutung, S. 346 (Das „Symbol" gehört zu den „indirekten Darstellungen").

Bedeutung in eine andere, die eigentliche in eine metaphorische Bedeutung usw. Diese ‚Verschiebung' ist eigentlich eine Verdrehung und keine „Verschiebung" im strengen Sinn. In den übrigen Witzformen, die Freud nicht zu den „Verschiebungswitzen" zählt, in Kalauer, Denkfehler, Unifizierung, indirekter Darstellung, Gleichnis, Anspielung durch Ähnliches, Darstellung durchs Gegenteil und Ironie usw. ist selbstverständlich eine Verdeckung, Maskierung, Entstellung am Werk, also auch eine „Verschiebung" im terminologischen Sinn, wenngleich nicht nur eine rein metonymische Verschiebung.

Jacques Lacan hat die metonymische Struktur als Kombination von Signifikanten bestimmt. Er ordnet sie eindeutig der Verschiebung zu: „Die *Verschiebung* ist jenes Gleiten der Bedeutung, das die Metonymie zeigt."[60] Die Metapher wurde von Lacan als Ersatz eines Signifikanten durch einen anderen bzw. als Überlagerung von Signifikanten gekennzeichnet, sie wird eindeutig der Verdichtung korreliert: Die Verdichtung ist „jene Struktur der Überlagerung von Signantien, wo die Metapher ihr Feld hat, und deren Namen schon, sofern er ja selbst das Wort *Dichtung* enthält, auf die natürliche Verwandtschaft des Mechanismus zur Poesie hinweist [...].[61] Bei Freud kann demgegenüber, wenn ich ihn richtig verstehe, die Verdichtung aber sowohl Metaphorisches wie Metonymisches in Worten oder Bildern komprimieren; ihre Teile können Metaphern und Metonymien (bzw. Synedochen) sein. Andererseits findet Verschiebung bzw. zumindest Entstellung, wenn ich Freud richtig deute, auch in verdunkelnder Symbolgebung oder obskurer Metaphorik statt. Lacans Bestimmung ist der Freudschen also nicht kongruent; sie bekäme allein dann ihren Sinn, so scheint mir, wenn man auch in der entstellenden Metaphorik, Verdichtung usw. die Operation der M e t o n y m i e entdecken könnte. Im folgenden soll diese Frage bzw. das Verhältnis von Metonymie und Metapher zu Verdichtung und Verschiebung genauer unter die Lupe genommen werden. (Allerdings setze ich mich hier dem Vorwurf aus, ich wollte – im Zeitalter der fraktalen Geometrie – archaisch wie Euklid vorgehen, wenn ich versuche, mich den komplexen Formen der Literatur – man denke z. B. an Werke von Franz Kafka oder James Joyce – mit Hilfe simpelster, elementarer Formen zu nähern, als wollte ich Wolken und Wald euklidisch mit den Formen des Kreises, Dreiecks und Vierecks zu strukturieren versuchen.)

Formelhafte Rekonstruktion

Jacques Lacans Verständnis von Metapher und Metonymie geht auf Roman Jakobson zurück. Für Jakobson charakterisieren die Dimensionen des *Paradigmas* (des Musters) und des *Syntagmas* (der räumlichen bzw. zeitlichen Zusammensetzung) die Sprache überhaupt: *Selektion* (Auswahl aus dem Paradigma z.B. der grammatikalischen Fälle eines bestimmten Substantivs oder der Liste einander

---

60. Lang, Die Sprache, S. 238; vgl. Lacan, Écrits, S. 511.
61. Lang, Die Sprache, S. 238 (Übersetzung von Lacans Definition in: Lacan, Écrits, S. 511.

ähnlicher Signifikanten oder Signifikate) und *Kombination* bzw. *Distribution* im Rahmen des Syntagmas (der Verteilung und Zusammenfügung der Zeichen auf der Fläche des Blattes oder im temporalen Verlauf der Sätze der Erzählung) charakterisieren alles Sprachhandeln. Bei Jakobson ermöglichen Selektion und Substitution innerhalb des Paradigmas den *metaphorischen* Ersatz; Kombination im Rahmen des Syntagmas begründet die *metonymische* Dimension der Sprache; auch der Tropus der *Metonymie* im engeren Sinn gehört in diese Dimension (d.h. in die Logik der Kontiguität von Segel und Schiff, Erzeuger und Erzeugnis, Erfinder und Erfindung, Gefäß und Inhalt usw.). Für die metaphorische Struktur entscheidet die „Relation der Similarität", für die metonymische die „Relation der Kontiguität".[62]

Die Metapher klammert, wie bekannt, das „wie" des Vergleichs und das Objekt des Vergleichs (das Verglichene) aus: „Meine Flamme" (steht für „meine Geliebte"). Auch in der Metaphorik des Traums ersetzt (ähnlich wie in der Poesie) Freud zufolge der „manifeste Trauminhalt" (d.h. die Summe der manifesten, materialen Wort- und Bilderzeichen) die „latenten Traumgedanken" (d.h. die verborgenen Hintergedanken); dies in der Weise, daß ein Signifikant „S_1" einen anderen Signifikanten „S_2", der dem ersten durch Similarität („c" = „comparable"/„wie") verbunden ist, vertritt. Das Verdrängtsein von „S_2" wird durch eine Klammer „(...)" ausgedrückt; nur durch den prinzipiell metonymisch fungierenden Kontext („KT" bzw. „S_3") wird „S_1" als metaphorisch-übertragener oder uneigentlicher Signifikant lesbar; das Zeichen „→" markiert den Übergang zur Aussparung, zur Elision, d.h. zur Sprache, die durch Verschweigen spricht (sei es im Traum, sei es in der Poesie).

J. Lacan zitiert als Beispiel einen Vers Victor Hugos, der metaphorisch verschlüsselt die Vaterschaft bzw. Zeugungskraft (letztlich den „Phallus", wie Lacan den letzten Bezugspunkt nennt) der in diesem Kontext beschriebenen Figur „Booz" andeutet: „Sa gerbe n'était pas avare ni haineuse [...]"/ „Seine Garbe war weder geizig noch ablehnend"[63]. Wir können formalisieren:

Metapher:

phallus [wie]	gerbe	sa	→	sa	gerbe	(phallus)
S_2	S_{1c}	KT/S_{3co}		KT/S_{3co}	S_1	(s_2)

Der Ähnlichkeitsfaktor bzw. das *tertium comparationis* (c = ‚fruchtbar') ermöglicht die Elision; das Zeichen „co" (für „contiguité": Kontext, Zusammen-

---

62. Roman Jakobson: Aufsätze zur Linguistik und Poetik, hg. von W. Raible, München 1974, S. 133 u. passim. Vgl. auch Gisela Steichwachs: Mythologie des Surrealismus oder Die Rückverwandlung von Kultur in Natur, Neuwied/ Berlin 1971, S. 29 ff.
63. Lacan, Écrits, S. 506 (im Aufsatz „L'instance de la lettre dans l'inconscient").

hang, Nachbarschaft) soll die *metonymische* Leistung des Kontextes symbolisieren. (Hier ist aber nicht der Tropus der *Metonymie* im engeren Sinne gemeint.) Jedes Zeichen erfährt letztlich erst durch den Kontext seine Bestimmung, dieser legt fest, ob ein Zeichen wörtlich oder übertragen zu sehen ist, ob es als Denotat, Metapher, Metonymie, Ironie, übertreibende Hyperbel, untertreibende Litotes usw. gelesen werden muß. Bloße Kontiguität, Nachbarschaft oder Zusammenhang dient also der Sinnkonstitution. „Sa" deutet in unserem Fall – als kontextuelles *sine qua non* – klar die Uneigentlichkeit von „gerbe" an (nur Pflanzen haben „Garben").

Der Tropus der *Metonymie*[64], die das Material fürs Objekt, den Teil fürs Ganze usw. setzt, läßt sich nach Jakobson charakterisieren als rhetorische Figur auf der Basis einer implizierten *Kombination* von Signifikanten; nicht *Similarität*, sondern bloße *Kontiguität* verbindet die Phänomene. Aber hier geht es nicht um das prinzipielle, elementare und materiale „metonymische" Nebeneinander von Wort an Wort, das das Syntagma des Satzes oder der Erzählung ausmacht („Seine Garbe war ..."). Wie bei der Metapher bleibt auch bei der Metonymie in der manifesten, materialen Sprache des Traums, der Poesie oder auch der Alltagsrede, so scheint uns, ein Signifikant ausgespart: In der Fügung „dreißig Segel" für „dreißig Schiffe" steht „Segel" für „Schiff", das elidiert ist. (Ein Wort für ein anderes, wenngleich die Bedingung hierfür das „mot à mot" ist.)

Die antike Rhetorik hat die *Synekdoche*, die den Teil fürs Ganze oder das Ganze für den Teil setzt („Cäsar eroberte Gallien", „unter einem Dach wohnen", „die Sterblichen" usw.), von der *Metonymie* getrennt; Jakobson und der gesamte Strukturalismus und Poststrukturalismus haben aber beide Tropen zusammengezogen und ihnen als Figuren der „Kontiguität" den gemeinsamen Namen „Metonymie" gegeben; in diesem Sinne wird „Metonymie" auch in unserem Zusammenhang gebraucht.

Wir erinnern uns: In Freuds Traum von „Irmas Injektion" stand „Propylen" bzw. „Propyläen" anstelle von „Fließ", obgleich nicht Similarität, sondern bloße Kontiguität beides miteinander verbindet; ebenso kann ein Segel ein Schiff meinen oder ein Stöckelschuh das WC für Damen. Lacan entgegnet der Saussureschen Parallelität bzw. Hierarchie von Signifikat (*signifié*) (SAT) und Signifikant (*signifiant*) (S)[65], indem er den Signifikanten (*signifiant*) privilegiert: Nicht

$$\frac{SAT}{S} \quad \text{bzw.} \quad \frac{\spadesuit}{Baum} \text{ , sondern: } \quad \frac{Baum}{\spadesuit} \quad \text{bzw.} \quad \frac{S}{(s)}$$

Damit macht Lacan den verschweigenden Charakter der Sprache bzw. Signifika-

---

64. Wir wollen die Synekdoche – im Sinne Jakobsons – zur Metonymie rechnen, denn auch bei ihr entscheidet nicht Similarität, sondern Kontiguität.
65. Vgl. Ferdinand de Saussure: Grundfragen der allgemeinen Sprachwissenschaft, 2. Aufl. Berlin 1967, S. 78 f.

tion geltend (das Verschweigen bzw. Verdrängtsein des *signifié* betreffend).

Lacans Beispiel für die Metonymie ist das Schild „Hommes Dames"[66] über zwei Türen an einer Bahnstation, es bedeutet „WC" und stellt einen der Euphemismen dar, mit deren Hilfe wir über sämtliche Bereiche tabuisierter Phänomene sprechen (ihr Zentrum und ihren letzten Grund nennt Lacan „Phallus" [ph]). „Hommes Dames" ist nur ein Euphemismus für „WC", aber „WC" ist wiederum nur ein Euphemismus für „Klo" und so weiter: Ein Signifikant steht immer für einen anderen, der in die Position des Signifikats (s) rutscht, das seinerseits wiederum als Signifikant für einen anderen Signifikanten bzw. ein anderes Signifikat gesehen werden kann usw. usf.: S_1 statt S_2 statt S_3 .... statt (ph) bzw. $S_1/(s_2) \rightarrow S_2/(s_3) \rightarrow S_3/(s_4) \rightarrow ... S_n/(ph)$. Diese Kette von Ersatz-Signifikanten kann illustrieren, was Lacan unter dem „Gleiten" des Signifikats unter (sub) dem Signfikanten versteht: „La notion d'un glissement incessant du signifié sous le signifiant s'impose" – „Es drängt sich der Gedanke auf, daß das Signifizierte unaufhörlich unter dem Signifikanten gleitet".[67] In diesen Euphemismen zeigen sich Verhüllungen und Entstellungen, die das Signum des Traumes, des Witzes und – Freud zufolge – der Poesie sind. Die Formel:

Metonymie (ME):

$$\frac{\text{Stöckelschuh}}{S_{1co}} \quad \frac{\text{WC}}{S_{2co}} \quad \frac{\text{Tür}}{S_{3co}} \quad \rightarrow \quad ME\} \frac{\text{Tür}}{S_{3co}} \quad \frac{\text{Stöckelschuh}}{S_1} \quad \frac{(\text{WC})}{(s_2)}$$

Lacan gibt für das erwähnte „Gleiten" die Formel $f(S) \dfrac{1}{(s)}$ an.

(S_2) nimmt in der verdrängten Position die Stellung des ‚wirklich Gemeinten' an, also des Signifikates (*signifié*) (s). Als „s" steht es unter der Barriere (dem Strich) der Zensur; die Formel $S/(s)$[68] ist für Lacan auch die Chiffre für die sogenannte „Spaltung" des Subjekts (S) in Bewußtes und Unbewußtes (bw/[ubw]). Unser Traum und unsere poetische Sprache, nach Lacan auch die Alltagsrede, sind gekennzeichnet durch jenes ständige Gleiten des Signifikates unter den Euphemismen.

Wir können also Metapher und Metonymie aufgrund der Tatsache, daß beide „ausklammern" (verdrängen bzw. poetisch verschweigen), als die zentralen Ver-

---

66 . Lacan, Écrits, S. 499 f.
67 . Lacan, Écrits, S. 502, Schriften II, S. 27.
68 . Aus rein schreibtechnischen Gründen muß hier leider oft der schräge Teilungsstrich statt des horizontalen (der Schreibweise Lacans) stehen.

fahren der Freudschen „Entstellung" („E" bzw. „def" für *deformation* bzw. „*transposition*") begreifen.

Das Gemeinte [S_2 bzw. (s_2)] verschwindet: $\dfrac{S_1}{(S_2)}$ bzw. $\dfrac{S_1}{(s_2)}$ bzw. $\dfrac{1}{(s)}$.

Im Traum oder in der Poesie erscheint nur S_1 ... und ein verräterischer Kontext. Wenn Goethe in einem zur scherzhaft-erotischen, anakreontischen Dichtung zählenden Gedicht schreibt: „Es küßt sich so süße der Busen der Zweyten, / Als kaum sich der Busen der ersten geküßt"[69], so verrät der Titel ‚*Unbeständigkeit*', daß „Busen" *metonymisch* für mehr als oder anderes als „Brust" steht; also S_1 steht als *pars pro toto* oder „Nachbarschaftsphänomen" für das ausgeklammerte S_2 bzw. (s_2). Wenn Lessing innerhalb der gleichen Gattungskonvention im Gedicht ‚*Die Abwechslung*' schreibt: „Ich trinke nicht stets einen Wein. Das möchte mir zu eckel seyn"[70], so steht „Wein" natürlich *metaphorisch* für einen anderen Signifikanten, S_2, bzw. ein anderes Signifikat (s_2), wobei der Ersatz durchs Ähnlichkeitsmoment („genießen" in „süffiger Lust") ermöglicht wird. Beide Fälle verdrängen gewissermaßen die ‘*erotische*' „Tendenz", das Motiv, das für den Witz wie auch für den Traum (oder die Sprache des Unbewußten schlechthin - man denke an die Fehlleistung und das Symptom) so zentral ist und das neben der aggressiven „Tendenz" zum Ursprungskomplex, dem Ödipuskomplex, gehört. Die sprachlichen Produkte der Verdrängung „(...)" sparen sozusagen durch Kürzung und Verdichtung und Elision die Zeichen bzw. Objekte des Unbewußten aus; andererseits sprechen diese Produkte sehr wohl vom Verdrängten, und zwar gerade mittels der „Entstellungen", die durch Verdichtungen und durch metaphorische oder metonymische Verhüllungen ermöglicht werden.

Es ist zu hoffen, daß die zentrale Stellung von Metonymie und Metapher innerhalb der Rhetorik des Unbewußten - und innerhalb der Poesie - bereits erahnt werden kann. Zweifellos gehören zahlreiche Formen wie Symbol, Allegorie, Parabel, Hyperbel, Litotes usw. ganz oder partiell zur metaphorischen Struktur; Synekdoche, Antonomasie usw. rechnen zur metonymischen; Euphemismen und Anspielungen können metaphorisch wie auch metonymisch operieren. Beide Formen bedingen, insbesondere wenn Vieldeutigkeit und Dichte hinzutreten, die ‚witzige' Pointe. Komplexe poetische Phänomene sind oft als Ballungen von Metonymien, Metaphern und Polysemien zu beschreiben. Es verwundert daher nicht, daß für J. Lacan die klassische Rhetorik und die Poetik - welche die „vernachlässigte Technik des Witzes mitenthalten" sollten - Sprachlehren des Unbewußten sind[71]; wir können aber auch umgekehrt die Sprachlehre des Unbe-

---

69. Goethe: Unbeständigkeit. In: Alfred Anger (Hg.): Dichtung des Rokoko, Tübingen 1958, S. 102.
70. Lessing: Die Abwechslung. In: Anger, Dichtung des Rokoko, S. 100.
71. Jacques Lacan: Funktion und Feld des Sprechens und der Sprache in der Psychoanalyse. In: Schriften I, S. 71-169, Zit. S. 130.

wußten (in der ‚*Traumdeutung*' und den Studien zu den Fehlleistungen und Symptombildungen usw.) für die Formulierung einer (psychologischen) Poetik nützen.

Jacques Lacan zu Metapher und Metonymie

Kommen wir zur Rhetorik des Traumes, zur Hieroglyphenschrift des Unbewußten, den Verdichtungen und Verschiebungen, wie sie Jacques Lacan definiert und den metonymischen und metaphorischen Operationen zuordnet:

> „*Un mot pour un autre*, telle est la formule de la métaphore [...]. [L'étincelle créatrice de la métaphore] jaillit entre deux signifiants dont l'un s'est substitué à l'autre en prenant sa place dans la chaîne signifiante, le signifiant occulté restant présent de sa connexion (métonymique) au reste de la chaine."[72] *„Ein Wort für ein andres* ist die Formel für die Metapher [...]. [Der schöpferische Funke der Metapher] entspringt zwischen zwei Signifikanten, deren einer sich dem andern substituiert hat, indem er dessen Stelle in der signifikanten Kette einnahm, wobei der verdeckte Signifikant gegenwärtig bleibt durch seine (metonymische) Verknüpfung mit dem Rest der Kette."[73]

Die Metonymie (im engeren Sinn) beruht auf der (generell und prinzipiell metonymischen) Verknüpfung der Elemente der Sprache, auf Kontext, Nachbarschaft, Kontiguität. Das Beispiel „dreißig Segel" für „dreißig Schiffe" deute an, daß

> „die Verknüpfung von Schiff und Segel im Signifikanten statthat und nirgendwo sonst, und daß die Metonymie getragen wird von dem *Wort für Wort* dieser Verknüpfung." „[...]que la connexion du navire et de la voile n'est pas ailleurs que dans le signifiant, et que c'est le mot à mot de cette connexion que s'appuie la métonymie."[74]

Für die Metapher gilt die Formel „un mot pour un autre"/ „ein Wort für ein anderes" und für die Metonymie mot à mot"/ „Wort für Wort" oder besser: „Wort an Wort": Also: Ersatz versus Verknüpfung.

> „L'*Entstellung,* traduit: transposition, où Freud montre la précondition générale de la fonction du rêve, c'est ce que nous avons désigné plus haut avec Saussure comme le glissement du signifié sous le signifiant, toujour en action (insonsciente, remarquons-le) dans le discours.
>
> Mais les deux versants de l'incidence du signifiant sur le signifié s'y retrouvent.
>
> La *Verdichtung*, condensation, c'est la structure de surimposition des signifiants où prend son champ la métaphore, et dont le nom pour condenser en

---

72. Lacan, Écrits, S. 507
73. Lacan, Schriften II, S. 32.
74. Lacan, Écrits, S. 506, Lacan, Schriften II, S. 39.

lui-même la *Dichtung* indique la connaturalité du mécanisme à la poésie, jusqu'au point où il enveloppe la fonction proprement traditionelle de celle-ci.

La *Verschiebung* ou déplacement, c'est plus près du terme allemand ce virement des la signification que la métonymie démontre et que, dés son apparition dans Freud, est présenté comme le moyen de l'inconscient le plus propre à déjouer la censure."

„Die Entstellung, im Französischen *transposition*, in der Freud die allgemeine Vorbedingung der Traumfunktion aufzeigt, ist, was wir weiter oben mit Saussure als Gleiten des Signifikats unter dem Signifikanten bezeichnet haben, das im Diskurs immer (auf, wohlgemerkt, unbewußte Weise) wirksam ist.

Es finden sich hier aber beide Abhänge der Einwirkung des Signifikanten auf das Signifizierte.

Die Verdichtung, im Französischen *condensation*, meint die Überbelastungsstruktur der Signifikanten, in der die Metapher ihr Feld einnimmt, wobei der Name („Ver-dichtung") darauf hinweist, daß dieser Mechanismus von der Natur der Poesie ist, und zwar soweit, als er deren eigentlich traditionelle Funktion einschließt."

Die Verschiebung, im Französischen *déplacement*, was dem deutschen Ausdruck näher kommt, ist dieses Umstellen der Bedeutung, das die Metonymie zeigt, und das seit seinem Erscheinen bei Freud als jenes Mittel des Unbewußten gedacht wird, das am besten geeignet ist, die Zensur zu umgehen.[75]

Das scheint sich *nicht* gänzlich mit den Bestimmungen bei Freud zu decken. Freud bestimmt die Verdichtung und Kompression als Bildung hoher psychischer Wertigkeiten, welche das Durchdringen der Konzentrate in den manifesten Trauminhalt ermöglicht.[76] Die Verschiebung ist ihr somit vorausgesetzt, da diese ja die Aufmerksamkeit bereits auf Unscheinbares und Indifferentes gelenkt hat. (Auch die interessante Dichte des Witzes impliziert die Verkleidungen und Verschiebungen der versteckten „Tendenz".) Folglich zeigt die Traumbildung „Propylen" Verdichtung *und* Verschiebung zugleich.

Freud dichtet, wie wir wissen, seiner Patientin Irma im Traum ein somatisches Leiden an. In der Lautgestalt „Propylen" (es könnte auch wie im Witz vom „famillionären Rothschild" „Propylän" heißen), dem homophonen Spezialfall einer Verdichtung, sind die Worte „Propylen" (S_1) und „Propyläen" (S_2) kompiliert. (Wir erinnern daran, daß in der Rebus-Schrift des Traums auch Bild-Hieroglyphen oder möglich sind.) „Propyläen" ist eine Metonymie für „Fließ" (S_3),

---

75. Lacan, Écrits, S. 511, Schriften II, S. 36
76. Freud, Die Traumdeutung, S. 282 ff.

vergleichbar dem Euphemismus gewisser Straßennamen. Fließ wiederum steht metonymisch für den Glauben an die Sexualpsychologie (S_4), der allegorisch-metaphorisch für Freuds Wunsch steht, die sexual-psychologische Annahme möge auch für Irmas Leiden relevant sein (S_5): Wunscherfüllung Nr. 1 (W_1).

Auf der andern Seite substituiert „Propylen" (S_2) die Wortfassung „Amylen" (S_6), und zwar metaphorisch bzw. paradigmatisch. (Ob Lautgestalt oder Bildgestalt, ein Signifikant ersetzt einen ähnlichen. Wir haben ja die Termini der Metapher und der Metonymie bzw. Synekdoche auch für das Wortmaterial, den Signifikanten selbst, in Anspruch genommen.) „Amylen" ist Metapher für den Likör (S_7), der metonymisch zu „Freund O." (S_8) gehört. Die Fusel-Injektion stellt die metaphorische Allegorie des Wunsches dar, O. möge die Schuld an Irmas ausbleibender Genesung treffen (S_9 bzw. W_2). Es versteht sich, daß die Kompression mit ihren metonymischen und auch metaphorischen (!) Maskierungen des letztlich Gemeinten Verschiebungscharakter hat; sie verdunkelt und entstellt die Signifikate bzw. Wünsche (ähnlich wie die Entstellung die „Tendenzen" des Witzes und der Poesie generell verdunkelt). Auf jeden Fall ist die Verdichtung nicht der Metapher gleichzusetzen (es gilt nicht: VD = M).

Wenn KT_a bzw. S_a und KT_b bzw. S_b die beiden Kontexte sind, die die metaphorische (c) oder metonymische (co) Geltung der verdichteten Elemente bedingen; die durchbrochenen Linien die metaphorischen, die durchgehenden die metonymischen Relationen bezeichnen, dann ergibt sich folgendes Diagramm:

„Irmas Injektion":

S_a (Freund O.)   Propylen S_b (Fließ)
                           (Propylän)

Propylen (S_1)   Propyläen (S_2) ——— Fließ (S_3)

Amylen (S_6)   Sexualpsychologie (S_4)

Likör (S_7) ——— O. (S_8)   sex. Grund v.
                                                 Irmas Krankheit
                                                 (S_5 - W_1)

          Infektion Irmas
          durch O.s Injektion
          (S_9 - W_2) ——————— Irma

Es ergibt sich, daß die Verdichtung („con" = „*condensation*") die Kompilation bzw. Überlagerung mehrerer Signifikanten - wie das Lacan für die Metapher geltend macht - darstellt, daß sie jedoch im Gegensatz zur Metapher einen Signifikanten fügt, in welchem *Teile* aus den *beiden* kompilierten Bereichen festgehalten sind (oder es erscheinen die kongruenten Signifikanten der Homophonie oder Homonymie ... sozusagen dividiert durch 2). Die Teile (*pars pro toto*) stehen *synekdocheisch* - also letztlich *metonymisch* - für die Ganzheiten („L" in „Lippschaft" für „Liebschaft" usw.); darin macht sich, so könnte man sagen, bereits – rein auf der Ebene der Signifikanten, Wortkörper, Lautgestalten - ein Maß an Verschiebung geltend. Verdichtet können eigentlich-denotative, metonymische und metaphorische Ausdrücke werden. „Bank" könnte denotativ auf eine Sitzbank und/oder eine Bankfiliale verweisen; „rot" könnte metonymisch auf eine bestimmte „rothaarige Person" („roter Fadian") deuten und metaphorisch auf ihre „Erregtheit" oder ihre „kommunistische Gesinnung". Eine „rosa" Farbe könnte auf einen Namen „Rosa" oder eine Person mit einem „rosa" Kleid oder ein Haus mit einem „rosa"farbenen Dach verweisen. Homonymie („Bank") und Homophonie („Propylen") erweisen sich als zwei Formen der Wortverdichtung, die aber auch sperrigere Wortschöpfungen („norekdal") kennt; entsprechende Formen kennen bildliche Zeichen (Ikone). Da die kompilierten Signifikanten also in Teile „dividiert" sind, geben wir die Formel an:

Verdichtung (VD):

$$S_1 + S_2 \quad \rightarrow \quad VD/con/def \} \ \frac{S_1 + S_2}{n} \quad bzw.:$$

$$S_1 + S_2 + ... S_n \quad \rightarrow \quad VD/con/def \} \ \frac{S_1 + S_2 + ... S_n}{n} \quad (S_r)$$

Der synekdocheisch elidierte Rest (S_r) gehört zum Verdrängten bzw. poetisch Ausgesparten; die Verschiebung auf ein *pars pro toto* oder mehrere und die Verdichtung mit ihrem Verdunkelungs- bzw. Verdeckungseffekt tragen zur Entstellung („E" bzw. „def" = *„deformation"*) bei.

Insofern sich *stets der eine Teil der Verdichtung im anderen versteckt*, also sein Signifikant (S_2) bzw. sein Signifikat (s_2) verdrängt ist, können wir folgende Formeln in Erinnerung rufen:

Verdichtung (VD):

$$VD = \frac{S_1 + S_2}{n} \quad \text{bzw.}$$

$$VD = \frac{S_1 + (S_2)}{n} \quad \text{bzw.} \quad VD = \frac{S_1 + (S_2)}{n \, (s_2)} \quad \text{bzw.} \quad \frac{S_1}{(s_2)}$$

Der letzten Formel, der Vereinfachung, entspräche dann der Gesichtspunkt, daß in einem Witz, einem Versprecher oder einem Traum das „famillionär" gewissermaßen für das verdeckte oder verdrängte „millionärhafte" Verhalten der beschriebenen Person steht. Unter dem Aspekt der Ausklammerung des eigentlich gemeinten Signifikats können wir nun, blicken wir auf die letzte, vereinfachende Formel, tatsächlich – wie Lacan – eine Ähnlichkeit mit der Struktur der Metapher feststellen; auch für sie gilt: „Ein Wort für ein anderes": S/(s) – Ein Signifikant ersetzt einen anderen, der in der Position des Verdrängtseins steht. Sei auch die metonymische Kontiguitätsrelation das Mittel der Verschiebung schlechthin, so trägt doch auch, wie zu sehen ist, die Verdichtung zur Entstellung („def") bei, indem sie die Zensur durch Elision täuscht, auch indem sie selbst quasi synekdocheisch (auf der reinen Signifikanten- bzw. Lautebene) verschiebt. Natürlich trifft die Verdichtung nicht allein auf den Traum und den Witz (und seine „Kürze") zu, sondern stellt ein zentrales Verfahren der „Dichtung" überhaupt dar. (Schon Lessings „Wein" war ja eigentlich *und* metaphorisch lesbar, Goethes „Busen" eigentlich *und* metonymisch. Metapher, Metonymie und Vergleich weisen schon an sich das Moment der Elision und also Verdichtung auf.)

Kongruente Verdichtung (Homophonie, Homonymie, Polysemie) und nicht-kongruente Verdichtung (Mischworte, Mischbilder) sind also als Kompressionen von Signifikanten zu verstehen, die durch Elision und Fremdheit der Entstellung dienen. Sie lassen sich der Lacanschen Bestimmung der '*Metapher*' als einer Überlagerung von Signifikanten vergleichen, wenn man bedenkt, daß die komprimierten Signifikanten („Propylen", „famillionär", das Bild von Irma mit dem gedunsenen Gesicht) – zumindest auf der Ebene der Lautlichkeit - quasi durch '*Similarität*' gekennzeichnet sind.

Der '*Laut-Metapher*' im Paradigma des Wortkörpers (Lautgestalt, reiner Signifikant) steht die '*Bild-Metapher*' im Paradigma der Bildgestalt, man erinnere sich an das Rebus-Konzept, gegenüber; „Propylen" steht auf Lautebene sozusagen '*metaphorisch*' für „Propyläen" - oder umgekehrt. Wenn wir sagen, in „Propylen" sei auch „Amylen" verdichtet bzw. stehe ein Signifikant für einen anderen, dann sind hier eigentlich Sigifikant *und* Signifikat gemeint: Similarität zeichnet beide aus (Wortkörper und Geruch des Bezeichneten); man könnte insofern auch sagen:

Ein Zeichen (mit Signifikant und Signifikat) steht für ein anderes Zeichen („Propylen" für „Amylen"), oder: Ein *Zeichen* (mit Signifikant und Signifikat) wird – wie das Roland Barthes sieht – zu einem neuen *Zeichen*, indem das Gesamtzeichen in einen Signifikanten mit neuem Signifikat transformiert wird (*„star"* → *„filmstar"*). Similarität kann also rein die Signifikanten bzw. Lautgestalten kennzeichnen oder das Zeichen mit Signifikant und Signifikat – und sie kann auch ausschließlich die Ebene der Signifikate betreffen („Amylen" für „Fusel", ein rotes Dach für das rote Haar einer Frau). Doch zeigt die Verdichtung als Mischsignifikant – *wie* der Vergleich, aber *anders* als die Metapher – auf der manifesten, materialen Ebene Momente aus *beiden* (!) Sphären; die Metapher dagegen weist ausschließlich durch den Kontext aufs Bezeichnete, Verbildlichte, Verglichene. Daneben gilt weiter, daß Teile der Mischgebilde rein metonymisch oder synekdocheisch für Ganzheiten stehen (das „nor" in „norekdal" für „Nora", das „L" in „Lippschaft" für „Liebschaft", das gedunsene Gesicht Irmas für Freuds Frau, usw.). Doch die Elemente der Verdichtung, des Mischsignifikanten (lautlicher oder bildlicher Natur) müssen nicht auf Grund von Similarität kombiniert sein, die Basis kann auch reine Kontiguität – oder gar Gegensätzlichkeit – sein („famillionär").

Die Verschiebung, die Lacan an die Metonymie bindet, möchten wir also gewissermaßen auch auf Metaphorik, Verdichtung und Symbolik überhaupt beziehen. „Verschiebung" meint ja nach Freud die Verlegung der Wertigkeit und Aufmerksamkeit auf Indifferentes[77]. Also werden nach ihrem Prinzip „Wortfassungen"[78] - metaphorisch - ausgetauscht (Freud) und folglich die Ursprünge verdunkelt; und die „rätselhaften" Symbole (Freud)[79] verschieben trotz Similaritätsrelation die Aufmerksamkeit und die Besetzungsenergie. Die Substitutionen (von Personen) oder die Metaphern im allgemeinsten Verstand (z. B. Amylen für Likör) verhüllen – schon durch Einklammerung des *signifiés* (s) – ihren Ursprung, das Bezeichnete: sie „entstellen" es. Um hier wieder aus dem Bereich des Witzes eine Parallele zu den Traumgebilden heranzuziehen: Je verborgener die Ähnlichkeit im Unähnlichen beim *Witz* sich darstellt, desto mehr verdutzt und täuscht er uns, desto schärfer, spitzer (die Rhetorik sprach von „acumen") und gewürzter, gesalzener („sal") kann seine Pointe sein. Das läßt sich auf die „Verblümtheit" der Dichtung überhaupt übertragen.

In der Metapher verschiebt („d" = *„déplacement"*) sich also die Aufmerksamkeit von S_2 (oder s) auf S_1; besonders, wenn die Similarität (c) nicht sehr in die Augen fällt und der metonymische Kontext und seine Kontiguitäten (KT bzw. S_{co}) nur sehr undeutlich auf das Verbildlichte und das *tertium comparationis* hinweisen:

---

77. Ebd., S. 187, S. 193 u. öfter.
78. Ebd., S. 335.
79. Ebd., S. 346.

Metapher (M):

$S_{2c} \rightarrow d\} S_{1c}$ oder:

$S_{1c} + S_{2c} + S_{3co} \rightarrow d\} S_{3co} + S_{1c} + (S_{2c})$ bzw. (s)

Die ganze Begriffsverwirrung, die hier besteht, rührt davon her, daß man, so scheint mir, letztlich nicht exakt zwischen Verschiebung und Entstellung trennt; sprächen wir das Moment der „Verschiebung" *ausschließlich* der Metonymie zu, und das Moment der „Entstellung" den Verhüllungen durch ebendiese „Verschiebung" und auch den Verhüllungen durch „Verdichtung" und „Metaphorik", dann wäre hier Eindeutigkeit und Klarheit zu erzielen. In solcher Terminologie würde dann die Metapher (wie die Verdichtung) nicht durch Verschiebung (d), sondern durch den Oberbegriff der „Entstellung" („E" bzw. „def" für „deformation") charakterisiert sein:

Metapher (M):

$S_{2c} \rightarrow M/E\} S_{1c}$ oder:

$S_{1c} + S_{2c} + S_{3co} \rightarrow M/E\} S_{3co} + S_{1c} + (S_{2c})$ bzw. (s)

Die Metonymie nun ist quasi *per se* die Verlagerung der Aufmerksamkeit auf anderes – auf Benachbartes; sie ist mit Sicherheit die Figur der Kontiguität schlechthin. Je unscheinbarer der Zusammenhang (co) sich darstellt, desto verschobener, verhüllender, verblümter wird die Sprachfigur sein.

Metonymie (ME):

$S_{2co} \rightarrow ME/d\} S_{1co}$ oder:

$S_{1co} + S_{2co} + S_{3co} \rightarrow ME/d\} S_{3co} + S_{1co} + (s)$ [bzw. S_{2co}]

Für die Metonymie wie für die Metapher (und auch die Verdichtung) gilt also, da der Weg stehts wegführt vom Eigentlichen (s) bzw. (ph) zu einem entstellenden Euphemismus:

Metapher, Metonymie, Verdichtung:

$s \rightarrow E\}S$ bzw.: $E\} \dfrac{S}{(s)}$, genauer:

$$S_1 + S_2 \quad \rightarrow E\} S_1 + S_2 \text{ bzw. } E\} \frac{S_1}{(S_2)} \quad E\} \frac{S}{(s)}.$$

Nach Jacques Lacan verkörpert das Verhältnis S/(s) die Tatsache der Subvertierung bzw. Dezentrierung des Subjekts, die „Durchstreichung des Subjekts („S"); Lacans Kürzel für das „sujet barré" ist: $. Das Subjekt wird nicht nur durch das Bewußtsein, sondern immer auch durch das Unbewußte bzw. den „großen Anderen" („le grand Autre" - „L'Autre") („A") determiniert; das Subjekt („S") und das „Es" („S") fallen im „Schema Lacan" bzw. „Schema L" zusammen, sie werden als eine Art 'Durchgangsort' verstanden. Das Subjekt („S") steht in Beziehung zum „grand Autre" („A") und zum „anderen", „l'autre" („a"). Nach dem Vorbild des „autre" bzw. des „Ähnlichen" („le semblable") formt sich im „Spiegelstadium" das Ich.[80] Die Beziehung zwischen dem „anderen" („a") und dem Ich („moi") ist die des „Imaginären" (der Imagines und Projektionen). Die „relation imaginaire" durchkreuzt also in allen Fällen das Verhältnis von Subjekt bzw. Es und Anderem. Anders gesagt: Das Verhältnis von „S" zu „(s)" - nämlich: S/(s) bzw. „durchgestrichenes Subjekt", „sujet barré": $ - ist immer gebrochen durch die Relation des Imaginären. Daher Lacans Diagramm „Schema Lacan" bzw. „SCHÉMA L" („S" steht für „sujet", „Subjekt", bzw. „Es", „A" für den „großen Anderen", klein „a" steht für den „anderen" *und* das „Ich" („moi"), wobei die Gleichheit darauf hinweist, daß das „Ich" nach dem Bild des „anderen" modelliert ist[81]:

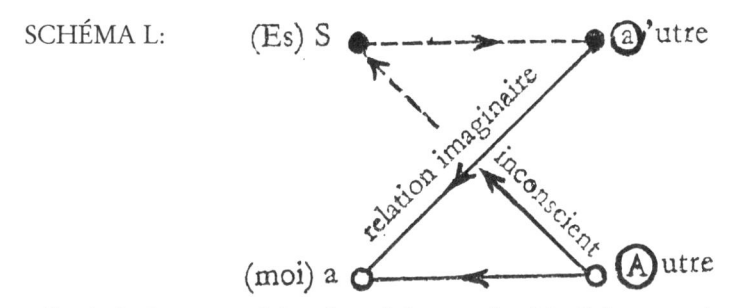

SCHÉMA L:

(Es) S •┄┄┄┄→• (a)'utre

relation imaginaire *inconscient*

(moi) a ○←────────○ (A)utre

Alle drei Formen - Metapher, Metonymie, Verdichtung - bedingen die „Entstellung"; die vorgenommene Elision ermöglicht die Täuschung der Zensur im Unbewußten bzw. die halbbewußte „Verdeckung", die für Freud die Basis seiner *Ars poetica* ausmachte; was im Traum das Unbewußte schreibt, witzelt der Spaßmacher und dichtet der Poet im Zustand des „Tagtraums". Der literarische Text verdunkelt und verdeckt, gleichgültig, ob er „gerbe" metaphorisch für

---

80. Vgl. in diesem Band S. 81 ff. bzw. 83 ff.
81. Vgl. in diesem Band S. 85.

'Fruchtbarkeit', oder „Busen" metonymisch für noch Intimeres setzt oder in der Verdichtung „famillionär" auf ein arrogantes Verhalten anspielt. Sprechen durch Verschweigen, d.h. durch die Dialektik von Verbergen und Entbergen, konstituiert den Traum oder die Fehlleistung ebenso wie die Poesie.
Für die *brevitas* des Witzes oder die Sparsamkeit der Sprache des Verdrängten scheint uns jedoch entscheidend zu sein, daß bei Metapher wie Metonymie jener indirekte Verweis vorliegt, der als Ersatz oder Aussparung des Eigentlichen verstanden werden kann, sei nun Similarität oder Kontiguität die Basis der Figur.

Jacques Derrida geht in '*Die Schrift und die Differenz*' ('*L'Écriture et la Différence*') auf Freuds Entwicklung eines an der Schrift (und nicht mehr an der Topologie oder der Dynamik) orientierten Modells des psychischen Apparates ein.[82] In Freuds Bild vom „Wunderblock", dem sich sukzessiv Schrift einschreibt, die in der unterliegenden Wachsschicht erhalten bleibt, an der Oberfläche (des Bewußtseins) jedoch wieder gelöscht wird, erkennt Derrida ein treffend adäquates Modell für die *écriture* des Unbewußten. Im Unbewußten werde das temporal sukzessiv Erfahrene quasi verräumlicht (ähnlich steht für Claude Lévi-Strauss hinter den Mythen einer Gesellschaft die Summe aller Oppositionen und Analogien dieser Mythen bzw. der ethnischen Kultur überhaupt - quasi in einem durch Synchronie charakterisierten Raum, einem Gedächtnisraum versammelt.[83]) Wir könnten nun die im Traum, der Fehlleistung, der Symptombildung und der Poesie an die Oberfläche tretende S c h r i f t als '*partiellen Rückfluß*' jener festgehaltenen Zeichen, die sich - nach den Gesetzen der Umstellung, Verdichtung, Metapher und Metonymie - vielfältigst (wie in einem Lottozufallsgenerator) koppeln und ersetzen, beschreiben. Stets jedoch spart die Entstellung in irgendeiner Weise das Signifikat (s) - und nach Lacan letztlich den „Phallus" („ph") - der *écriture* aus.

Nach Jacques Derrida kann im Traum - und letztlich in der Sprache überhaupt - ein jedes Zeichen, ein jedes Objekt, eine jede „Erinnerungsspur" für eine andere stehen. Derrida kritisiert Lacans „Phallologozentrismus" - also jenen Bezug auf ein letztes, ‚gemeintes' Signifikat (ph); er radikalisiert damit Lacans Rede vom permanenten „Gleiten des Signifikats unter dem Signifikanten": er sieht stets und überall in all unseren Zeichenhandlungen einen permanenten - nicht-zentrierten - Aufschub, die „différance", am Werk.[84]

Wir fassen zusammen: Wir haben Metonymie und Metapher als zentrale Verfahren jener „symbolischen" Verweise, wie sie Ricoeur nannte, charakterisiert. Insofern Metapher *und* Metonymie (!) einen Signifikanten (S_2) bzw. ein Signifikat (s) einklammern und aussparen, „verdichten" auch sie die Textur im weitesten

---

82. Jacques Derrida: Freud und der Schauplatz der Schrift. In: Die Schrift und die Differenz, Frankfurt a. M. 1972, S. 302-350.

83. Vgl. Claude Lévi-Strauss: Strukturale Anthropologie, Frankfurt a. M. 1967, S. 226 ff.

84. Vgl. Derrida, Freud, ebd., und: Ders.: Le facteur de la verité. In: Poétique 21 (1975), S. 96-147, bes. S. 133 ff.; vgl. auch Ders.: Randgänge der Philosophie. Die différance. Ousia und gramme. Fines hominis. Signatur-Ereignis-Kontext, Frankfurt a.M./Berlin/Wien 1976.

Sinne des Wortes; statt des „Eigentlichen" steht der uneigentliche Prädikator, der einen Zusatz an Vorstellung bei gleichzeitiger Elision bzw. Aussparung bringt. Es wurde auch klar, daß Metapher und Metonymie als Verfahren der indirekten Darstellung und der Anspielung selbst schon Aussparung und „Dichte" mit sich bringen. In der Verdichtung erkannten wir ein poetisches Verfahren des Aussparens, das durch Homophonie, Homonymie und andere Formen der Polysemie ermöglicht wird. Allen drei Formen eignet das Moment der Verschiebung, nein, der „Entstellung" (wenn wir den Begriff der „Verschiebung" strikt der Metonymie vorbehalten).

Obgleich in den bisherigen Überlegungen zur Sprache des *Traums* immer auch Hinweise auf die Fehlleistung bzw. den Witz und die Poesie überhaupt enthalten waren, sei nochmals auf den *Witz* (als Exempel der Poesie) zurückgekommen: Der Witz, sagten wir im Anschluß an Jean Paul, spielt mit Ähnlichkeit im Unähnlichen, mit Identität im Nicht-Identischen, mit Zusammenhang im Unzusammenhängenden, mit Sinn im Unsinn. Nach Freud hat dieses Spiel den Zweck, gewöhnlich zensierte „Tendenzen" mit Hilfe von Entstellungen durchbrechen zu lassen; die maskierte Rede des verdrängten Wunsches erspart so einen Hemmungsaufwand, der abgelacht werden kann. Das Lachen ist aber nur *eine* Variante wirkungsästhetischer Effekte, wie sie der ‚Dichter und sein Phantasieren' mit seinen verschiedenen Entlastungs- und Befreiungs-Techniken zeitigt. Nicht nur der Verschiebungswitz, auch der Verdichtungswitz und der Gedankenwitz bzw. die indirekte Darstellung (Kalauer, Widersinn, Denkfehler, Unifizierung, Anspielung durchs Gegenteil bzw. durch Ähnliches, Gleichnis usw.[85]) müssen mit der genannten „Entstellung" arbeiten, wollen sie verdrängte „Tendenzen" ausagieren.

Ob es sich nun um die Kompilation „famillionär" handelt oder einen Witz, der mit der Homonymie „Unschuld" („Schuldlosigkeit" → „Virginität")[86] spielt, die Form des *Verdichtungswitzes* ist die der „Verdichtung", wie sie auch den Traum kennzeichnet; sie ist charakterisiert durch *condensation* (con):

Verdichtungswitz (VDW):

$$S_1 + S_2 \rightarrow \quad \text{con/def bzw. E}\} \quad \frac{S_1 + (S_2)}{n} \quad \text{bzw.} \quad \frac{S}{(s)}$$

Es versteht sich, daß der Witz an Dichte und Schärfe gewinnt, je mehr kühne Metaphern und Metonymien in ihm komprimiert sind. Aber ohne Verschiebung oder zumindest Entstellung - mit der Funktion der Maskierung - kann auch der

---

85. Vgl. Freud, Der Witz, S. 45-85; vgl. den „Gedankenwitz" als „indirekte Darstellung" S. 77 und S. 85.

86. Ebd., S. 41 (Jemand sagt von einem Mädchen, das eines bestimmten Vergehens verdächtigt wird: „Die Armee glaubt nicht an ihre *Unschuld*." Von „Schuldlosigkeit" führt der Witz zum Signifikat „Virginität".)

„Verdichtungswitz" nicht funktionieren.

Wenn wir nochmals den „Verschiebungswitz" von den beiden Ostjuden vor der Badeanstalt betrachten („Hast du genommen ein Bad?"), so ist seine Form, wie gesagt, keineswegs mit der der Verschiebung der ‚*Traumdeutung*' identisch. Im Signifikanten „Bad nehmen" ist homonym-zweideutig das Signifikat „baden" (S_1) und das Signifikat „stehlen" (S_2) verdichtet oder kompiliert. Der Mechanismus der ‚Verschiebung' bzw. Verdrehung ergibt sich aufgrund der zeitlichen Sukzession: Der Kontext „fehlt eins" (KT_b bzw. S_b) verdreht die Perspektive und setzt die Bedeutung von S_1, die sich auf Grund des ersten Kontextes ergab (KT_a bzw. S_a), außer Kraft:

Der Verschiebungswitz (VSW):

wendet das Homonym $\dfrac{(S_1/S_a + S_2/S_b)}{n}$ von S_1 zu S_2.

Der metonymisch-syntagmatische Kontext führt von einer Bedeutung zur andern (oder von der eigentlichen Bedeutung zur Metonymie oder zur Metapher usw.). Von Verschiebung, besser: von Entstellung oder Verlagerung der Wertigkeit kann nur insofern die Rede sein, als im „fehlt eins" das Signifikat „stehlen" verborgen ist und auch die Implikation, daß der Sprecher, ein Ostjude, keineswegs an „Sich-Waschen" denkt. Die Formel lautet:

Verschiebungswitz (VSW):

$S_1 \rightarrow S_2;$ bzw.:

$\dfrac{S_1 + S_2}{n} + S_a = S_1 \rightarrow \text{VSW}\} \quad \dfrac{S_1 + S_2}{n} + S_b = S_2$

Es ergibt sich, daß Verdichtungen leicht in ‚Verschiebungen' (Witzverdrehungen) transformierbar sind; ähnliches gilt für Metaphern und Metonymien, da sie leicht als Verdichtung (von Eigentlichem *und* Uneigentlichem - also S_1 plus S_{2c} oder S_{2co}) gehandhabt werden können (wie Lessings „Wein" und Goethes „Busen"). Umgekehrt ist jede ‚Verschiebung' (Witzverdrehung) in eine Verdichtung überführbar. Außerdem können natürlich Metaphern und Metonymien bzw. Ausdrücke, die auf Similarität oder auf Kontiguität beruhen, zu Verdichtungen bzw. zu Verdichtungswitzen kondensiert werden („Fadian" einerseits, „famillionär" andererseits). Das demonstriert uns erneut die Nähe von Witz und „Dichtung", die Jean Paul dazu veranlaßte, Metaphorik bzw. Bildlichkeit und eng aneinander zu rücken.

Wir müssen hier die anderen Typen der „Gedankenwitze" außer acht lassen. In der Regel sind sie als Komplexionen von Metaphorik, Metonymie, Verdichtung und Perspektivenwechsel zu verstehen. So ist der Kalauer als Gleichung und Verdrehung partiell homophoner Signifikanten zu begreifen, auch die „Unifizierung" ist eine Form von Homophonie-Verdrehung, die „Denkfehler" spielen mit zwei bzw. mehreren Perspektiven, vor allem einander logisch widersprechenden.

Die Rhetorik der Litotes und der ironischen Verkehrung führen als logische Verneinungen - soweit sie nicht in Metaphern auflösbar sind - zu einem hier noch offenen Problem: zum Mechanismus der „Verneinung"[87] (wir verstehen ihn als psychische Operation und als rhetorisch-poetische Figur); die Litotes taucht im Traum als Darstellung durchs Gegenteil, im Witz als Untertreibung (Litotes), Gegenteil, Alogon und Paradoxie mit Verschiebungscharakter auf.

Freud kommt in seiner Analyse schließlich noch auf Anspielung, Ähnlichkeitsrelation und Gleichnis sowie auf die Darstellung durchs Gegenteil und die Darstellung durch „ein Kleines und Kleinstes" (worin wir die Metonymie wiedererkennen) zu sprechen; alle diese Verfahren nennt Freud Techniken der „indirekten Darstellung"[88]. Damit wird uns erneut nahegelegt, in der *Rhetorik* die Elemente der Sprache des Unbewußten zu suchen. Wenn Freud den Vergleich „an und für sich" „witzig" nennt[89] - wie er ja schon den „Traum" „witzig"[90] nannte -, so führt uns das an den Anfang zurück, als wird mit Jean Paul den „Witz" auch in der Metapher bzw. in der „verblümten Rede" überhaupt entdecken zu können glaubten.

Zuletzt soll noch der Witz als Gleichnis bzw. das Gleichnis als Witz erwähnt werden. Diese Form gehört zur Metaphorik. Freud zitiert als Beispiel eines 'Gleichnis-Witzes' wieder einen Satz Heinrich Heines: „Ihr Gesicht gleicht einem

---

87. Vgl. dazu Sigmund Freud: Die Verneinung. In: Bd. III der Studienausgabe, S. 373 („Wir nehmen uns die Freiheit, bei der Deutung von der Verneinung abzusehen"); unter der Maske der Verneinung kann sich ein unbewußter Gehalt artikulieren; die Verneinung ist somit quasi nur eine Form der Entstellung, sozusagen die 'Entstellung der Bejahung'. - Die Litotes als Negation, die Darstellung durchs Gegenteil im Traum und ähnliche Figuren sind als Formen der Verneinung begreifbar. Sie alle stellen nur Sonderformen der Entstellung und Maskierung, der Sprache durch Verschweigen dar, wie wir sie erörtert haben. Wir verstehen die „Verneinung" wieder als Figur des Unbewußten wie auch als Figur der Poesie. Vgl. auch Freud: Jenseits des Lustprinzips. In: Studienausgabe Bd. III (= Psychologie des Unbewußten), Frankfurt a. M. 1975; bes. S. 224 ff.; Freud erörtert dort den Wiederholungszwang am Beispiel eines Kinderspiels („fort-da"); die Abwesenheit der Mutter und ihr Zurückkehren wird vom Kind mit Dingen gespielt und schließlich mit Worten begleitet. Der Objektverlust führt zur Sprachbildung, Sprache erweist sich als Ausdruck einer Abwesenheit, eines Mangels, des Triebaufschubs (der „différance" bei Derrida). In gewissem Sinn ist also die Figur der „Verneinung" allem Sprechen inhärent; vgl. Lacan, Das Seminar über E.A. Poes *Der entwendete Brief*. In: Schriften I; vgl. auch Lang, Die Sprache, S. 287 („Fixierung des Todes in der Sprache gebiert so das Unbewußte.")
88. Freud, Der Witz, S. 77.
89. Ebd., S. 83.
90. Vgl. Freud, Die Traumdeutung, S. 299

Codex palimpsestus, wo unter der neuschwarzen Mönchsschrift eines Kirchenvaters die halb erloschenen Verse eines altgriechischen Liebesdichters hervorlauschen."[91]

Auch der *Vergleich* kann - wie oben erwähnt - das *tertium comparationis* aussparen und sich so (ähnlich der Metapher) der Sprache der Elisionen bzw. Entstellungen, d.h. der Andeutungen des Verdrängten, annähern. Im Gegensatz zur Metapher, in der ein Signifikant (S_{1c}) den ähnlichen (S_{2c}) ersetzt, spricht der Vergleich noch beide aus. Aber er kann den Ähnlichkeitsfaktor bzw. das *tertium comparationis* (c) elidieren bzw. unter verblüffender Unähnlichkeit verstecken; somit zählt auch er zur Rhetorik der Entstellung und Verdichtung. Anderseits kann, wenn der Vergleich das *tertium comparationis* ausspricht, das Moment der Elision in eben diesem *tertium comparationis* stecken; dieses *tertium* kann nämlich selbst metaphorisch sein und vom Bezeichneten, dem Signifikat (signifié), ablenken. Heines Vergleich setzt Gesicht (S_1) und Palimpsest (S_2) einander gleich und benennt das *tertium*; dieses jedoch spaltet sich auf in zwei Metaphern – das „Mönchische" steht für Frömmigkeit, die „Liebesdichtung" für Erotik; beide Metaphern stehen also für Signifikate (s), die letztlich ausgespart bleiben.

Der Traum, die Fehlleistung, das Symptom und nicht zuletzt die Poesie sind – Freud zufolge – selbst solche Palimpseste, in denen manifeste, materiale Sprachzeichen im Verein mit entstellten, verdeckten und letztlich auch elidierten Zeichen, Signifikanten und Signifikaten letztlich Wünsche und Tendenzen des Unbewußten verbergen; Verbergen und Entbergen gehen hier aber Hand in Hand. In den „Palimpsesten" der Literatur formieren sich Sinngebilde, in denen die „Entstellung" bzw. halbbewußte „Verdeckung" - als *Ars poetica* - die Signifikate des Wünschens und Fürchtens, des Begehrens und der Angst zugleich verbergen wie verraten. Aber vor allem geht es im „Palimpsest" nicht einfach um Naturnachahmung und Widerspiegelung, sondern um die Wirkung auf den Rezipienten, der analoge Erfahrungen gemacht hat und sich von der Wirkungspoetik bzw. der Rezeptionsstrategie des Textes affizieren lassen kann.[92]

---

91. Ebd.
92. Diesen Ideen entsprechend hat F. A. Kittler E. T. A. Hoffmanns *'Sandmann'* als Diskurs des Begehrens und nicht als Diskurs mimetischer Verdoppelung analysiert: Friedrich A. Kittler: „Das Phantom unseres Ichs" und die Literaturpsychologie: E. T. A. Hoffmann - Freud - Lacan. In: Friedrich A. Kittler und Horst Turk (Hg.): Urszenen. Literaturwissenschaft als Diskursanalyse und Diskurskritik, Frankfurt a. M. 1977, S. 139-166. Die wirkungspoetische bzw. rezeptionsästhetische Perspektive ist auch die Basis zweier Studien, in denen ich das Konzept der Naturnachahmung, Mimesis oder Widerspiegelung in Frage stellte: Hans H. Hiebel: Antihermeneutik und Exegese: Kafkas ästhetische Figur der Unbestimmtheit. In: DVjS 52 (1978), S. 90-110; Hans H. Hiebel: Robert Walsers *Jakob von Gunten*. Die Zerstörung der Signifikanz im modernen Roman. In: Katharina Kerr (Hg.): Über Robert Walser, 2 Bde. Frankfurt a. M. 1978, (= st 484), Bd. 2, S. 308-345. Wiederabgedruckt in: Klaus-Michael Hinz/Thomas Horst (Hg.): Robert Walser, Frankfurt a. M. 1991 (= stm 2104), S. 240-275.

Der reversible Text und die zirkuläre „Différance" in *Ein Landarzt*[1]

Fügt man die einander korrespondierenden Elemente der Erzählung '*Ein Landarzt*' zu einem Muster zusammen, z.B. das „blutige Handtuch", das geschwenkt wird, die „rot" in die Wange eingedrückte „Zahnreihe", die „rosa Wunde", die „rosigen", „blutbespritzten" Würmer, „Rosa", das Dienstmädchen, den „Schweinestall" bzw. die Pferde, die aus dem „Schweinestall" hervorkommen, der eigentlich für Schweine, d.h. 'rosa'farbene Tiere gedacht ist - dann hat man ein Gebilde vor Augen, das man das *Paradigma* der Erzählung '*Ein Landarzt*' nennen könnte, das *Paradigma*, das sich - sozusagen wie auf einer Partitur - *vertikal* oberhalb der linearen Folge des Textes zusammenfindet und gewissermaßen einen Raum, ein atemporales Konglomerat, eine *Synchronie* bildet. Man könnte zu diesem Paradigma auch die beiden Pferde, insofern sie als „Bruder" und „Schwester" tituliert werden, den Patienten und seine Schwester, den Knecht und die Magd, den Vater und die Mutter, sowie den Arzt, der Rosa, dem Dienstmädchen, zugeordnet ist, und ähnliche Analogien, Parallelen und Antithesen zählen.

Führt man sich andererseits den Ablauf der Geschehnisse in '*Ein Landarzt*' vor Augen, d.h. einen Landarzt, der im Winter zu einem Patienten gerufen wird, der sich um ein Transportmittel bemüht, der den Patienten schließlich aufsucht, keine Krankheit entdecken kann, dann aber dennoch eine unappetitliche, unheilbare Wunde am Körper des Jungen entdeckt, von den Dorfbewohnern gezwungen werden soll, ein Heilmittel zu finden, am Ende aber unverrichteter Dinge wieder abfahren muß - so hat man vor Augen, was man das *Syntagma* der Erzählung nennen könnte, das *Syntagma*, das sich - in *horizontaler*, nicht *vertikaler* Weise - als lineare Folge der Ereignisse darstellt und in seiner temporalen und zielorientierten bzw. gerichteten Eigenschaft die *diachrone* Struktur des Textes bildet. Während also das *synchrone Paradigma* durch *Similarität* bzw. Musterhaftigkeit (Paradigmatizität) sich zu einem atemporalen Raum zusammenfügt, erstreckt sich das *diachrone Syntagma* gemäß der Logik der *Kontiguität*, Nachbarschaft, des Zusammenhangs als ein temporales, lineares Nebeneinander oder besser: Nacheinander in horizontaler Ausrichtung hin auf ein Telos oder zumindest Ende der Erzählung.

Mehr als in irgendeinem anderen Text Kafkas tritt in '*Ein Landarzt*' das Syntagma hinter das Paradigmatische zurück, das Diachrone hinter das Synchrone,

---

1. Das folgende Kapitel geht auf meinen englischen Aufsatz zurück: Hans H. Hiebel: The „Eternal Presence" of a Static Dilemma. Psychology and the Use of Tense and Connotation in Franz Kafka's „Ein Landarzt". In: Herbert Foltinek, Wolfgang Riehle, Waldemar Zacharasiewicz (Hg.): Tales and „their telling difference". Zur Theorie und Geschichte der Narrativik. Festschrift zum 70. Geburtstag von Franz K. Stanzel, Heidelberg: C. Winter 1993, S. 337-357; eine ausführliche Darstellung der Gedanken findet sich in: Hans H. Hiebel: Franz Kafka - „Ein Landarzt", München 1984 (= UTB1289).

das Teleologische hinter das Räumliche; um mit Roland Barthes zu sprechen: das Aktionale und die Verrätselung („hermeneutischer Code") hinter das Symbolische, Semische und Referentielle, um dergestalt einen prototypisch *modernen* Text – einen „*reversiblen*" Text - zu konstituieren.[2] Der „reversible" Text zeichnet sich nach Barthes durch Umkehrbarkeit (Reversibilität), d.h. Ungerichtetheit, Räumlichkeit, Synchronie aus; in ihm herrschen der symbolische Code (der Antithesen und Analogien), der semische Code (der indirekten Charakterisierung von Orten, Personen usw.) und der referentielle Code (der Anspielungen auf Wissensbestände oder Gemeinplätze usw.) vor und treten der aktionale (der Handlungssequenzen) und der hermeneutische Code (der Rätselsetzungen und Rätselauflösungen) zurück; d.h. es verschwinden tendenziell die gerichteten, vektorisierten, teleologischen Momente zugunsten der ungerichteten, paradigmatischen Signale, die über den gesamten Texte verstreut sind.[3] Der reversible Text ist quasi wie ein Akkord strukturiert, der traditionell-irreversible wie eine Melodie. Die Struktur von Kafkas ‚*Ein Landarzt*' weist überwiegend Momente einer reversiblen, räumlichen, synchronen Textur auf. Die logisch-zeitliche Ordnung tritt weitgehend zurück hinter das „ *P l u r a l e* "[4] des poetischen Raums, das Sternen-Netz der Partitur. An Kafkas '*Landarzt*' wird uns die Auflösung des Konzepts der „*Repräsentation*" - der realistischen Darstellung empirisch bekannter Ordnungen zeitlicher, örtlicher und logischer Natur - augenfällig. Hinter der Scheinbewegung der Handlungssequenzen eröffnet sich in Anspielungen und Korrespondenzen der Raum der uneigentlichen Oppositionen und Analogien. Bei Kafka löst sozusagen eine *strukturale, ungerichtete* Phantasie ein historisch-irreversibles, logisch und empirisch kontrolliertes, 'repräsentierendes' und erklärend-kausales Erzählen ab.

Was Joyce (der Derridas Denken wesentlich beeinflußte[5]) in '*Finnegans Wake*' auf der Ebene der Eigentlichkeit bewerkstelligt (die Verknotung und Vernetzung der *Worte* zur P a r t i t u r), das inszeniert Kafka auf der Ebene der Uneigentlichkeit, d.h. der Ebene der Metaphern, Analogien und verweiskräftigen Handlungsabläufe.

In der Erzählung '*Ein Landarzt*' werden wir - wie in der '*Verwandlung*' und dem '*Bericht für eine Akademie*' - mit einer Wunde bzw. Narbe konfrontiert. Diesmal aber wissen wir von keinem Autor dieses Schriftzeichens. Wovon spricht dieses Kryptogramm? Die Erzählung handelt von dem Besuch eines Arztes bei einem offenbar Erkrankten, einem Jugendlichen, der sozusagen im Schoße der Familie gefangengehalten wird. Nach der Traum-Logik der Erzählung führt der Patientenbesuch des Arztes zum Verlust seines Dienstmädchens Rosa. Dieses wird ihm von einem Pferdeknecht in einer Art Vergewaltigungsszene geraubt. Der Knecht, der unvermittelt aus einem vergessenen Schweinestall hervortritt und

---

2 . Vgl. Roland Barthes: S/Z, Frankfurt a. M. 1976, S. 34 f.
3 . Vgl. ebd.
4 . Vgl. ebd., S. 34 u. 18.
5 . Vgl. Jacques Derrida: Two words about Joyce. In: Derek Attridge/Daniel Ferrer (Hg.): Post-Structuralist Joyce, Cambridge University Press 1984.

dem Arzt ein Pferdegespann für seine Reise zur Verfügung stellt, erklärt unwiderruflich: „Ich bleibe bei Rosa." (Die folgenden Zitate ER 140-145.) Während der Arzt von seinem Gespann durch den Schnee fortgerissen wird, verfolgt dieser Knecht das Dienstmädchen. Der Arzt hört nur noch, „wie die Tür seines Hauses unter dem Ansturm des Knechtes birst und splittert, dann sind ihm Augen und Ohren von einem zu allen Sinnen gleichmäßig dringenden Sausen erfüllt." Das Bewußtsein erlischt, die Szene wird verdrängt, ausgeblendet. Von Rosa getrennt, kommt der Arzt „in einem Augenblick", wie es heißt, beim Patienten an, dessen „rosa Wunde" er - auf einen zweiten Blick hin - entdecken wird. Erst nachdem der Arzt von Rosa getrennt ist, wird ihm diese wichtig. „Wie rette ich sie, wie ziehe ich sie unter dem Pferdeknecht hervor?" Aus dem ‚Neutrum', dem Dienstmädchen, das „jahrelang kaum beachtet in seinem Hause lebte", wird die beachtete Frau, die Begehrte, was sich schon grammatikalisch durch eine Verkehrung von „*es*" *(das Dienstmädchen)* in „*sie*" *(Rosa)* anzeigt.[6] Der männliche Patient hat zunächst scheinbar nichts zu tun mit dem Dienstmädchen Rosa. Wenn wir aber das U n e i g e n t l i c h e für wichtiger nehmen als das E i g e n t l i c h e, die K o n n o t a t i o n für wichtiger als die D e n o t a t i o n, das U n b e w u ß t e für wichtiger als das B e w u ß t e, dann kann man hier von einer Identifikation, einem logischen oder psycho-logischen Zusammenhang sprechen. Das „*rosa*" in der Beschreibung der rosa Wunde verrät gewissermaßen wie ein Versprecher (Lapsus), eine Fehlleistung, daß hier ein Zusammenhang bestehen muß. Nach Freud verrät der Versprecher ein unbewußtes Moment. Das Unbewußte ist, wie Lacan sagt, durchaus sprachlicher Natur, d.h. von der Natur einer indirekten, andeutenden Sprache, die euphemistisch, verkürzt und entstellt auf bestimmte verdrängte Momente hinweist, wesentlich durch unklare Metaphern und undeutliche Metonymien. Vergegenwärtigen wir uns das Beispiel des witzigen Versprechers bei Heinrich Heine, der vom Empfang Hirsch-Hyazinths bei seinem Onkel, Baron Rothschild, erzählt. Der Baron hatte ihn, ganz vertraulich, ganz „*famillionär*" empfangen. In „*famillionär*" versteckt sich der „*Millionär*", der gar nicht wahrhaft familiär sich zu verhalten vermag. Vom „*Millionär*" blieb nur noch das Zeichen, der Signifikant: „*lion*", eine metonymische Abkürzung für „*Millionär*". „*Millionär*" wiederum steht metaphorisch bzw. synekdocheisch für Reichtum und metonymisch für das n i c h t f a m i l i ä r e Verhalten der mit Geld und Macht Begüterten. „*Famillionär*" impliziert also ein Paradox.

Bei Kafka entspricht diesem Signifikanten „*lion*" das „*rosa*" in der Wendung von der „*rosa Wunde*". Sein Signifikat ist R o s a, das Dienstmädchen, oder doch etwas, was mit ihm/ihr zu tun hat.

Die Erzählung '*Ein Landarzt*' inszeniert einen Umschlag, den vom N eu-

---

6. Vgl. Hans H. Hiebel: Die Zeichen des Gesetzes. Recht und Macht bei Franz Kafka, München 1983 (2. Aufl. 1998), S. 153-161, bes. S. 153 („Verkehrung von 'es' in 'sie'"); vgl. auch die (zwei Jahre später erschienene) Studie: E. Timms: Kafka's Expanded Metaphors: A Freudian Approach to *Ein Landarzt*. In: J. P. Stern/J. J. White (Hg.): Paths & Labyrinths. Nine Papers from a Kafka Symposium, London 1985, S. 66-80, bes. S. 74 („'Rosa' or 'she' rather than 'es'").

trum ins F e m i n i n u m , vom U n b e t e i l i g t s e i n ins B e g e h r e n . Aus dem Herren über die Angst der anderen wird am Schluß ein Geängstigter, aus dem Herren über den Tod ein vom Tod Gezeichneter, aus dem Bekleideten ein Nackter.

Der Arzt wird entkleidet und mit der Forderung zu heilen in einer Art Ritual zum entblößten Patienten ins Bett gelegt. Er entflieht schließlich nackt auf dem Wagen seines Gespanns in die Schneewüste. Langsam geht es nun voran, aus dem A k t i v e n ist ein P a s s i v e r geworden. Eine Art Ansteckung, Infektion hat sich vollzogen. Das erinnert an Barthes' Auslegung der Balzacschen Novelle 'Sarrasine' in 'S/Z'. Barthes geht dort von einer symbolischen Opposition aus, der von männlich und weiblich, aktiv und passiv, kastrierend und kastriert. Damit bezieht er sich jedoch nicht auf den Gegensatz der biologischen Geschlechter, sondern den kultureller Normen bzw. psychologischer Gegensätze. Nach Barthes wird diese Opposition symbolisiert durch einen Buchstaben, durch das „*s*" in „*Sarrasine*", das anstelle eines „*z*" („*Sarrazin*") steht. Sarrasine ist sozusagen weiblicher Natur. Er schwärmt für eine Sängerin namens Zambinella (hier erscheint der verlorene maskuline Signifikant „z" wieder), welche sich später als Kastrat erweisen wird. Als Sarrasine in Zambinella den Mann entdeckt, den kastrierten Mann, kommt es zur Erkenntnis der Kastration, die sich nun aber als 'ansteckend' erweist.

Im Verhältnis des Arztes zur rosa Wunde zeigt sich etwas Vergleichbares: Aus „Rosa" wird die „rosa" Wunde, und nachdem der Arzt mit ihr in Berührung kam, ist auch er ‚verwundet', jeder Rückweg in seine „blühende Praxis" ist ihm verwehrt. Steht die rosa Wunde in Beziehung zu dem Dienstmädchen Rosa, so auch zu der V e r g e w a l t i g u n g s s z e n e . Diese wiederum hat eine Parallele in einer anderen Szene, in der nämlich, in welcher der Pferdeknecht das Dienstmädchen umfaßt und „sein Gesicht an ihres schlägt", mit dem Resultat: „Rot eingedrückt sind zwei Zahnreihen in des Mädchens Wange". Das nimmt die Gewaltsamkeit der späteren Vergewaltigungsszene vorweg, und zudem entspricht die V e r l e t z u n g der Wange der später beschriebenen r o s a W u n d e des Patienten. Die Wunde erscheint hier also in harmloser, entstellter, verborgener Form. Diese Korrespondenzen zeigen, daß Kafka hier ein realistisches, chronologisches, kausales Erzählen zerstört, dekomponiert hat – zugunsten eines Spiels mit „reversiblen" Signalen: mit „symbolischen" Analogien (bzw. Korrespondenzen) und Antithesen, indirekten „semischen" Charakterisierungen und „referentiellen" Anspielungen.

Vor allem kommt es zu einer Auflösung bzw. Verdoppelung der Identitäten. Einmal wird Rosa mit dem Patienten (Rosa/Wunde) gleichgesetzt, dann wird der Arzt mit dem Patienten identifiziert (beiden scheint eine „Wunde" eingeschrieben zu sein), zuletzt ergibt sich – über die Brücke „rote Zahnreihe" – „rosa Wunde" - eine Identifikation von Arzt und Knecht (als zusammengehörende Teile einer Identität: Ich und Es bzw. Über-Ich und Es). Damit löst sich die Kategorie des e p i s c h e n I c h s - als einer zentralen und geschlossenen Identität - auf. Dieses hat sich in drei Personen - Arzt, Patient, Knecht - aufgespalten, ganz wie im Traum sich die Identität einer Person in verschiedene Imagines zersplittern kann; selbst die Differenz zwischen „männlich" und „weiblich" wird aufgehoben, da einmal die Frau, einmal der Mann (der Junge, der Arzt) als verletzt und verwundet bzw. einmal der Mann, einmal die Frau als verletzend erscheinen.

Der Text ist nun - wie ein Gedicht von Mallarmé - reversibel: Er kann - in gewissem Sinn - von vorn nach hinten und von hinten nach vorn gelesen werden, er kennt keine eindeutige Ausrichtung mehr, kein Ziel. (Ähnliches behauptet Lévi-Strauss vom Mythos.)[7] Diese bewußte Reversibilität ist, wie gesagt, nach Barthes das Charakteristikum der Moderne.[8] Betrachten wir nun die Schilderung der rosa Wunde, und versuchen wir, ihren Hieroglyphen einen Sinn abzugewinnen:

In seiner rechten Seite, in seiner Hüftengegend hat sich eine handtellergroße Wunde aufgetan. Rosa, in vielen Schattierungen, dunkel in der Tiefe, hellwerdend zu den Rändern, zartkörnig, mit ungleichmäßig sich aufsammelndem Blut, offen wie ein Bergwerk obertags. In der Nähe zeigt sich noch eine Erschwerung. Würmer, an Stärke und Länge meinem kleinen Finger gleich, rosig aus Eigenem und außerdem blutbespritzt, winden sich, im Innern der Wunde festgehalten mit weißen Köpfchen, mit vielen Beinchen ans Licht. Armer Junge, dir ist nicht zu helfen, ich habe deine große Wunde aufgefunden. An dieser Blume in deiner Seite gehst du zugrunde.

Nachdem der entkleidete Arzt zum entblößten Jungen gelegt worden ist, erklärt dieser: „Mit einer schönen Wunde kam ich auf die Welt; das war meine ganze Ausstattung." Sarkastisch, ja zynisch entgegnet ihm der Arzt: „Deine Wunde ist so übel nicht. Im spitzen Winkel mit zwei Hieben der Hacke geschaffen." Der Arzt bleibt reserviert, verschlossen, distanziert, auch im Zustand des - symbolisch gemeinten - Entkleidetseins. Ganz anders der entblößte Patient, der seine Blößen in der Tat nicht verbirgt.

Wieder liegt die Wunde - wie die Narbe des Affen Rotpeter - in der „Hüftengegend". Wie im Versprecher spricht durch diese Beschreibung ein Zeichen indirekt von etwas Verborgenem: vom Unbewußten. Ein entstelltes Zeichen, ein entstellter Signifikant weist auf ein unaussprechbares, tabuiertes Signifikat. Dies in der Form einer verschleiernden, entstellenden M e t o n y m i e . Lacan hat das dem Signifikanten ultimativ zugeordnete Signifikat, das Unaussprechbare, das Unbewußte, „*Phallus*" genannt; dieser Terminus ist nicht biologisch zu verstehen, sondern ausschließlich symbolisch. Er meint eine beliebige imaginäre Potenz, ein real unerfüllbares Begehren; er meint das Tabu schlechthin, das beliebig verschiebbare Tabu. (Das Tabuierte kann - wie bei Freud - mit der Sexual- oder Analsphäre zusammenfallen, muß aber nicht; es ist abhängig von den kulturellen und individuellen Bedingungen. Mancher verbirgt eher sein „Herz" als seinen „Steiß", wie Jean Paul sagt!)

---

7. Vgl. Claude Lévi-Strauss: Die Struktur der Mythen. In: Strukturale Anthropologie, Frankfurt a. M. 1967, S. 226-254.
8. Vgl. Barthes, S/Z, S. 34.

Im Bild der Wunde liegt aber noch mehr. Die Wunde ist ein E t w a s, eine sensible Zone, und zugleich ein N i c h t s, d.h. sie ist auch ‚Kastrationswunde' (Zeichen eines Mangels, sei dieser Mangel auch ein imaginärer Mangel). Kafka hat hier eine Paradoxie konstruiert, in der W u n s c h und V e r s a g u n g, B e g e h r e n und T a b u, L e b e n und T o d eine Einheit bilden. Deshalb ist im Signifikanten „*rosa*" beides, nämlich Rosa, die Frau, die Begehrte, und zugleich die Wunde, d.h. die Verletzung, die diese Frau hinterläßt bzw. hinterließ, enthalten. Nach Lacans Freud-Interpretation ist die Kastration sozusagen der ‚Schnitt', der Mutter und Kind in der ödipalen Szene trennt und eine unstillbare Sehnsucht nach Einheit erzeugt. Damit hätte Rosa etwas zu tun mit der Mutter; sie (s i e!) bildete die Imago der Mutter, die auf alle Frauen übergehen kann, wie umgekehrt (tendenziell) alle Frauen die Mutter-Imago zu aktualisieren vermögen, das zu evozieren vermögen, was Freud die inzestuöse Übertragungsliebe genannt hat.[9] Der tuberkulosekranke Kafka hat daher einmal notiert:

Ist die Lungenwunde nur ein [...] Sinnbild der Wunde, deren Entzündung F. und deren Tiefe Rechtfertigung heißt, ist dies so, dann sind auch die ärztlichen Ratschläge [...] Sinnbild. (T 529)

Mit „F." ist hier Felice Bauer gemeint, die Frau, mit der Kafka zweimal verlobt war. Wenn wir dies auf die Erzählung übertragen und sozusagen 'übersetzen', so heißt dies: Rosa, das Dienstmädchen bedeutet nur die E n t z ü n d u n g d e r W u n d e; diese ist l ä n g s t tief in den Körper des epischen Ichs (der Persona hinter Arzt *und* Patient) eingeschrieben und erinnert als „Andenken im Fleische" an längst vergangene Szenen, die naturgemäß etwas mit der frühen Kindheit und dem Verhältnis zu Vater und Mutter zu tun haben.

Muß man nun sagen, daß das Dienstmädchen „Rosa" bzw. die Vereinigungsbzw. die Vergewaltigungsszene mit „Rosa" und Knecht eine Verdrängung der Wunde bedeutet, die sich dann aber unauslöschlich aufdrängt, oder kann man sagen, daß in der Wahrnehmung der Wunde das Mädchen „Rosa" bzw. die Vergewaltigungsszene verdrängt und ausgelöscht ist? Beides wohl ist möglich, denn das eine weist auf das andere – womit wir eine Art zirkulärer Ersatzbildung, zirkulärer Metaphorik, zirkulärer Verdrängungen vor uns hätten.

> 1. Hinter dem Mädchen „Rosa" verbirgt sich die verdrängte „rosa Wunde".
> 2. Hinter der „rosa Wunde" verbirgt sich die Verursacherin, „Rosa". Bzw.:

> 1. Die Vergewaltigungsszene klammert sozusagen die rosa Wunde aus. Das Begehren ist zudem verschoben auf den Knecht. Der Arzt will nichts mit dem 'tierischen' Begehren zu tun haben.
> 2. Auf der anderen Seite ist im bloßen optischen Eindruck der Wunde jeder Kontext abgeschnitten. Die Wunde erscheint neutral, nicht-sexuell: Damit sind wiederum Rosa und die sozusagen verdrängte, ausgeblendete Vergewaltigungsszene ausgeklammert.

---

9 . Vgl. Sigmund Freud: Vorlesungen zur Einführung in die Psychoanalyse, Studienausgabe Bd. 1, Frankfurt a. M. 1974, S. 316-380.

Jeweils also verbirgt ein euphemistischer Signifikant, ein undeutliches Zeichen 'S', ein unausgesprochenes Signifikat 's', das eingeklammerte '(s)'; das Symbol der Klammer verweist hier auf das Verdrängtsein, das Unbewußtsein dieses Signifikates. Wir wüßten nichts von diesem jeweiligen Signifikat, wenn nicht ein kleines Zeichen, eben jenes verräterische „*rosa*", das nicht nur als Farbbezeichnung genommen werden will, in der Beschreibung der Wunde auftauchen würde. Die Vergewaltigungsszene klammert also aus, daß das Dienstmädchen Rosa etwas mit der rosa Wunde zu tun hat; die rosa Wunde wiederum ist abgeschnitten von ihrem Kontext, von ihren Ursprüngen, von Rosa als der Imago der Frau.

Der Text ist sozusagen eine zersplitterte Verdichtung, wobei die verstreuten Elemente durch eine Kraft der Irradiation bzw. Kohäsion darauf drängen, daß der Leser einen Zusammenhang herstellt; oder: Der Text ist eine permanente Verschiebung, ja zirkuläre Verschiebung, wobei deren Elemente uns aber immer zur Konstruktion eines Paradigmas und eines logischen Zusammenhangs nötigen.

In Kafkas Text findet also nicht nur ein Einklammern und Verbergen statt, sondern zugleich ein indirektes Entbergen oder Enthüllen, und dieses Enthüllen muß deutlicher sein als die unbewußten Hinweise, die im Traum, in der Fehlleistung oder im Symptom selbst stecken. Die *Ars poetica* des Autors bewerkstelligt ja, daß wir das Verborgene auch zu entziffern vermögen, ohne den Autor befragen zu müssen, d.h., er liefert Anhaltspunkte, die *innerhalb* des Textes sozusagen dasjenige artikulieren, was ein Patient als Erklärungen und Assoziationen zu einem ‚Text' eines Traums, einer Fehlleistung oder eines Symptoms *nachträglich* beibringen muß. (Mag er dies nun bewußt konstruieren oder auch unbewußt oder halbbewußt in den Text legen, in jedem Fall verrät das Gebilde Intentionalität, zumindest eine „*intentio operis*"[10].)

Durch den ganzen Text zieht sich die „symbolische" (Barthes) Opposition von B e k l e i d e t - S e i n und N a c k t - S e i n. Das hat seinen Sinn offenbar darin, daß hier immer wieder Verschleierung und Aufdeckung, Lüge und Wahrheit, Bewußtes und Unbewußtes, Neutralität und Begehrlichkeit, Verdrängendes und Verdrängtes, Über-Ich und Es usw. antithetisch einander gegenübergestellt werden. Kafkas Text formiert sich ganz und gar nach den Gesetzen des Traumes, wie sie Freud in der 'Traumdeutung' beschrieben hat. Die zeitliche, diachrone Struktur löst sich in eine Synchronie auf. Die Personen spalten sich, das S u b j e k t des ganzen Traumtextes steht h i n t e r dem Ganzen der Erzählung.[11] Metaphorische Verdichtungen stehen neben metonymischen Verschiebungen. Ein indirekter Verweis führt zum nächsten indirekten Verweis. Der Traumtext löst die zeitliche, zielgerichtete Form der Darstellung auf, d.h. der Arzt entfernt sich sozusagen gar nicht von Rosa, dem Dienstmädchen; oder indem er sich

---

10. Vgl. Umberto Eco: Die Grenzen der Interpretation, München 1992, S. 35 f.
11. Kafka hat hier vielleicht von Strindbergs „Ein Traumspiel" gelernt. Vgl. Christine Maitz: Der Traum vom Träumen und Erwachen. August Strindbergs ETT DRÖMSPEL, Diplomarbeit Graz 1998.

von ihr entfernt, kehrt er zugleich zu ihr zurück. Vielleicht wird die Wendung von der 'rosa Wunde' auch deshalb an den Anfang des Satzes gestellt, damit das „Rosa" in Großbuchstaben erscheint. Dann erlischt die Opposition R/r (als analog zu S/Z konstruierte Formel) und wird zur Identifikation: R = R.

Hier ergeben sich weitere aufschlußreiche Parallelen und auch Differenzen zu Freuds Theorie. Mehrfach erscheint in Freuds Texten die Metapher von der unheilbaren Wunde bzw. der bleibenden Narbe, und zwar in bezug auf narzißtische Kränkungen und ödipale Traumata.[12] Auch das Bild des Reiters taucht auf[13]; Freud vergleicht das Verhältnis von Ich und Es mit dem von Reiter und Pferd. Anders als bei Freud siegt bei Kafka indessen das Es über das Ich, das Pferd über den Reiter. Das Pferd trägt den Reiter - mehr oder weniger gegen seinen Willen und auf Befehl des Knechts - sozusagen dorthin, von wo er zu fliehen trachtete. (Von Rosa weg zu Rosa als einer „rosa Wunde"). Das Subjekt verliert die Herrschaft über sich selbst. Das Verhältnis von Reiter und Roß bzw. von Herr und Knecht verkehrt sich. Das reflektiert Kafkas Skepsis gegenüber dem „therapeutischen" Aspekt (vgl. H 335 f.) der Psychoanalyse.

Bei Kafka ist außerdem das Es eng mit dem Über-Ich verknüpft, weit enger als bei Freud. Begehren und Tabu, Wunsch und Verbot bilden eine Einheit. Und das als „Andenken" ins „Fleisch" eingeschriebene Verbot („Verwandlung", ER 96) hat - wiederum wie bei Freud - etwas mit Thanatos, dem Todestrieb, zu tun. Zu Recht, denn den Freud-Interpretationen von Lacan und Derrida zufolge kann man in Verdrängung und Aufschub („différance") eine lebensvernichtende Kraft, eine Ökonomie des Todes am Werk sehen.[14] - Die Farbe „Rosa" ist also tatsächlich ein Bild für das L e b e n und den T o d , für das lebendige Fleisch und das sterbende Fleisch. Damit verdoppelt sich die Paradoxie des Bildes von der „Wunde". Kafka setzt auf der einen Seite Begehren und Tabu bzw. Verdrängung, auf der anderen Leben und Tod, Eros und Thanatos, einander gleich. „Rosa" ist gleich „Rosa": R=R. Die Frau ist Lebenskraft und Todeswunde, Leben ist Sterben). Daher ist die Rede vom „Leben" in dieser „Wunde" (ER 144), an der der Patient „zugrunde" (ER 143) gehen wird.

Die Verdrängung des Begehrens - „Rosa" ist sein Zeichen - führt also zur „rosa" Wunde und letztlich zum Tod. Bedeutsam ist in diesem Zusammenhang die Verknüpfung von Verdrängung und Familienbindung. Der todkranke Patient stirbt gewissermaßen im Schoß der Familie. Und wenn der Arzt seinem Patienten gleichgesetzt werden kann, dann gilt auch für ihn, daß er die Sphäre der Familie, d.h. der endogamen Bindung und des zölibatären Daseins, sozusagen nie verlassen hat; er ist Bild des ewigen Junggesellen. Auch er hat, gewissermaßen gefesselt durch eine endogame Tendenz, nicht den exogamen Weg heraus aus der Familie - hin zur Frau, zu Rosa als Partner - finden können (wie der Arzt selbst - oder wie

---

12 . Vgl. Sigmund Freud, Studienausgabe Bd. 3, Frankfurt a. M. 1975, S. 230, 206.
13 . Vgl. Freud, Vorlesungen, S. 514.
14 . Vgl. Jacques Derrida: Randgänge der Philosophie. Die différance. Ousia und gramme. Fines hominis. Signatur-Ereignis-Kontext, Frankfurt a. M./Berlin/Wien 1976, S. 27.

Georg Bendemann im ‚*Urteil*' oder Gregor Samsa in ‚*Die Verwandlung*'.); er ist bei Rosa als Dienstmädchen, als Mutter-Ersatz geblieben, nicht aber zu ihr als gleichberechtigtem Anderen gekommen. Ein tödliches Tabu, eine tödliche Verdrängung lähmen den Arzt - und machen ihn in gewissem Sinn ebenso krank und sterblich wie seinen Patienten. Die Kraft, die den Patienten, den Arzt, Gregor Samsa, Georg Bendemann oder Josef K. 'verurteilt', ist eine tödliche Kraft. Weggang ist Rückkehr, Aktion bedeutet Lähmung, Heilen bedeutet Erkranken. Die paradoxe Gleichung „Wunsch = Kastration"[15] verwirklicht sich hier.

Die Erzählung dreht sich sozusagen im Kreise, ihr Syntagma weist im Rahmen ihrer paradigmatischen Achse zurück an den Anfang. Aus der Erzählung wird ein „reversibles" Gebilde, wird in gewissem Sinn ein 'Mythos', d.h. die Darstellung einer zeitlosen, synchronischen Struktur, eines dauernden, an-dauernden Konflikts, eines statischen Dilemmas, einer bleibenden existentiellen Konstellation.

Für die These der Mythen-Nähe und der Zeitlosigkeit sprechen auch die Anspielungen auf Wagners 'Parsifal' und die Wunde des Anfortas. Wie in Wagners 'Parsifal' und auch in Wolframs 'Parzival' oder in Chretiens 'Perceval' schließt sich die Wunde des Patienten nicht. Auch bei Chretien ist sie ähnlich situiert wie bei Kafka, nämlich „zwischen den Beinen" (Vers 436 u. 3512f.). Im mittelalterlichen Epos bei Wolfram gehört die Wunde ganz in den Kontext des Exogamie-Gebotes, d.h. in soziale Zusammenhänge. Von der Mutter Herzeloyde bzw. dem Endogamie-Verbot führt der exogame Weg der Aventiure zum Erwerb der Gattin Condviramurs, zur ritterlichen Bewährung des Helden und somit zur Heilung der Wunde des Anfortas. Bei Wagner wird jenes Exogamie-Gebot und mit ihm Condviramurs, die Gattin, gelöscht; die endogame Tendenz wird verabsolutiert. Parsifal erwirbt keine Gattin, er tritt niemals gänzlich aus der Mutter-Bindung heraus. J e d e Frau, z.B. auch Kundry, erweckt die Erinnerung an die Mutter und damit auch an die Wunde, die sich neu entzündet. Durch „Mitleid wissend" erlöst der Heiland Parsifal den Anfortas von seinen Leiden. Der Heiland Kafkas, der Landarzt, bleibt mitleidslos und wird infiziert durch die Wunde des Patienten. Während Parsifal von der Gralsrunde aufgenommen wird, bleibt der Landarzt allein und zieht nun, nackt wie sein Patient, durch die Schneewüste. Die Anspielung erweist sich als sarkastische Verkehrung.

Wieder vereinigt eine Erzählung die Kafkaschen Grundrundfiguren: P a r a d o x , M e t a p h e r u n d A m b i g u i t ä t , Z i r k e l von I n n e n u n d A u ß e n . Im *Zirkel* deutet Äußeres auf Inneres; so weist das Begehren des Knechts auf die Wünsche des Arztes, und das Leid und die Krankheit des Patienten auf die Verwundbarkeit und verborgene Krankheit des angeblichen Heilers. Vieldeutig verweist die *gleitende Metapher* bzw. die Metaphern-Verdichtung - die 'Wunde' - auf physisches Leid bzw. psychosomatische Krank-

---

15 . Vgl. Gilles Deleuze/Félix Guattari: Anti-Ödipus, Frankfurt a. M. 1974, S. 346; diese Gleichung gilt Deleuze und Guattari zufolge für die Ödipus-Problematik sämtlicher patriarchalischer moderner Gesellschaften.

heit, aber ebenso auf psychische, geistige, ja religiöse Leiden als Basis und Kausalität für die manifesteren Leiden. (Die metaphorischen Korrespondenzen vermehren sich noch durch den Kontext: die Zahnreihe, das blutige Handtuch, die mächtigen Pferde, die Nacktheit, das frostige Zeitalter usw.)

Das Gleiten der Signifikate unter all diesen Signifikanten führt natürlich auch wieder hinein in *Paradoxien*. Die rosa Wunde in der "Hüftengegend" deutet auf Lust und Leid, auf Begehrungen und Verletzungen, auf "Phallus" und "Kastration", ihr „rosa Blut" weist auf Leben und Tod (bzw. Krankheit).

Die gleitenden, in Paradoxien hineinführenden Metaphern gelangen indes niemals an ein Ziel, erhalten niemals eine letzte, fixierbare Bedeutung. Die Korrespondenzen formieren den *Zirkel von Innen und Außen* und führen hinein in eine Kreisbewegung. Stets weisen Signifikanten auf Signifikanten, die auf Signifikanten weisen, die auf Signifikanten weisen ... Der Text 'schließt' sich nicht, er vollführt einen unentwegten Sinn-Aufschub („différance") - und damit aber auch eine permanente Sinn-Produktion, Sinn-Wucherung. Damit entspricht er - deutlich erkennbar - der psychohygienisch sinnvollen und zugleich verborgenen und maskierten „Traumarbeit", d.h. den produktiven, assoziationsreichen, analogisierenden und metonymisch-verknüpfenden Verarbeitungs-Prozessen des Traumes (bzw. der Symptombildung), die Kafka ja bewußt nachahmt bzw. simuliert; der Autor und sein Text sind keineswegs bewußtlose, gar pathologische Opfer solcher „Primärprozesse", sondern sie generieren bzw. simulieren solche Prozesse - parallel zum Traum und in gewissem Sinne auch parallel zu psychoanalytischen Analysen und Theorien. Kafka kann nicht zum Objekt solcher Analysen und Theorien gemacht werden, da er ihr Subjekt ist, sozusagen 'Herr' der Lage bleibt; Kafka imitiert nicht nur, er konkurriert mit psychoanalytischen Theorien, denen er ja z. B. seine Sicht von der Vorherrschaft des Es - symbolisiert in Pferden, Knecht, Wunde - und das Axiom der Unheilbarkeit der existentiellen Leiden - symbolisiert in der „rosa Wunde" - geradezu offensiv entgegenhält.

Während in 'Der Bau' und 'Die Verwandlung' die g l e i t e n d e M e t a p h e r sich mehr horizontal dem Syntagma der Erzählung entlang formiert, kommt es im 'Landarzt' eher zu einem zirkulären K r e i s e n. Die Ausmalung der 'Wunde' selbst ist als Metaphern-Knoten einem 'Strahlenbündel' zu vergleichen. Im Innern des Knotens und dann erst recht in bezug auf den um ihn 'zirkulierenden' Kontext verweist eines auf das andere, potenzieren sich die Verweise. Vergleichendes wird mit Verglichenem austauschbar. Ein ständiges Differenzieren, Verschieben und Aufschieben findet hier statt. Der kein Telos bzw. eindeutiges Ende kennende Aufschub („différance") reflektiert sich auch darin, daß die „Reise" mit den „Pferden" auf Geheiß der „Nachtglocke" nur wieder zurückführt zum Ausgang: zu Rosa, vor der der Arzt fliehen wollte. Der Text vollführt, was in ihm beschrieben wird: den Aufschub, den fortwährenden Ersatz eines Signifikanten durch einen anderen; ein Gleiten, das die Kastration als S c h n i t t z w i s c h e n S i g n i f i k a n t u n d S i g n i f i k a t in der U r s z e n e d e r V e r d r ä n g u n g wiederholt, sie in metaphorischen und metonymischen Verschiebungen verewigt.

Aufschub heißt Aufhebung der Unmittelbarkeit, heißt Verdrängung; durch sein Gesetz wird aber nur das Begehren nach dem 'Ganzen', der unmöglichen Vereinigung, der Überbrückung einer fundamentalen Differenz verewigt; in 'Verschiebungen' vollzieht sich der Aufschub. Dieses Begehren und dieser Aufschub sind in der Sprache und durch sie, denn die symbolische Ordnung begründet mit dem Bewußtsein zugleich das Unbewußte; durch den Signifikanten geschieht der Schnitt, der das zu verdrängende Signifikat von ihm abtrennt. Sprache scheidet sprachlos Gelebtes und sprachlich Erlebtes; das (sprachlos) Gelebte („*le vécu*" bei Lacan) wird zum Opfer der Sprache, wird verdrängt. D e r   S i g n i f i k a n t   i s t   a l s   s o l c h e r   d i e   i m m e r w ä h r e n d e K a s t r a t i o n : Er bezeichnet und verdeckt (das Gelebte), er verweist und löscht zugleich aus, er beschwört und verdrängt. Daher hat Kafka die Wunde als Etwas und als Mangel, als Blume und als Loch, als Wurm und als spitzen Winkel, als Zeichen des Seins (von Rosa) und der Abwesenheit (von Rosa), als 'rosa' Leben und als 'rosa' Schnitt - als Phallus und Kastrationswunde in einem entworfen.

Der '*Landarzt*' inszeniert den Aufschub nicht nur als lineare Diachronie, sondern auch als zirkelhafte, reversible Synchronie, als 'dissoziative Assoziation' oder 'zersplitterte Verdichtung'. Tragen wir all die Korrespondenzen zusammen zu einem Paradigma, so ergibt sich ein hochverdichteter Komplex; auf der anderen Seite aber sind die Teile dieses Komplexes und Paradigmas aber eben über das Text-Syntagma verstreut wie die Teile einer explodierten Vase, der metonymische Zusammenhang ist – wie bei der Verschiebung – versteckt.

Steht der Verlust Rosas metaphorisch-allegorisch für die ewige Wunde? Steht die Wunde metaphorisch für den Schnitt, den der Verlust (oder die Verdrängung) Rosas bedeutet? (Steht Rosa für 'rosa' oder 'rosa' für Rosa?) Ist die Szene mit Rosa genetisch die Urszene, welche die Wunde verursacht, oder ist die Szene verursacht durch die Wunde als 'gewesene' Urszene? - Eins stellt sich vors andere. Dabei bildet sich stets eine differentielle Opposition heraus; wenn Rosa das Begehren inkarniert und die 'rosa' Wunde das Tabu, dann ergibt sich in dieser Trennung von Signifikant und verdrängtem Signifikat die Opposition Phallus/Kastration (bzw. Eros/Thanatos): Rosa/rosa (R/r, analog zu S/Z). Aber auch die Ur- bzw. Vergewaltigungsszene mit Rosa kann das verdrängte (eingeklammerte) Signifikat des Signifikanten „rosa Wunde" sein; rosa/Rosa: r/(R); Kastration/(Phallus), Thanatos/(Eros). Es kommt aber zugleich, wie gesagt, zur Löschung dieser Differenz, Kafka identifiziert die beiden Pole der Opposition in p a r a d o x e r Weise: Rosa/Rosa (R/R); diese Formel drückt Differenz und Identität zugleich aus (R/R i.e. R/r und R = R). Die metonymische Funktion des Kontextes konstituiert beides. Indem Kafka das Adjektiv „rosa" an den Satzanfang stellte („*Rosa* ..."), machte er - wie mit einem Versprecher - auf die geheime Identität der getrennten Bereiche aufmerksam. Kafkas Paradoxie ist die Gleichung „Wunsch = Kastration". Wir sind „Schwimmer", die „nicht schwimmen können". Es gibt das „Paradies", aber „nicht für uns".

Ästhetische Interpretation

Der *Bedeutungssinn* ist stets nur ein Teil des *ästhetischen Sinns* eines literarischen Werks, ein Bestandteil der implizierten Rezeptions- oder Wirkungs-Strategie des Textes. Daher ist die Interpretation der *Bedeutungen* eines Werks - seiner Eindeutigkeiten oder Vieldeutigkeiten - immer nur ein Schritt hin zum Begreifen seines ästhetischen Gehaltes und Sinnes. Um von einem *Spiel* mit Vieldeutigkeit sprechen zu können, muß man zunächst einmal die Probe auf verschiedene Deutigkeiten unternommen haben. In der Anamorphose oder im Vexierspiel sind ganz offensichtlich zwei Ansichten, zwei Bedeutungen miteinander verkoppelt. Aber diese zwei Bedeutungen oder Ansichten sind nicht das Wesentliche am Spiel, das Entscheidende ist die Kippstruktur, der 'Witz' des Spiels besteht im trickreichen Zusammenfall zweier Aspekte bzw. Bedeutungen in einer einzigen Struktur. Der *Bedeutungssinn* kann von der „*philologischen Interpretation*" gefunden und gehoben werden (sowohl die simplen Phänomene wie auch die versteckten, nur durch ein Bildungswissen erkennbaren Bedeutungen betreffend), die intendierte Rezeptionsstruktur bzw. die ästhetische Funktion des literarischen Gebildes aber kann nur über philologisches Interpretieren hinausgehende „*ästhetische Interpretation*" aufdecken.[16]

Das gleiche läßt sich in Bezug auf die „*Offenheit*" oder die „*Unbestimmtheit*" von Kunstwerken sagen: Schlechthin Nicht-Bestimmtes, Leeres, Nichtssagendes wäre nicht „*offen*" - sondern bedeutungsleer, unstrukturiert, chaotisch. Betrachten wir statt des Vexierbilds einmal den sogenannten Rorschach-Test: Um das Objekt des Tests (auf aggressive Phantasien, Sexualphantasien, bestimmte Phobien usw. bezogen) abfragen bzw. testen zu können, müssen im Rorschach-Text bzw. Rorschach-Bild *alle diese Möglichkeiten* angelegt sein - trotz der „Offenheit" des Testbildes mit seinen sparsamen Punkten und Linien. Das läßt sich auf Wolfgang Isers Begriff der „*Leerstelle*" bzw. „*Unbestimmtheitsstelle*"[17] übertragen: Ohne eine „*Überbestimmung*" - d.h. die sparsame Andeutung vieler Deutungsmöglichkeiten - läßt sich eine „*Leerstelle*" im Text nicht konstruieren. Das bedeutet folglich auch, daß sich die „*Offenheit*" eines Werkes von Interpreten eben nur über die *Vielheit seiner Andeutungen* erschließen läßt.[18]

Zum Verhältnis von rezeptionsästhetischer Analyse und Bedeutungs-Interpretation ließe sich als erhellendes Beispiel mit Peter Szondi das „*hermetische*" Rätselgedicht anführen (das auf den Prozeß der *Enträtselung* hin angelegt ist und

---

16 . Vgl. Gisbert Ter-Nedden: Einführung in die Theorie und Praxis der literarischen Hermeneutik (= Lehrbrief), 1. Aufl. Hagen 1987.
17 . Vgl. Wolfgang Iser: Die Appellstruktur der Texte. In: Rainer Warning (Hg.): Rezeptionsästhetik, München 1975, S. 228-252.
18 . Vgl. auch Umberto Eco: Lector in fabula. Die Mitarbeit der Interpretation in erzählenden Texten, München 1987; vgl. auch Christian L. Hart Nibbrig: Die verschwiegene Botschaft oder: Bestimmte Interpretierbarkeit als Wirkungsbedingung von Kafkas Rätseltexten. In: DVjS 51 (1977), S. 459-475.

nicht einfach nur 'beantwortet' werden will)[19], aber auch das Beispiel des Witzes und seiner Wirkungsweise, deren rezeptions-ästhetischer Sinn die Erzeugung von Lachen - und nicht schlicht die Weitergabe von Information - ist; an diesen Beispielen wird offenkundig, daß der Bedeutungssinn des Witzes bzw. Rätsels nur *ein* Element neben anderen ist bzw. nur ein *Mittel* darstellt, den intendierten Wirkzweck realisieren zu können.

Auf welchen Prinzipien oder Bauformen beruht die intendierte Rezeptionsstruktur von Witzen? In Freuds Studie zum „*Witz*" wird zwischen *Verdichtungswitzen* (vom Typ „der reiche Onkel behandelte mich ganz 'famillionär'") und *Verschiebungswitzen* unterschieden.[20]

Um ein Beispiel zu geben, das der Illustration der Mechanik des Verschiebungswitzes dienen soll, erzählt Freud folgende Anekdote: Zwei Juden treffen sich vor einer Badeanstalt. Der eine fragt den anderen: Hast Du genommen ein Bad? Der andere antwortet: Wieso, fehlt eins?[21] Die Bedeutung dieses Witzes liegt darin, daß der eine Jude oder die Juden überhaupt als 'wasserscheu' hingestellt werden. Dem Befragten fällt es nicht im Traum ein, an die Möglichkeit eines *Reinigungsbades* zu denken, er denkt viel eher an *Diebstahl*.

Auf eine solche Information kann es dem Autor bzw. dem Erzähler des Witzes aber nicht ankommen; daß er es nicht auf Botschaften, d.h. auf Informationen oder Gesetzmäßigkeiten abgesehen hat, zeigt schon die Tatsache, daß er gänzlich unpsychologisch verfährt und mit Unwahrscheinlichkeiten spielt, die gewöhnlich nur auf dem Felde der *Fiktion* akzeptiert werden: Die Redewendung vom „ein Bad nehmen" kann nur eine erdichtete Figur, nicht aber ein wirklicher Mensch mißverstehen.

Das Lachen nun, auf das es der Witz (als elementare Form des Literarischen, Poetischen, Ästhetischen) abgesehen hat, resultiert aus der *Form* und nur aus der *Form* der Darstellung des 'wasserscheuen' Juden. Die Form wirkt durch Pointierung und Unwahrscheinlichkeit: Die Plötzlichkeit der Pointe ist gebunden an die Form der Doppeldeutigkeit von „ein Bad nehmen": Der Sinn schlägt abrupt um von „Reinigungsbad nehmen" zu „Badeeinrichtung stehlen". Gerade die Abweichung vom gewohnten Umgang mit der Sprache als Informationsmittel, gerade die Hinwendung zum *Signifikanten* und dem *Spiel* mit ihm, bewirkt das zum Lachen reizende Witzig-Komische, während alle Konzentration auf das *Signifikat* - die Botschaft - einen gewissen tierischen Ernst impliziert.

Diese Differenz von *Bedeutung* und *Rezeptionsstrategie* gilt von simplen wie von komplexen literarischen Texten.

Meine Interpretation der Erzählung '*Ein Landarzt*' hat versucht, im Aufweis der Analogien, Metonymien und verborgenen (logischen) Beziehungen der Ele-

---

19. Vgl. Peter Szondi: Traktat über philologische Erkenntnis. In: Hölderlin-Studien, Frankfurt a. M. 1967 (= es 379). S. 9-34, Zit. S. 12.
20. Sigmund Freud: Der Witz und seine Beziehung zum Unbewußten. In: Studienausgabe Bd. 4, Frankfurt. a. M. 1970, S. 9-220, bes. S. 22, 51.
21. Ebd., S. 49.

mente des Textes *Bedeutungen* zutage zu fördern. Ein Bruchteil dessen, was in der Erzählung 'steckt', ist dabei sichtbar geworden.[22] Mit der Aufdeckung des Bedeutungssinnes aber ist noch nicht der ästhetische Sinn des Gebildes berührt. Literarische Texte, besonders Texte der Moderne, zeichnen sich dadurch aus, daß in ihnen mehr *verdeckt* als *aufgedeckt* wird. Entscheidend für alles Literarische - und die modernen Texte im besonderen - ist die Implikation, dasjenige, was im angloamerikanischen Bereich „*implicature*", „*Implikatur*", heißt. Nun stellt sich aber - wenn wir uns nicht allein auf „Witze" und ihr Ziel, Lachen zu erregen, beschränken wollen - die Frage nach dem Sinn solcher „*Versteckspiele*"[23]. In der Darstellung des Kafkaschen Hin-und-Her-Verweisens war zumindest bereits in indirekter Weise die durch den Text geleitete und generierte neue Art des Lesens (Assoziieren statt Entziffern) angesprochen worden, d.h. die implizierte Rezeptionsstruktur, der „*implizite Leser*", um mit Iser zu sprechen.[24] Die ästhetische Wirkungsweise der Kafkaschen Texte wurde, so wäre zu hoffen, wenigstens in indirekter Weise sichtbar.

Im Hinblick auf eine „*ästhetische Interpretation*" ergeben sich also, wie angedeutet, drei Gesichtspunkte:

1) die ästhetische Funktion
2) die Rezeptionsstruktur (als Moment der ästhetischen Struktur)
3) die Frage nach dem Spezifikum moderner Literatur

1) Ästhetische Funktion

Roland Barthes' Hinweis darauf, daß wir all die Elemente des Handlungs-, Rätsel-, Referenz-, Sem- und Symbolcodes „zusammen-lesen", integrational zusammenfassen müssen, indem wir sie (als Elemente eines *Paradigmas*) aus dem *Syntagma* hervorheben, deutet auf die spezifisch ästhetische Tätigkeit des Rezipienten, die das Spielerische des Textes realisiert und sich nicht im Auffinden der Botschaften erschöpft. Literarische, ästhetische Texte haben es als Fiktionen weder auf bloße Reportage von individuellen, singulären Fakten noch auf generelle Gesetzmäßigkeiten, wie sie die Wissenschaften festmachen, abgesehen. Die *Form* literarischer Texte ist - anders als in anderen Texten - notwendiger Bestandteil der Seinsart dieser Texte und kann nicht von ihnen abgelöst werden. Jede Übersetzung in die Sprache von Fakten oder Gesetzmäßigkeiten bedeutet einen Sinnverlust. Die implizite *Bedeutung* (d.h. den Informationsgehalt) literarischer Texte zu interpretieren, kann nicht der letzte oder eigentliche Sinn literarischer Hermeneutik sein, sonst würde diejenige Interpretation, die die *Bedeutung* des Werks (z.B. des Rätselgedichts) fixiert, das Lesen erübrigen. Hätte man die Bedeutung eines literarischen Textes gefunden und erschöpfte sich dieser in ihr, dann wäre es künftighin sinnlos

---

22. Vgl. meine differenziertere Ausdeutung: Hiebel: Franz Kafka: '*Ein Landarzt*'; und: Hiebel: The „Eternal Presence" of a Static Dilemma.
23. Vgl. Iser, Appellstruktur.
24. Vgl. Wolfgang Iser: Der implizite Leser, München 1970.

und überflüssig, denselben zu lesen und das Such-Spiel von vorn zu beginnen. Außerdem erübrigte sich der literarische Text selbst, wenn das, was er meint, besser und klarer in einem Sachbericht gesagt werden könnte.

Entscheidend also scheint der Prozeß der Enträtselung selbst zu sein, die Spannung, die mit dem Lesen entsteht, die Wirkung, die das Wie des Gesagten auf den Rezipienten ausübt, usw. Es kann, wie Szondi sagt, nicht der Sinn der Interpretation sein, dem Text dessen „*entschlüsseltes Bild*" an die Seite zu stellen; man muß ihn als ein „*Schloß*" verstehen, das immer wieder „*zuschnappt*".[25] Das Spezifische am literarischen Text kann also nicht die Botschaft sein, sondern muß die Art sein, wie der Text diese Botschaft präsentiert, nein, wie er sie kreiert und lanciert. Daher ist es für den literarischen Text ganz entscheidend, daß sich sein prozeßhaftes Sein nur in der *prozeßhaften* Rezeption sein Wesen offenbart.[26]

2) Rezeptionsästhetik

Die Rezeptionsästhetik, entwickelt durch Hans Robert Jauß und vor allem Wolfgang Iser, richtet ihr Augenmerk auf die Wirkung literarischer Texte, wobei Iser vor allem die implizierten Wirkstrukturen, die Art, wie literarische Texte die Rezeption steuern, im Auge hat. Damit beschreibt die Rezeptionstheorie einen bestimmten, sehr wesentlichen Bereich der ästhetischen und formalen Strukturen des Kunstwerks: sein dynamisches, aktionales, prozessuales, auf die Sukzession von Wirkungen gerichtetes und gegründetes Wesen. Hierin deckt sich Rezeptionstheorie zum großen Teil mit dem, was Roland Barthes im Hinblick auf eine strukturale Analyse der „*supralinguistischen*" Erzähl-Codes bzw. der elementaren Erzählkategorien feststellt, daß der Leser aktiv die verschiedenen Terme eines Codes zusammensuchen bzw. zusammen-lesen muß.[27]

Wolfgang Iser führt in dem kanonischer Text der „Rezeptionsästhetik" '*Die Appellstruktur der Texte*' aus, daß es mit dem Anbruch „moderner Kunst" fragwürdig wurde, die „Texte auf Bedeutungen" zu reduzieren, und er stellt die Frage, wie demgegenüber das „Aufregende" der Texte zu beschreiben sei und wo der Sinn der „Versteckspiele" literarischer Texte liegen könnte.[28] Das konvergiert mit der Frage, die R. Barthes in seiner späten Studie '*Die Lust am Text*'[29] stellt. Iser, der sein Augenmerk auf Romane (und weniger auf Dramen und Gedichte) richtet, gibt die Antwort, daß die kreative Produktivität des Rezipienten die adäquate Reaktion auf die Stimuli des literarischen Textes sei.[30] Diese Stimuli bestünden in der Serie von „*Unbestimmtheits-*" und „*Leerstellen*", die den Romanleser veranlaß-

---

25 . Szondi, Traktat, S. 12.
26 . Vgl. Wolfgang Iser: Der Lesevorgang. In: Rezeptionsästhetik, S. 253-276.
27 . Vgl. Dazu Doris Pany: Wirkungsorientierte Ansätze in der neueren Literaturtheorie: Wolfgang Isers Theorie der ästhetischen Wirkung literarischer Texte und Roland Barthes' „Analyse textuelle", Diplomarbeit Graz 1998.
28 . Iser, Appellstruktur, S. 228.
29 . Roland Barthes: Die Lust am Text, Frankfurt. a. M. 1974.
30 . Vgl. nochmals Eco, Lector in fabula.

ten, vorauszublicken und mögliche Lösungen zu antizipieren, Verbindungen herzustellen, den Wertungen des Erzählers zu widersprechen usw. Unersprießlich sei es, die Unbestimmtheit fiktiver Texte auf schon vorhandene individuelle Lebenserfahrung zu reduzieren. Kreative Hypothesenbildung im Verlauf der Lektüre solle gerade dazu führen - und genau hier liege die implizite Intention literarischer Texte -, die eigenen „Verstehens- und Wahrnehmungsschemata" zu überschreiten.[31] Genau in dieser Hinsicht stellte die Struktur der Erzählung 'Ein Landarzt' natürlich eine eminent innovative Herausforderung an die Lesegewohnheiten der Rezipienten von 1919 dar.

3) Die Frage nach dem Spezifikum moderner Literatur

Iser glaubt nun, in der Entwicklungsgeschichte des bürgerlichen Romans ein stetes Zunehmen von Unbestimmtheits- und Leerstellen entdecken zu können. Dies gipfelt seiner Meinung nach in Joyces 'Ulysses' und 'Finnegans Wake' sowie in Samuel Becketts Werken. Bei Beckett sei eine „Toleranzgrenze" bezüglich des Unbestimmtheitsgrads erreicht[32], der die Sicherheit der Rezipienten und das gewohnte Maß an Orientierung absolut in Frage stelle. „Die Unbestimmtheit des Textes schickt den Leser auf die Suche nach dem Sinn"; im Falle Becketts habe der Leser mit einer massiven „Bedeutungsproduktion" geantwortet.[33] Dies sei indessen in gewissem Sinn eine verfehlte Rezeptionsweise. Die Werke der Moderne mobilisierten unsere „Vorstellungswelt total", sagt Iser, „allerdings nicht, um in einer gefundenen Bedeutung Beruhigung zu gewähren, sondern eher, um den Eindruck zu vermitteln, daß sich ihre Eigenart erst dann entfaltet, wenn sich unsere Vorstellungswelt als überschritten erfährt.[34] Iser hat damit indirekt *das* oder zumindest *ein* Spezifikum moderner Literatur genannt. Und was er zu Joyce und Beckett ausführt, läßt sich unschwer auf Kafka übertragen: Auch Kafka schickt den Leser „auf die Suche nach dem Sinn", auch auf sein Werk hat man mit einer „massiven Bedeutungsprojektion" geantwortet, auch seine Leerstellen motivieren zur Überschreitung der eigenen „Vorstellungswelt".

Hier ist indessen festzuhalten, daß diese Überschreitung nicht bei positiven Erkenntnissen und fixen Weltanschauungen ankommen kann, da diese ja *per definitionem* nicht mehr mitgegeben werden. Zum Versuch der Selbstüberschreitung kann man wohl nur gelangen, wenn man die eigenen Bedeutungsprojektionen sich am Text abarbeiten läßt, sie in ihre Schranken weisen läßt. „Unbestimmtheit" und „Offenheit" kann offenbar nur durchs Mittel der „Überbestimmtheit" realisiert werden.'[35] Unbestimmtheit als Vielheit - und nicht Abwesenheit - von Be-

---

31 . Iser, Appelstruktur, S. 247.
32 . Ebd.
33 . Ebd., S. 246 f.
34 . Ebd., S. 247.
35 . Vgl. Hans H. Hiebel: Antihermeneutik und Exegese. Kafkas ästhetische Figur der Unbestimmtheit. In: DVjS 52 (1978), S. 90-110; vgl. auch nochmals Hart Nibbrig, Die verschwiegene Botschaft.

ziehungsmöglichkeiten zeichnet Kafkas, Becketts und Joyces Werke aus. Aber um diese Unbestimmtheit überhaupt realisieren zu können, muß man sich erst einmal durch das Labyrinth der vielen Bestimmungen und Bedeutungen hindurcharbeiten.

Die genannte „Überbestimmtheit" bzw. Vielheit von Beziehungs- und Auslegungsmöglichkeiten konstituiert - bis zu einem bestimmten Punkt - die „Offenheit" des modernen Textes. Genau diese Offenheit aufgrund von Überbestimmtheit scheint das besondere Kennzeichen der Moderne zu sein. Dieser Befund deckt sich wiederum mit R. Barthes' Begriff des „Pluralen" als der Fülle der *reversiblen* Seme, Symbole und Seme des modernen Texts.

Von dieser Bestimmung der Moderne geht im übrigen auch Umberto Eco in seinen Studien '*Das offene Kunstwerk*'[36] und '*Lector in fabula*'[37] aus. Auch er stellt Joyce ins Zentrum seiner Überlegungen, und sagt z.B. von '*Finnegans Wake*': „Jedes Ereignis, jedes Wort, steht in einer möglichen Beziehung zu allen anderen [...]", Worte können zu „Knoten von Bedeutungen" werden, „deren jede sich zu anderen Anspielungszentren in Beziehung setzen kann".[38] Eco geht es um die Aktivität der Mitarbeit, durch die der Empfänger dazu veranlaßt wird, einem Text das zu entnehmen, was dieser nicht sagt (aber voraussetzt, anspricht, beinhaltet und miteinbezieht), und dabei Leerräume aufzufüllen und das, was sich im Text befindet, mit dem intra- und intertextuellen Gewebe zu verknüpfen, aus dem der Text steht bzw. hervorgegangen ist und mit dem er sich wieder verbinden wird. Also kooperative Bewegungen, die - wie dann Barthes gesagt hat - die Lust (und in besonderen Fällen die Wollust) am Text hervorbringen."[39]

Diese Qualität des literarischen Textes, das „Scriptible" im Gegensatz zum „Lisible", veranlaßt R. Barthes zufolge den Leser zu einem Nochmals-Schreiben und Neu-Schreiben bzw. produktiven Mitarbeiten.

Leid und Lust, Peinliches und Vergnügen - diese Gegensätze vereint der '*Landarzt*' in sich. Und das Peinliche des Dargestellten wird gemildert und überhaupt erst akzeptabel durch die Darstellung, die *Ars poetica* des Entstellens und Verdeckens, d.h. das intratextuelle Spiel, das der Text impliziert und stimuliert. Das gilt für den '*Landarzt*' und auch für die quälende Strafphantasie, die sich in der '*Strafkolonie*' manifestiert. Ihr „Peinliches" verdanke sie unserer „Zeit", schrieb Kafka 1916 an den Verleger Wolff (BR. 150 f.). Nur durchs literarische Spiel wird dieses „Peinliche" genießbar.

---

36 . Umberto Eco: Das offene Kunstwerk, Frankfurt a. M. 1977.
37 . Eco, Lector in fabula.
38 . Eco, Das offene Kunstwerk, S. 39 f.
39 . Eco, Lector in fabula, S. 5.

Recht und Macht in *'Der Verschollene'*. Von der Hyperbel zur Parabel[1]

> Sunt qui poetico modo, per fictiones et fabulas, ethicam doctrinam tradiderunt
>
> Ein erhabnes aber dunkles Bild, eine mit Scharfsinn verzogne Gleichnisrede, ein Götterspruch, den ein rätselhafter Parallelismus gleichsam nur von fern hertönet; diese Arten des Ausdrucks wollen Erläuterung, Auflösung
>
> Es ist eine Parabolik, zu der der Schlüssel entwendet ward.[2]

1. *'Der Verschollene'* als vor-parabolisches Modell „ungerechten Rechts"

Alfred Wirkner, dem Wolfgang Jahn vorgearbeitet hat, konnte nachweisen, daß Franz Kafka in seinem Roman-Fragment *'Der Verschollene'* die aktuellen Reiseberichte Arthur Holitschers und František Soukups verarbeitet und sich das zeitgenössische Amerika zum Gegenstand gemacht hatte.[3] Gleichwohl vergegenständ-

---

1. Das folgende Kapitel stellt die korrigierte und leicht veränderte Version des Aufsatzes dar: Hans H. Hiebel: Parabelform und Rechtsthematik in Franz Kafkas Romanfragment 'Der Verschollene'. In: Theo Elm/Hans H. Hiebel (Hg.), Die Parabel. Parabolische Formen in der deutschen Dichtung des 20. Jahrhunderts, Frankfurt a. M. 1986 (= stm 2060), S. 219-254.
2. Die Mottos: a) Daniel Georg Morhof, zit. in: Clemens Heselhaus: Parabel. In: Reallexikon der deutschen Literaturgeschichte, hg. v. Paul Merker u. Wolfgang Stammler, 4 Bde., Berlin 1925-1931; Bd. 3, S. 7-12, Zit. S. 8. (Morhof bezieht sich auf die von den „gewöhnlichen" Fabeln abweichenden parabolischen Fabeln.) b) Johann Gottfried Herder, Zit. ebd., S. 9. (Herder bezieht sich auf die „Bilderrede" des hebräischen Maschal.) c) Adorno über Kafkas Parabolik: Theodor W. Adorno: Aufzeichnungen zu Kafka. In: Prismen. Kulturkritik und Gesellschaft, München 1963, S. 248-281, Zit. S. 249. Adorno geht mit diesem gattungstheoretischen Aperçu zurück auf Walter Benjamin: Franz Kafka. Zur zehnten Wiederkehr seines Todestages. In: [Walter Benjamin:] Benjamin über Kafka. Texte, Briefzeugnisse, Aufzeichnungen, hg. v. H. Schweppenhäuser, Frankfurt a. M. 1981 (= stw 341), S. 9-38. „Man denke an die Parabel 'Vor dem Gesetz'. Der Leser, der ihr im 'Landarzt' begegnet, stieß vielleicht auf die wolkige Stelle in ihrem Innern." Ebd., S. 20; vgl. auch meine Rekonstruktion des von Benjamin geplanten - um Einschübe erweiterten - Kapitels 'Ein Kinderbild' seines Essays 'Franz Kafka. Zur zehnten Wiederkehr seines Todestages (1934)': Walter Benjamin. Zur Parabel. In: Elm/Hiebel, Die Parabel, S. 145-173, Zit. S. 149.
3. Wolfgang Jahn: Kafkas Roman „Der Verschollene" („Amerika"), Stuttgart 1965, bes. S.

licht und verlängert 'Der Verschollene', den Max Brod in 'Amerika' umgetauft hatte (KA Bd. 2: 47 u. 54)[4], nur Entwicklungstendenzen, wie sie auch an den europäischen Industriestaaten abzulesen waren.[5] Mithin erweist sich Kafkas 'Amerika' als verallgemeinerungsfähiges Modell mit symbolischen, d. h. gleichnishaft-parabolischen Zügen, deren Verweisfunktion sich indessen noch im quasi realistischen Gepräge verbirgt. Insbesondere die Darstellung der paradoxen Erziehungsmethode des New Yorker Onkels, des Schlichtungsversuchs auf dem Ozeandampfer der „Hamburg Amerika Linie" (KA 13) und der rigiden Dienstauffassung im Hotel Occidental führen uns Muster vor, die auf Generelles weisen und keineswegs die nackte Kontingenz eines individuellen Schicksals und eines bestimmten Landes (wie der USA) illustrieren. Zufälligkeiten, man denke an die Szene vor dem Karl Roßmann zugeteilten Lift (KA 209 ff.), sind nicht als solche zu nehmen, sie sind dazu gedacht, die Allgegenwart der Überwachungs- und Strafinstanzen des dargestellten Systems zu demonstrieren. Die mit dem Zufallsprinzip arbeitende Hyperbolik stellt die erste Stufe auf dem Weg in die Parabolik dar. Mit Pointierung und Hyperbolik erhalten die noch weitgehend realistisch anmutenden Szenen der „äußeren" Wirklichkeit auch bereits den Charakter von Innenweltszenen (wie sie charakteristisch für die späteren Werke sind). In den pointierten Sequenzen von Versuchung, Anschuldigung, Verhör, Urteil und Strafe, wie sie 'Der Verschollene' mehrfach variiert, bilden sich im Ansatz die Verweis- bzw. Hohl-Formen aus, die später - in der 'Strafkolonie', im 'Proceß' oder im 'Schlag ans Hoftor' - eindeutig parabolisch strukturiert werden; Kafka formt sie um zu phantastisch-irrealen Fabeln, fast unbezüglichen hyperbolischen Karikaturen und polysemischen, offenen Metaphern.

Inhaltlich bildet sich in den modellartigen Szenen des 'Verschollenen', die sich den Widerspruch Gerechtigkeit versus Disziplin zum Gegenstand machen, jenes juristische Sujet, allgemeiner: jene Rechtsthematik Kafkas aus, wie sie in der 'Strafkolonie', dem 'Proceß', dem 'Schlag ans Hoftor' oder auch in der 'Frage der Gesetze', der 'Abweisung', dem 'Steuermann' und den 'Fürsprechern' wieder aufgenommen wird. Es geht um die obstinat wiederkehrende Vorstellung einer unauflöslichen *Vermischung* von *Recht* und *Macht*, von ethischen und pragmatischen Prinzipien, und die bewußtseinsdeformierende Kraft dieser Vermischung. Sie ergreift jene Macht für Recht nehmenden Unterwerfungswilligen - wie das dem „Adel" hörige Volk in 'Zur Frage der Gesetze' oder die von der Macht faszinierte Schiffmannschaft in 'Der Steuermann'; sie ergreift aber auch die realitätsblind am

---

144 ff. Alfred Wirkner: Kafka und die Außenwelt. Quellenstudien zum 'Amerika'-Fragment, Stuttgart 1976.

4 . Zitiert wird im fortlaufenden Text unter Angabe einer Sigle aus: Franz Kafka: Der Verschollene, hg. v. Jost Schillemeit, 2 Bde. (Textband und Apparatband), Frankfurt a. M. 1982 (= Franz Kafka: Schriften, Tagebücher, Briefe, Kritische Ausgabe, hg. v. Jürgen Born, Gerhard Neumann, Malcolm Pasley u. Jost Schillemeit). Sigle: KA und KA Bd. 2 (= Apparatband).

5 . Die Entwicklung von Verkehr und Transport, Telegraphie und Telephon, Arbeitsteilung und Taylorismus, die Verschärfung von Arbeitslosigkeit und Streikbereitschaft waren auch in Prag, Wien, Berlin oder Paris zu studieren.

Rechtsphantasma festhaltenden Gerechtigkeitssucher, wie an Josef K. im *'Proceß'* zu sehen ist bzw. am „Mann vom Lande", der sein Leben „vor dem Gesetz" verwartet in der illusorischen Hoffnung auf eine endgültige, kategorische Lösung.[6]

Die Vermischung von Recht und Macht, die Verzerrung von Ordnungsvorstellungen durch Herrschaft, die Blindheit beschränkt-zweckrationaler Ordnungen - sie implizieren jene „Gesetzlosigkeit" und „Gesetzunkundigkeit"[7], die den Kern der Kafkaschen 'Rechtsphilosophie' ausmachen. Daß „wir immer mehr Ordnungen und immer weniger Ordnung haben", wie Musils Held Ulrich im *'Mann ohne Eigenschaften'* diagnostiziert[8], illustriert auch der *'Proceß'*, in welchem Joseph K. das *eine, richtungsweisende Gesetz* hinter den *vielen verwirrenden Gesetzen* - i.e. unentwegten Rechtsprozeduren - zu erkunden sucht. „[W]ie hier das Recht und das Gericht alle Fugen des sozialen Daseins durchdringt", so hatte Walter Benjamin sich zum *'Proceß'* notiert, „das ist die Kehrseite der Gesetzlosigkeit in unsern gesellschaftlichen Verhältnissen."[9] Auch der „neue Advokat" „Dr. Bucephalus" (ER 139 f.) hat mit eben diesen Verhältnissen, in denen „niemand" „die Richtung" „zeigt" (ER 140), zu kämpfen. Im *'Verschollenen'*, dessen Welt dem Helden die Erfahrung ihm unbekannter, unberechenbarer „Gesetze" bzw. Disziplinordnungen aufnötigt, etabliert sich Kafkas Rechtsdenken, in welchen das *Juridische* im engeren Sinne nur *einen* von vielen Normbereichen darstellt. Zugleich konstituiert sich im *'Verschollenen'* das Juridische als Metapher, es wird zum parabolischen Bildmaterial für Recht- bzw. Unrechtmäßiges schlechthin. Das geringfügige Vergehen, die plötzliche, unvorhersehbare Anschuldigung, das parteiliche Urteil, die sich als rechtmäßig und gesetzlich ausgebende Macht, das durch sie hervorgerufene bewußtseinsdeformierende Schuldgefühl, die illusionistische Auflehnung und schließlich die maßlose Strafe bilden die thematischen Elemente, aus welchen die hyperbolischen und gleichnishaft-exemplarischen Bauteile hervorgehen. Sie schließen sich am Ende zu hermetischen, sich vom Eigentlichkeitsgrund entfernenden, vielbezüglichen Parabeln zusammen.

All den Versuchen, Kafkas Verweis-Form zu bestimmen als „Parabolik, zu der der Schlüssel entwendet ward"[10] (Th. W. Adorno), als „absolute Parabolik", in der es kein „Gleichnis von etwas" mehr gebe, als Parabel der „Erkenntnisverweigerung", als bezugslosen Bildteil ohne signifizierenden „Sachteil"[11] usw., kann ent-

---

6 . Zu diesem Punkt und generell zum Verhältnis von Macht und Recht in Kafkas Werk vgl. Hans Helmut Hiebel: Die Zeichen des Gesetzes. Recht und Macht bei Franz Kafka, München 1983, 2. u. korr. Aufl. München 1989.

7 . Vgl. Benjamin über Kafka, S. 43 f.: „Solche Verkrochenheit [vor allem der „Tiere" im *'Bau'* oder der *'Verwandlung'*] scheint dem Schriftsteller für die isolierten gesetzunkundigen Angehörigen seiner Generation und Umwelt allein angemessen. Diese Gesetzlosigkeit aber ist eine gewordene [...]". Ähnlich S. 126.

8 . Robert Musil: Der Mann ohne Eigenschaften, Hamburg 1970, S. 379.

9 . Benjamin über Kafka, S. 126.

10 . Siehe Anm. 2.

11 . Vgl. Ulrich Fülleborn: Zum Verhältnis von Perspektivismus und Parabolik in der Dichtung Kafkas. In: R. v. Heydebrand und A. G. Just (Hg.): Wissenschaft als Dialog, Stuttgart 1969, S. 289-312 u. S. 509-513, Zit. S. 293. Theo Elm: Der Proceß. In: Kafka-Handbuch. Bd. 2, hg

gegengehalten werden, daß im '*Verschollenen*' die Gleichnishaftigkeit noch durchaus gebunden ist an konkrete empirische Substrate. Diese Substrate wird Kafkas Parabolik - so sehr sie die Unbezüglichkeit auch anstrebt - niemals ganz hinter sich lassen, als *ausgesparte Kontext-Segmente bleiben sie ihr assoziiert*. Die Genese der Kafkaschen Parabel bestätigt, daß auch die angeblich „unbezüglichen" Gleichnisse noch konkrete Bestimmungen in der Form *elidierter Bezugswelten* mit sich führen.

Einen inneren Zusammenhang zwischen *Rechts*thema und *Parabel*form legt die Tatsache nahe, daß in ganz zentralen Werken wie dem '*Proceß*' und der '*Strafkolonie*' *juridische* Metaphern und *parabolische* Allegorien eine enge Verbindung eingehen; ihre Aufgabe ist es, Dasein als ein Angeklagtsein und Gestraftwerden zu versinnbildlichen. Daß Parabelform und Rechtsthematik sich nicht zufällig zusammenschließen, bestätigt sich auch darin, daß Kafka bis in seine Spätwerke hinein beides miteinander verknüpft. Das Juridische wird zur wichtigsten Metapher Kafkas.

Noch in der '*Frage der Gesetze*' von 1920, dem '*Steuermann*' aus der gleichen Zeit und den '*Fürsprechern*' von 1922 geht es um das Verhältnis von Ordnung und Macht, Legalität und Gewalt. In dem Text '*Zur Frage der Gesetze*' wird in gleichnishafter und zugleich hermetischer Weise von einer „kleinen Adelsgruppe" gesprochen: „Unsere Gesetze sind nicht allgemein bekannt, sie sind Geheimnis der kleinen Adelsgruppe, welche uns beherrscht." (ER 360) In paradoxer Weise unterstellt der Ich-Erzähler einerseits die Existenz eines unerkennbaren Gesetzes, zitiert aber andererseits die Meinung, die Aktionen des „außerhalb des Gesetzes" stehenden Adels bestünden nur in „Willkürakten" (ER 361). Ordnung und Macht bilden ein unauflösliches Ganzes: „Das einzige, sichtbare, zweifellose Gesetz, das uns auferlegt ist, ist der Adel und um dieses einzige Gesetz sollten wir uns selbst bringen wollen?" (ER 362) In dem kurzen Text '*Der Steuermann*' wird ein auf die Rechtmäßigkeit seines Amtes pochender Steuermann durch einen Fremden vom Steuer vertrieben: „Und da ich nicht wich, setzte er mir den Fuß auf die Brust und trat mich langsam nieder [...]." (ER 366). Auch in dieser vielbezüglichen, abstrakten, gerafft-skizzenartigen Parabel geht es um das Verhältnis von Recht bzw. Legalität und Macht. Die '*Fürsprecher*' von 1922 thematisieren in einer sehr abstrakten und zugleich pointierten Weise das Verhältnis von Rechtmäßigkeit und Manipulation. Der Ich-Erzähler versucht, noch bevor es überhaupt zu einem Rechtsstreit, einer Anklage kommt, „Fürsprecher" zu „sammeln" (ER 369 ff.). Er möchte auf diese Weise Schwierigkeiten vorbeugen, wie sie z. B. Josef K. im '*Proceß*' widerfahren. Die Darbietung des „Tatbestandes", so die Begründung, sei nämlich ganz und gar abhängig von solchen „Fürsprechern" (Zeugen und Advokaten), sie erst gäben dem fixierten „Gesetz" „freien Raum". Damit erreichen die '*Fürsprecher*' eine Metaebene oberhalb der Rechtsthematik, die selbst schon als

---

von Hartmut Binder, Stuttgart 1979, S. 420-440, Zit. S. 424 f.; Theo Elm: Die moderne Parabel. Parabel und Parabolik in Theorie und Geschichte, München 1982, S. 151-205; Klaus-Peter Philippi: 'Parabolisches Erzählen'. Anmerkungen zu Form und möglicher Geschichte. In: DVjS 43 (1969), S. 297-332.

metasprachlich betrachtet werden kann: Es wird nämlich in rechts*theoretischer* Weise über Rechts*praktisches* gesprochen, dieses aber weist in der Regel schon an sich als Metapher oder als *pars pro toto* auf das Soziale überhaupt.

Obgleich '*Der Schlag ans Hoftor*' (ER 344 f.) und die Miniatur-Parabel von den „Kurieren" (H 89 f.) bereits 1917 entstanden sind, könnte man die beiden Texte als Beispiele für das Telos des hier vorausgesetzten - auf *Abstraktion, Reduktion*[12], *Unbestimmtheit* und *Offenheit* zielenden - Entwicklungsprozesses nennen. *Beispiel-* bzw. *Gleichnishaftigkeit* kommt ihnen zu, *Knappheit* und *Pointiertheit*, *Modellhaftigkeit* und *Universalität*, *Vielbezüglichkeit* und *Offenheit*. Im '*Schlag ans Hoftor*' kommt es wegen eines absurd minimalen bzw. gar nicht ausgeführten Vergehens zu lebenslanger Untersuchungshaft: „Ich kam auf dem Nachhauseweg mit meiner Schwester an einem Hoftor vorüber. Ich weiß nicht, schlug sie aus Mutwillen ans Tor oder aus Zerstreutheit oder drohte sie nur mit der Faust und schlug gar nicht." (ER 344) Die Zuschauer aber prophezeien dem Ich-Erzähler und seiner Schwester, daß sie „angeklagt" werden würden. Der Ich-Erzähler gibt sich sicher, aber empfiehlt der Schwester gleichwohl, sich umzukleiden, damit sie in einem „besseren Kleid vor die Herren" treten könne. Doch da erscheint schon der „Richter" und nimmt den Mann in Gewahrsam. Ein Zeitsprung führt ans Ende der gerafften, demonstrativen Gleichniserzählung: „Könnte ich noch andere Luft schmecken als die des Gefängnisses? Das ist die große Frage oder vielmehr, sie wäre es, wenn ich noch Aussicht auf Entlassung hätte." (ER 345) Die Haft ist Strafe oder die Haft ist Bestandteil des 'Prozesses', der zur Strafe wird.

Die noch knappere, quasi aphoristische Parabel von den '*Kurieren*' (H 89 f.) spricht von einer sinnlosen Bindung an überholte Rechtsnormen. Diese geschichtsphilosophische Miniatur erreicht einen hohen Grad an Vieldeutigkeit bzw. Unbestimmtheit:

> Es wurde ihnen die Wahl gestellt, Könige oder der Könige Kuriere zu werden. Nach Art der Kinder wollten alle Kuriere sein. Deshalb gibt es lauter Kuriere, sie jagen durch die Welt und rufen, da es keine Könige gibt, einander selbst die sinnlos gewordenen Meldungen zu. Gerne würden sie ihrem elenden Leben ein Ende machen, aber sie wagen es nicht wegen des Diensteides.

Selbst diese hermetische, nahezu „absolute" Parabel bewahrt, so wird zu zeigen sein, etwas vom konkreten Erfahrungssubstrat, wie wir es den quasi realistischen Rechtsfällen des '*Verschollenen*' zu entnehmen vermögen. (Sie demonstriert die Gewalt des Selbstzwangs als eines verinnerlichten externen Zwangs.)

Handelt es sich bei jenem in die Abstraktion führenden Entwicklungsprozeß

---

12 . Vgl. hierzu das vorletzte Kapitel in diesem Band bzw. Hans H. Hiebel: Beckett's Television Plays and Kafka's Late Stories. In: Marius Buning, Matthijs Engelberts, Sjef Houppermans und Emmanuel Jacquart (Hg.): Samuel Beckett: Crossroads and Borderlines. L'OEuvre Carrefour/L'OEuvre Limite, Amsterdam/Atlanta 1997 (= Samuel Beckett Today/Aujourd'hui 6), S. 313-327.

um einen durch Inhalte und Erkenntnisfortschritte motivierten Vorgang? Oder vielmehr um einen ästhetikimmanenten Prozeß, einen sich von Realismus und Mimesis abkehrenden und der Materialität der Zeichen zuwendenden Reduktionsprozeß?[13] Vieles spricht dafür, daß Kafka aus ästhetischen Gründen begann, Erklärungen und Explikationen zu tilgen, den Implikationsreichtum - also Vielbezüglichkeit und Unbestimmtheit des Textes - zu steigern, den Bezug auf Empirisches oder Faktisches zu löschen, die *Hermetik* zu verstärken und das *Hyperbolische* ins *Surreale*, das *Realistische* ins *Phantastische* und *Imaginäre* zu verwandeln sowie dem Außenweltcharakter der Szenen Innenweltcharakter zu verleihen. Ein solcher Rückgang auf den Grund der Konstitutionsleistung von sprachlichen Zeichen und literarischen Figuren hat denn auch seine Entsprechung in der Entwicklung der abstrakten Malerei, wie man z. B. an den frühen Werken Kandinskys sehen kann.[14] Dennoch geht die Entwicklung dieses Stilprinzips Hand in Hand mit der Wahrnehmung bzw. Darstellung von Entleerungsvorgängen gesellschaftlich-rechtlicher Natur; dem parabolischen Verfahren des Sinnentzugs entspricht eine verschärfte Wahrnehmung der „Gesetzlosigkeit" und „Gesetzunkundigkeit" der Welt bzw. der miteinander konkurrierenden, sich verselbständigenden Gesellschaftssegmente. Skeptizismus ist das Resultat. Ihn reflektieren insbesondere die auf die Rechtsthematik bzw. die Rechtsmetaphorik gegründeten Texte Kafkas, aber auch die der Kunstproblematik gewidmeten sowie die auf Existentielles schlechthin weisenden Parabeln, also z. B. 'Ein Hungerkünstler' einerseits, 'Ein Landarzt' andererseits.

Zusammenfassend lassen sich folgende Bestimmungen angeben: Kafkas Parabeln bzw. Parabelstrukturen gründen im *Beispiel- oder Gleichnischarakter* des Erzählten; sie erweisen sich als rezeptionsbezogen, insofern sie sich *dialektisch-didaktisch in ihren Umkehrungen und Pointen die Brüskierung konventioneller Lektüre-Erwartungen* bzw. schematisierter Ansichten angelegen sein lassen. Kafkas Parabel ist der Anreiz zur kritischen sachbezogenen *conclusio* inhärent; die Affinität zum Allegorisch-Begrifflichen bzw. zum Abstrakt-Universellen und sogar Metasprachlichen ist deutlich. Ihr Eigentümlichstes besteht darin, daß sich ihre *Pointen* in *Hyperbeln* und schließlich in *phantastisch-surreale Fiktionen* bzw. *Gleichnisse* und

---

13. Vgl. zu dieser durch die epochale Sprachkrise (Hofmannsthals Chandos-Brief!) evozierten Bewegung: Ulf Eisele: Die Struktur des modernen deutschen Romans, Tübingen 1984, bes. S. 257 ff. In den bildenden Künsten geht es freilich nicht um die Selbstreflexion der sprachlichen Zeichen, sondern der ikonischen Seme, und noch radikaler: zu Form, Farbe, Farbauftrag und Material als den Medien und Konstituentien des Kunstwerks. „Alle bildnerischen Kategorien - Form, Farbe, Linie, Raum, Licht -, die bisher in ihrer reproduktiven Funktion verwendet worden waren, mußten jetzt unter dem neuen Auftrag völlig verändert und umgedeutet werden im Sinne ihrer Ausdrucksfunktion." Werner Haftmann: Malerei im 20. Jahrhundert, München 1973, S. 34; vgl. auch nochmals Hiebel, Franz Kafka and Samuel Beckett: Reduction and Abstraction, S. 316.

14. Vgl. dazu Haftmann, S. 140 ff. bzw. Marcel Brion: Kandinsky, Paris 1960; insbesondere „Eisenbahn bei Murnau", 1909, „Landschaft mit Turm", 1909, und „Komposition II", 1909, sind beispielhaft.

Parabeln verwandeln, daß ihre Metaphern zu „*gleiten*"[15] beginnen und sich in *Paradoxien* hineinverstricken und daß ihre Bilder sich ins *Vielbezügliche, Offene, Hermetische* auflösen. Das geht bis zu dem Punkt, an welchem die Verweise ins *Leere* führen, die deiktisch-didaktischen Gesten zur Formel erstarren, die exegetischen Konklusionen des Sachteils - falls ein solcher sich überhaupt noch einem Bildteil verbindet - die Sinnverweigerung nur noch verschärfen. Die Parabel verkehrt sich zur „negativen Parabel"[16], zur bloßen *Hohl- und Leerform*. Nur mehr 'negative Erkenntnis' wird von der Gattung, die ehemals der dogmatischen Lehrdichtung zugehörte, bereitgestellt, denn das Vertrauen in Erkenntnisfortschritt wird demonstrativ „ad absurdum geführt"[17]. Die Parabel muß nun gegen die „eigene hermeneutische Erwartungshaltung" gelesen werden, damit die „Sinnerwartung selbst" bzw. das „finale Denken" als „problematischer Gegenstand erkannt wird".[18] So ist im Grunde der Terminus des Parabolischen nicht mehr anwendbar auf Kafka; seine Verwendung ist nur dann gerechtfertigt, wenn man die skizzierte Gegenbewegung mitdenkt, d. h. wenn man impliziert, daß dem Erwartungsschema „Parabel", das Kafka freilich noch voraussetzt, widersprochen wird. Wenn im folgenden in bezug auf Kafka von Parabolik die Rede ist, dann im Sinne der definierten negativen Parabolik. Der paradoxe Sachverhalt einer didaktischen und zugleich erkenntnisverweigernden Literaturform veranlaßte W. H. Sokel dazu, diese Form in zwei Aspekte zu zerlegen und nur der einen Tendenz des Kafkaschen Figurenspiels den Terminus des parabolischen zuzusprechen. Parabolisch nennt er jene mit der Lesererwartung spielende und therapeutische Ziele verfolgende Poetik der Verdeutlichung und Verallgemeinerung. Solchem „Ausstellungscharakter" des Kafkaschen Werks stehe indessen die „Aura" des Mystischen, Magischen, Narzißtischen, Erkenntnisverneinenden und Ostjüdisch-Skeptischen gegenüber.[19] Eben dieser Widerspruch konstituiert Kafkas „*negative Parabel*".

Die prozessuale Enttäuschung der Lesererwartung durch permanenten Sinnentzug führt allerdings notwendigerweise durch eine Fülle von Deutungsreizen bzw. Auslegungsmöglichkeiten hindurch. Die *Unbestimmtheits-* und *Leerstellen* sind vom Autor erarbeitet im Durchgang durch *Überbestimmtheit* und *Vielbe-*

---

15. Vgl. den Terminus „Gleitende Metapher": Hiebel, Die Zeichen des Gesetzes, S. 35 ff.; vgl. dazu Musil, Der Mann ohne Eigenschaften, S. 593: „Eindeutigkeit ist das Gesetz des wachen Denkens und Handelns, das ebenso in einem zwingenden Schluß der Logik wie in dem Gehirn eines Erpressers waltet [...]. Das Gleichnis dagegen ist die Verbindung der Vorstellungen, die im Traum herrscht, es ist die gleitende Logik der Seele, der die Verwandtschaft der Dinge in den Ahnungen der Kunst und Religion entspricht [...]". Vgl. dazu Gérard Wicht: Musils Gleichnisbegriff, Diss. Fribourg 1984.
16. Vgl. Hiebel, Die Zeichen des Gesetzes, S. 51 ff.
17. Elm, Die moderne Parabel, S. 88.
18. Ebd., S. 90.
19. Walter H. Sokel in einem Vortragsmanuskript „Magie und Parabel in Kafkas Frühwerk", Virginia 1986. Bei Walter Benjamin wird einmal „Parabel" mit „Sprache der Unterweisung", ein andermal mit „Gestus", „Symbol" und „wolkiger" Unbestimmtheit identifiziert; vgl. die letzte Fußnote bzw. Benjamin über Kafka, bes. S. 127, 164, 169 u. auch S. 20, 167, 18, 35, 173.

züglichkeit.[20] Der Leser sieht sich gezwungen, den Weg von der Vielbezüglichkeit zur Unbezüglichkeit nachzuvollziehen. Eine solche Textkonstitution bewahrt Kafka vor der Leere reiner Demonstrationslogik und der Abstraktheit bloßer Erkenntniskritik; sie ermöglicht Erfahrungsfülle und Körperlichkeit sowie Anschaulichkeit bzw. Poetizität. Daß auch die sogenannte „absolute", „unbezügliche" Parabel Kafkas noch auf Konkretes weist, das soll hier, wie gesagt, durch einen Rückblick auf das Frühwerk - den '*Verschollenen*' und seine Rechtsthematik - demonstriert werden.

Einen ersten exemplarischen Rechts-Fall präsentieren uns, genau besehen, bereits die ersten Sätze des Romanfragments:

2. Roßmanns 'Sündenfall'

> Als der siebzehnjährige Karl Roßmann, der von seinen armen Eltern nach Amerika geschickt worden war, weil ihn ein Dienstmädchen verführt und ein Kind von ihm bekommen hatte, in dem schon langsam gewordenen Schiff in den Hafen von Newyork einfuhr, erblickte er die schon längst beobachtete Statue der Freiheitsgöttin wie in einem plötzlich stärker gewordenen Sonnenlicht. Ihr Arm mit dem Schwert ragte wie neuerdings empor und um ihre Gestalt wehten die freien Lüfte. (KA 7)

Karl Roßmann tritt hier im gelobten Land der fortschrittlichsten Verfassung also eine *Strafe* an; das „Schwert" der Freiheitsgöttin weist bereits darauf hin, daß Kafkas 'Amerika' weniger als ein Land der Gerechtigkeit und Freiheit erscheinen wird denn als ein Land des Zwanges und der Gewalt. Im Manuskript kann man eine von Kafka gestrichene Zeile nachlesen, die andeutet, daß Roßmann schon vor der Landung seine bisherigen Vorstellungen von dieser allegorischen Statue revidiert: „Er sah zu ihr auf und verwarf das über sie Gelernte." (KA, Bd. 2, 123)

In einer merkwürdig unlogischen Wendung wird uns im ersten Satz des '*Verschollenen*' die Ursache seiner Vertreibung aus der Heimat vorgeführt: Roßmann sei verstoßen worden, „weil ein Dienstmädchen ihn verführt und ein Kind von ihm bekommen hatte". Hier wird eine Kausalerklärung formuliert, die keine *causa* nennt, denn nicht Roßmann gilt als Subjekt des 'Vergehens', sondern seine 'Verführerin'. Damit scheidet sich die *mit* dem Helden gehende *personale* Perspektive des *Erzählers* von den verborgenen Insinuationen des *Autors*. - Arglos reproduziert der Siebzehnjährige das Urteil seiner Richter, der Autor aber deutet an, daß hier eine Verschiebung der Kausalität stattgefunden hat, eine Übertragung der Schuld von der Verführerin auf den Verführten. Man könnte auch sagen, hier werde nur vom *Anlaß* der Verbannung gesprochen, nicht aber von der *Schuld*, d. h. weder von Motiv und Vorsatz noch vom Rechtsgrund der Strafe. Es deutet sich bereits an, was andere Werke Kafkas radikaler konstruieren: Die Aussparung

---

20. Vgl. Christiaan L. Hart Nibbrig: Die verschwiegene Botschaft oder: Bestimmte Interpretierbarkeit als Wirkungsbedingung von Kafkas Rätseltexten. In: DVjS 51 (1977), S. 459-475; Hiebel, Die Zeichen des Gesetzes, S. 40.

des angeblichen Deliktes (wie im '*Proceß*') bzw. die Aussparung der Klärung des angeblichen Deliktes (wie im '*Urteil*', der '*Strafkolonie*' oder dem '*Schlag ans Hoftor*').

Eine Strafe aber impliziert Schuld, und eine Schuld wiederum impliziert Vorsätzlichkeit: „Jede Willensschuld [...] setzt Willensfreiheit voraus", erklärte 1914 der Jurist Karl von Birkmeyer, ein Zeitgenosse Kafkas.[21] Von Birkmeyer legte indessen dar, daß das österreichische Strafrecht bis herauf zu den Reformvorschlägen des *Strafgesetzbuches für Österreich* von 1912 - dem Jahr, in dem der größte Teil des '*Verschollenen*' entstand - sich als ein *Vergeltungsrecht* darstellte, dem in der Tat mehr am objektiven Anlaß als an der subjektiven Schuld lag: „Der Schuldbegriff des Vergeltungsstrafrechts und damit der RV [der Regierungsvorlage des „Strafgesetzbuchs" von 1912] hat [...] nichts zu tun mit dem Zweck und dem Motiv des Täters."[22]

Die unbegründete und unhinterfragte Verstoßung Roßmanns durch seine Eltern reflektiert offenbar diese Rechtspraxis, die der Jurist Kafka kannte und in der '*Strafkolonie*', in der es heißt: „Die Schuld ist immer zweifellos" (ER 118), ein weiteres Mal karikierte; die Erzählsequenz im '*Verschollenen*' ist noch nicht gleichnishaft-parabolisch angelegt, aber sie bereitet doch bereits ein Grundmuster parabolischer Darstellung vor.

Nun ist Roßmanns 'Ur-Sünde' indessen noch geringfügiger, als es der Romanbeginn nahelegt, denn in Karls Erinnerung erscheint die Verführungsszene eher als eine Vergewaltigung denn als eine Versuchung: „Würgend umarmte sie [die Verführerin Johanna Brummer] seinen Hals und während sie ihn bat sie zu entkleiden, entkleidete sie in Wirklichkeit ihn [...]", heißt es. „Weinend kam er endlich nach vielen Wiedersehenswünschen ihrerseits in sein Bett." (KA 42 f.) Noch nichtiger und unbestimmter erscheint nun Karls 'Vergehen'.

Dem Gesetz nach scheint Karl 'schuldig' zu sein; jedenfalls ist nach dem „allgemeinen bürgerlichen Gesetzbuch für das Kaisertum Österreich" von 1913 einem unhehelichen Kinde gegenüber unterhaltpflichtig, wem das „Faktum der Beiwohnung" in der „kritischen" Zeit nachgewiesen werden kann[23]; auch nach dem 1900 in Kraft getretenen deutschen *Bürgerlichen Gesetzbuch* ist zum Unterhalt

---

21. Karl von Birkmeyer: Schuld und Gefährlichkeit in ihrer Bedeutung für die Strafbemessung, Leipzig 1914, S. 32: „Die Schuld ist vor allem [...] Willensschuld; denn sie besteht in dem Willensentschluß zu einem rechtswidrigen Tun."

22. Ebd., S. 37. Kritisch konstatiert von Birkmeyer: „Wir fragen, um die Schuld des Täters festzustellen, nicht nach Zweck, Motiv und Gesinnung." Ebd., S. 38; vgl. dazu auch Claus Hebell: Rechtstheoretische und geistesgeschichtliche Voraussetzungen für das Werk Franz Kafkas, analysiert an dem Roman 'Der Proceß', Diss. München o.J., S. 55.

23. Horaz Krasnopolski: Österreichisches Familienrecht, hg. und bearb. von Bruno Kafka, Leipzig 1911 (= Horaz Krasnopolski: Lehrbuch des Österreichischen Privatrechts. In fünf Bänden, aus dessen Nachlaß hg. u. überarb. v. Bruno Kafka, Bd. 4), S. 267. Die von Franz Kafkas Cousin herausgegebene Schrift bezieht sich u. a. auf den § 163 des ABGB; vgl. Josef von Schey (Hg.): Das allgemeine bürgerliche Gesetzbuch für das Kaisertum Österreich, 20. Aufl. Wien 1916, S. 104.

verpflichtet, „wer der Mutter innerhalb der Empfängniszeit beigewohnt hat"[24]. Indem nun Roßmanns Eltern, wie auch der Onkel Jakob Bendelmayer, der seinen Vornamen zu seinem Familiennamen gemacht hat, vermutet, ihren Sohn „zur Vermeidung der Alimentenzahlung und des Skandales" (KA 40) nach Amerika verschicken, umgehen sie die zu erwartende Rechtsprechung bzw. greifen sie ihr vor.[25] Es geht also um einen Rechtsfall und seine möglichen Konsequenzen; das Juridische hat freilich auch hier die Funktion einer Metapher, dennoch darf es an dieser Stelle zugleich wortwörtlich verstanden werden. Da nun die Motive und Umstände der „Beiwohnung" in Karl Roßmanns Fall gänzlich außer acht bleiben, wird von Anfang an deutlich, daß es im *Verschollenen* um das Thema der 'unrechtmäßigen Rechtsprechung' geht. Außerdem wäre zu bedenken, daß der siebzehnjährige Karl (Roßmann) noch nicht volljährig, folglich nur begrenzt schuldfähig ist. Ob man also im Mangel an Widerstand gegen die Verführerin eine Art Schuld sehen kann, das wird immer fragwürdiger.

Es scheint kein Zufall zu sein, daß Franz Kafka hier ein Thema aufgreift, das sein Cousin Bruno Kafka, Dozent der Jurisprudenz in Prag, zur gleichen Zeit behandelt. Ein Jahr vor dem Beginn der Arbeit am *Verschollenen* edierte Bruno Kafka das *Österreichische Familienrecht* des Privatrechtlers Horaz Krasnopolski, bei dem Franz Kafka studiert hatte; in ihm wird die uneheliche Vaterschaft und auch die Lage des „minderjährigen Kindesvaters" erörtert.[26]

Franz Kafkas Rechtsfälle aber entziehen sich stets der juristischen Kasuistik, genau wie die Parabeln der Haggadah sich den Maximen der Halacha entziehen. D. h., es geht um unklare Bereiche, um Unauflöslichkeiten und Aporien im Recht bzw. in der außerrechtlichen Sphäre der Konventionen und Normen. - Kafka wählte das Alter seines Helden zweifellos, um einen naiven und arglosen Prota-

---

24 . „Als Vater das unehelichen Kindes [...] gilt, wer der Mutter innerhalb der Empfängniszeit beigewohnt hat [...]". Karl Larenz (Hg.): Bürgerliches Gesetzbuch, München 1968, § 1717, S. 265.

25 . H. Binder meint zu diesem Punkt, der „Jurist Kafka" habe offenbar selbst „auch nicht Bescheid" gewußt. *De facto* hätte Karls Vater „in keinem Fall bezahlen müssen"; Hartmut Binder: Kafka-Kommentar zu den Romanen, Rezensionen, Aphorismen und zum Brief an den Vater, München 1976, S. 96. Aber die Verhältnisse sind hier undurchsichtig; genau dies darzustellen war wohl Kafkas Absicht. Der § 166 ABGB fordert zunächst folgendes: „Zur Verpflegung ist vorzüglich der Vater verbunden; wenn aber dieser dazu nicht imstande ist, so fällt die Verbindlichkeit auf die Mutter und nach dieser auf die mütterlichen Großeltern." Das allgemeine bürgerliche Gesetzbuch für das Kaisertum Österreich [ABGB], § 166, S. 107. - Aber an anderer Stelle heißt es: „Die Unterhaltspflicht trifft auch den in Verpflegung seiner Eltern stehenden *minderjährigen* Vater." Ebd., S. 108. Nach dem ABGB § 21, S. 22, beginnt die Mündigkeit und beschränkte Rechtsfähigkeit mit dem *vierzehnten*, die Volljährigkeit (als Ende der Minderjährigkeit) mit dem *vierundzwanzigsten* Lebensjahr. Vgl. § 141, S. 90; § 172, S. 112; Krasnopolski/Kafka, Familienrecht, S. 250, 275, 279, 281.

26 . Siehe die vorletzte Anm. Zum „Vaterschaftsanerkenntnis eines minderjährigen Kindesvaters" vgl. Krasnopolski/Kafka, Familienrecht, S. 265, Anm. 2. Franz Kafka hat nach dem Zeugnis Max Brods Bruno Kafka überaus bewundert; vgl. Max Brod: Franz Kafka. Eine Biographie. In: Über Franz Kafka, Frankfurt a. M. 1974, S. 45. Zu Kafkas Lehrer Horaz Krasnopolski vgl. Klaus Wagenbach: Franz Kafka. Eine Biographie seiner Jugend, Bern 1958, S. 127.

gonisten als ein - seine Gesellschaftskritik beförderndes - Erfahrungsmedium bereit zu haben; er wählte es aber auch, um eine weitgehende *Unbestimmtheit* in Fragen der Schuld und Deliktsfähigkeit zu konstituieren. Damit sind wir bei einem der wichtigsten Charakteristika des Kafkaschen Rechtsdenkens: Immer geht es um *Grauzonen* des Rechts, um *Unbestimmtheiten* im Recht bzw. im außerrechtlichen Gebiete der Norm[27] - und dabei vor allem um kaum zu rechtfertigende, aber andererseits auch nicht leicht abzuweisende Schuldzuschreibungen.

Der siebzehnjährige Roßmann steht am Übergang von der familialen Gerichtsbarkeit zur sozialen, sozusagen am Übergang von der Welt des '*Urteils*' zu der des '*Prozesses*'. In diesem Zusammenhang ist es wichtig zu bedenken, daß seinen Eltern offenbar die Vermeidung des „Skandales" ebenso am Herzen liegt wie die der „Alimentenzahlung". Der Skandal ist eine Kategorie der außerrechtlichen Normen und Sanktionen, der extrajuridischen „Konvention", von der Max Weber sagte, daß sie für das Verhalten des Einzelnen „weit bestimmender werden" könne als die „Existenz eines Rechtszwangsapparates".[28] Diesen - die Grauzonen des Rechts erweiternden - Bereich subsumiert Kafka seiner Gerichts- und Gesetzes-Metaphorik.

3. Die Strafe

In eine Grauzone des Rechts führt uns auch die Strafe, die Roßmanns Eltern über den Sohn verhängen. Nach dem österreichischen *Bürgerlichen Gesetzbuch* von 1913 war der Vater gehalten, sein Kind zur „Fähigkeit der Selbsterhaltung" zu erziehen.[29] Seine Unterhaltspflicht erlosch, sobald das Kind sich „selbst ernähren" konnte.[30] Ist Karl Roßmann an diesem Punkt angelangt? - Mit dem Erlöschen der Unterhaltspflicht endigte jedoch nicht die „väterliche Gewalt", die bis zur „Großjährigkeit" erhalten blieb. Der Vater behielt das Recht, das „Domizil" des Kindes zu bestimmen. War indessen Karl Roßmanns Verschickung nach Amerika rechtens?[31] Karl jedenfalls scheint, da er seine „armen Eltern" (KA 7) bedauert und

---

27. Eine ähnliche Konzeption findet sich bei Musil, Der Mann ohne Eigenschaften, S. 247 f.: „Die Genauigkeit zum Beispiel, mit der der sonderbare Geist Moosbruggers in ein System von zweitausendjährigen Rechtsbegriffen gebracht wurde, glich den pedantischen Anstrengungen eines Narren, der einen freifliegenden Vogel mit einer Nadel aufspießen will, aber sie kümmerte sich ganz und gar nicht um die Tatsachen, sondern um den phantastischen Begriff des Rechtsguts."

28. Max Weber: Wirtschaft und Gesellschaft, hg. von Johannes Winckelmann, 2 Bde., Köln/Berlin 1964, Bd. 1, S. 241.

29. Krasnopolski/Kafka, Familienrecht, S. 275.

30. ABGB § 141.

31. ABGB § 172, S. 112. „Der Minderjährige kann nicht selbständig sein *Domizil* bestimmen." (ABGB § 146, S. 93) Dagegen heißt es im ABGB § 152, S. 96: „Die Vermittlung von Stellen und Dienstplätzen nach dem Auslande für Personen unter 18 Jahren darf [...] nur bei Zustimmung des Vormundschaftsgerichtes erfolgen." - Natürlich geht es im '*Verschollenen*' letztlich doch um eine nicht zu rechtfertigende Verstoßung des Sohnes, um ein Motiv, das Kafka wohl vom melodramatischen Charles Dickens übernommen hat.

ihnen die „Vermeidung der Alimentenzahlung und des Skandales" ermöglicht, die Verschickung für rechtmäßig zu halten. Anders als Josef K. im '*Proceß*' versucht er, den unbegründeten Anordnungen, den vorgegebenen Konventionen und positiven Gesetzen nachzukommen. Daß *gerechtes Recht* und *positives Recht* Gegensätze bilden und empirisch doch ein unauflöslich miteinander verfilztes Ganzes ausmachen, will er - wie alle anderen Helden Kafkas - nicht erkennen. Hier zeigt sich der Hauptgedanke der Kafkaschen 'Rechtsphilosophie'. Er expliziert sich in parabolischer Weise in dem Text '*Zur Frage der Gesetze*'; der hier erwähnte „Adel" ist als metaphorische Substitution für Herrschaftseliten und Machtinstanzen zu begreifen: „Eine Partei, die neben dem Glauben an die Gesetze auch den Adel verwerfen würde, hätte sofort das ganze Volk hinter sich, aber eine solche Partei kann nicht entstehen, weil den Adel niemand zu verwerfen wagt [...]. Das einzige, sichtbare, zweifellose Gesetz, das uns auferlegt ist, ist der Adel und um dieses einzige Gesetz sollten wir uns selbst bringen wollen?" (ER 362) Macht und Recht bilden eine paradoxe Einheit.

Kafkas ironischer Darstellung liegt zweifellos jener zeitgenössische rechtstheoretische Streit zwischen *Naturrechtsauffassung* und *Rechtspositivismus* zugrunde: Nach Hans Kelsens *Staatsrechtslehre* (1911) hatten Rechtssätze nur durch die „faktische Macht" des Staates verbindliche Kraft[32]; mit dieser These wandte Kelsen sich gegen die an ethischen Normen als naturrechtlich fundierten Prinzipien festhaltenden Rechtstheoretiker. Die diesen Rechts-Streit begründende Wirklichkeit, d. h. die paradoxe Grundverfassung realer Rechtsverhältnisse führt noch heute zu Balanceakten der Jurisprudenz; so heißt es in dem Grundlagenwerk *Deutsches Recht* von Georg Dahm: „Zum Recht gehört zwar nicht, daß es ein vollkommener Ausdruck der Gerechtigkeit *ist* - leider ist *ungerechtes Recht* [!] ein alltägliches Phänomen -, wohl aber, daß es nach der Gerechtigkeit *strebt* [...]."[33] Gerechtigkeit und ungerechte Vorschriften scheinen logisch einander *auszuschließen*, empirisch aber miteinander *vermischt* zu werden.

---

32. Hans Kelsen: Hauptprobleme der Staatsrechtslehre, entwickelt an der Lehre vom Rechtssatz, Tübingen 1911, S. 56: „Was immer der Ursprung der Moralgebote sein mag, die Quelle der verbindlichen Rechtsgesetze ist - für die formal juristische Betrachtung des modernen Rechtes - ausschließlich und allein der Wille des Staates, der natürlich für die Normen der Moral niemals als Autorität in Betracht kommen kann. Weil und nur insofern sie Wille des Staates sind, der durch seine faktische Macht seinen Willen realisiert, haben Rechtssätze verbindliche Kraft [...]." Vgl. Claus Hebell, Voraussetzungen, S. 43 ff. - Als Antipode Kelsens wäre Alfred Verdross (1890-1980) zu nennen: Die naturrechtliche Basis der Rechtsgeltung. In: Recht und Moral - Texte zur Rechtsphilosophie, hg. von Norbert Hoerster, München 1977, S. 39 ff. „Mündet aber jeder Rechtssatz schließlich in eine Verweisung auf ein moralisches Sollen, dann ist auch die Geltung der sanktionierten Normen von den sanktionslosen moralischen Normen abhängig [...]. Damit ist bewiesen, daß die Geltung positiver Rechtsnormen von der Moral abhängig ist." Verdross, Die naturrechtliche Basis der Rechtsgeltung, S. 40.

33. Georg Dahm: Deutsches Recht, 2. Aufl. Stuttgart 1963, S. 14. Die Kursivsetzung von „ungerechtes Recht" ist von mir, H.H.H.

4. Die Vertreibung aus dem Paradies

Die erste Ereignisfolge des *'Verschollenen'* stellt also jenes geringfügige oder nichtige Vergehen Karl Roßmanns dar, dem ein unbegründetes Urteil und eine maßlose Strafe folgen; in vor-parabolischer Form wird uns damit jene prototypische juridische Sequenz Kafkascher Darstellung vorgeführt, wie sie *'Der Schlag ans Hoftor'* oder *'Der Proceß'* in sinnbildlicher Form inszenieren; im *'Schlag ans Hoftor'*, wo raffend und skizzenartig von einer minimalen Auflehnungsgeste abrupt zu lebenslanger Untersuchungshaft übergegangen wird, und im *'Proceß'*, wo modellhaft ein unbewiesenes Delikt geahndet und mit dem Tode bestraft wird. Jene polysemischen parabolischen Modelle haben in den noch realistischen, aber doch bereits demonstrativ-typischen Szenen des *'Verschollenen'* ihren Ursprung. - Kafka scheint sie jenem biblischen Urmythos vom „Sündenfall" abgewonnen zu haben (I. Mos I,3), welchen er zur Parabel umdenkt und seiner Gegenwart appliziert[34]: „Die Vertreibung aus dem Paradies ist in ihrem Hauptteil ewig [...]" (H 46), schreibt er, und an anderer Stelle heißt es: „Wüten Gottes gegen die Menschenfamilie. / Die zwei Bäume, / das unbegründete Verbot, / die Bestrafung aller [...]." (T 502). - Unbegründet also ist das Adam und Eva - und folglich auch Johanna und Karl - maßregelnde Verbot; unbegründet sind damit aber auch Schuld und Strafe. Kafkas ironische Kontrafaktur richtet sich im *'Verschollenen'* nicht allein gegen den Mythos vom Sündenfall, sondern auch gegen das gelobte Land „Amerika", das sich nicht als das Paradies, sondern als das Land der „Dornen und des Gestrüpps"[35] (I. Mose 3,18) erweisen wird, in das hinein die armen Sünder vertrieben werden und aus welchem zurückzukehren ihnen der 'Engel mit dem Schwert' (KA 7) verbietet.

Der naive Held nimmt die Strafe gutgläubig auf sich, womit sich eine Art *sozialer Geburt* vollzieht: Roßmann wird wie Adam in die Welt der Arbeit und des Rechts hinein entlassen.

5. Die Ohnmacht des Heizers und die Macht seiner 'Richter'

Die zweite Ereignisfolge des Romans, die Klage des Heizers, führt einen weiteren Rechts-Fall vor, bereichert um das für Kafka wichtige Element der Verhandlung bzw. des Verhörs. Der Heizer, der hier im Grunde nur Stellvertreter des Gerechtigkeitssuchers Roßmann ist, klagt den rumänischen Obermaschinisten Schubal der Ungerechtigkeit an: „[...] dieser Lumpenhund schindet uns Deutsche auf einem deutschen Schiff" (KA 13). Mit den Fragen „Waren Sie schon beim Kapitän? Haben Sie schon bei ihm Ihr Recht gesucht?" (KA 14) verleitet Karl den Heizer zu einem Beschwerdegang. Der Heizer aber versteht es nicht, in rechtskompetenter Weise einen klaren Tatbestand zu formulieren; vor den sprachkom-

---

34. Zu Kafkas Varianten dieses Mythos vgl. Hiebel, Die Zeichen des Gesetzes, S. 101 ff.
35. Gerhard von Rad: Das erste Buch Mose. Genesis, Göttingen 1976, S. 61.

petenten Herren bzw. den Uniformen und Degen als den Insignien der Macht und der Ordnung wird seine Rede unordentlich und wirr, sie versagt. (Erinnert man sich des Kafkaschen 'Briefes an den Vater', wo es heißt: „Ich bekam vor Dir - Du bist, sobald es um Deine Dinge geht, ein ausgezeichneter Redner - eine stokkende Art des Sprechens" [H 173], so wird einem klar, daß der Heizer hier als Stellvertreter des epischen Ichs agiert.) Der Schützling Karls redet sich, wie es heißt, „allerdings in Schweiß": „aus allen Himmelsrichtungen strömten ihm Klagen über Schubal zu [...], aber was er dem Kapitän vorzeigen konnte, war nur ein trauriges Durcheinanderstrudeln aller insgesamt." (KA 27) Demgegenüber tritt sein Gegner, der Maschinist Schubal, fest und sicher auf, so daß Roßmann sich sagen muß: „Das war allerdings die klare Rede eines Mannes [...]" (KA 34); er hält indessen Schubals Auftritt mit angeblich „unvoreingenommenen und unbeeinflußten" Zeugen für „Gaunerei" (KA 34). Schubal und der Kapitän - er hat eine „Stimme, um mit einem Hammer darauf zu schlagen" (KA 23) - gehen als Sieger aus dem Rechtsstreit hervor. Aus dem Ankläger wird ein Angeklagter, der seine Sache auf Grund des Gefälles von Sprachmacht zu Sprachohnmacht und Rechtskompetenz zu Inkompetenz von vornherein verloren hat.[36] Karl hatte genau diesen Sieg des Geschicks über das Ungeschick (begriffslos) geahnt, als er fürchtete, die „ungeschickte Ausdrucksweise" des Heizers könnte den Kapitän zu seinen „Ungunsten beeinflussen" (KA 25).

Wieder spielt das *Delikt* im Grunde keine Rolle auf dem Feld der von den faktischen Machtverhältnissen bestimmten Rechts-*Prozedur*. Das gleiche gilt für die in Frage kommende Dienstvorschrift, das „Gesetz". In uneigentlich-sinnbildlicher Weise wird dies dann im 'Proceß' gestaltet, wo das angebliche Delikt und das angeblich vorhandene Gesetz absolute Leerstellen bleiben, die Rechts-Prozedur bzw. Prozeß-Folge: Anklage, Verhör und Strafe gleichwohl ihren Lauf nimmt. Das Verhältnis von *de facto* entscheidender Rechts- bzw. Macht-*Prozedur* und *de jure* existierendem Gesetzes-*Codex* hat Kafka in der parabelähnlichen Reflexion 'Fürsprecher' selbst expliziert. In eigentlich und zugleich uneigentlich-metaphorisch zu verstehender Weise werden hier „Gesetz" und „Gericht" geschieden; im „Gesetz" sei alles eindeutig: „Anklage, Fürspruch und Urteil". „Anders aber" verhalte es sich mit dem gerichtlich rekonstruierten „Tatbestand eines Urteils", dieser gründe sich „auf Erhebungen hier und dort, bei Verwandten und Fremden, bei Freunden und Feinden, in der Familie und in der Öffentlichkeit, in Stadt und Dorf, kurz überall" (ER 369 f.). Das „Gesetz" also ist unumstößlich, der „Tatbestand" aber vieldeutig bzw. manipulierbar.

Selbst Launen und Stimmungen dürften hier eine Rolle spielen. Und wenn wir von der abstrakten Metaebene der Parabel zurückblicken auf das konkrete Anschauungsmaterial im 'Verschollenen', so zeigt sich, daß es die *Ungeduld* der beteiligten 'Richter' ist, die den 'Prozeß' des Heizers beendet; „[...] wir haben von

---

36 . Vgl. zu diesem Macht-Konzept: Hans Helmut Hiebel: Die Zeichen des Gesetzes. Recht und Macht bei Franz Kafka, München 1983, S. 84 ff.; vgl. auch die zwei Jahre später erschienene, nicht auf meine Studie Bezug nehmende Diss.: Ulf Abraham: Der verhörte Held. Recht und Schuld im Werk Franz Kafkas, München 1985, S. 203 f.

dem Heizer genug und übergenug" (KA 46), erklärt der zu den 'Richtern' des Heizers zählende „Staatsrat", der sich unerwartet als Roßmanns Onkel Jakob Bendelmayer zu erkennen gegeben hatte. Der Gerechtigkeitssucher und Rechtsidealist Roßmann entgegnet ihm: „Darauf [auf das Genughaben] kommt es doch nicht an, bei einer Sache der Gerechtigkeit." (KA 46) Der Staatsrat erwidert: „Mißverstehe die Sachlage nicht [...], es handelt sich vielleicht um eine Sache der Gerechtigkeit, aber gleichzeitig um eine Sache der Disciplin. Beides und ganz besonders das letztere unterliegt hier der Beurteilung des Herrn Kapitäns." (KA 48)

6. Gerechtigkeit und Disziplin

Diese Sentenz birgt eine höchst paradoxe Mystifikation in sich. „Gerechtigkeit" wird implizit in einen Gegensatz zu „Disziplin" gebracht; d. h. Disziplin wird hier nicht als auf Gerechtigkeit begründet gedacht, bezieht sich also nicht auf eine für alle gleich geltende Pflicht der Unterordnung unter einen gemeinsamen und gemeinsam begründeten Zweck. Disziplin muß vielmehr Korrelat einer selbstzweckhaften Ordnung (als einer Machtinstanz) sein, eines Ordnungs*fetischismus*, oder aber sie muß Korrelat einer *partikularen* und nicht allgemeinen Zwecken dienenden Ordnung sein. Für das letztere spricht die Tatsache, daß der Onkel die „Beurteilung" der „Disziplin" einem Einzelnen bzw. einer Herrschaftsinstanz, dem Kapitän nämlich, überantwortet: „besonders das letztere [die Disciplin] unterliegt hier der Beurteilung des Herrn Kapitäns". Disziplin als Gebot einer *Ordnungs*macht oder einer *Macht*ordnung kann demnach nicht identifiziert werden mit Gerechtigkeit als einem Prinzip begründeter Gleichheit vor dem Gesetz. Das weiß der Staatsrat, aber er weiß es auch wieder nicht, denn er stellt beides als miteinander verträglich dar: „Es handelt sich vielleicht um eine Sache der Gerechtigkeit, aber *gleichzeitig* [Hervorhebung v. Vf.] um eine Sache der Disciplin." In mystifizierender, unbewußt ideologischer Weise vermengt der künftige Vormund Karls das Prinzip blinden Gehorsams mit begründeter ausgleichender Gerechtigkeit. „Gerechtigkeit und Disciplin mischen sich aber nicht" (KA Bd. 2: 141), hatte Kafka im Manuskript angefügt und wieder gestrichen. (Solche Retuschierung von Werturteilen konstituiert Kafkas Ironie, d. h. das Prinzip, die Figuren - auch Erzählfiguren - sich durch ihre eigene Rede desavouieren zu lassen. - Wir erkennen hier auch Kafkas Bemühung um einen Erzählstil, der keine Erklärung und keine Explikation erlaubt, folglich der knappen, reduzierten, abstrakten und doch implikationsreichen Parabelform zuarbeitet.)

Zweifellos ist für den Speditionsunternehmer und Staatsrat Jakob „Disciplin" ein Zweckrationalität und Effektivität implizierender *Wert*, aber in seiner Rede bleibt unreflektiert und ausgespart das Moment des *Unwerts*, das ihr anhaftet, d. h. das Moment blinden Gehorsams gegenüber fetischisierten oder zu Herrschaftszwecken eingesetzten Ordnungsprinzipien. Disziplin als Gehorsam und Gerechtigkeit als ethisches Begründungsprinzip miteinander zu „vermischen", bedeutet ein höchst irrationales Paradox. In der Rede des bereits zitierten

Rechtswissenschaftlers vom alltäglich „ungerechten Recht" findet sie sich wieder; sein Opus „Deutsches Recht" beginnt bezeichnenderweise mit den Begriffen „Gerechtigkeit" und „Ordnung". Das Recht orientiere sich „an der Leitidee der *Gerechtigkeit*", seine primäre Funktion indessen sei die Ordnung: „Das Recht ist zunächst einmal *Ordnung*."[37]

„Disziplin" aber ist nichts anderes als ein Derivat der „Ordnung", sie ist das Diktat einer Ordnungs-Macht, die Gehorsam bzw. zur Selbstdisziplin verinnerlichten Gehorsam verlangt. Die im '*Verschollenen*' angedeutete Gleichsetzung von „Gerechtigkeit" und „Disciplin" erscheint in Kafkas späteren Werken wieder, insbesondere in der '*Strafkolonie*' und ihren pointierten Sarkasmen. Auch der in der '*Strafkolonie*' geschilderte Delinquent hat sich gegen die Disziplin vergangen, er hat den „Dienst verschlafen", d. h. das stündliche Salutieren vor der Tür des Hauptmanns versäumt (ER 118). Die Folter-Maschine soll ihm daraufhin das Urteil „Ehre deinen Vorgesetzten!" (ER 117) als Strafe in den nackten Körper einschreiben. „Jetzt geschieht Gerechtigkeit" - so kommentieren die Anhänger des Systems der Kolonie ihr Straf-Verfahren (ER 126).

7. Die 'Verführung' zur „Schuld" (Der Onkel)

Karl Roßmann wird nun, nachdem an ihm auf dem deutschen Schiff der „Hamburg Amerika Linie" ein Exempel statuiert wurde, beim Onkel und im Hotel Occidental Disziplin bzw. Selbstdisziplin zu üben haben. Als er, vom Mitleid gerührt, dem Heizer die Hand küßt, weist ihn der Onkel bereits ein erstes Mal zurecht: „Du hast dich verlassen gefühlt, da hast du den Heizer gefunden und bist ihm jetzt dankbar, das ist ja ganz löblich. Treibe das aber, schon mir zuliebe, nicht zu weit und lerne deine Stellung begreifen." (KA 50) Selbstkontrolle hat Karl fortan zu üben, und das heißt hier, da er nun zu den Privilegierten zählt, die Klassenunterschiede wahren; in „Amerika" haben auch die Herrschenden, wie der Onkel als ein Mann von „Principien" (KA 122) demonstriert, Selbstdisziplin zu üben.

Bevor es mit Karl Roßmann erneut abwärts geht, weil er in Sachen Selbstbeherrschung versagt, fällt er noch einmal märchenhaft 'nach oben' und wird Adoptiv-Kind eines der gewaltigsten Unternehmer Amerikas. Seine 'soziale Geburt' führt zunächst in eine Art Sozialisations-Phase hinein. Des Onkels Erziehungsmethode stellt sich am Ende jedoch eher als ein Prüfungsverfahren dar, das eigentlich Selbstdisziplin bereits voraussetzt, folglich Karl notwendigerweise zu Fall bringen muß. Es geht, nun deutlicher als im 'Sündenfall' mit Johanna, um eine 'Verführung'. Der Onkel stellt Karl Fallen, die dieser - wie Adam aufgrund seiner arglosen und natürlichen Begehrungen - nicht zu umgehen vermag. Er weist seinem Mündel ein Zimmer mit Balkon zu, warnt es jedoch vor „einsamer Untätigkeit", welche einem „arbeitsreichen Newyorker Tag" gegenüber unangemessen sei; Karl solle „alles prüfen und anschauen, aber sich nicht gefangen nehmen las-

---

37. Vgl. Dahm, Deutsches Recht, S. 14 f.

sen" (KA 56). Der Onkel überrascht ihn dann auf dem Balkon und gibt durch sein „ärgerliches Gesicht" seine Mißbilligung zu verstehen (KA 56); sein Urteil, seine Strafe realisiert sich als Liebesentzug. Wieder bleibt das 'Delikt' ungeklärt, denn es wird überhaupt nicht erörtert, ob Karl sich hier „gefangennehmen" läßt oder ob er nur kritisch „prüft".

Die gleiche Versuchsanordnung wiederholt der Onkel mit dem verstellbaren „Schreibtisch", der Karl an die „Krippenspiele" des heimatlichen „Christmarkts" und an eine Urszene disziplinierender Bevormundung erinnert (KA 57 f.). Dem aufgeregt zuschauenden und rufenden Sohn hatte die Mutter den „Mund" zugehalten. Kafkas Anspielung auf Christi Geburt verkehrt den heilsgeschichtlichen Mythos in sein Gegenteil. Die Beziehung von Mutter und Kind erscheint pervertiert. Dieses Mißlingen familiärer Harmonie (in der 'Urszene') wiederholt sich gewissermaßen im - unverschuldet schuldigen - Verhalten Karls und Johannas ihrem unehelichen Sohn gegenüber - und in den Ereignissen beim Onkel (der nur der Stellvertreter des Vaters ist, der „symbolische Vater").

Die letzte Prüfung des Onkels besteht in dem Widerspruch einer unwillig gegebenen Erlaubnis zum Aufenthalt im Landhaus des Geschäftsfreundes Pollunder (KA 72). Diese Erlaubnis, die keine ist, setzt Karl wieder einer diffusen und paradoxen Doppelbotschaft, einem *double bind*, aus: Erfüllt Karl den indirekt signalisierten Wunsch des Onkels, er möge zu Hause bleiben, so verstößt er gegen die Erwartung des Geschäftsfreundes; kommt er dem Wunsch des Geschäftsfreundes nach, verletzt er den Onkel. Der Onkel versucht dergestalt, Selbstdisziplin und Triebunterdrückung zu lehren. Er setzt dabei aber absurderweise (wie Jehova gegenüber Adam) voraus, daß sein 'Adoptiv-Sohn' oder Mündel schon disziplinierende Ordnungsmächte verinnerlicht hat und durch das 'schlechte Gewissen' zu Triebverzicht und Selbstdiziplin veranlaßt wird. Weil dasjenige, was er eigentlich zu bilden trachtet, nur in ungenügendem Maße vorhanden ist, bestraft er Karl dann mit der Vertreibung aus dem Haus: Um Mitternacht wird dem 'Adoptiv-Sohn' im Landhaus Pollunders das 'Urteil' und die 'Strafe' des Onkels übermittelt (obgleich dieser zur Rückkehr längst entschlossen ist): „Du hast Dich gegen meinen Willen dafür entschieden, heute Abend von mir fortzugehn, dann bleibe aber auch bei diesem Entschluß Dein Leben lang" (KA 123), heißt es im Kündigungsbrief des Vormunds, der von sich behauptet: „ich verdanke meinen Principien alles was ich bin" (KA 122).

Gebot und Strafmaß werden hier erst *nachträglich* verkündet; wie Ödipus hat Karl Roßmann die Grenzen des Rechtmäßigen überschritten, bevor er sie überhaupt kannte. Wieder also wird er ohne Berücksichtigung des Motivs bzw. der Umstände bestraft; maßlos wird ein undefiniertes 'Delikt' geahndet; die Chance einer Bewährung wird Karl - wie allen Helden Kafkas - verwehrt. Das Gebot der „Christian forbearance, love and charity", das die amerikanische „Virginia bill of rights" 1776 proklamiert hatte[38], wird durch die Regeln der Disziplinargesell-

---

38. Virginia bill of rights. In: Franz Günther (Hg.): Staatsverfassungen, Darmstadt 1975, S. 6-10, Zit. S. 10.

schaft, die Karl noch ungenügend internalisiert hat, außer Kraft gesetzt.

Man kann allerdings nicht sagen, daß Karl mit absoluter Sicherheit in die Falle des Onkels gehen mußte; eine Ahnung der unausgesprochenen ungeschriebenen Gesetze des Onkels macht sich in ihm durchaus bemerkbar. Kurz vor der Briefübergabe rühren sich Gewissensbisse in ihm; er bittet Pollunder unvermittelt, ihn nach Hause zu lassen: „Sie wissen, der Onkel hat mir die Erlaubnis zu diesem Besuch nicht gerne gegeben. Er hat sicher dafür seine guten Gründe gehabt, wie für alles, was er tut, und ich habe es mir herausgenommen, gegen seine bessere Einsicht die Erlaubnis förmlich zu erzwingen. Ich habe seine Liebe zu mir einfach mißbraucht." (KA 105) Der unmündige Roßmann hat demnach den indirekten Appell an das unbewußte Schuldgefühl durchaus verstanden; dem Onkel ist die Verstärkung der Schuldgefühle gelungen. Aber der Arglose verwechselt Schuldgefühl mit begründeter Schuld, er läßt sich zur „Vermischung" von Disziplinarmaßnahme und „Liebe", von Recht und Gewalt verleiten. (Aber ein Minimum von Schuld wird - wie oft bei Kafka - gleichwohl leise angedeutet.)

Diese Episode zeichnet die Genese des Kafkaschen „grenzenlosen Schuldbewußtseins" (H 196) nach, von der im *Brief an den Vater* so eindringlich die Rede ist: „ [...] von mir aus bist Du frei", hatte der Vater dem Sohn im Tone „der vollständigen Verurteilung" erklärt (H 175). Diese paradoxe Doppelbotschaft wiederholt der Onkel gegenüber Karl. Auch die nachträgliche, plötzliche Umdefinierung einer Tat zur Untat, wie sie der Brief des Onkels vollzieht, wird im *Brief an den Vater* beschrieben. „Man wurde gewissermaßen schon bestraft, ehe man noch wußte, daß man etwas Schlechtes getan hatte." (H 178) Franz Kafka wie seinem Helden Roßmann wird in traumatisierender Weise ein argloses Begehren im nachhinein als Sünde, als Verbrechen ausgelegt; beide durchleben ein an Ödipus erinnerndes, ein dem Ödipuskomplex entsprechendes Drama. Der *Schlag ans Hoftor* faßt eine solche auf Dauer traumatisierende Erfahrung ins parabolische Bild der urplötzlichen Verhaftung, aus der dann lebenslange Gefangenschaft hervorgeht (ER 344 f.).

Die Selbstdisziplin bzw. Schuldbewußtsein pro-duzierenden Erziehungsmaßnahmen nehmen im Leben Kafkas wie im Leben seines Protagonisten Roßmann ihren Ausgang in der *Familie*. (Der Onkel ist als 'Adoptiv-Vater' bzw. Vormund ja nur der Stellvertreter des leiblichen Vaters.) Sie schreiben beider Status als den des „discipulus" für immer fest. Die Familie birgt demnach schon all die Abhängigkeitsverhältnisse, Machthierarchien und Disziplinargewalten in sich, welche dann, Kafka zufolge, den gesellschaftlichen Bereich regulieren. Die Ähnlichkeit der Urteilsakte der Eltern Roßmanns und des Onkels einerseits mit denen des Oberkellners oder des Kapitäns andererseits deutet hier einen Zusammenhang, ja sogar ein zirkelhaftes Wechselverhältnis an. In den parabolisch strukturierten Werken Kafkas kommt es dann zu einer weitgehenden *Kongruenz* von familiären und gesellschaftlichen bzw. inneren und äußeren 'Gerichten', so z. B. in der '*Strafkolonie*' und im '*Proceß*'.[39] Insofern in der Verhandlungs-Szene im Hotel

---

39. Vgl. den „Zirkel von Innen und Außen" als Form der „gleitenden Metapher" bei Hie-

Occidental - einem Wirtschaftsbetrieb bzw. einer sozialen Institution - der das 'Urteil' sprechende Oberkellner wie eine Vater- und die Oberkellnerin wie eine Mutter-Figur angelegt erscheinen, realisiert sich bereits im Ansatz der Zusammenfall von familialer und sozialer 'Gerichtsbarkeit', auf einen dialektischen Zirkel (von Außenwelt und Innenwelt) hinweisend. Auch das Alter des zwischen Kindheit und Volljährigkeit stehenden Helden entspricht dieser Kipp- bzw. Zirkelstruktur. Es formiert sich die existentielle - d. h. polysemische und zugleich unbestimmt-offene - Parabel von der Universalität „ungerechten Rechts".

8. Das geringfügige Delikt, die zweifellose Schuld
(Die parabolische Szene im Hotel Occidental)

Kafkas Roman führt seinen Helden in absteigenden Spiralen immer tiefer abwärts, bis er schließlich eine Art Sklavendasein bei dem Landstreicher Delamarche und der verwahrlosten Opernsängerin Brunelda führt.[36] Zunächst erhält er jedoch noch eine Anstellung im Hotel Occidental, wo er zwölf Stunden Schichtarbeit als Liftjunge ableistet. Weil er sich aber nach zwei Monaten einmal für zwei Minuten vom Lift entfernt, um den ihn belästigenden betrunkenen Freund Delamarches, Robinson, in ein Bett des Schlafsaales zu bringen, wird er zum dritten Mal verurteilt und verstoßen (KA 219 ff.). Die Disziplinarmaßnahme - des dienstrechtlich zweifellos 'weisungsbefugten' Dienstherren - erschöpft sich in der Verweigerung des Rechts auf Arbeit; aber in der durchökonomisierten und durchrationalisierten Gesellschaft wird zu existenzbedrohender Gewalt, was zunächst gar nicht als Strafakt erscheinen mag. Das extrajuridische Dienstrecht greift hier über auf die

---

bel, Die Zeichen des Gesetzes, S. 46 ff., zum inneren und äußeren „Gericht" im 'Proceß' vgl. ebd., S. 191 ff.

36. Die Kreisform der Spiralbewegung deutet die rotierende Dialektik des Romans an, welche zur Wiederholung des Immergleichen führt; sie beinhaltet den Aspekt eines intrapsychischen Wiederholungszwangs, bezieht sich mithin auf (in der Familie begründete) Traumata. Die Episode bei Brunelda stellt - von daher betrachtet - einen Zerrspiegel der kleinbürgerlichen Familie dar. Der ökonomisch entmachtete „Vater" (Delamarche) bedient die „Ehefrau" (Brunelda), tyrannisiert jedoch den „Sohn" (Karl). Gewalt und Erotik binden den „Sohn" in paradoxer Weise, vgl. z. B.: „Brunelda zog ihn zu sich"; „Karl fühlte ihr Knie"; „Unter großen Seufzern [...] nestelte sie an Karls Hemd"; „Karl [...] duldete die Last ihrer Arme auf seinen Achseln" usw. (KA 322, 324, 325) Ins Bild der Hure verkehrt sich die Darstellung der Mutter; mit Hilfe einer Anspielung auf den Apfel des Sündenfall-Mythos symbolisiert Kafka (auf indirekte Weise) Bruneldas Fleischmasse: „So trat plötzlich [...] aus dem dunklen Winkel eines Haustors ein Polizeimann und fragte Karl, was er denn in dem so sorgfältig verdeckten Wagen führe. So streng er aber Karl angesehen hatte, so mußte er doch lächeln, als er die Decke lüftete und das erhitzte, ängstliche Gesicht Bruneldas erblickte. 'Wie?' sagte er. 'Ich dachte, Du hättest hier zehn Kartoffelsäcke, und jetzt ist es ein einziges Frauenzimmer [...]'." (KA 380) Ein anderer Passant stellt die Frage: „'Was hast Du denn unter dem Tuch?'" Karl antwortet: „'Es sind Äpfel.' 'So viel Äpfel!', sagte der Mann staunend und hörte nicht auf, diesen Ausruf zu wiederholen. 'Das ist ja eine ganze Ernte', sagte er dann." (KA 382) - An der grotesken Gestaltung der Brunelda-Szene wird der Innenweltcharakter der Handlung klar, wird die Verschränkung von Innen und Außen, von traumatischer Phantasie und Realitätsdarstellung, Familie und Gesellschaft deutlich.

Sphäre des Sozial-Existentiellen.

Karl hatte in der Tat gegen die „Dienstordnung des Lifts" (KA 225) verstoßen und es unterlassen, sich telephonisch abzumelden. Von der Tatseite her, läßt man wieder Motiv und Gesinnung außer acht, hat er sich schuldig gemacht. Wieder geht es um im Grunde außerrechtliche (hier: innerbetriebliche) Disziplinarordnungen, um Regeln, wie sie historisch die juridische Welt des Gesetzes mehr und mehr verdrängt haben.[37] Aber diese Regeln sind bindend. Gerechtigkeit und „guter Wille" (KA 245) - forbearance, love and charity - sind hier fehl am Platz, da die Erhaltung der Ordnung bzw. Disziplin gefährdet ist: „Es handelt sich um meine Autorität", erklärt der Oberkellner, „da steht viel auf dem Spiel, so ein Junge verdirbt mir die ganze Bande" (KA 231). „Wenn ich das einmal dulde und verzeihe, werden nächstens alle vierzig Liftjungen während des Dienstes davonlaufen [...]." (KA 224) Es geht hier nicht „um Gerechtigkeit für einen, sondern um die Disziplin aller"[38].

Der Vorsatz des Oberkellners begründet ein Disziplinarverfahren, in dem das Endurteil schon *vor* jeglicher Verhandlung und Wahrheitsfindung feststeht: „Du hast Deinen Posten ohne Erlaubnis verlassen [...]. Das bedeutet Entlassung. Ich will keine Entschuldigung hören [...]", erklärt er ganz zu Beginn der Verhörszene (KA 224). Wie es noch heute in der empirischen Rechtspraxis oft geschieht[39], wird der Angeklagte dahin verhört, daß er am Ende dem vorgefaßten Bilde des Richters entspricht: Karl wird nämlich schließlich zum „Säufer" und „Dieb" erklärt, der Robinson mit Geld und Hotelgut versorgt haben soll (KA 242-245). Der Oberkellner - er ist Ankläger, Richter und Vollzugsorgan in einer Person wie der „Offizier" in der 'Strafkolonie' und das „Gericht" im 'Proceß' - produziert durch seine widerspruchsgierigen Fangfragen genau das Bild des Angeklagten, das er produzieren möchte, und dies dadurch, daß er seinem Opfer - entgegen dem ursprünglichen Redeverbot - zu reden gebietet: „[Wir] wollen Deine Rechtfertigung hören." (KA 244) - „Es ist unmöglich sich zu verteidigen, wenn nicht guter Wille da ist" (KA 245), folgert Roßmann am Ende:

> Er wußte, daß alles was er sagen konnte, hinterher ganz anders aussehen würde als es gemeint gewesen war und daß es nur der Art der Beurteilung überlassen bliebe, Gutes oder Böses vorzufinden. (KA 245)

Wieder bleiben Motive und Umstände unberücksichtigt, bleibt das eigentliche 'Delikt', begangen in Arglosigkeit, ja, aus Hilfsbereitschaft, ungeklärt; wieder wird abrupt und im nachhinein eine Geringfügigkeit zum Vergehen erklärt und maßlos bestraft. Eine Dienstvorschrift - in metaphorischer bzw. parabolischer Sprache: ein „Gesetz" - muß dazu herhalten, *Disziplin*forderungen als *Gerechtig-*

---

37. Michel Foucault: Sexualität und Wahrheit. Der Wille zum Wissen, Bd. 1, Frankfurt a. M. 1977, bes. S. 113 (das „Gesetz" als „Endform") u. S. 171 ff.

38. Ulf Abraham: Rechtsspruch und Machtwort. Zum Verhältnis von Rechtsordnung und Ordnungsmacht bei Kafka, Zulassungsarbeit Erlangen 1983, S. 18.

39. Vgl. Abraham, Der verhörte Held, S. 203 ff. (Wahrheitsfindung verkehrt sich in „Schuldzuschreibung".)

*keit*sprinzipien auszugeben; gleichwohl ist wieder weniger das „Gesetz" als die Rechts-Prozedur, d. h. die Manipulation des „Tatbestandes", von entscheidender Bedeutung. Alle diese im 'Verschollenen' relativ realitätsnah, aber eben doch bereits in hyperbolischer, typisierter, modellhafter Weise dargestellten Aspekte transformiert Kafka in der 'Strafkolonie', im 'Proceß', im *Schlag ans Hoftor* und in anderen Texten ins Parabolische, d. h. in überspitzte Hyperbeln, vielbezügliche Metaphern, abstrakte Hohlformen, metasprachliche Modelle.

Die 'Strafkolonie' könnte geradezu als Metapher der Hotel-Szene gelesen werden. Auch hier wird ein banales Dienstversäumnis maßlos, d. h. mit dem Tod unter dem Folter-Apparat, bestraft, auch hier wird die Disziplinarmaßnahme im Namen der „Gerechtigkeit" verhängt. Der Bereich des Militärischen, in dem Disziplin und Disziplinarrecht ihren Ursprung haben, wird hier bezeichnenderweise zur Metapher für Rechtsverhältnisse überhaupt.

Die bereits erwähnte Maxime der 'Strafkolonie' „Die Schuld ist immer zweifellos" (ER 118) erinnert an den um Motive und Rechtsgründe unbekümmerten Oberkellner, der von Anfang an dekretiert: „Du hast deinen Posten verlassen. [...] Das bedeutet Entlassung." (KA 224) Am Ende der Rechts-Prozedur verschwindet jedoch ihr Ursprung: An die Stelle des ursprünglichen 'Deliktes', das als *quantité négligeable* vergessen wird, tritt ein weit schlimmerer (durch Manipulation konstruierter) „Tatbestand" (ER 370). Im 'Proceß'-Roman, der das 'Delikt' gänzlich elidiert, stellt sich dieser Vorgang dann in uneigentlich-sinnbildlicher und zugleich entstellter Form dar. Die konkreten Sachverhalte des 'Verschollenen' werden mit Hilfe juristischer Metaphern auf eine Abstraktions- bzw. Metaebene gehoben. Eine zweite Metaebene erreicht dann die Parabel *Fürsprecher*, in der bereits rechtstheoretisch über das Verhältnis von „Gesetz" und „Gerichts"-Prozedur reflektiert wird.

Der andere Aspekt, die abrupte und unbesonnene Aburteilung Karls, findet sich wieder im skizzenhaften 'Schlag ans Hoftor', aber auch in einer Parabel, die wörtlich an einen Satz Roßmanns anklingt. Karl Roßmann hatte sich während der Verhandlung im Hotel gesagt, daß er doch „zwei Monate" gut gedient habe, „gewiß besser als mancher andere Junge", und hatte gefolgert: „Aber auf solche Dinge wird eben im entscheidenden Augenblick offenbar in keinem Weltteil, weder in Europa noch in Amerika Rücksicht genommen, sondern es wird so entschieden, wie einem in der ersten Wut das Urteil aus dem Munde fährt." (KA 228) Diese Reflexion verwandelt sich in einer Aufzeichnung von 1917 ins Abstrakt-Gleichnishafte:

„Durch die Tür rechts dringen die Mitmenschen in ein Zimmer, in dem Familienrat gehalten wird, hören das letzte Wort des letzten Redners, nehmen es, strömen mit ihm durch die Tür links in die Welt und rufen ihr Urteil aus. Wahr ist das Urteil über das Wort, nichtig das Urteil an sich. Hätten sie endgültig wahr urteilen wollen, hätten sie für immer im Zimmer bleiben müssen, wären ein Teil des Familienrates geworden und dadurch allerdings wieder unfähig geworden zu urteilen." (H 86)

Dieses parabolische Denkbild, das zweifellos das soziale Urteilen ebenso verbildlicht wie das familiale, stellt gewissermaßen nur eine Abstraktionsform des Hotel-Kapitels im *Verschollenen* dar. Darüber hinaus formuliert es eine Aporie des Rechts: der unparteiische Richter gilt als unwissend, der wissende aber als parteiisch. Eine weitere Abstraktionsstufe formuliert Kafka im Anschluß an die zitierte Parabel als Aphorismus:

> Wirklich urteilen kann nur die Partei, als Partei aber kann sie nicht urteilen. Demnach gibt es in der Welt keine Urteilsmöglichkeit, sondern nur deren Schimmer. (H 86)

Im „ungerechten Recht", in dem „Parteilichkeit" und ein „Schimmer" von Rechtmäßigkeit sich „mischen" (wie „Disciplin" und „Gerechtigkeit" im *Verschollenen*), setzt sich, so ist zu folgern, in dezisionistischer Weise die geschicktere und mächtigere Partei ins 'Recht'. „Was der Adel tut, ist Gesetz" (ER 361), heißt es daher ironisch in der *Frage der Gesetze*.

9. Die Verinnerlichung der Beschuldigung zum Schuldgefühl

Wenn die Oberköchin, nachdem der im Schlafsaal betrunken randalierende Robinson entdeckt worden ist, bemerkt: „Gerechte Dinge haben auch ein besonderes Aussehn und das hat [...] Deine Sache nicht" (KA 247), so weiß der Leser mittlerweile, daß es genau umgekehrt ist: Gerechte - oder auch ungerechte - Dinge haben das Aussehen, das die Rechtsparteien ihnen zu geben verstehen.

Das Prinzip der 'Verdächtigung des Unschuldigen' hat Kafka bei Charles Dickens geborgt (vgl. T 535 f.). So weist z. B. die Szene, in der Oliver Twist als Taschendieb verdächtigt wird[40], auf jene, in welcher Karl vor dem Polizisten flieht, der ihm die „Ausweispapiere" abverlangt (KA 277 ff.), und natürlich auf Anfang und Ende des „Falls Robinson". Kafka verbindet indessen das Prinzip der ungerechten Verdächtigung mit minimalen Verstößen gegen bestimmte Gesetzesparagraphen, wodurch sich die Verquickung von *Gewalt* und *Recht* überhaupt erst konstituiert; es steht zudem im Dienste der Disziplinierung des Einzelnen, entspringt also nicht bloßer Böswilligkeit.[41]

---

40. Charles Dickens: Oliver Twist, London 1960 (= Everyman's Library), S. 66 ff. (Kap. X). Der arglose Oliver ist in die Fänge einer Jugendbande geraten. Die Jugendlichen versuchen, Oliver in Schuld zu verstricken und auf diese Weise für ihre Bande zu gewinnen. Sie führen ihm einen Diebstahl vor und entwenden einem vornehmen älteren Herrn ein Taschentuch. (Der Herr trägt übrigens ein Bambusstöckchen, „a bamboo cane", unter seinem Arm, genau wie Karls Onkel Jakob, KA 26.) Oliver steht unentschlossen, man hat ihn in Unwissenheit gelassen. Da wird er unsicher und läuft davon: „not knowing what he did, [he] made off as fast as he could lay his feet to the ground", S. 68. Der respektierliche Herr wird aufmerksam, bemerkt das Fehlen seines Taschentuchs und ruft die Verfolgung aus. Oliver wird 'gefaßt'. (Vielleicht geht es auch im *Verschollenen* ausdrücklich darum, Karl Roßmann in eine kompromittierende Situation zu bringen, denn Robinson ist im Auftrag von Delamarche ins Hotel gekommen.)

41. Bei Dickens geht es sozusagen um die anthropologischen Größen „gut" und „böse"; unglaubwürdig ist die Konstanz dieser Größen oder auch ihr unvermittelter Wandel (*A Christmas Carol*). Eine solche schlichte Bivalenz wird von Kafka, obwohl er von ihr ausgeht, im

Die rechtlichen oder quasi-rechtlichen Wahrheitsfindungshandlungen im 'Verschollenen' stellen nämlich Disziplinierungs-Rituale dar, in denen „Schuldige" produziert werden, „Schuldige", die am Ende sich auch als solche begreifen, d. h. Geängstigte, die ein „grenzenloses Schuldbewußtsein" entwickeln, wie es im *Brief an den Vater'* (H 196) heißt. Karl Roßmann erweist sich zwar in der Klage über den Mangel an „gutem Willen" (KA 245) als Kritiker des Systems, aber Spuren von Schuldbewußtsein, zumindest von Gehorsamsbereitschaft, Ergebenheit und Passivität zeigt er gleichwohl. Er beugt sich dem Urteil seiner „armen Eltern"[42], und als die Sache des Heizers aussichtslos zu werden droht, macht er nicht den 'Richtern', sondern sich selbst Vorwürfe:

> Wäre ich früher gekommen, statt aus dem Fenster zu schauen, sagte sich Karl, senkte vor dem Heizer das Gesicht und schlug die Hände an die Hosennaht, zum Zeichen des Endes jeder Hoffnung." (KA 29)

Karl Roßmann, so kommentiert Herbert Kraft die Szene, „ist nicht der Fromme, der sich Gnade erhofft, oder der Sünder, der auf Vergebung wartet, sondern der Untertan, der sich schuldig fühlt".[43] - Roßmann akzeptiert auch widerstands- und sprachlos den Abschiedsbrief des Onkels, und er fügt sich ins Urteil des Oberkellners, dessen Büro er bereits mit der Miene des Schuldbewußten betreten hatte: Man sollte ihm „nicht gleich beim Eintreten sein Schuldbewußtsein ansehn" (KA 221), heißt es in der Form der erlebten Rede.

Die Plötzlichkeit, mit der im 'Verschollenen' nachträglich eine Geringfügigkeit zur „Schuld" erklärt wird - bevor man noch weiß, „daß man etwas Schlechtes getan" hat (H 178), führt zu permanenter Strafangst bzw. zu irrationalem Schuldgefühl. Der 'Verschollene' stellt gewissermaßen den Prozeß der Bildung oder Einschreibung solcher Verschuldungserwartung dar. Die Inszenierung eines derartigen Prozesses wird von Kafka in der *'Strafkolonie'* wieder gleichnishaft-parabolisch gestaltet, und zwar im Bilde der Folter- und 'Schreib'-Maschine. Eine aphoristische Parabel von 1917 variiert das sich im *'Verschollenen'* ausbildende Modell:

> Das Tier entwindet dem Herrn die Peitsche und peitscht sich selbst, um Herr zu werden, und weiß nicht, daß das nur eine Phantasie ist, erzeugt durch einen neuen Knoten im Peitschenriemen des Herrn. (H 84)

Fast könnte man behaupten, Kafkas Helden hätten im Durchgang durch den *'Verschollenen'* eben diesen Verinnerlichungsprozeß hinter sich gebracht. Das Gericht im *'Proceß'* ist bereits die parabolische Allegorie introjizierter Anklagen,

---

'Verschollenen' bereits etwas in Frage gestellt und in den späteren Werken aufgelöst: „Diese Klötze roher Charakterisierung [...]" (T 535 f.).

42. Die Fügung „arme Eltern" ist auch im Sinne von „bedauernswerte Eltern" zu verstehen; vgl. Franz Kafka: Briefe an Milena, hg. von Jürgen Born u. Michael Müller, Frankfurt a. M. 1983, S. 16.

43. Herbert Kraft: Mondheimat. Kafka, Pfullingen 1983, S. 11: „Diese Meinung der Romanfigur zu wiederholen, von ihrer Schuld als von einer selbstverantworteten zu sprechen, sie gar zur Schuld 'des Menschen' zu verallgemeinern, heißt die Anklage des Romans bei Gelegenheit seiner Deutung zurückzunehmen".

Verhöre und Beschuldigungen, die im Innern des Subjekts weiterarbeiten. Im *Proceß* formiert sich ein parabolischer Metaphern-Zirkel, der ununterscheidbar macht, ob äußere Disziplinarmächte am Werk sind oder bereits zur Selbstdisziplin verinnerlichte Gewalten, ob der „Herr" das „Tier" peitscht oder das „Tier" sich selbst.

10. Die „Disziplinargesellschaft"

Karl Roßmann hat beim Unternehmer-Onkel und im Hotelbetrieb das 'System Amerika' als maximal arbeitsteiliges, komplex vermitteltes, in extensiver und intensiver Weise produktives System kennengelernt. Es handelt sich um ein System, das Michel Foucault in seiner rechtshistorischen Analyse *'Überwachen und Strafen'* „Disziplinargesellschaft" genannt hat: Gemeint ist eine durchökonomisierte Ausschöpfungs-Gesellschaft, die alle ihre Subjekte durch maximale Nützlichkeitsforderungen ausbeutet und erschöpft.[44] Foucault stellt dieses auf Effektivität ausgerichtete Überwachungs- und Strafsystem dem mittelalterlichen Verfahren unproduktiver Abstrafung und Vernichtung vereinzelter Straftäter gegenüber.[45] Es etabliert sich mit Hilfe der „Mittel der guten Abrichtung", d. h. mit Hilfe der „Prüfung", der „hierarchischen Überwachung" und der „normierenden Sanktion".[46] An den Geschehnissen im *'Verschollenen'* lassen sich diese „Mittel" wiedererkennen. An der „zwölfstündigen" Schichtarbeit Karl Roßmanns im Hotel (KA 190) und den Anstrengungen des Studenten Mendel, der „bei Tag" als Verkäufer arbeitet und „in der Nacht" studiert (KA 347), können ihre Ziele abgelesen werden.

Foucault charakterisiert die Überwachungs- und Kontrollverfahren moderner Gesellschaften folgendermaßen:

> Diese Methoden, welche die peinliche Kontrolle der Körpertätigkeiten und die dauerhafte Unterwerfung ihrer Kräfte ermöglichen und sie gelehrig/nützlich machen, kann man die 'Disziplinen' nennen. Gewiß gab es seit langem viele Disziplinarprozeduren - in den Klöstern, in den Armeen, auch in den Werkstätten. Aber im Laufe des 17. und 18. Jahrhunderts sind die Disziplinen zu allgemeinen Herrschaftsformen geworden.[47]

So formiert sich eine Politik „der Zwänge, die am Körper arbeiten, seine Elemente, seine Gesten, seine Verhaltensweisen kalkulieren und manipulieren. Der menschliche Körper geht in eine Machtmaschinerie ein, die ihn durchdringt, zergliedert und wieder zusammensetzt."[48] Dabei ist nun wesentlich, daß es hier nicht um *direkte* Ausbeutung und Abschöpfung geht, sondern daß die Herrschen-

---

44. Michel Foucault: Überwachen und Strafen, Frankfurt a. M. 1976, bes. S. 276 ff., S. 294 ff., S. 173 ff.
45. Ebd., S. 9-93.
46. Ebd., S. 221, 229, 238.
47. Ebd., S. 175 f.
48. Ebd., S. 176.

den selbst der Disziplin sich unterwerfen: Die „Überwachung" geht nämlich „von oben nach unten und bis zu einem gewissen Grad auch von unten nach oben und nach den Seiten [...]". Es geht um „pausenlos überwachte Überwacher", für welche die „Macht" nicht mehr „eine Sache, die man innehat" ist, sondern eine „Maschinerie", die „funktioniert"[49] (vgl. J2: 205 f.).

Im ‚*Verschollenen*' wird die hierarchisierende und normierende Kontrollfunktion des Systems im Symbol der Uniform versinnbildlicht, welche an den Schiffsoffizieren, den Hafenbeamten, den Polizisten, den Portiers und zuletzt an den Liftjungen in Erscheinung tritt. Auch Karl Roßmann wird ja in jene „sehr beengende" Liftjungenuniform gezwängt, die sein „Athmen" behindert (KA 185). Hier bildet sich eine parabolische Chiffre aus, die später in hermetischer Form wieder auftaucht.[50]

Nach Foucault verdrängen die geschilderten extrajuridischen Ordnungs- und Disziplinsysteme die eigentliche Welt des Gesetzes, die juridische Sphäre, die von einer Super- zu einer Sub-Struktur abfällt.[51] Das bedeutet, daß auch in Amerika die extrajuridischen Disziplinarmaßnahmen das „Gesetz", die für alle modernen Verfassungen vorbildliche „Virginia bill of rights", verdrängen. Deren erster Paragraph hatte verkündet: „That all men are by nature equally free and independent and have certain inherent rights [...]; namely the enjoyment of life and liberty, with the means of acquiring and possessing property and persuing and obtaining happiness and safety"; ihr letzter Paragraph hatte „Christian forbearance, love and charity" zur Pflicht gemacht.[52]

Kafka destruiert den Mythos „Amerika", indem er zeigt, wie das Prinzip „Disciplin" seinen Helden des „Glückes" und der „Sicherheit", des „Eigentums" (er verliert zuletzt seinen Koffer, seine Jacke, seine Ausweispapiere) und der „Freiheit" (er wird wortwörtlich Gefangener und Sklave bei Brunelda) beraubt. Karl Roßmann ist jener „Teufel" Don Quixote, den sein Schöpfer Sancho Pansa durch „Beistellung" illusionistischer Romane zu „verrücktesten Taten" in Amerika verleitet (ER 349 f.). Er hat die Konsequenzen einer „Mischung" von „Gerechtigkeit" und „Disciplin" zu erkunden.

11. Der Ordnungsfetischismus und die Parabel von den „Kurieren"

Aus dem mittelalterlichen Verfahren der unproduktiven Marter ist im neuzeitlichen „Amerika" ein auf maximale Effektivität zielendes System geworden, das mit dem Prinzip „*in dubio contra reum*" sich seine Subjekte gefügig macht. Aber weshalb führen dann der ‚*Verschollene*' (vgl. T 481: „Roßmann und K. [...] schließlich beide [...] umgebracht") und noch deutlicher die ‚*Strafkolonie*' und der ‚*Proceß*' am

---

49. Ebd., S. 228 f.
50. Vgl. dazu Walter Benjamins Notiz: „Die Livree oder der goldene Knopf am Rock als Emblem des Zusammenhangs mit Höherem: der Vater in der ‚*Verwandlung*', der Diener im ‚*Besuch im Bergwerk*', die Gerichtsdiener im ‚*Proceß*'." Benjamin über Kafka, S. 117.
51. Vgl. Foucault, Sexualität und Wahrheit, bes. S. 113 u. S. 171 ff.
52. Vgl. Virginia bill of rights, S. 10.

Ende zur nutz- und sinnlosen *Vernichtung* des Helden? - Es kann sich in diesen Werken nur um eine quasi sinnbildliche Darstellung einer *Tendenz*, einer *latenten Gefahr* des gesellschaftlichen Systems handeln, nicht um eine - wörtlich zu nehmende - mimetische Repräsentation bzw. Widerspiegelung desselben. Eine hyperbolische Tendenz-Darstellung dieser Art bedeutet *eo ipso* eine Annäherung an die Form der Parabel.

Eine erste parabolisch-allegorische Loslösung von den empirischen Zusammenhängen realisiert sich im '*Verschollenen*' darin, daß hier der eigentliche produktive Bereich - will man nicht den Hotelbetrieb und den Ozeandampfer zu ihm zählen - ausgeklammert wird.[53] Auf ihn läßt sich nur von der hyperbolischen Darstellung der Sphären der *Kommunikation* und *Zirkulation* her schließen. Diese erste Abstraktionsleistung - ermöglicht durch metonymische und metaphorische Andeutungen - führt zu einem symptomatischen Darstellungsstil, folglich auch zur andeutend-implikationsreichen Parabolik. Die Elision des produktiven Bereichs und die Abbildung bloßer Betriebsamkeit - „Akzelerismus" könnte man dieses Phänomen mit Robert Musil nennen[54] - zielen aber auch darauf, jene Ideologie nachzuzeichnen, in welcher die ursprünglichen Zwecke verdrängt und die Mittel fetischisiert und verabsolutiert werden.[55] Hier reflektiert sich das Sichverselbständigen der Zirkulation (von Menschen, Waren, Geld und Kapital) und die Verdinglichung der Medien und Apparate. Die mit der Entfremdung der zweckrationalen Mittel gegebene Krise von Sinn-, Teleologie- und Totalitätsvorstellungen spiegelt der '*Verschollene*' als Darstellung eines wert- und resultatlosen Kreislaufs, und das heißt auch: als *Anti-Bildungsroman*.

Ein Beispiel für den Kommunikationsbereich bildet die Telephonzentrale des Hotels Occidental, wo drei „Unterportiere" Gespräche aufnehmen, drei weitere „die Aufträge telephonisch" weiterleiten, und drei Gehilfen - „eilig als würden sie gestochen" - in „riesigen gelben Büchern [...] die Telephonnummern" heraussuchen (KA 260 f.). Hast, zweckrationale Arbeitsteilung und extensive Quantität sind die Zeichen solcher Szenen (vgl. KA 66). Ähnliches gilt auch für das Trans-

---

53. Eigentlich stellen der Ozeandampfer und der Hotelbetrieb mehrwertproduzierende Unternehmen dar, aber als dem Zirkulations- und Konsumtionsbereich angehörend sind sie nicht der Sphäre der Konsumtionsmittel- und Produktionsmittelindustrie im engeren Sinne zuzurechnen. - Vgl. dazu Adorno, Aufzeichnungen zu Kafka, S. 267.

54. Musil, Der Mann ohne Eigenschaften, S. 402.

55. „Gesetzt wir hätten als Menschen produziert [...]: meine Arbeit wäre freie *Lebensäußerung*, daher *Genuß des Lebens*. Unter der Voraussetzung des Privateigentums ist sie *Lebensentäußerung*, denn ich arbeite, *um zu leben*, um mir ein *Mittel* des Lebens zu verschaffen. Meine Arbeit *ist nicht* Leben." Karl Marx: Aus den Exzerptheften. In: Karl Marx, Friedrich Engels: Studienausgabe, hg. von Iring Fetscher, Bd. 2, Frankfurt a. M. 1966, S. 261 - „Ihre eigene gesellschaftliche Bewegung [die der Austauschenden] besitzt für sie die Form einer Bewegung von Sachen, unter deren Kontrolle sie stehen, statt sie zu kontrollieren." Karl Marx: Das Kapital, Bd. 1, Berlin 1969, (= MEW Bd. 23), S. 89. Das Kapital als Ganzes konkretisiert die These der Frühschriften vom subjektlosen, unkontrollierten Zirkulationsprozeß. Im „Fetischcharakter der Ware" liegt die logische Begründung für die ideologische Verdinglichung und die mystifizierte Verselbständigung von Tauschwert, Geld, Kapital, Maschinerie und Zirkulation.

portunternehmen Jakobs und die Schilderungen des amerikanischen Verkehrs überhaupt (KA 140, 151, 267). Mit seinen mindestens fünfundsechzig Packträgergruppen (KA 68) vermittelt der Spediteur „Waren und Urprodukte für die großen Fabrikskartelle" (KA 66). Auf dem Weg zum New Yorker Landhaus Pollunders begegnen Karl „Kolonnen der Fuhrwerke, welche Lebensmittel nach Newyork" bringen, und zwar in Fünferreihen, so daß „niemand die Straße hätte überqueren können". Die Fahrzeuge des Onkels befinden sich unter ihnen (KA 140).

In der Beschreibung des Verkehrs heißt es auch: „Von Zeit zu Zeit verbreiterte sich die Straße zu einem Platz, in dessen Mitte auf einer turmartigen Erhöhung ein Polizist auf und ab schritt", um den „Verkehr ordnen zu können", welcher dann aber „bis zum nächsten Platze und zum nächsten Policisten unbeaufsichtigt blieb, aber von den schweigenden und aufmerksamen Kutschern und Chauffeuren freiwillig in genügender Ordnung gehalten wurde" (KA 140). In dieser symbolischen Szene deuten die für den Amerika-Roman zentralen Begriffe „Ordnung" und „Beaufsichtigung" an, daß die allerorten geforderte „Disciplin" im Dienste eines hierarchischen Systems steht, dessen oberstes Gebot das reibungslose Funktionieren und die effektive Nutzung der menschlichen Kräfte verlangt. Daß die Disziplinforderung in einem solchen System sich leicht verselbständigen und einen selbstzerstörerischen Fetischismus begünstigen kann - indem nämlich der eigentliche Zweck der „Ordnung" verdrängt und vergessen wird -, das deutet sich hier an. Schon haben die Verkehrsteilnehmer die Disziplin verinnerlicht; der Verkehr wird „freiwillig in genügender Ordnung gehalten".

Die gleichnishafte Episode verselbständigt sich beinahe zur parabolischen Binnenerzählung. Ihr Inhalt ist die Ablösung des Ordnungsprinzips von begründeten Zwecken, die Ablösung der Ordnung von direkten Herrschaftsinstanzen, die Verinnerlichung von Zwang zu Selbstzwang. Dieser Inhalt kehrt in der schon eingangs erwähnten Parabel von den '*Kurieren*' (1917) wieder. Sie stellt das *in nuce* gefaßte - auf den *Amerika*-Roman rückbeziehbare - Modell eines Leerlaufs von Betriebsamkeit dar. Der parbolisch-didaktische Gestus dieser surreal-pointierten, gleichnishaft-hyperbolischen und metasprachlich-theoretischen Miniatur unterstreicht nur die Abwesenheit von Lehr- und Sinngehalten:

> Es wurde ihnen die Wahl gestellt, Könige oder der Könige Kuriere zu werden. Nach Art der Kinder wollten alle Kuriere sein. Deshalb gibt es lauter Kuriere, sie jagen durch die Welt und rufen, da es keine Könige gibt, einander selbst die sinnlos gewordenen Meldungen zu. Gerne würden sie ihrem elenden Leben ein Ende machen, aber sie wagen es nicht wegen des Diensteides. (H 44)

Die eilenden „Kuriere" haben ihren Dienst fetischisiert; die Disziplin, auf die sie ehemals ihren Eid ablegten, gibt sie nicht mehr frei, nicht einmal mehr für den Tod. Das Dargestellte korrespondiert hier gänzlich mit der Darstellung, d. h. mit dem parabolischen Stil, der - wie Walter Benjamin einmal notierte - stets darauf abzielt, den referierten „Vorfällen gewissermaßen den Sinn abzuzapfen"; übrig bleibt der aus allen Sinnzusammenhängen herausgelöste „Gestus"[56].

In Kafkas 'Amerika'-Roman, dessen „Kuriere", verstoßen sie gegen die Eile gebietende Dienst-Ordnung, aus der Gesellschaft der „Kuriere" ausgestoßen werden, finden sich, so war zu zeigen, erste Ansätze zu solchen - Werturteile ausklammernden und Sinnmomente elidierenden - „Gesten".

---

56. „Bei Kafka ist die Neigung bemerkenswert, den Vorfällen gewissermaßen den Sinn abzuzapfen. Siehe den Gerichtsbeamten, der eine Stunde lang die Advokaten die Treppe hinunterwirft. Es bleibt hier nichts weiter als der Gestus übrig, der aus allen affektiven Zusammenhängen herausgelöst ist." Benjamin über Kafka, S. 127. Als Beispiel nennt Benjamin also eine Geste „ungerechten Rechts" aus dem 'Proceß'. Der Gestus ist in gewissem Sinne metaphorisch-verweisender Natur, daher wird er mit dem (allerdings „wolkigen") Innern der Parabel - vgl. ebd., S. 20, bzw. Benjamin, Die Parabel, S. 149 - identifiziert; vgl. auch Benjamin über Kafka, S. 167, 127, 18, 35, 173, 164. Andererseits aber setzt Benjamin den „Gestus" der Parabel als der „Sprache der Unterweisung" bzw. ihrem „Lehrgehalt" - ebd., S. 169 - entgegen. Dementsprechend steht Kafkas Werk im „Zeichen des Gegensatzes zwischen dem Mystiker und dem Paraboliker, der Geberdensprache [sic] und der Sprache der Unterweisung [...]", ebd., S. 169. Gestus, Gebärde, Symbol und Mystik stehen der Parabel als der Sprache der Unterweisung entgegen und sind ihr zugleich immanent: „Die eigentliche Antinomie von Kafkas Werk liegt im Verhältnis von Gleichnis und Symbol beschlossen." Ebd., S. 164.

Macht, Recht und die Unbestimmbarkeit des Realen bei Kleist und Kafka:
Zu Kafkas Lieblingserzählung *Michael Kohlhaas*[1]

A. Einleitung

Vielleicht hat Kafka, der den *Michael Kohlhaas* und die *Marquise von O...* zehn, vielleicht zwanzig Mal gelesen hat[2], an Kleist nur die Musik und Rhythmik der Darstellung interessiert. Oft gehen seine literarischen Urteile ausschließlich auf die Bewegung und den Schwung eines Werkes ein, und am *Kohlhaas* beklagt er den „teilweise grob hintergeschriebene[n] Schluß" (F 291 f.). Vielleicht aber weist die Tatsache, daß Kafka und Kleist oft Rechtsfälle aufgreifen[3], Anklagen, Verhöre, Prozesse, Verurteilungen und Exekutionen schildern[4], auch auf inhaltliche Gemeinsamkeiten.

Parallelen hat man seit Walzels und Tucholskys Kommentaren zum Kleistischen an Kafka gesehen.[5] Die zu Synkopen führenden hemmenden Satzeinschübe,

---

1. Das vorliegende Kapitel stellt die korrigierte, aber nur minimal veränderte Fassung des folgenden Aufsatzes dar: Hans H. Hiebel: Das Rechtsbegehren des Michael Kohlhaas. Kleists und Kafkas Rechtsvorstellungen. In: Dirk Grathoff (Hg.): Heinrich von Kleist. Studien zu Werk und Wirkung, Opladen 1988, S. 282-311.

2. Vgl. Jörg Dittkrist: Vergleichende Untersuchungen zu Heinrich von Kleist und Franz Kafka, Mainz/Aachen 1971, S. 6 f.

3. Vgl. Hannelore Schlaffer: Nachwort. In: Heinrich von Kleist, Sämtliche Erzählungen, München 1980 (= Goldmann Klassiker 7532), S. 240; J. M. Lindsay: Kohlhaas and K. Two Men in Search for Justice. In: German Life and Letters 13 (1960), S. 190-194; Eric Marson: Justice and the obsessed Character in „Michael Kohlhaas", „Der Proceß" and „L'Etranger". In: Seminar 2 (1966), S. 21-33; Jörg Dittkrist, Vergleichende Untersuchungen, S. 9 u. passim; F. G. Peters: Kafka and Kleist: A Literary Relationship, Oxford German Studies 1 (1966), S. 114-162; Franz Hebel: Kafka „Zur Frage der Gesetze" und Kleist „Michael Kohlhaas", Pädagogische Provinz (1956), S. 632-633.

4. Vgl. Dittkrist, Vergleichende Untersuchungen, S. 122 ff.; zur Rechtsproblematik bei Kafka vgl. Hans Helmut Hiebel: Die Zeichen des Gesetzes. Recht und Macht bei Franz Kafka, München 1983; ders., Parabelform und Rechtsthematik in Franz Kafkas Romanfragment „Der Verschollene". In: Die Parabel, hg. von Theo Elm und Hans H. Hiebel, Frankfurt a. M. 1986, S. 219-255; Ulf Abraham: Der verhörte Held. Recht und Schuld im Werk Franz Kafkas, München 1985.

5. Oskar Walzel: Logik im Wunderbaren (= Rezension von „Die Verwandlung"). In: Berliner Tageblatt vom 6.7.1916; auch in: Jürgen Born u.a. (Hg.): Kafka-Symposion, Berlin 1966, S. 140-146; Kurt Tucholsky: In der Strafkolonie (= Rezension). In: Berliner Weltbühne vom 13.6.1920, jetzt in: Born, Kafka-Symposion, S. 154-157.

genau analysiert bei Mark Harman[6], sowie die Relevanz der Gebärden und scheinbar nebensächlichen Umstandsschilderungen[7] fallen bei beiden Autoren ins Auge. Markant ist auch das - bereits von Tucholsky bemerkte - Fehlen von Wertungen und Kommentaren; zu diesem Moment der Aussparung alles Lehrhaften wäre noch das - leicht übersehbare - Rollenspiel mit den (fiktiven) Ich-Erzählern bzw. Chronisten zu rechnen, deren Berichte oft trügerisch sind und den Leser hinters Licht führen.[8] In bezug auf die Komposition der Werke fällt das Moment des Seriellen auf[9], d. h. die Spiegelungen, Umkehrungen, Verdoppelungen - sowohl ein und denselben wie auch mehrere gleichartige Texte betreffend.

Tiefergehend ist die beiden Autoren gemeinsame Fixierung auf Doppeldeutigkeiten, Antinomien und Paradoxien. Traum und Wirklichkeit sind im *Homburg*' und der *Penthesilea*' schwer auseinanderzuhalten; Teuflisches und Engelhaftes fallen in der *Marquise*' unmittelbar zusammen, Liebe und Haß bzw. Liebe und Destruktivität liegen im *Erdbeben*' und der *Penthesilea*' dicht nebeneinander. - Traum und Wirklichkeit, Unbewußtes und Reales durchdringen einander auch in Kafkas Werken, im *Urteil*', in der *Strafkolonie*', im *Proceß*', im *Schloß*'. - Im *Landarzt*' werden Leben und Tod, Eros und Thanatos einander in paradoxer Weise gleichgesetzt.[10] Und sowohl im *Kohlhaas*' wie im *Proceß*' liegen Recht und Unrecht dicht nebeneinander, sind in verwirrender und paradoxer Weise sowohl beim Ankläger wie auch beim Angeklagten als ineinander verzahnt vorzufinden.[11] Die Doppeldeutigkeiten und Paradoxien verraten eine fundamentale Skepsis beider Autoren gegenüber dem Eindeutigen, eine Erkenntnisskepsis, die sich bis zur Annahme der Unausdeutbarkeit der Wirklichkeit steigern kann. Die in der *Heiligen Cäcilie*' sich ergebende Frage, ob es sich bei der legendären Rettung der Bilderstürmer um ein christliches Wunder oder um eine rein zufällig durchbrechende Geisteskrankheit (in Form eines religiösen Wahns) handelt, mag als Symptom der skizzierten Skepsis Kleists genommen werden.[12] Die Tatsache, daß es im *Proceß*' bis zum Schluß offen bleibt, ob nun das Gericht „von der Schuld angezogen wird" (P 15) oder ob ein „einziger Henker" das „ganze Gericht

---

6 . Mark Harman: Literary Echoes: Franz Kafka and Heinrich von Kleist, Ann Arbor 1986 (= Diss. Yale-Univ. 1980).

7 . Jörg Dittkrist, Vergleichende Untersuchungen, S. 178 ff.

8 . Vgl. Klaus Müller-Salget: Das Prinzip der Doppeldeutigkeit in Kleists Erzählungen. In: Walter Müller-Seidel (Hg.): Kleists Aktualität, Darmstadt 1981, S. 178 u. 182. Zum Aspekt des unzuverlässigen Erzählers („unreliable narrator") bei Kleist vgl. auch: Hans H. Hiebel: Reflexe der Französischen Revolution in Kleists Erzählungen. In: Gonthier-Louis Fink (Hg): Les Romantiques allemands et la Révolution française - Die deutsche Romantik und die französische Revolution. Actes du Colloque International Strasbourg 2-5 novembre 1988, Strasbourg 1989, S. 253-265; bes. S. 258; Langfassung: Hans. H. Hiebel: Reflexe der Französischen Revolution in Heinrich von Kleists Erzählungen. In: WW 2/2/89, S. 163-180, bes. S. 171, 175 u. passim.

9 . Vgl. Hannelore Schlaffer, Nachwort Kleist, S. 221 f.; sie bezieht sich auf: Gilles Deleuze und Felix Guattari: Kafka. Für eine kleine Literatur, Frankfurt a. M. 1976.

10 . Vgl. Hans H. Hiebel: Franz Kafka: "Ein Landarzt", München 1984 (= UTB 1289).

11 . Vgl. Hiebel, Die Zeichen des Gesetzes, S. 115 ff. u. 180 ff.

12 . Vgl. dazu auch Müller-Salget, Prinzip der Doppeldeutigkeit, S. 183.

ersetzen" könne (P 185), ob also Gerechtigkeit oder ob Terror vom Gericht ausgehe, mag andererseits als symptomatisch für Kafkas Weltauslegung angesehen werden.

Beda Allemann hat, formale und inhaltliche Aspekte überschreitend, versucht, zu tiefenstrukturellen Gemeinsamkeiten zwischen Kleist und Kafka vorzudringen. Er entdeckte Korrespondenzen im Hinblick auf die Zeitauffassung beider Autoren; eine Art Synchronie liege hier vor, da der jeweilige Anfang gewissermaßen den Fortgang und das Ende in sich berge. Mit diesem Zusammenfall der Zeiten verbindet sich m. E. ein Denken, das von Doppeldeutigkeiten und Antinomien ausgeht. Aus der Annahme, daß in jedem Augenblick das Teuflische aus dem Engelhaften, das Destruktive aus der Liebe, das Unrecht aus dem Recht, das Unreine aus dem Reinen (vgl. O 182 f. u. 208), der Tod aus dem Leben hervortreten könne[13], daß das Unbewußte nur knapp unterhalb des Bewußtseins liege, ergibt sich auch das Konzept einer quasi-mythischen Synchronie oder Jederzeitigkeit.

Die Koinzidenz von Recht und Unrecht ist wohl nur eine - wenn auch bevorzugte - Widersprüchlichkeit innerhalb jenes - von Kleist wie von Kafka geteilten - Konzepts einer Synchronie der Antinomien und Paradoxien bzw. des Konzepts einer unausdeutbaren Verwirrung und Verflechtung der kontingenten Phänomene der Wirklichkeit.

B. Michael Kohlhaas

Kleistsche Doppeldeutigkeiten, Antinomien, Paradoxien und Aporien sind im 'Kohlhaas' also auf dem Feld des Rechts angesiedelt. In diesem 'Kurzroman' ergibt sich eine solche Sinnvielfalt, daß wir es mit einer Art Bedeutungsgestrüpp, einem Kafkaschen „Rhizom" zu tun bekommen, um eine Metapher aus Deleuzes und Guattaris Kafka-Analyse aufzunehmen.[14] Die „rhizomatische" „Chronik" legt uns ein Geflecht von Fakten und Kontingenzen vor, über das sich sozusagen ein Netz von Diskursen legt, von Diskursen, die einander widersprechen und dadurch zu Verwirrungen, Paradoxien und Aporien führen. Aus diesem Diskursnetz lassen sich m. E. einzelne Diskurse bzw. Antinomien hervorheben und - heuristisch-vorläufig - wie folgt darstellen:

1) das mit dem neuzeitlichen Staatsrecht kollidierende mittelalterliche Fehderecht,
2) das mit den Reichsgesetzen des Kaisers rivalisierende Territorialrecht Sachsens und Brandenburgs (die Frage der Zuständigkeit; die Gewalt der partikularen Privatinteressen),
3) die mit ethisch-rechtlichen Prinzipien konfligierenden pragmatischen Entscheidungen (Statuierung eines „Exempels"),
4) die mit den Rechtsansprüchen verflochtenen Machtwünsche und Begeh-

---

13 . Vgl. Hiebel, Ein Landarzt.
14 . Hiebel, Ein Landarzt, S. 7.

ren der Herrschaftsschicht (Sachsens Begehren der Bleikapsel),
5) der mit weltlicher Ethik konkurrierende religiöse Diskurs,
6) die hinter den rechtlichen stehenden humanitären Aspekte,
7) die mit den Rechtsansprüchen verquickten Rachebedürfnisse des ohnmächtigen Opfers (Kohlhaas),
8) die das Recht unterlaufende soziologische Struktur (Macht und Ohnmacht),
9) die der Logik des Rechts widersprechende Kausalität des Psychischen (Ursache und Wirkung versus Vergehen und Strafe)
10) die der Darstellungspoetik widersprechende Wirkungspoetik des Textes,
11) die die intendierten Handlungen pervertierenden Zufälle (die Verkettungen und die Kategorie der Zeitlichkeit bzw. Veränderung).

1) Fehderecht und neuzeitliches Staatsrecht

Wie Hartmut Boockmann gezeigt hat[15], siedelt Kleist seine Erzählung in einer Zeit an, in der das mittelalterliche Fehderecht, das formal zwar 1495 abgeschafft worden war, noch partiell Geltung hat. Kohlhaas hat also, wie auch Bogdal meint[16], ein gewisses Recht darauf, sich durch Gewaltmaßnahmen Gehör zu verschaffen. Der „gerechte Krieg"[17] (34) des „Reichs- und Weltfreien" (36) ist also selbst nach positivem Recht gewissermaßen gerechtfertigt. Kleist läßt sogar seinen Luther andeuten, daß Kohlhaas „auf gewisse Weise außer der Staatsverbindung gesetzt worden" (49) ist. Wo der Staatsvertrag versagt, da kann hinter ihn zurückgegangen werden in den Naturzustand und im Sinne des Naturrechts die Durchsetzung des Rechts neu begonnen werden[18]. Wer mir den „Schutz der Gesetze" versagt, so erklärt Kohlhaas, der „stößt mich zu den Wilden der Einöde hinaus; er gibt mir [...] die Keule [...] in die Hand". (45)[19]

Doch dem fehderechtlichen Aspekt steht, wie Boockmann ausführt, das neue Staatsrecht, das das Gewaltmonopol des Staates voraussetzt, gegenüber. Wie bei

---

15 . Hartmut Boockmann: Mittelalterliches Recht bei Kleist. Ein Beitrag zum Verständnis des „Michael Kohlhaas". In: Kleist-Jb. (1985), hg. von Joachim Kreutzer, Berlin 1985, S. 84-108.
16 . Klaus-Michael Bogdal: Heinrich von Kleist. „Michael Kohlhaas", München 1981, S. 37 ff.; vgl. auch Hiebel, Reflexe der Französischen Revolution in Kleists Erzählungen, S. 257 f., S. 263 u. passim; Langfassung (in WW): S. 170 u. 175.
17 . Kleists 'Kohlhaas' wird durch bloße Angabe der Seitenzahlen im fortlaufenden Text zitiert aus: Heinrich von Kleist, Sämtliche Werke und Briefe, 2 Bde., hg. von Helmut Sembdner, München 1977.
18 . Vgl. dazu Bogdal, Heinrich von Kleist, S. 39.
19 . Die „Keule" ist bei Kleist eine Art Chiffre für den naturrechtlichen Anspruch bzw. das 'Faustrecht' des Partisanen (im Sinne von Carl Schmitt: Theorie des Partisanen. Zwischenbemerkung zum Begriff des Politischen, Berlin 1963). Vgl. dazu auch Friedrich A. Kittler: Ein Erdbeben in Chili und Preußen. In: D. E. Wellbery (Hg.): Positionen der Literaturwissenschaft. Acht Modellanalysen am Beispiel von Kleists „Das Erdbeben in Chili", München 1985, S. 24-38. Zur Partisanen-Theorie auch: Wolf D. Kittler: Die Geburt des Partisanen aus dem Geist der Poesie. Heinrich von Kleist und die Strategie der Befreiungskriege, Freiburg i. Br. 1987.

Kafka werden die Ereignisse in eine Grauzone widersprüchlicher und unklarer Normen verlegt. Nach neuzeitlichem Recht sind die „Rechtspflichten" gegenüber dem Ganzen des Staates nun vorrangig gegenüber den Belangen des Eigentums- und Privatrechts.[20] Dieser Auffassung folgt dann das Urteil des Kaisers, das sich auf das Fehdeverbot von 1495 bezieht und den „Bruch des Landfriedens" (102) ahndet. Dem Hegelschen Gedanken entsprechend, daß sich trotz der Härten für den Einzelnen geschichtlich die vernünftige Ordnung des Ganzen des Staates herausgebildet habe, urteilt auch Kleists Luther, wenn er sagt, daß Kohlhaas um ein „nichtiges Gut" wie ein „Wolf der Wüste" in die „friedliche Gemeinheit" eingebrochen sei (42). Die Amnestierung der Fehde durch den Kurfürsten von Sachsen widerspricht also dem wegen Landfriedensbruch ergehenden Todesurteil, worin sich eine erste Aporie auftut. Das paradoxe Ende der Erzählung, das Kohlhaas zwar die Rappen wieder zuführt, aber den Tod über ihn verhängt, entspricht jenem Widerspruch zwischen mittelalterlichem Fehderecht und neuzeitlichem Staatsrecht.

2) Reichsgesetzgebung versus territorialstaatliches Recht
Die Frage der Zuständigkeit; die Gewalt der partikularen Privatinteressen

In der Rechtsprechung zum Fall Kohlhaas rivalisieren drei Instanzen miteinander, Sachsen, Brandenburg und der Kaiser. Es scheint mir verkehrt zu sein, über dem - scheinbar gerechten und unumstößlichen - Endurteil das Vorangegangene zu vergessen, es als vorläufig abzutun und damit einen tatsächlich vorhandenen Widerspruch zu eliminieren. Die zeitliche Verschiebung darf uns nicht darüber hinwegtäuschen, daß die sächsischen Resolutionen und Urteile ihr Eigengewicht haben. Sie 'richten' Kohlhaas (zugrunde), bevor noch das (scheinbar gerechte) Endurteil fällt. Eine teleologische Perspektive ignoriert das Prozeßhafte der Ereignisse. Es ist notwendig, von der *Einheit* der Obrigkeit und der *Totalität* der Kohlhaas treffenden Urteile auszugehen.

Unter der (letztlich falschen) Voraussetzung, daß die in Berlin ergehenden Endurteile gerecht sind, kann man behaupten, daß die Gerichtsbarkeit bzw. Obrigkeit - sich mehrfach widersprechend - sowohl gerecht wie auch ungerecht urteilt. Für das Leben des Betroffenen, das als Prozeß aufzufassen ist, ist der Schlußpunkt eben nur *ein* Punkt unter anderen. Im 'Kohlhaas' wird wie in Kafkas 'Proceß' das Recht als unentwegt prozessierendes, prozedierendes Phänomen dargestellt.

Die ersten drei Fehlurteile - von „Fehlurteilen" dürfte indessen nur gesprochen werden, wenn ein intaktes Rechtssystem überhaupt vorausgesetzt werden könnte - provozieren den zunächst völlig unschuldigen Kohlhaas zu seinem - ihn vollends ins Unglück stürzenden - Rechtskampf. Mit dem späteren anscheinend 'gerechten' Endurteil wird das zuvor ergangene ungerechte Urteil aber nicht außer Kraft gesetzt, denn es hat ja - zumindest partiell - bereits seine Wirkung entfaltet. Wie kann dort Recht sein, wo zugleich Unrecht ist? Ein sophistischer Verweis auf

---

20. Vgl. Bogdal, Heinrich von Kleist, S. 39.

die verschiedenen Zuständigkeiten darf uns nicht darüber hinwegtäuschen, daß der Staat Kohlhaas zunächst als nichtrechtlicher 'Naturstaat' entgegentritt. Wenn sich anfangs zeigt, daß der Staatsvertrag gestört ist, mehr, daß er nur in der Form eines Phantasmas existiert, dem in Wirklichkeit eine Vielfalt von partikularen und parteilichen Interessen zugrunde liegt, so kann dies durch ein späteres 'gerechtes' Urteil nicht mehr aus der Welt geschafft werden. Der Aspekt des Rechtsstaatlichen widerspricht dem des Unrechtsstaatlichen, und diese Aporie wird nur verschleiert dadurch, daß hier drei Zuständigkeiten ins Spiel gebracht werden.

a) Zunächst wird Kohlhaas' Klage beim „Dresdner Gerichtshofe" auf Grund „höherer Insinuationen" niedergeschlagen (21). Wegen der parteilichen Interessen der Hinz und Kunz von Tronka, verwandt mit Wenzel von Tronka, wird der Prozeß hinter dem „Rücken" des Kurfürsten „unterschlagen" (46). Die Vielfalt der parteilichen und privaten Interessen wird später noch deutlicher in der Schilderung des über den Amnestie-Vorschlag argumentierenden Tribunals (48 ff.). Verwandtschaften, Gegnerschaften, Karrierebestrebungen usw. determinieren die Interessen des Gerichts.

b) Die zweite Supplik zieht neben Sachsen gleich auch Brandenburg in Mißkredit, denn auf Grund der Verwandtschaft des Grafen Kallheim mit dem Haus Tronka (24) wird das Anliegen erneut niedergeschlagen (24).

c) Die dritte Eingabe, die zum Tod Lisbeths führt, in Brandenburg eingebracht, hat zum Resultat die „landesherrliche Resolution", Kohlhaas möge die Pferde abholen und „bei Strafe, in das Gefängnis geworfen zu werden, nicht weiter in dieser Sache einkommen" (31).

Hierauf kommt es zum Fehde- und Rachekrieg, der mit der Niederlegung der Waffen und der Amnestie endet. Trotz der zahllosen parteilichen Plädoyers gegen Kohlhaas kommt es - allerdings aus ebenso parteilichen Erwägungen heraus - zur Amnestierung. Den Tronkas feindliche Stimmen und die - auch von Luther vertretene - „Staatsklugheit" des Fürsten geben den Ausschlag. Die Rappen, angekommen auf dem Marktplatz in Dresden, sollen sichergestellt und „dick" gefüttert (58 ff., 55, 31) werden.

Hier ergibt sich also - und zwar schon innerhalb des Territorialstaates Sachsen - ein Widerspruch. Den drei ungerechten Urteilen steht nun ein - demnächst zu fällendes - gerechtes Urteil entgegen, das zudem die Fehde des Kohlhaas entschuldigen und die Amnestie bekräftigen soll; eine Ablehnung ist „nicht zu erwarten" (53), das ganze befindet sich bald in „bestem Fortgang" (67). Die einander widersprechenden Urteile erweisen das Recht als durch Machtbeziehungen - jeweils verschiedene Interessenskoalitionen und Machtverflechtungen - determinierte veränderliche, permanent 'prozessierende' Ordnungsstruktur.

Ein solches Ergebnis tritt uns auch aus vielen Erzählungen und Reflexionen Kafkas entgegen. „Recht" und „Gesetz" sind - im *Urteil*, in der *Strafkolonie*, im *Proceß*, in der *Frage der Gesetze* - dasjenige, was die Macht an Geboten, Verboten und Strafen den abhängigen Subjekten aufoktroyiert.[21] Zugleich sind die durch Rechtsmomente gemilderten Machtstrukturen niemals eindeutig als ganz

---

21. Vgl. Hiebel, Die Zeichen des Gesetzes.

und gar willkürliche dargestellt. Von einer solchen Verflechtung von Macht und Recht spricht - in juristischen, aber doch metaphorisch gemeinten Vokabeln - der Text *'Zur Frage der Gesetze'*. „Was der Adel tut, ist Gesetz", heißt es dort einmal, und doch will das von Kafka hier geschilderte Volk nicht auf Ordnungskategorien verzichten:

> „Eine Partei, die neben dem Glauben an die Gesetze auch den Adel verwerfen würde, hätte sofort das ganze Volk hinter sich, aber eine solche Partei kann nicht entstehen, weil den Adel niemand zu verwerfen wagt. [...] Das einzige, sichtbare, zweifellose Gesetz, das uns auferlegt ist, ist der Adel und um dieses einzige Gesetz sollten wir uns selbst bringen wollen?" (ER 360-362)

Durch einen Zufall, das provozierende Auftreten des Meisters Himboldt, kommt es schließlich zu einem Stimmungsumschwung in Sachsen. „Dieser Vorfall, so wenig der Roßhändler ihn in der Tat verschuldet hatte, erweckte gleichwohl [...] eine, dem Ausgang seiner Streitsache höchst gefährliche Stimmung im Lande" (62). Zusammen mit der Nagelschmidt-Intrige und weiteren Intrigen, Zufällen und Mißverständnissen führt der Stimmungsumschwung zum Bruch der Amnestie, wie Freiherr Wenk mit seinem „ja!ja!ja!" (73) zugibt. Es kommt sozusagen zu einem neuen *'Urteil'*, einer *fünften* Entscheidung. Bezeichnenderweise wird aber der Amnestie-Bruch gar nicht erst durch eine offizielle Resolution begründet! Die Macht hält es nicht für nötig, ihre interessegeleiteten, parteilichen Intentionen legalistisch abzusichern.

Aus zwei Parabeln Kafkas geht genau dieser Gedanke einer alles Recht transzendierenden Macht hervor: dem *'Steuermann'*, in dem ein Fremder den rechtmäßigen Lenker eines Schiffs gewaltsam verdrängt (ER 366), und der folgenden Anekdote:

> Es kamen zwei Soldaten und ergriffen mich. Ich wehrte mich, aber sie hielten fest. Sie führten mich vor ihren Herrn, einen Offizier. Wie bunt war seine Uniform! Ich sagte: 'Was wollt ihr denn von mir, ich bin ein Zivilist.' Der Offizier lächelte und sagte: 'Du bist ein Zivilist, doch hindert uns das nicht, dich zu fassen. Das Militär hat Gewalt über alles.' (H 237)

Auch an den *'Proceß'* wäre zu erinnern, der demonstriert, daß ein „Urteil" nicht Voraussetzung dafür ist, daß ein Angeklagter durch verschiedenste Verfahren und Abweisungen zugrunde ge-‚richtet' werden kann. Der Ausspruch des Domkaplans im *'Proceß'*, daß das „Verfahren allmählich ins Urteil" übergehe (P 253), kann geradezu als Kommentar zum *'Kohlhaas'* genommen werden: Der ganze „Prozeß", das Prozedere, das Verfahren 'urteilt', 'richtet', 'straft' (ohne daß ein Urteil, ein Gerichtsspruch, eine wirkliche Strafe nötig wären). Die gleiche Vorstellung wird veranschaulicht im *'Schlag ans Hoftor'* (ER 344), wo die endlose Befragung des angeblichen Delinquenten den Charakter einer unaufhörlichen Abstrafung annimmt.

Die Dresdener Gerichtsbarkeit widerspricht sich also ein zweites Mal, indem sie die Amnestie aufhebt (was im übrigen deshalb möglich wird, weil der

'Partisan' Kohlhaas die Macht - seine Streitmacht - aus den Händen gibt). Weil dann Kohlhaas die Amnestie, die, weil gebrochen, keine Amnestie mehr ist, 'verletzt', da er sich, um auswandern zu können, verhängnisvollerweise die Beihilfe des prinzipienlosen Nagelschmidt zum Fluchtversuch erbittet (76 f.) und sein Brief zufälligerweise abgefangen wird, kommt es dann zum ersten echten Urteil (der *sechsten* Entscheidung). Die Verbindung von „Versehen" - im Sinne Müller-Seidels[22] - , Zufällen und Intrigen erweist sich als katastrophal. Kafka hat im 'Verschollenen' dergleichen verhängnisvolle Handlungssequenzen imitiert, z. B. in der Szene, in welcher der Onkel Karl Roßmanns (der Name erinnert an den Roßhändler Kohlhaas) seinen Neffen wegen des erlaubten und zugleich nicht erlaubten Besuchs im Landhaus eines Geschäftsfreundes verstößt, oder in der Szene im Hotel Occidental, in welcher Karl Roßmann verbotenerweise seinen Lift für zwei Minuten verläßt, um den ihn kompromittierenden betrunkenen Robinson wegzuführen.[23]

Eine Folge von Intrigen, ein Zufall (die Entdeckung des Briefes an Nagelschmidt), ein „Versehen" (ein versehentlicher Mißgriff, der Fluchtplan) führen zum Todesurteil. Kohlhaas „ward [...] verurteilt, mit glühenden Zangen von Schinderknechten gekniffen, geviertteilt, und sein Körper, zwischen Rad und Galgen, verbrannt zu werden" (77). Auf die Frage danach, ob er etwas zu seiner Verteidigung vorzubringen wisse, bringt Kohlhaas, der seine Rappen „aufgegeben" hat, nur ein „nein!" hervor. (77) Resignation hat das Rechtsbegehren bzw. den Rachewunsch erstickt.

Durch den Kompetenzstreit der zuständigen Instanzen kommt es zu weiteren Antinomien und Verwirrungen. Wie ein *deus ex machina* reklamiert der Kurfürst von Brandenburg - Kohlhaas ist nämlich Bürger Sachsens und Brandenburgs - die Zuständigkeit für den Fall; alles beginnt - wie mit der Amnestierung - von neuem. (Die Sequenz Rückschlag und Neubeginn strukturiert ganz ähnlich auch Kafkas Romane 'Der Verschollene' und 'Das Schloß'.) Es traf sich nämlich, daß die „Krone Polen" mit Brandenburg gemeinsame Sache „gegen das Haus Sachsen" (77 f.) zu machen beabsichtigte; ein Streitanlaß könnte gelegen kommen. Die Interessenlage und die Machtsituation haben sich also geändert, es scheint zu einer zweiten 'Amnestie' zu kommen (der *siebten* Entscheidung). Der Kurfürst von Brandenburg widerspricht dem früheren, durch seinen Beaufragten Graf Kallheim erwirkten Beschluß, und er widerspricht dem sächsischen Todesurteil, womit sich das Aporetische der Rechtssituation noch steigert. Im Endurteil Brandenburgs (der *achten* Entscheidung), als die dickgefütterten Rappen „ehrlich" gemacht werden und Wenzel ins Gefängnis beschieden wird (101 f.), bestätigt sich diese Aporie nochmals, indem - paradoxerweise - einem schon längst Gerichteten sein Recht verschafft wird.

Durch die Zuständigkeitsaufteilung aber ergibt sich eine weitere Antinomie und Paradoxie. Nach Reichsrecht wird Kohlhaas vom Kaiser (in einer *neunten*

22. Walter Müller-Seidel: Versehen und Erkennen. Eine Studie über Heinrich von Kleist, Köln 1961.
23. Vgl. Hiebel, Parabelform und Rechtsthematik.

Entscheidung) wegen Landfriedensbruch zum Tode durch das Schwert verurteilt (102). Die Territorialgerichtsbarkeit, die Kohlhaas' Rechtskampf indirekt als legitim hinstellt, widerspricht der Reichsgerichtsbarkeit, die Kohlhaas ja indirekt sein Recht wieder nimmt. Wir werden, wie Peter Horn schreibt, mit dem Widerspruch konfrontiert, daß „zwar Kohlhaasens Rechtsanspruch gegen die Tronkas eindeutig anerkannt wird, aber seine Revolte, ohne die er sein Recht überhaupt nicht hätte erkämpfen können, verurteilt wird."[24] Die letzte, die neunte Entscheidung, widerspricht der achten, die achte der sechsten, die sechste der vierten, die vierte der dritten ...

Privatrechtlich hat Kohlhaas also seinen Kampf gewonnen, staatsrechtlich wird er des Angriffs auf das römische Reich bzw. des Landfriedensbruchs bezichtigt. Die Auseinandernahme der Zuständigkeiten verschleiert nur, daß man Kohlhaas sein „Recht" gibt, „indem man ihn darum betrügt".[25] Vielleicht ist dies der augenfälligste, grundlegendste Widerspruch der Erzählung; auch Müller-Salget stellt ihn in seinem Aufsatz zu Kleists Doppeldeutigkeiten heraus: „Innerhalb der von Korruption und Arglist beherrschten Welt [...] kann der einzelne seinem verletzten Recht nur dann Geltung verschaffen, wenn er Verbiegungen und Verirrungen in Kauf nimmt; sein reiner Impuls läßt sich nicht rein verwirklichen."[26]

3) Die mit ethisch-rechtlichen Prinzipien konfligierenden pragmatischen Entscheidungen (Statuierung eines „Exempels")

Die Verhältnisse sind nun in der Tat noch verworrener. Ein Toter, darin liegt die Paradoxie des Endurteils, kann von seinem ihm nun zugesprochenen Recht nicht viel Gebrauch machen. Aber Kohlhaas ist erstaunlicherweise „zufrieden" mit dem Urteil des Kurfürsten von Brandenburg, der des Kaisers Rechtsspruch ja auch zu seinem macht (102). Man könnte daher annehmen, daß Kleist mit Kohlhaas die aporetische Ausgangsposition nun nachträglich akzeptiert und die Doppelheit von positivem und negativem Urteil auf dessen Rechttun einerseits und dessen unrechtmäßige Ausschreitungen andererseits bezieht. Wie Kafkas Josef K. oder Georg Bendemann erwiese sich Kohlhaas eben - nach dem Muster des teuflischen Engels Graf F... oder der hassenden Liebenden Toni bzw. Penthesilea - als doppeldeutiger, unschuldig-schuldiger Charakter. Die schöne binäre Zweiteiligkeit des Endurteils aber erweist sich als brüchig, wenn wir die *Motive* Brandenburgs und auch des Kaisers näher betrachten. Der Kaiser nimmt gewissermaßen Partei für den Kurfürsten von Sachsen, der, bevor er durch sein Verlangen nach der Bleikapsel sich von Kohlhaas abhängig macht, die Amnestie listenreich mit Hilfe des an sie nicht gebundenen Kaisers zu umgehen trachtet (79). Der Kurfürst von Brandenburg aber schließt sich ihm hier offenbar an (er unterzeichnet das Todesurteil [99]), den Rettungsversuch des Kurfürsten von Sachsen weist er mit dem

---

24. Peter Horn: Heinrich von Kleists Erzählungen. Eine Einführung, Königstein 1978, S. 73.
25. Ebd.
26. Müller-Salget, Prinzip der Doppeldeutigkeit, S. 173.

rein pragmatischen (also transrechtlichen) Hinweis, des Kaisers Klage sei nicht mehr rückgängig zu machen (90), zurück und fordert - wieder aus pragmatischen und nicht aus ethisch-rechtlichen Gründen - der „Gewalt tätigkeiten des Nagelschmidt" wegen die „Statuierung eines abschreckenden Beispiels" (90). Wie für Luther ist für den Kurfürsten von Brandenburg, der die paradoxe Konjunktion der beiden Urteile befürwortet, die *Staatsklugheit* das Ausschlaggebende. Das scheinbar gerechte Endurteil, das den Bruch der Amnestie perfekt macht, ist also - initiiert durch den parteilichen Kurfürsten Sachsens und gnadenlos befürwortet durch den instrumentell denkenden Kurfürsten Brandenburgs - ein durch Parteilichkeit und partikulare Interessen diktiertes Urteil! Insofern unterscheidet es sich nicht von den anfänglichen Resolutionen des sächsischen Gerichts, die offenkundig von privaten und verwandtschaftlichen Interessen bestimmt waren. Die Scheingerechtigkeit des Endurteils gehorcht demnach eben jenen Prinzipien der Macht, die schon zuvor die Staatsmaschinerie bestimmt hatten. Das scheingerechte Urteil ist ein Zufallsergebnis, das den Glauben ans Recht, das allgemeine Rechtsphantasma begünstigt. Der Schluß ist also ein Trugschluß. Er scheint aufgesetzt wie ein utopischer Märchenschluß zu sein, er scheint die Ankunft des unparteiischen Dritten im Sinne eines *deus ex machina* zu realisieren, und doch widerspricht er letztlich nicht dem Vorangegangenen, der Schilderung der 'prozessierenden' Machtbeziehungen und Interessensverflechtungen. Wie in Kafkas Werken gibt es keinen unparteiischen Dritten, sondern nur einander entgegengesetzte Parteien: „Wirklich urteilen kann nur die Partei, als Partei aber kann sich nicht urteilen. Demnach gibt es in der Welt keine Urteilsmöglichkeit, sondern nur deren Schimmer." (H 86) Wie in Kafkas 'Strafkolonie', dem 'Proceß' und der 'Frage der Gesetze' erscheint das Recht als ein Mittel der Macht: „Was der Adel tut, ist Gesetz" (ER 361).

Selbst wenn das Endurteil ein gerechtes wäre, so würde dies das zuvor geschilderte Unrecht, welches das Handeln des Kohlhaas überhaupt provoziert hat, nicht ungeschehen machen; es würde in seiner Zufälligkeit nicht dem Interessens- und Verwandtschaftsknäuel des Staates ein anderes Gesicht geben. Wo Unrecht war und ist, kann nicht zugleich Recht sein, es sei denn im Sinne einer paradoxen Mischung von Rechts- und Unrechtsfaktoren. Man muß sich in der Tat die Frage stellen: Haben wir es mit einer durch Herrschaft verzerrten Rechtssituation oder mit einer durch Rechtsmomente 'verzerrten' Herrschaftssituation zu tun? Es ist eine Frage, die auch Kafka im '*Verschollenen*', im '*Proceß*', im '*Schloß*' und in der '*Frage der Gesetze*' aufwirft.

4) Begehren und Macht versus Recht
Des Kurfürsten von Sachsen Begehren nach der Bleikapsel

Der Sinn der Handlung, die sich mit der in der Bleikapsel befindlichen Prophezeiung verknüpft, welche Kohlhaas' Rachewunsch letztlich doch - freilich in tragischer Form - Wirklichkeit werden läßt und den sächsischen Fürsten in geradezu infantiler Weise um das Leben seines Feindes bangen läßt, scheint darin zu liegen, die dem Recht vorgelagerten und zugrundeliegenden *Privatinteressen*, *Begehrungen* und *Machtpositionen* noch deutlicher als im Vorangegangenen ins rechte Licht zu rücken. Der Kurfürst von Sachsen widerspricht in seinem (durch das Begehren der Prophezeiung motivierten) Bestreben, Kohlhaas zu retten und zu befreien, *all* seinen zuvor gefällten Urteilen. Dieses Bestreben konstituiert sozusagen Sachsens *siebte* - das grausame Todesurteil revidierende - Entscheidung. (Ihr widerspricht dann Brandenburgs und des Kaisers Ablehnung). Daß der sächsische Kurfürst nun ganz offenkundig private Interessen, ja Obsessionen zum Kriterium rechtlicher Entscheidungen macht, das soll m. E. nicht nur seinen - sächsischen - Territorialstaat, sondern die Rechtsprechung der Zeit überhaupt diskreditieren. Macht und Begehren scheinen - wie in Kafkas 'Strafkolonie' - alles Recht zu transzendieren bzw. ihm vorgelagert zu sein. Die These vom Apriorischen von Macht und Begehren wird aber auch durch die auf „Rache", „Genugtuung" und „Wehtun" (98, 94, 86, 31) abzielende Handlungsweise Kohlhaas' bestätigt; Kohlhaas' Rechtsbegehren schlägt um ins haßerfüllte Racheverlangen.

5) Religiöse und weltliche Ethik

Wird das Recht also außer Kraft gesetzt, so sind wir in den Naturzustand zurückversetzt. Kohlhaas darf zur „Keule", dem Symbol des Faustrechts, greifen, um sich sein 'Recht' zu erkämpfen, besser: sein Eigentum, denn einen „Rechtsanspruch" auf ein „Rechtsgut" kann er im rechtlosen Naturzustand ja eigentlich gar nicht unterstellen. Hier stoßen wir auf eine weitere Aporie der Erzählung; diesmal betrifft sie Kohlhaas selbst. Kohlhaas kämpft um ein imaginäres Rechtsgut eines imaginären Rechtszustandes. Um dieses 'Rechtsgut' durch seine - nach mittelalterlichem Recht für rechtmäßig zu haltende - Fehde zu erzwingen, muß er indessen hinter den hypothetischen Rechtszustand zurückgehen, muß Macht gegen Macht führen, sich also auf ein Feld begeben, das jenseits von Recht und Unrecht, Gut und Böse liegt.

Gemessen am Unrecht des nach Rechtsmaßstäben beurteilten Territorialstaates Sachsen hätte er also 'recht' getan? Können wir Peter Horn zustimmen, wenn er folgert: „Die einzig wirklich gerechte Lösung wäre der Freispruch Kohlhaasens, die Verurteilung Wenzels von Tronka und aller beteiligter korrupter Staatsbeamten gewesen [...]"?[27] Man muß nicht staatsgläubig sein, um hier Bedenken anmelden zu können. Benno von Wiese hatte von Kohlhaasens „entsetzlicher" Tat der „Anarchie" gesprochen[28] und den „Antagonismus von Recht und Unrecht sowohl in der Welt wie auch in der Seele des Kohlhaas"[29] herausgestellt. R. S. Lucas hatte auf die Terrorakte Kohlhaas'- ihre „indiscriminateness and

---

27 . Peter Horn, Heinrich von Kleists Erzählungen, S. 74.
28 . Benno von Wiese: Heinrich von Kleist. Michael Kohlhaas. In: Die deutsche Novelle von Goethe bis Kafka, Düsseldorf 1967, S. 47-63, Zit. S. 51.
29 . Wiese, Heinrich von Kleist, S. 59.

violence"³⁰ - hingewiesen. Sind dergleichen Schuldzuschreibungen völlig unberechtigt? Sind hier nicht neben rechtlichen noch religiöse und humanitäre Perspektiven an den Text, der sich durchaus auch auf nichtrechtliche Diskurse bezieht, anzulegen?

Lisbeth, Luther und Kohlhaas selbst begeben sich partiell auf das Terrain des religiösen Diskurses. Kohlhaas, indem er sich als „Gott allein unterworfenen Herrn" (36) und „Statthalter Michaels" (41) ausgibt, der gegen den „allgemeinen Feind aller Christen" (36) ankämpfe; Lisbeth, indem sie ans Vergebungs-Postulat der Bergpredigt erinnert (30); Luther, indem er Kohlhaas einen „Sünder" nennt, der sich vor „Gott" werde verantworten müssen (42 f.). Auch Luther stellt die Frage, ob Vergebung nicht „besser getan" gewesen wäre (47) als blutige Rache. Die religiöse Perspektive wird indessen wie im 'Erdbeben' oder im 'Zweikampf' als unbestätigbares Phantasma dargestellt. Nirgendwo wird im Text bestätigt, daß Vergebung das Wahre gewesen wäre; als Kohlhaas z. B. zur „Vergebung alles Geschehenen" bereit ist (64), werden die ersten Schritte zum Bruch der Amnestie unternommen. Und indem Luther staatsgläubig auf des „Landesherrn" rechtmäßige Entscheidung vertraut - Kohlhaas hätte nur größere Geduld aufbringen müssen (47) - und staatstreu und staatsklug die „öffentliche Meinung" (49) als Argument für sein Amnestie-Plädoyer ins Spiel bringt, entwertet er selbst den religiösen Diskurs, den er teilweise in seine eher juristische bzw. pragmatische Argumentation hineinverwebt. Aber wird die Religion im 'Kohlhaas' - wie z. B. im 'Erdbeben' - als reine Ideologie begriffen? Als Instrument der Mächtigen im Kampf gegen angebliche Querulanten? Ja und nein, wie könnte es anders sein. Luthers Intervention führt schließlich zur Schwächung Kohlhaas'; andererseits sind einige seiner Vorwürfe berechtigt. Zwar nicht seinen Kampf ums Recht gewinnen, aber immerhin doch sein 'Seelenheil', um das es seiner Frau Lisbeth zu gehen schien, hätte Kohlhaas bewahren können, wenn er das Nachgeben der Rache vorgezogen hätte, und - weltlich gesehen - hätte er so Lisbeths, Herses und sein eigenes Leben retten können. (Daß seine Söhne den Rachekrieg überleben und gar geadelt werden würden, das hat Kohlhaas ja nicht voraussehen können! Die Adelung seiner Söhne, die Fortpflanzung seines Geschlechts oder „Hauses" (92) - die „Prophezeiung" der Zigeunerin bezüglich des Namens des „letzten Regenten" (92) ist ja indirekt auch auf die genealogische Kette des Kohlhaas bezogen³¹ - , das Glück „rüstige[r] Nachkommen" (103) usw. kann man ihm nicht als Handlungsmotiv unterstellen.)

6) Humanität versus Recht (Kohlhaas' Schuld)

Durch Luthers und Lisbeths Worte aber scheinen noch andere Perspektiven hindurch: humanitäre Aspekte und Aspekte der psychischen Ökonomie. „Soll ich

---

30 . R. S. Lucas: Studies in Kleist. I. Problems in 'Michael Kohlhaas'. II. 'Das Erdbeben in Chili', in: DVjS 40 (1970), S. 120-170, Zit. S. 125.
31 . Vgl. Dirk Grathoff: Über Helga Gallas: Das Textbegehren des 'Michael Kohlhaas'. In: Kleist-Jb. (1985), hg. von Joachim Kreutzer, Berlin 1985, S. 170-177, vgl. S. 176 f.

nach der Tronkenburg gehen, und den Ritter bitten, daß er mir die Pferde wieder gebe [...]?" fragt Kohlhaas Lisbeth. „Lisbeth wagte nicht: ja!ja!ja! zu sagen - sie schüttelte weinend mit dem Kopf [...]." (28) Lisbeths Weinen, vielsagend wie Kafkaske Gebärden, antizipiert den Kummer, den das 'Rechtschaffenheitsfieber'[32] ihres Mannes ihr, diesem selbst und der Welt bringen wird. Nicht notwendigerweise religiös muß man das Vergebungs-Postulat auffassen, es stellt sich nämlich auch die Frage nach Sinn und Zweck des - freilich berechtigten - Rechtbekommen-Wollens, die Frage nach dem Verhältnis von Aufwand und Ergebnis. Das Rechtsbegehren ist nur ein Begehren unter anderen, und mit der Fixierung an ein - vielleicht spezifisch männliches - Phantasma trägt, so demonstriert uns Kleists Erzählung, Kohlhaas nur seine Haut zu Markte und schadet sich selbst und anderen.[33] Ist das heroische Nichtertragen des Unrechts in jedem Falle weiser als Opportunismus? Rechtfertigt das erhabene Ziel die Zerstörung des eigenen Lebens, des Lebens der Ehefrau, des Lebens der unschuldigen Opfer? Zu dem fehderechtlichen, dem neuzeitlich-territorialstaatlichen und dem religiösen Diskurs gesellt sich nun noch ein humanitärer bzw. psycho-ökonomischer. Die Argumentationslinien verwirren sich wie in Kafkas *Proceß*- bzw. *Schloß*-Roman, wo die Helden sich durch gewisse - freilich geringfügige - Vergehen gegen humane Umgangsformen und durch Taktlosigkeiten disqualifizieren, obgleich sie als die eigentlichen Opfer der erbarmungslosen Gegenwelt dargestellt werden. Josef K., der die Beamten der Gerichtswelt als korrupte „Frauenjäger" (P 253) begreift, 'vergewaltigt' gewissermaßen Fräulein Bürstner (P 42); er behandelt den Mitangeklagten Block wie einen Untergebenen (wie „niedrige Leute", P 202), reproduziert also das Verhalten der ihn erniedrigenden Gerichtsbeamten. Auch die Art und Weise, wie Kohlhaas seine Frau als Objekt behandelt und übergeht, hat - wie Jörg Dittkrist zeigt[34] - Parallelen im Verhalten von Josef K. im *Proceß* und K. im *Schloß*.

Beim heroischen Kampf gegen den korrupten Staat riskiert Kohlhaas Glück und sogar Leben seiner Frau und seiner Kinder. (Nochmals: Nur von der finalen, nicht der kausalen Motivation her gesehen, darf die Langlebigkeit des „Geschlechts" der Kohlhaas als das eigentliche Resultat des in gewissem Sinne heroischen Kampfes gesehen werden.) Aber auch beim Überfall auf die Tronkenburg sterben Unschuldige: Die „Leichen des Schloßvogts und Verwalters, mit Weib und Kindern [!]" fliegen „unter dem Jubel Hersens" aus den Fenstern (32).

---

32. Vgl. hierzu einen zeitgenössischen Text, der solches 'Rechtschaffenheitsfieber' karikierend in das Gebiet der deutschen Bürokratie der Gegenwart verlegt: Martin Walser: Finks Krieg, Frankfurt a. M. 1996.

33. Man kann allerdings angesichts der Studie Wolf D. Kittlers, Die Geburt des Partisanen aus dem Geist der Poesie, unsicher werden und sich fragen, ob die - an sich absolut authentisch gezeichnete - prophetische Klage Lisbeths tatsächlich dazu gedacht ist, die heroische Partisanengesinnung Kohlhaas' zu relativieren, ob also Kleist das Moralisch-Humanistische über das Politische stellen wollte. Die Hauptfrage wäre: Ist Kohlhaas kompromißlos und heroisch „der Welt in der Pflicht verfallen [...], sich Genugtuung für die erlittene Kränkung, und Sicherheit für zukünftige seinen Mitbürgern zu verschaffen" (16)?

34. Dittkrist, Vergleichende Untersuchungen, S. 202 ff.

Dieser partiell inhumane, in gewissem Sinn terroristische Kampf setzt sich in den Brandstiftungsaktionen weiter fort. Rechtlich mag man das kaiserliche Todesurteil anzweifeln, aber in ethischer, humanitärer Hinsicht ist Kohlhaas nicht 'schuldlos' zu nennen.

> 7) Rache und Recht; Begehren und Gerechtigkeit
> Die mit den Rechtsansprüchen verquickten Rachebedürfnisse des ohnmächtigen Opfers.

Kohlhaas' Radikalität läßt darauf schließen, daß in seinem Rechtskampf nicht allein der Wille zum Recht, der Wunsch nach Gerechtigkeit am Werk ist. An dem Urteil des im übrigen parteilichen Chronisten („Schwärmerei krankhafter und mißgeschaffener Art" [36]) oder des staatsklugen Luther („Wahnsinn stockblinder Leidenschaft" [42]) ist auch etwas Wahres. Das „Geschäft der Rache" (31) unternimmt Kohlhaas, nachdem seine Frau umgekommen ist; er sucht „Genugtuung" (16, 94, 98). „Das Rechtgefühl aber machte ihn zum Räuber und Mörder", erklärt der - freilich wieder parteiliche - Chronist bzw. Erzähler. Als Kohlhaas den Verkauf seiner Güter - wohl unbewußt eher den Kampf als das Auswandern antizipierend - in die Hand nimmt (bevor er noch um den Ausgang seines Rechtsstreites weiß), reagiert seine Frau mit Schrecken. An die - theoretisch mögliche - Rückgängigmachung der Veräußerung glaubt sie offenbar nicht. Lisbeths „Blicke", auf „welchen sich der Tod malte" (25), sehen hier weiter als die des sich ganz mit Kohlhaas identifizierenden Lesers. Kohlhaas mißversteht Lisbeths „weinend" (28) gegebene Zustimmung, die im Grunde nur ein resignatives Nachgeben ist. Die Pferde zurückzuerhalten, allerdings „abgehungert und abgehärmt" (24), nähme Kohlhaas die Möglichkeit der Genugtuung! Also „zuckt die innerliche Zufriedenheit empor", als die Gefahr einer solchen Halbheit vorüberzieht (24). Kohlhaas' Wunsch, den Junker von Tronka „in Person in seinen Ställen" die Pferde „dick" füttern zu sehen (31), beweist, daß hinter seinem Rechtsanspruch ein Begehren steht, ein Begehren, das sich zur Obsession[35] auszuweiten beginnt. Freilich wird der 'mitfühlende' Leser Partei nehmen für den rechts- und rachedurstigen Kohlhaas, der 'mitdenkende' Leser indessen wird den Mangel an Trauer über den Verlust der Ehefrau, die Leichtfertigkeit gegenüber dem Schicksal der Kinder, den Mangel an sozusagen 'vernünftiger Resignation' bemerken. Die Indizien der Kohlhaas'schen Obsession können freilich übersehen werden, genau wie die Andeutungen der Unzulänglichkeiten Josef K.s im 'Proceß', K.s im 'Schloß' und Georg Bendemanns im 'Urteil'. Kleist und Kafka unterlaufen hier des Rezipienten Identifikation mit dem Helden, stellen Fallen auf in Form übersehbarer rationaler Vorbehalte gegen den emotionalen Strom der Lektüre. So werden simplifizierende Freund-Feind-Schemata poesiekritisch - genau wie bei Lessing[36] -

---

35. Vgl. Eric Marson: Justice and the obsessed Character in „Michael Kohlhaas", „Der Proceß" and „L'Etranger".

36. Vgl. dazu Gisbert Ter-Nedden: Lessings Trauerspiele. Der Ursprung des Dramas aus dem Geist der Kritik, Stuttgart 1986.

destruiert.

Durch den Umstand, daß Kohlhaas die Pferde an sich nichts bedeuten, daß sich sein Rechtsbegehren vom Schloßvogt auf Wenzel, von Wenzel auf den Kurfürsten verschiebt - hier setzt die Analyse von H. Gallas an[37] - , gibt sich sein die Gerechtigkeitssuche transzendierender 'Wille zur Rache' zu erkennen. Sein auf den Kurfürsten bezogener Satz: „du kannst mich auf das Schafott bringen, ich aber kann dir weh tun, und ich wills!" (86) bestätigt dieses Moment der triebhaften Obsession. Für Kohlhaas gibt es keine alternativen libidinösen Besetzungen (wie Lisbeth sie wohl erhofft hat). Wenn Kohlhaas die Rache und die „Macht", seines „Feindes Ferse" „tödlich zu verwunden", wichtiger sind als „Freiheit und Leben" (97), dann hat er im Grunde das Rechtsproblem aus den Augen verloren.

Auch das Rechtsbegehren ist ein Begehren, ein Wunschobjekt neben anderen. Auch ein Rechtsgut kann zum Objekt einer Obsession werden und den Charakter eines Phantasmas annehmen. Das Rechtsbegehren reiht sich dann ein in die Logik der Macht bzw. die Logik der Psyche. Macht und Begehren erscheinen nun als die eigentlichen Quellen der Rechtskämpfe, genau wie bei Kafka. „Dort, wo man das Gesetz vermutet hatte, ist in Wahrheit Verlangen, bloßes Verlangen", schreiben Deleuze und Guattari in ihrer Kafka-Studie.[38] Kleist scheint wie Kafka die scheinbare Unhintergehbarkeit des Rechts im Hinweis auf den Willen zur Macht und das Apriori des Begehrens in Frage stellen zu wollen. „*An sich* von Recht und Unrecht reden entbehrt alles Sinns", hatte Nietzsche behauptet, der Rechtszustände stets für Resultate von Machtbeziehungen ausgab.[39] Kleist verläßt mit der Schilderung des Rechts-*Begehrens* bzw. Rache-Wunsches oder Genugtuung-Verlangens des Kohlhaas die Sphäre des Rechts. Daß auf der anderen Seite die Staatsmacht als ein Interessens- und Verwandtschaftsknäuel geschildert wird, das bestätigt, daß die Logik der Macht hier als dem Rechtsphantasma vorausgehend gesehen wird. Und sollte Kohlhaasens Rechtsbegehren auf die innere, psychische Disposition der Schwäche, Ohnmacht, Minderwertigkeit zurückgehen, d. h. auf das, was Lacan mit Freud die „symbolische Kastration" nennt[40], dann hat die an J.

---

37 . Helga Gallas: Das Textbegehren des „Michael Kohlhaas". Die Sprache des Unbewußten und der Sinn der Literatur, Reinbek/Hamburg 1981. Mit der Substituierbarkeit der Signifikanten begründet H. Gallas das Vorhandensein eines unbewußten Substrats, d.h. des unbewußten Begehrens nach dem von J. Lacan „Phallus" genannten Signifikanten *par excellence*, dem Symbol des „Namens-des-Vaters". Vor allem die Verschiebung vom Rechtsbegehren auf das Rachebegehren („ich aber kann dir weh tun, und ich wills" [86]) begründet H. Gallas zufolge jene fundamentale Uneigentlichkeit der scheinbar eigentlich gemeinten Zeichen und Zeichenfolgen. Und in der Tat erschreibt sich ja Kleist mit Kohlhaas, dessen Söhne bezeichnender Weise „Heinrich" und „Leopold" (102) - wie Heinrich von Kleist und sein Bruder - heißen, einen Vater, der die Adelung seiner Söhne nicht durch bloße Vererbung, sondern durch einen heroischen Kampf erzielt. Der Signifikant des „Namens-des-Vaters" ist hier freilich ein nicht nur psychologisch, sondern auch sozial determiniertes Zeichen.

38 . Deleuze/Guattari, Kafka, S. 68.

39 . Friedrich Nietzsche: Zur Genealogie der Moral. Eine Streitschrift. In: Werke in drei Bänden, hg. von Karl Schlechta, München 1966, Bd. 2, S. 761-901, Zit. S. 817

40 . Vgl. Moustafa Safouan: Die Struktur der Psychoanalyse. Beitrag zu einer Theorie des

Lacan orientierte substitutionslogische Analyse von Helga Gallas ihre Berechtigung.

8) Macht und Ohnmacht
Die Unterlaufung des (Gleichheit voraussetzenden) rechtlichen Diskurses durch den (von Ungleichheiten ausgehenden) soziologischen Diskurs

Kohlhaas befindet sich, auf Grund seiner sozialen Stellung, stets, auch noch am Höhepunkt seiner kriegerischen Erfolge, in der Position des Abhängigen, Ohnmächtigen, während die Gerichtsinstanzen, getragen vom Adel, stets die Position der Macht innehaben. Insofern ist es weder richtig, Kohlhaas ein ungebrochenes Streben nach der Macht zuzusprechen, noch zutreffend, ihn ganz einem familienpsychologischen Muster zu integrieren. Kohlhaas strebt nicht listenreich und egoistisch - also prä- oder transmoralisch - nach der Macht, er strebt aus ohnmächtiger Wut nach Vergeltung, nach einer Vergeltung, welche freilich nicht ohne Machtmittel bewerkstelligt werden kann. D. h., ein soziales Machtgefälle ist seinem - auf die Einschränkung der Macht der Herrschenden gerichteten - ohnmächtigen Begehren vorausgesetzt. Zwar schlägt Kohlhaas' Rechtsbegehren in Rache und Machtverlangen um, aber er handelt gleichwohl nicht aus einem nietzscheanischen „Willen zur Macht", sondern aus der erniedrigenden Erfahrung der Ohnmacht heraus. Sein Kampf zielt jedenfalls nicht auf die Usurpation der Macht. In gewissem Sinn geht sein Kampf in der Tat sozusagen aus der „symbolischen Kastration" hervor, wie Helga Gallas zeigt. Aber die Beschreibung des Strebens nach dem Signifikanten der Macht müßte der sozialen Determinierung desselben Rechnung tragen, müßte sich folglich *sozial*-psychologisch ausrichten. Im *'Kohlhaas'* aktualisieren sozusagen die sozialen Machthaber die „symbolische Kastration", andererseits wird diese trotz der letztendlichen Rache am Kurfürsten (als einer Vater-Figur) nicht überwunden, denn sie muß mit dem Tode bezahlt werden. Der „Signifikant" par excellence, das Schriftzeichen(!) der in der Bleikapsel aufbewahrten Prophezeiung (92), bezieht sich auf das *Geschlecht* im doppelten Sinne des Wortes, den *„Phallus" (Lacan) des Vaters und das Szepter des Herrschers,* d. h. die (physisch oder geistig) zu zeugende Nachkommenschaft des Kurfürsten von Sachsen bzw. Kohlhaas' selbst - und die Macht bzw. den Adel dieser Nachkommenschaft (Kohlhaas Söhne werden zu „Rittern" geschlagen [103]). Der soziologische Diskurs überlagert demnach den psychologischen. Und allgemeiner gesprochen im Hinblick auf das soziale Gefälle von Macht zu Ohnmacht: Der soziologische Diskurs überlagert den rechtlichen, der von der Gleichheit der Rechtssubjekte ausgeht, einer Gleichheit, die indessen faktisch in der geschilderten Sozietät nicht gegeben ist.

Mangels. In: Francois Wahl (Hg.): Einführung in den Strukturalismus, Frankfurt a. M. 1973 (= stw 10), S. 259-327, bes. S. 279 ff.

9) Die Kausalität des Psychischen und die Logik des Rechts
Ursache und Wirkung versus Vergehen (Kasus) und Strafe

Selbst wenn man von einem schuldhaften Verhalten des Kohlhaas ausgeht, muß man das Endurteil für ungerecht halten, denn es bezieht sich sozusagen gar nicht auf die eigentliche Schuld (der inhumanen Folgeerscheinungen des gerechten Fehdekriegs). Außerdem wird die Schuld der sächsischen Beamten nicht geahndet und der Tod Lisbeths nicht aufgeklärt. Das - pragmatisch begründete - Endurteil zeugt von einer Gnadenlosigkeit dem gegenüber, den Ohnmacht und Rechtlosigkeit zu seinem - berechtigten oder unberechtigten - Kampf provoziert haben. Wie in Kafkas 'Das Urteil' akzeptiert der Verurteilte zwar sein Urteil, soll der Leser aber erkennen, daß hier eine Unstimmigkeit zwischen Vergehen und Strafe vorliegt, soll der Leser sehen, daß der Held aus heroischem Trotz und nicht auf Grund einer wirklichen Einwilligung (bzw. daß der Held - bei Kafka - aus krankhafter Bescheidenheit und nicht aus souveräner Einsicht) das Urteil annimmt. Die Anlässe - Mißbrauch der Pferde, dreimalige Abweisung, Tod der Ehefrau Lisbeth, Gefängnisandrohung - führen *psychologisch* - nicht primär rechts-logisch - folgerichtig zu jenem aus ohnmächtiger Wut entspringenden Racheverlangen. Die Ursache führt gewissermaßen unausweichlich zu der ihr zuzuordnenden Wirkung, einer Wirkung, die verständlich und nachvollziehbar, wenngleich rechtlich bzw. ethisch problematisch ist. Der psychologische Diskurs widerspricht hier dem rechtlichen; die Kategorien von Ursache und Wirkung widerstreiten jenen von Vergehen und Strafe. Den Provokationen, die - psychologisch gesehen - jene *Kraft* entfalten, die zur sich verselbständigenden Rachehandlung führt, kann die Logik der Rechtsprechung nicht gerecht werden. Die Rechtsprechung orientiert sich am Tatbestand oder Kasus, nicht an den ihn motivierenden Provokationen und unseligen Verkettungen. Damit ergibt sich eine neue Aporie.

Der Tod Lisbeths z. B. kann rechtlich gewissermaßen nicht ins Gewicht fallen, muß psychologisch aber als entscheidender Auslösefaktor betrachtet werden: „Es schien, sie hatte sich zu dreist an die Person des Landesherrn vorgedrängt, und, ohne Verschulden [!] desselben, von dem bloßen rohen Eifer einer Wache [!] ihn umringte, einen Stoß, mit dem Schaft einer Lanze, vor die Brust erhalten." (29) Rechtlich hat also der Tod Lisbeths nichts zu tun mit dem 'Kasus', psychologisch indessen gehört er in den Kontext der Provokationen. Wie in vielen Texten Kafkas agiert die Macht brutal, ohne daß man ihr einen offenen Rechtsverstoß nachweisen könnte. Die Wache hat, wie jene im *'Proceß'* („Wir sind niedrige Angestellte", P 15), nur ihre 'Pflicht' erfüllt. Daß Kohlhaas zu seinem schuldhaften Tun durch Unrecht provoziert wurde, daß sich nicht belangbare Momente ursächlich miteinander verknüpft haben, das kann im rechtlichen Beurteilen seiner Schuld nicht berücksichtigt werden - schon gar nicht im Diskurs eines Vergeltungsrechts, das Michel Foucault zufolge praktisch erst im 19. Jhd. von einem räsonierend abwägenden Recht abgelöst wird.[41]

41. Michel Foucault: Überwachen und Strafen. Die Geburt des Gefängnisses, Frankfurt

10) Wirkungs- versus Darstellungspoetik

Mit dem Ausgeführten verknüpft sich auch ein Widerspruch zwischen der Wirkpoetik und der Darstellungspoetik der Erzählung. Nicht Kohlhaas, wohl aber der 'mitfühlende' Leser verwirft das Endurteil. Selbst wenn er Kohlhaas für einen „Räuber und Mörder" (9) hält, so hat ihn die Perspektive der Erzählung - trotz der Distanz des Chronisten zum Erzählten - zur emotionalen Parteinahme für den Helden verleitet. Wie der Leser des 'Processes' oder des 'Urteils' ist er geneigt, die schuldhaften Momente des Helden zu übersehen und der psychologischen Konsequenz des Textes zu folgen. Er kann sich mit der bereitwilligen Unterwerfung Michael Kohlhaas' nicht abfinden, ebensowenig wie der Kafka-Leser z. B. mit jener Georg Bendemanns.

11) Zufälle und intendierte Handlungen
Verkettungen und die Kategorie der Veränderung

Durch die Umstände des Todes Lisbeths macht uns die Erzählung auf die Verkettung von Zufällen und intendierten Handlungen aufmerksam.[42] Ähnliches leisten die Nagelschmidt-Intrige und viele andere Episoden. Damit ergibt sich eine Verwirrung, eine Motivationsvielfalt und eine Widersprüchlichkeit, welche die Rechtsfindung in weitere Aporien hineinführen. Die Verkettung von Zufällen, Versehen, Umständen, Mißverständnissen usw. führt zu einer Summation, der der Rechtsspruch nicht 'gerecht' werden kann, da er sich ja nur auf einen Teil bzw. ein Partikulares, den „Kasus", beziehen kann. Aber erst die *Summe* der - auch durch Zufälle bestimmten - Vorfälle, die Summe, die mehr ist als die Addition der Teile, produziert den Rachewunsch des Kohlhaas. Vielleicht wird das Faktum der Zufälligkeit am deutlichsten in der Himboldt-Handlung auf dem Markplatz zu Dresden. Die durch ständische Sitten motivierte Weigerung des von Himboldt aufgestachelten Knechts, die „unehrlichen" „Schindmähren" abzuführen (62 f.), vereitelt - natürlich im Verein mit sich anschließenden Intrigen - die gerade eingeleitete Wiedergutmachungsaktion. „Dieser Vorfall, so wenig der Roßhändler ihn in der Tat verschuldet hatte, erweckte gleichwohl [...] eine [...] höchst gefährliche Stimmung im Lande" (63). Die Verkettung von Umständen und das Hereinspielen von Zufällen kehrt, wie schon erwähnt, wieder in Kafkas 'Der Verschollene'. Wäre Roßmann nicht zum Landhaus Pollunders gefahren, hätte ihn der Onkel nicht verstoßen; hätte ihn der Onkel nicht verstoßen, wäre er nicht in eine Verbindung mit dem Landstreicher Robinson gezwungen worden, welcher ihn dann auch nicht in eine kompromittierende Situation im Hotel Occidental gebracht hätte usw.

Zufälle bedingen den jeweiligen Glücksumschwung; das Geschehen auf dem

---

a. M. 1977.

42. Vgl. zu diesem Thema Hans Peter Herrmann: Zufall und Ich. Zum Begriff der Situation in den Novellen Heinrich von Kleists. In: GRM 11 (1961), S. 69-99.

Markplatz und die Nagelschmidt-Intrige (im Verein mit der zufälligen Entdeckung des Kohlhaas'schen Briefes) führen zum Todesurteil, die zufällige Koalition von Polen und Brandenburg zu einem Hoffnung verheißenden Neubeginn. Im *Verschollenen* führen das zufällige Zusammentreffen von Karl Roßmann und seinem Onkel auf dem Dampfer zur Rettung des Helden vor dem Untergang in einem fremden Land, die Bekanntschaft mit der zufällig aus Prag stammenden Oberköchin zur Aufnahme Karls ins Hotel usw. Andere, verhängnisvolle Verkettungen führen jeweils zum Absturz des Kafkaschen Helden. Der *Kohlhaas* teilt mit dem *Verschollenen* diese Struktur des unentwegten Rückschlags und des wiederholten Neubeginns. Das gleiche gilt aber auch in bezug auf den *Proceß* und das *Schloß*, wo die einzelnen Stationen zwar weniger markant ausgeprägt sind, aber die Serien von Rückschlägen - wie im durchaus romanhaft zu nennenden *Kohlhaas*[43] - kontinuierlich zur Verschlechterung der Lage der Helden führen. Der *Kohlhaas* hat dann auch mit dem *Proceß* das schließliche Todesurteil gemeinsam. Die Endlosigkeit des Verfahrens und das unentwegte Prozedieren bzw. Prozessieren, dem der Kafkasche Roman seinen Titel verdankt, ergibt eine weitere Gemeinsamkeit. Die permanente Verschiebung der Machtverhältnisse und die kontinuierliche Verkettung von Umständen und Ursachen und Zufällen sind im *Proceß* sozusagen thematisch geworden; der *Proceß* ist gewissermaßen eine Metapher für die permanenten Verschiebungen und Aufschiebungen im *Kohlhaas*. Jene geflügelte Allegorie des Malers Titorelli, die Josef K. als „Göttin der Gerechtigkeit" (P 177) deutet und die sich bezeichnenderweise „im Lauf" (P 176) befindet, deutet das Recht als veränderliches und unentwegt aktives Machtverhältnis.[44] Es gibt keinen fest umrissenen Sachverhalt und kein Urteil, es gibt im Grunde, so erklärt Titorelli, nur die „Verschleppung" (P 193). Recht erweist sich als etwas Prozessierendes, als ein bewegliches Feld von Machtbeziehungen. In diesem Sinn ist das Thema des *Processes* und auch des *Kohlhaas* die *Zeit*. „Ein Augenblick kommt zum andern, pluff,pluff, wie die Hirsekörner des ..." heißt es in Becketts *Endspiel*.[45] Die in der Dimension der Zeit sich vollziehenden Verschiebungen und Summationen lassen ein bestimmtes und definitives Urteil über einen festumrissenen Sachverhalt nicht zu. Die Kategorie *Veränderung*[46] sprengt den kasuistischen Diskurs. Die Zeitlichkeit des Geschehens und das Miteinander-Konfligieren und -Konkurrieren verschiedener Diskurse ergibt dann auch die Vieldeutigkeit, die aporetische Widersprüchlichkeit und Verflochtenheit des Textes, der sich gegen definitive Auslegungen gewissermaßen sperrt - wie eben Kafkas Texte auch.

---

43. Vgl. J. M. Lindsay: Kohlhaas and K. Two men in Search for Justice. In: German Life and Letters 13 (1960), S. 190-194.

44. Zu dieser Doppeldeutigkeit des „Prozessierens" vgl. Hans H. Hiebel, Die Zeichen des Gesetzes, S. 180 ff.

45. Samuel Beckett: Endspiel. Fin de partie. Endgame, Frankfurt a. M. 1974 (= es 171), S. 99.

46. Vgl. dazu Ulrich Fülleborn: „Veränderung" in Rilkes *Malte* und Kafkas *Schloß*. In: Etudes Germaniques 30 (1975), S. 438-454.

C. Kleist und Kafka

1) Kontinuierliches Prozessieren bei Kleist und Kafka

Das scheinbare klare und gerechte Endurteil im 'Kohlhaas' darf nicht über die geschilderte Beweglichkeit der Rechtsverhältnisse hinwegtäuschen. Das oberste 'Gesetz', das die Totalität der Handlungen und Machtverflechtungen organisiert, ist nicht erkennbar. In diesem Sinne ist auch die Suche nach dem „Gesetz" bei Kafka zu verstehen: Der „Mann vom Lande" gelangt zeit seines Lebens nicht in das „Gesetz" (P 255 f.), Josef K. dringt nie bis zum eigentlichen „Richter" (P 272) vor. Das „Gesetz" ist, weil veränderlich, unerkennbar. Es ist immer nur im Verfahren oder in der Strafe anwesend und wahrnehmbar. Der Verurteilte der 'Strafkolonie' „entziffert" das Urteil mit „seinen Wunden" (ER 122). Josef K. wird durch sein Verfahren - weniger durch die Exekution - getötet. Die „geflügelte" „Göttin der Gerechtigkeit", die auch an die „Göttin der Jagd" erinnert (P 177), weist darauf hin, daß hinter dem Recht die unentwegt agierende Macht bzw. das unstillbare Begehren stehen. „Der Urteilsspruch, die Urteilsverkündung schafft das Gesetz, und zwar kraft einer immanenten Macht dessen, der das Urteil verkündet", schreiben Deleuze und Guattari treffend.[47] Der 'Proceß', der über das Recht - im allerweitesten Sinne des Wortes - in Form von juridischen Metaphern spricht, liest sich stellenweise wie ein *(metaphorischer) Kommentar* zum 'Kohlhaas'. Der 'Proceß' handelt vom ungeschriebenen Recht bzw. von der Rechtsprozedur - wie z. B. auch der Text 'Fürsprecher', in welchem ganz explizit das feststehende „Gesetz" (als das geschriebene Recht) vom „Gericht" (als dem unentwegten Prozessieren der Rechts- bzw. Machtprozeduren) geschieden wird (ER 369 ff.). Das Zurechtmachen des „Tatbestandes" im „Gericht" - d. h. in der Gerichtsprozedur, im Verfahren, im „Prozeß" - wird als ein tausendfach manipulierendes, von zahllosen Kräften abhängiges Unterfangen hingestellt. (ER 370) Vor den Aktionen des „Gerichts" verblaßt das geschriebene „Gesetz" zum unwirklichen Phantasma - wie der 'Proceß' es anschaulich illustriert.

„Dort, wo man das Gesetz vermutet hatte, ist in Wirklichkeit Verlangen, bloßes Verlangen", schreiben Deleuze und Guattari zum 'Proceß',[48] denn in diesem Roman treten uns hinter den Kulissen ständig Korruptheit und Begehrlichkeit als die Triebkräfte des „Gerichts" entgegen.[49]

In Kafkas *metaphorischer* Darstellung können - eben auf Grund des symbolisch-uneigentlichen Charakters des poetischen Verfahrens - letztlich Vergehen und Endurteil ausgeklammert werden. Im 'Verschollenen' und im 'Schloß' kommt es zu keinem letztendlichen Resultat, das Verfahren ist sich selbst genug, da in ihm die eigentliche Wirksamkeit des Rechtsapparates - d. h. der Gesellschaftsma-

---

47. Deleuze/Guattari, Kafka, S. 62.
48. Ebd., S. 68.
49. Ebd., S. 69 ff.

schinerie - gründet. Was Recht ist, was Gesetz ist, das wird dem Subjekt - wie in der 'Strafkolonie' - auf den Leib geschrieben, d. h., das muß dieses Subjekt im Kampf mit der Realität der Machtverhältnisse - wie Kohlhaas - physisch an sich selbst erfahren. Im 'Proceß' wird uns daher auch gar kein Vergehen genannt, der Anlaß des Verfahrens wird implizit als irrelevant hingestellt; was in der 'Strafkolonie' oder im 'Schlag ans Hoftor' in der Form eines lächerlichen Anlasses erscheint, das verschwindet im 'Proceß' ganz. Allerdings bringt der 'Proceß' - in gewissen Sinn wie der 'Kohlhaas' - eine Art Endresultat: die Exekution. Aber hier ist einzuwenden, daß das Ende des „Prozesses" ein symbolisches ist: Josef K. ist gewissermaßen schon durch das „Verfahren" hin-gerichtet worden. Die Exekution im 'Proceß' ist nur ein Bild für die Resignation des durch den Kampf mit dem Gericht erschöpften Josef K. (Auch Kohlhaas' resignative Weigerung, sich zu verteidigen (77), macht im übrigen das Todesurteil Sachsens erst rechtskräftig!) Es ist außerdem einzuwenden, daß das Ende des 'Processes' nicht verbunden ist mit einem wirklichen 'Urteil', die Hinrichtung nicht bezogen ist auf irgendeine Begründung, ein bestimmtes Gesetz, ein spezifisches Vergehen, - wodurch die 'Strafe' sich als reiner Machtakt erweist. Obwohl sich also Kafkas 'Proceß' mit seiner Betonung der Unabschließbarkeit aller Rechtskämpfe eindeutig unterscheidet vom 'Kohlhaas' mit seinem definitiven Endurteil, hat sozusagen auch bei Kleist das abschließende Gerichtsurteil als punktueller, pragmatischer Machtspruch nichts zu tun mit dem 'prozessualen' Leidensweg und dem Ausgangspunkt des Kohlhaas. Mit der Aussparung von Vergehen und Endurteil bei Kafka haben wir also einen Differenzpunkt und zugleich eine - freilich verborgene - Analogie zum 'Kohlhaas' genannt.

Obwohl es im 'Kohlhaas' - anders als bei Kafka - zu *Verbrechen* im wörtlichen und eigentlichen Sinne kommt, ist es doch so, daß der verhängnisvolle Rechtskampf oder „Prozeß" Kohlhaasens durch eine *Banalität* ausgelöst wird. Und diese Struktur erscheint bei Kafka immer wieder als Sequenz von belanglosem (oder eben gar nicht vorhandenem) Vergehen und maßloser bzw. unangemessener Strafe. Die Ohnmacht der Opfer bei Kafka ist freilich noch weit ausgeprägter und zudem weitgehend vom realen Draußen ins Imaginäre und Intrapsychische hineinverlegt. So ergibt sich auch eine Verlagerung auf im Unbewußten ablaufende Kämpfe, die dann formal als extrapolierte Psychomachien Gestalt gewinnen und sich mit den externen Abläufen verquicken. Folter und Selbstfolter überlagern einander.[50] Bei Kleist vollzieht sich das Geschehen im *Eigentlichen* und *Externen*, bei Kafka im *Uneigentlichen* und *Innern* bzw. *Unbewußten*. Das Moment des *Uneigentlichen* oder *Metaphorischen* hebt Kafkas Texte auch stets auf eine *Meta-Ebene*; sie sind immer schon sinnbildliche Kommentare zu Recht und Unrecht, während Kleist alles in seiner realistischen Eigentlichkeit beläßt. Auch die *Grausamkeiten*, die sich bei Kleist in den realen Kollisionen der Parteien zeigen, verinnerlichen sich bei Kafka zu im Unbewußten spielenden Selbstbestrafungen und grotesken Strafphantasien. Unbewußtheit und Metaphorizität bilden bei Kafka eine unauflösliche Einheit. Aus der *Unausdeutbarkeit* bei Kleist wird daher bei

---

50. Vgl. Hiebel, Die Zeichen des Gesetzes, S. 46 ff. u. 225 ff.

Kafka die *Undeutbarkeit* - wie aus der Eigentlichkeit die Uneigentlich bzw. Metaphorik. Als die Merkmale der Kafkaschen Rechts- und Unrechtsphantasien müssen also *Metaphorizität, Meta-Sprachlichkeit, Verlagerung ins Innere und Unbewußte, nach Innen gewandte Destruktivität, Ausweitung des Gesetzes- und Rechtsbegriffs und (tendenzielle) Undeutbarkeit* angegeben werden.

2) Die „Chronik" (Deutungsprobleme - problematisiertes Deuten)

Der *'Kohlhaas'* ist (wie viele Werke Kafkas) eine Art Thematisierung der Unausdeutbarkeit, fast Unauslegbarkeit von Texten und Ereignissen. Kafka radikalisiert dies. Der Domkaplan im *'Proceß'* spricht bezeichnenderweise selbst von der Unausdeutbarkeit bzw. Undeutbarkeit der von ihm erzählten Parabel (*'Vor dem Gesetz'*) (P 255 f.). Der *'Proceß'* als eine Art Rorschach-Test läßt in der Tat den Leser sich gewissermaßen in seinen Deutungsversuchen abarbeiten und totlaufen. Die auffallende Abwesenheit von Wertungen und Kommentaren bei Kafka und Kleist weist uns auf die Intention beider Skeptiker, anti-dogmatisch bzw. anti-lehrhaft zu verfahren. Eine „Chronik" als wertfreier Bericht („ich berichte nur" heißt es entsprechend einmal bei Kafka, und zwar im *'Bericht [!] für eine Akademie'*, ER 174) macht sich eben die kommentarlose Darstellung all der Kontingenzen und Faktizitäten der empirischen Wirklichkeit zur Aufgabe; über sie breitet der Autor das Netz von rechtlichen, moralischen, religiösen und psychologischen Diskursen, die sich wechselseitig paralysieren. Kleists und Kafkas Texte provozieren gewissermaßen die Projektionen des Lesers, der sich im Durchlauf durch die Deutungsmöglichkeiten abarbeitet, aber verweigern sich einer endgültigen und abschließenden Interpretation. Die von Müller-Salget aufgezeigten „Doppeldeutigkeiten" in Kleists Erzählungen sind ein Indiz für die anti-dogmatische Haltung des Skeptikers, der die Verstehensproblematik - vor allem im *'Kohlhaas'* und der *'Heiligen Cäcilie'* - implizit zum Thema macht. Dieser Skeptizismus kommt verstärkt zum Ausdruck auf Grund der wechselnden Position der Figur des „unreliable narrators", deren sich Kleist immer wieder bedient.[51]

W. Benjamin hat behauptet, daß Kafka „kleine Tricks"[52] in seine Texte hineinsetze und sie so gegen Auslegung immunisiere; Kafka zeige die Neigung, den dargestellten „Vorfällen gewissermaßen den Sinn abzuzapfen"[53]. Diese Neigung zum Unausdeutbaren bzw. zur Tilgung aller Wertungen und Kommentare hat Kafka dem *'Kohlhaas'* abgeschaut und dann in die Richtung der Undeutbarkeit vorangetrieben.

---

51. Vgl. Hiebel, Reflexe der Französischen Revolution in Kleists Erzählungen, S. 258; Langfassung (in WW): S. 170, 175 u. passim.
52. Hermann Schweppenhäuser (Hg.): Benjamin über Kafka. Texte, Briefzeugnisse, Aufzeichnungen, Frankfurt a. M. 1981 (= stw 341), S. 15.
53. Benjamin über Kafka, S. 127.

3) Kafkas metasprachliche Parabeln von der aporetischen Suche nach dem Recht bzw. dem 'rechten Weg'

Während Kleist die „Prosa der Wirklichkeit" im Rückgriff auf Archaisches und in der Rekonstruktion des Heroischen - wie Bogdal zeigt[54] - zu transzendieren versucht, geschieht dies bei Kafka durch die Metaphorisierung einer längst ins Innerliche und Unbewußte abgerutschten Wirklichkeit. Alle seine juristischen Vokabeln und Vorgänge haben symbolisch-metaphorischen Status; sie zielen auf die Darstellung rechtlicher, ethischer und normativer Phänomene im weitesten Sinne der Begriffe und auf die Verbildlichung intrapsychischer Kämpfe unbewußter Schuldgefühle. Das erstreckt sich bis hinein in die Dimension des Religiösen (im Sinne der rabbinischen und chassidischen Suche nach dem 'rechten Weg', den die unauslegbare und letztlich unzugängliche Tora ja nicht angibt). Das Aporetische der Suche nach dem Recht(en) wird bei Kafka stets ins Zentrum der Darstellung gerückt. Eines von Kafkas parabolisch-beispielhaften Bildern mag dies nochmals verdeutlichen:

> Das menschliche Urteil über menschliche Handlungen ist wahr und nichtig, nämlich zuerst wahr und dann nichtig.
>
> Durch die Tür rechts dringen die Mitmenschen in ein Zimmer, in dem Familienrat gehalten wird, hören das letzte Wort des letzten Redners, nehmen es, strömen mit ihm durch die Tür links in die Welt und rufen ihr Urteil aus. Wahr ist das Urteil über das Wort, nichtig das Urteil an sich. Hätten sie endgültig wahr urteilen wollen, hätten sie für immer im Zimmer bleiben müssen, wären ein Teil des Familienrates geworden und dadurch allerdings wieder unfähig geworden zu urteilen. (H 86)

An dieses Beispiel schließt Kafka die schon erwähnte Meta-Parabel über die universelle Parteilichkeit an, die auch als Kommentar zum 'Kohlhaas' genommen werden kann:

> Wirklich urteilen kann nur die Partei, als Partei aber kann sie nicht urteilen. Demnach gibt es in der Welt keine Urteilsmöglichkeit, sondern nur deren Schimmer. (H 86)

Wird im 'Kohlhaas' vorsichtig angedeutet, daß die Instanz des unparteiischen Dritten - Brandenburg, der Kaiser - eine scheinhafte und phantasmatische ist, so stellen uns Kafkas Werke von vornherein stets nur zwei miteinander rivalisierende parteiliche Mächte vor. So geschieht es im 'Urteil', im 'Proceß' und im 'Schloß'. Josef K. dringt bezeichnenderweise niemals bis zum Dritten: zum „Richter", zum „hohen Gericht" (P 272) vor.

Im 'Urteil' z. B., einer Art Vorstufe zum 'Proceß', prallen zwei - und nur zwei - „Parteien" aufeinander; dem rechtschaffenen und doch nicht fehlerlosen Georg

---

[54]. Bogdal, Heinrich von Kleist, S. 43 ff.

Bendemann steht ein hysterisch-tyrannischer und doch auch in gewissem Sinn tiefblickender, ins Unbewußte blickender, Vater gegenüber. Nur muß hier korrigierend bzw. modifizierend gesagt werden, daß Georgs Unzulänglichkeiten im Unbewußten liegen. Das Beiseiteschieben des Vaters („Wie du jetzt geglaubt hast, du hättest ihn untergekriegt" [ER 34]") und die „Schändung" der „Mutter" („Weil sie die Röcke gehoben hat [...], hast du dich an sie herangemacht [...], hast du unserer Mutter Andenken geschändet" [ER 34]) gehören dem Unbewußten zu, ebenso die - diese unbewußte 'Schuld' strafende - Vater-Imago, die sich mit der Imago des realen - hysterisch-tyrannischen - Vaters überblendet.

Diese Überkreuzung, dieser *Chiasmus* einer doppelten Verquickung von Schuld und Unschuld, Recht und Unrecht kehrt im *'Proceß'* wieder, wo sich in der Metapher des Gerichts das auf die Vater-Imago zurückgehende unbewußte Über-Ich verquickt mit den Bildern patriarchalisch strukturierter sozialer Gewalt-Instanzen.

Ein solcher Chiasmus zeichnet auch Kleists *'Michael Kohlhaas'* aus. Nur sind sowohl bei Kafka wie auch bei Kleist *de facto* die Verflechtungen noch weit komplexer, „rhizomatischer", als daß man sie auf die binäre Logik eines Chiasmus reduzieren könnte.

Der Chiasmus einer doppelten, zweipoligen Verflechtung von Recht und Unrecht entfaltet und verzweigt sich bei Kafka eigentlich erst in den Romanen. Erst im Roman können die Verkettung der Umstände, die unentwegte „Verschleppung" des Verfahrens, die Unerreichbarkeit der höheren Instanzen, die Verschiebung der Zuständigkeit - wie sie Kafka am *'Kohlhaas'* studieren konnte - adäquat dargestellt werden. Während im „Verschollenen" noch tatsächliche Vergehen bzw. „Versehen" - situiert in der externen, realen Welt - und realistische Verhörsituationen vorgeführt werden, ist der *'Proceß'* ganz in die Sphäre des Metaphorischen und Internen getaucht. Die „Versehen" finden dort erst im Verlauf des „Prozesses" statt (wie die Vergehen des Kohlhaas im Grunde auch!), und Endurteil und Strafe rutschen im *'Proceß'* sozusagen in das Verfahren selbst (analog zu den permanenten Provokationen und Abweisungen des Kohlhaas). Die Paradoxie, daß Kohlhaas - sozusagen - schuldig gesprochen wird, 'weil' er seiner Pferde beraubt wurde, kehrt bei Kafka in der Form wieder, daß Josef K. deshalb, 'weil' er nichts verbrochen hat, angeklagt und exekutiert wird. Daß sich beide Charaktere in Schuld verstricken, ihre mit Macht ausgestatteten parteilichen und tyrannischen Richter aber auch in partiell (!) berechtigter Weise Schuld ahnden, führt dann über die chiastische Struktur hinaus in unausdeutbare Verflechtungen und Verwirrungen und Aporien.

Während Kohlhaas nun - allerdings in trügerischer, paradoxer Weise - schließlich doch zu seinem 'Recht' (seinen Rappen) kommt, kann dies von den Kafkaschen Helden - ob mit Ausnahme K.s im *'Schloß'*-Fragment (vgl. S 527) bleibe dahingestellt - nicht behauptet werden. Deren Rechtfertigungsversuche laufen sich tot. Wie sich im *'Proceß'* das „hohe Gericht" den Gesuchen und Eingaben Josef K.s entzieht, so im *'Schloß'* der Beamte Klamm und die höheren Entscheidungsträger den Ansuchen K.s. Telephonische und briefliche Anerkennungen wechseln mit Abweisungen, die Frage nach der zuständigen Kanzlei bleibt unbeantwortet (S 6, 10, 36, 105, 174, 241). Nach Aussage Brods sollte der Held erst in der Stunde des Todes (!) zu seinem 'Recht' kommen oder besser: Gehör oder Gnade finden (S 527)[55], womit sich eine deutliche Analogie zum paradoxen Schluß des 'Michael Kohlhaas' ergeben hätte.

Der Wunde, die in 'Ein Landarzt' geschildert wird, gab Kafka indirekt einmal den Namen „Rechtfertigung" (T 529, Br 160).[56] Die in seinen Werken sich offenbarende Unmöglichkeit der Rechtfertigung war ihm von Kleists 'Michael Kohlhaas' paradigmatisch vorgegeben worden.

---

55. Max Brod: Nachwort zur ersten Ausgabe. In: Franz Kafka: Das Schloß. Roman, hg. von Max Brod, New York/Frankfurt a. M. 1967, S. 526 ff.
56. Vgl. Hiebel, Ein Landarzt, S. 90.

Franz Kafka and Samuel Beckett: Reduction and Abstraction[1]

Stage Plays and Television Plays

Beckett's late plays have a tendency to turn into television plays; even those works which were produced in theatres and weren't broadcast at all, seem to be television-plays. Hasn't *"Footfalls"*, though produced on stage, the character of a quiet piece for television? *'Not I'* and *'What Where'* were performed on stage before and after they were broadcast, but aren't they 'imaginations' for television?

'Eh Joe' is subtitled „A piece for television", *'Ghost Trio'* and *'... but the clouds ...'* are subtitled „a play for television". *'Nacht und Träume'*, which has no subtitle, is undoubtedly a work for television: The duplication of a person into a „dreamer (A)" and „his dreamt self (B)"[2] is possible only in television, that is, in the field of electronic video-technique which allows electronic montage (it was recorded with two cameras)[3]. *'Nacht und Träume'* records pure images, pure visual elements; it is a sort of 'painting on the screen'[4]: a silent painting -- in slow motion. These pieces also recall real paintings on which Beckett based his visions.[5]

---

1. Dieses Kapitel gibt folgenden Aufsatz wieder: Hans H. Hiebel: Beckett's Television Plays and Kafka's Late Stories. In: Marius Buning, Matthijs Engelberts, Sjef Houppermans und Emmanuel Jacquart (Hg.): Samuel Beckett: Crossroads and Borderlines. L'OEuvre Carrefour/L'OEuvre Limite, Amsterdam/Atlanta: Rodopi 1997 (= Samuel Beckett Today/-Aujourd'hui 6), S. 313-327. Der genannte Aufsatz geht auf einen Vortrag während der Beckett-Konferenz (geleitet von Emmanuel Jacquart) und des Beckett-Festivals (geleitet von Marek Kedzierski) in Straßburg/Strasbourg, 30. 3. - 5. 4. 1996, zurück. Vgl. folgenden Bericht: Hans H. Hiebel: Die Beckett-Konferenz und das Beckett-Festival in Straßburg. In: Arbeiten und Anglistik und Amerikanistik (AAA) Bd 22 (1997), Heft 2/97, S. 161-171. - Die Fußnotengestaltung weicht im folgenden von unserem Muster ab, sie entspricht den englischen Konventionen.

2. Samuel Beckett, *Collected Shorter Plays*, London 1984, p. 305.

3. As Walter D. Asmus explained to the author (H. H. Hiebel) in Strasbourg, 30 March, 1996; vgl. Hiebel, Die Beckett-Konferenz und das Beckett-Festival in Straßburg.

4. Cf. Hans H. Hiebel, „Quadrat I + II as a Television Play," in *Samuel Beckett Today/Aujourd'hui 2. Beckett in the 1990s*, ed. Marius Buning/ Lois Oppenheim, Amsterdam 1993, pp. 335-343, quotation p. 336.

Hans H. Hiebel, „John Calder on Samuel Beckett. London, 30th May and 11th June, 1988. An Interview with John Calder," in: *AAA - Arbeiten aus Anglistik und Amerikanistik* 16 (1991), H. 1. , pp. 67-99.

5. Cf. James Knowlson, *Damned to Fame. The Life of Samuel Beckett*, London 1996, passim, and his lecture *'Beckett and the Visual Arts'*, International Beckett Symposon at The Hague, 8-12 April, 1992.

'What Where', though first produced as a stage play, was in a way right from the beginning made for television, as the Stuttgart production shows: Bim, Bem and Bom are imaginations of Bam, they are „dreamt selves" of Bam, which can most adequately be represented by images on the screen, by electronic 'apparitions'. Bam's face is blown-up like the „dreamt self" in *Nacht und Träume* and placed next to the faces of the other characters by electronic montage. The faces are illuminated and disappear again in darkness like candles that are extinguished. Bam's words „I switch on" make it clear that the faces shown (as well as the voices) are pure imaginations.

On the other hand, the television plays can -- if desired -- be produced on stage (*'Eh Joe', 'Ghost Trio', '... but the clouds ...', 'Nacht und Träume'*) - : some have indeed been produced on stage (*'Quad'/'Quadrat', 'What Where', 'Not I',* even *'Nacht und Träume'*[6]). The producer has only got to introduce a voice off/voice-over (i.e. a voice from off-stage), to use the on and off of spotlights (and not so much the actor's movements coming on stage or going off), and to mark one of the characters as the „dreamer" -- by immobilizing him or presenting him with head inclined in front of the stage (*'... but the clouds ...', 'What Where'*). But doesn't that mean that we are introducing the means of television on the stage? This is even true literally: Robert Scanlan could not do without a screen when stageing *'Nacht und Träume'*.[7]

In his first work for television, *'Eh Joe'*, Beckett began to separate character and voice, actor and voice; he used a possibility which the medium of television offered him. The result is that we get the impression of having insight into the character's mind. Another effect of this technique of dissociation is the deconstruction of any form of naturalism.

Beckett resumed this technique in *'Ghost Trio'* and *'... but the clouds ...'*. In *'Eh Joe'* the male voice (voice-over) represents parts of an imaginary dialogue; in *'Ghost Trio'* a sort of female narrator gives her comments; in *'... but the clouds ...'* there is a mixture of an imaginary interior monologue and pieces of narration. In *'Nacht und Träume'* the place of the voice is taken over by the presentation of a silent dream, voice is replaced by image. (The separation of dreamer and dreamt self, of reality and imagination, of real voice and voice-over, of presence and remembered past has its source in *'Krapp's Last Tape'*; we can see that the idea of this separation originates in reflections on the possibilities of a medium -- the tape-recorder as a storage medium.)

In *'... but the clouds ...', 'What Where'* and especially *'Nacht und Träume'* the images are more important than the voice (Beckett mistrusted words more and more[8]); in all three plays Beckett introduced -- according to Film-semiotics -- a person dreaming or imagining (head inclined in *'... but the clouds ...'* and *'Nacht und*

---

6 . Robert Scanlan produced *'Nacht und Träume'* (together with *'Dis Joe'* and *'Ghost Trio'*) with his American Repertory Theatre during the Beckett on stage and simultaneously on screen.

7 . Cf. last footnote.

8 . Cf. James Knowlson during the *Beckett Festival Strasbourg*, 30 March - 5 April, 1996.

Träume', head upright in 'What Where'); pure images occur in silence, for instance the blown-up face of the woman in '... but the clouds ...', the 'switched on' faces in 'What Where', the „dreamt self" in 'Nacht und Träume' (together with the consoling hand offering a chalice and a cloth); 'Nacht und Träume', Beckett's most silent and motionless 'motion picture', even dispenses with the voice: its deep silence is interrupted only by a few bars of Schubert's song. (The line „Kehret wieder holde Träume" is later echoed by the line „I switch on" in 'What Where'; both initiation formulas are followed by imaginations or recollections (think also of the „knock" in 'Ohio Impromptu', the word „more" in 'Rockaby', the line „let us now run through it again" in '... but the clouds ...' and the spotlights in 'Play' and 'That Time'; all of these devices go back to the use of a prompter in 'Eleutheria'.[9] The face as the most adequate object for the medium of televison has become the main object of representation.

'Not I' and 'Quadrat' differ from the plays mentioned: In 'Not I' character and voice, „mouth" and voice, as it were, *are linked together* (in a 'naturalistic' way); but in illuminating only a section of the face and cutting out the rest of the actor, the play again most adequately belongs to the screen.

'Quadrat' differs from all the other works by the fact that there is *movement* (at least in part I), that it hasn't got the quality of a *monologue*, and that there are no *close-ups of faces*; 'Quadrat' is not a one-person play like all the others (with the exception of 'What Where'; in a way, however, we can consider 'What Where' to be a one person-play, too, because Bim, Bem and Bom are nothing but Bam's imaginations).

The techniques of close-up, blow-up, separation of person and voice as well as of dreamer and „dreamt self", isolation of voice, image or motion, electronic montage, combination, dissociation, and the use of silence constitute Beckett's television plays; isolation and leaving out, abstraction and at the same time concretion, reduction and concentration are their main features. (Abstraction and concretion do not exclude one another; is there anything more concrete than „abstract painting", and anything more abstract than „concrete poetry"?) These characteristics seem to be the essentials Beckett aimed at when he turned to what he called his „crazy adventure in television".[10] Beckett was aware of the possibilities of the medium, his plays make use of them and reflect them implicitly (i.e. self-referentially). Robert Scanlan and his American Repertory Theatre make us aware of Beckett's awareness and of the history and development of that awareness by showing 'Eh Joe', 'Ghost Trio' and 'Nacht und Träume' successively on stage (and each of these pieces simultaneously on screen).[11]

---

9. Cf. Samuel Beckett, *The Complete Dramatic Works*, London/Boston 1986, passim; *Eleutheria*, Paris 1995.

10. Georg Hensel, commenting the Südfunk Stuttgart broadcast of '... but the clouds ...', 'What Where', 'Quadrat' and 'Nacht und Träume', 13 April, 1987.

11. Cf. footnote 5.

According to the characteristics just mentioned we can consider

'Eh Joe'	1965/1966
'Not I'	1972/1977
(first performed on stage in	1972)
'Ghost Trio'	1975/1977
'...but the clouds...'	1976/1977
'Quadrat'	1980/1981
'Nacht und Träume'	1983/1983
'What Where'	1983/1985
(first stage performance at Graz Festival	1983)

(title of play/ date of writing/date of production on TV and - in bracketts - on stage)

to be television-plays.

In my view *'Play'* (1963) is, properly speaking, the last „play" which Beckett wrote; I therefore consider

(title of play/ date of writing/ date of production on stage)

'Come and Go'		1965/1966
'Breath'		1966/1969
'That Time'	1974 and	1975/1976
"Footfalls"		1975/1976
'A Piece of Monologue'		1979/1979
'Rockaby'	1979 and/or	1980/1981
'Ohio Impromptu'		1980/1981
'Catastrophe'		1982/1982

to be microdramas, „dramaticules".

In the following observations I shall concentrate on the television-plays.

Reduction, abstraction, isolation and concentration -- Beckett's anthropological and behaviouristic views

The isolation of certain aspects of human behaviour in combination with reduction, abstraction and concentration seem to be the main principles of Beckett's late dramatic works, especially his works for television. The latter are in fact anti-television-plays, insofar as they reduce to a minimum the flood of images which the omnivorous TV-watcher is used to consuming („switch off your TV and switch on your imagination"). They are also anti-dramatic anti-action-plays; action is reduced to a minimum in *'Eh Joe'*, *'Ghost Trio'*, *'... but the clouds ...'*,

237

ristic of *'Ghost Trio'*, *'... but the clouds ...'*, and especially of *'Nacht und Träume'*.

The pieces in which there are remnants of action have in turn no interaction: In *'Quadrat'* the four figures in long gowns follow their pattern without consciousness, they are not „aware (or unaware) of one another as individuals"[12], there is no communication whatsoever. In *'What Where'* communication is reduced to a continually repeated ritual of torture (with interchangeability of interrogator and victim) and can be interpreted as the imaginations of one single character (Bam).

But are abstraction, reduction, isolation and separation of simple elements like voice, image, movement, silence, face, mouth, hand etc. merely techniques used to achieve aesthetic effects? Are the intriguing images (and words) of Beckett's late plays nothing but elements of a late version of „absurd theatre", elements of an artistic intention leading to abstract constructions (in the sense of *L'art pour l'art*) or to postmodern self-referential/metafictional games?

„No symbols were none intended", we can read in *'Watt'*.[13] Questions concerning the „meaning" of his works usually left Beckett bored: „*'Endspiel'* wird blosses Spiel sein. Nichts weniger. Von Rätseln und Lösungen also kein Gedanke." [14] („*'Endgame'* will be nothing but play. Nothing less. Of enigmas and solutions not a bit.") Beckett might also have said: „*'Quad'* is nothing but play, the *Quad*rangle is nothing but a play-ground". Though Beckett's „absurd" works deny „meaning" and protect themselves against interpretation, they nevertheless provoke and entice interpretation. Like in Kafka's works „meaning" is stimulated and at the same time denied.[15] In spite of this resistance to meaning and interpretation, one can see that Beckett's works convey very clear and uncompromising views of elementary aspects of life, i.e. of fundamentals of the human condition. „Basically he had a vision of the world and out of that vision he writes", John Calder comments this most outstanding characteristic of Beckett's work.[16] In this respect Beckett is quite anti-postmodern (with, however, postmodern techniques at hand); he has been constantly moving away from his postmodern metapoetic games in his early works (*'Eleutheria'*, *'More Pricks than Kicks'*, *'Dream of Fair to Middling Women'*).

In this regard reduction and abstraction, dissociation and concentration no longer appear to be merely formal features, they convey and condense these views and confine them to the essentials of human existence: *waiting, dying, speaking, thinking, searching, dreaming, repeating ever-same thoughts*. Beckett's simplicity must be seen in this context. *'Waiting for Godot'* is the best known example of a

---

12 . Martha Fehsenfeld, quoted in: *A Student's Guide to the plays of Samuel Beckett*, ed. Beryl S. and John Fletcher, London/Boston 1984, p. 260.

13 . Samuel Beckett, *Watt*, London: John Calder 1963, p. 255.

14 . Samuel Beckett, *Disjecta*, London 1983, p. 114.

15 . Cf. Hans H. Hiebel, *Die Zeichen des Gesetzes. Recht und Macht bei Franz Kafka*, München 1989.

16 . Cf., quoted in: Hans H. Hiebel, „John Calder on Samuel Beckett", p. 95.

parable about the *human condition* (where man can only *wait* and has only one option: to *play games)*, the condition of *homo ludens* (man *sub specie ludi*), or '*homo exspectans*'.

In the TV-version of *'Not I'* the character named „Mouth" becomes literally a „mouth", an illuminated section of a face in the dark. The stage character is reduced to a speaking mouth, the main organ of speech is isolated. Reduction in this case means that man is understood as a „speaking animal" (*homo loquens)*. Language (especially in the sense of a never-ending repetition of a set of words) seems to be *the* characteristic of man.

Beckett's poetics implies an anthropological or rather, behaviouristic[17] concept. The concept of man as a „speaking animal" or an „animal damned to wait, play and die" is in line with other anthropological concepts: with Marx's and M. Scheler's concept of man as a „tool-making animal", Bergson's „homo faber", J. Hiuzinga's „homo ludens", Heraclites' „homo sapiens" or Ortega y Gasset's „homo insciens" . The anthropologist looks at the *essentials* and *isolates* them, he works, like the behaviourist, with *abstraction*: that is, he ignores the incidental ornaments of the *condition humaine*.

In *'What Where'* the 'talking heads' of the three urns of '*Play'* return and become „thinking heads", compulsively repeating the same associations. With the words „I switch on" Bam indicates that the words of the others are nothing but his own imaginations or creations. This time the concept is that human beings produce no more than a never-ending repetition of thoughts (*homo repetens*, if you like). But there is also the aspect of a perpetuated *torture* and the aspect that there is *no answer* to the torturing questions *What?* and *Where?* Man is characterized as *homo insciens* and *homo torquens*.

In *'Quadrat'* human life appears to be a constant repetition of a *monotonous, never-changing life-pattern*, an existence without communication, without language, without free-will. The figures, driven by compulsion, seem to be unaware of one another: *homo insciens* again. Human beings, „committed to an endless unyielding punishment", bound to a „continuous movement of excruciating sameness"[18], are presented as *blind* and *imprisoned* in their world. The individual is imprisoned in his/her own life, and mankind is imprisoned in the eternal circle of *'Come and Go'*, of birth and death. (As *'Quadrat'* is neither a one-man-play nor an autobiographical piece like *'Krapp's Last Tape'* or *'Eh Joe'*, we may conclude that it deals with man in general.)

The opposite of the hectic life of *'Quadrat'* is the silence and slow motion of *'Nacht und Träume'*, Beckett's last of his lifelong anticipations of death: „Night is drawing nigh-igh"[19] : in *'Nacht und Träume'* -- perhaps in all of Beckett's works --

---

17 . Cf. Horst Breuer, *Samuel Beckett*, München 1972.
18 . Martha Fehsenfeld, in: *A Student's guide*, p. 260.
19 . Samuel Beckett, *Krapp's Last Tape*, in: *The Complete Dramatik Works*, p. 213-225, quotation p. 222.

man is seen as *lonely, ageing and bound to die*. „Birth was the death of him"[20] we can read in *'A Piece of Monologue'*. Kierkegard's concept of „being unto death" is Beckett's ultimate view of life -- as it is Kafka's: „Lebend sterben wir, sterbend leben wir"[21]. (Beckett's titles with the words „last", „go", „end" and „Nacht" clearly indicate the imminence and omnipresence of death.) Beckett's characters are dying (*homines moribundi*), or are dead already, as in *'Play'* and *'What Where'* (which two plays seem to go back to Sartre's *'Huis clos'*). In *'What Where'* it says, „We are the last five./ In the present as were we still" („Voice of Bam"[22]). *'Nacht und Träume'* repeats (in a very gentle way) what has been said in *'Krapp's Last Tape'*, *'Endgame'* and *'Come and Go'*. We recognize the imminence of death, the fading away of life, the passing away of time.[23] In *'That Time'* the „Listener" „smiles" at the end of the play, apparently he is - like Beckett himself - glad about the fact that the end is approaching.[24] (When Siegfried Unseld und Ulla Berkéwicz went to see Beckett in his shabby old people's home in Paris shortly before his death, he seemed to be glad to have finished it soon: „er strahlte, als habe er es bald geschafft."[25])

But *'Nacht und Träume'* also conveys the aspect that man has the ability to *dream* and to *imagine*. The anthropological view implied here is that man is an *imaginative being*. The „dreamt self" receives consolation by a hidden imaginary character whose arms touch his hair, hold his hand and offer him a chalice to drink. It is the dream of religion (concerning our deepest longing and grief).

Man as a lonely being, more exactly, as an abandoned partner, is portrayed in *'Eh Joe'*, *'Ghost Trio'* and *'... but the clouds ...'* (which echo *'Krapp's Last Tape'*). (The dissociation of character and voice, presence and past, reality and imagination also go back to *'Krapp's Last Tape'*; as well the division of character and voice-over in *'Rockaby'*, *'Eh Joe'*, *'Ghost Trio'*, *'... but the clouds ...'* or of dreamer and dreamt self in *'Nacht und Träume'*, *'What Where'*, *'That Time'* etc. stem from the duality of presence and recorded (!) past in *'Krapp's Last Tape'*.) Man appears to be an isolated, „windowless" monad (as Leibniz saw him). The protagonists of these *Larghi desolati*[26] show that love and loss are inevitable; the necessity to leave friends behind is connected with the necessity to age and die. *'Nacht und Träume'* also alludes to this experience, but in this play, in which reduction and abstraction reach their maximum, this is done implicitly.

The pieces for television (as well as most of the microdramas) throw light on

---

20. *A Piece of Monologue*, in: Shorter Plays, p. 265.

21. Franz Kafka, *Gesammelte Werke: Hochzeitsvorbereitungen auf dem Lande*, ed. Max Brod, Frankfurt a. M. 1966.

22. *What Where*, in: The Complete Dramatic Works, p.467-476, quotation p. 470.

23. Cf. Samuel Beckett: „Ich glaube auch, jenen Uhrenschlag zu hören", in a letter to the author (H. H. Hiebel), Paris 23 October 1985.

24. *That Time*, in: Shorter Plays, p. 235.

25. Ulla Berkéwicz to the author (H. H. Hiebel) at the Graz Festival, October, 1992, and in a letter, Frankfurt a.M., 17 June, 1993.

26. Cf. Vaclav Havel, *Largo Desolato* [play], Reinbek/Hamburg 1984.

basic aspects of the *human condition*; but if we put all these models of abstraction and reduction together, paradoxical *contradictions* arise: human beings are essentially defined by *language* -- and are at the same time defined as blind creatures that know *no language* and *no communication* whatsoever. Yet there is truth in the seeming one-sidedness of each model: each play in turn illustrates and illuminates just one of these basic aspects of life and brings it fully to our consciousness. Only we must not take its meaning literally. Society consists of isolated monads not communicating with one another, and society is, on the other hand, based on communication -- in the sense of universal division of labor, or in the sense of daily small-talk (*homo loquax*, if you like). Human beings apparently cannot live without permanent -- though superficial -- contact with their fellow-beings; they use language merely as a means of „phatic" communication (in the sense of Roman Jakobson: meaningless, nonreferential communication signalling nothing but existence and awareness; Jakobson differentiates between the phatic, referential, conative, emotive and poetic functions of language). Man is a lone wolf -- and also a gregarious animal, an individualist and a social being (*zoon politicon*).

Beckett and Kafka

As far as reduction, abstraction, isolation, absurd or paradoxical contradiction and also anthropological or behavioural outlook are concerned, there is a great similarity between Beckett and Kafka.

In *'Der Bau'* (*'The Burrow'*) human behaviour is interpreted as an act of „digging oneself into the earth", of isolating oneself in search of security; in *'Josefine, die Sängerin oder das Volk der Mäuse'* (*'Josephine the Singer, or the Mouse Folk'*) communication is interpreted as a meaningless „whistle", which holds people together; in *'Beim Bau der Chinesischen Mauer'* (*'The Great Wall of China'*) society and history are likened to *uncoordinated and unfinished construction work*. The story *'Forschungen eines Hundes'* (*'Investigations of a Dog'*) demonstrates the absence of any transcendence and sees man as an earthly, natural being, as an 'investigating animal' (not as a *„toolmaking animal"*, not as *homo sapiens*).

In *'Forschungen eines Hundes'* Kafka reduces human thinking to a childish form of philosophy or „investigation", to the simple question, if „nourishment" derives from „above" or from „beneath"; it is the question of a dog (the 'narrator's' and 'main character's' question): „I began my inquiries with the simplest things [...]. I began to enquire into the question what the canine race nourished itself upon. Now that is, if you like, by no means a simple question, of course; it has occupied us since the dawn of time, it is the chief object of all our meditation, countless observations and essays and views on this subject have been published, it has grown into a province of knowledge which in its prodigious compass is not only beyond the comprehension of any single scholar, but of all our scholars collectively [...]."[27] „Whence does the earth procure this food?" Does

---

27 . *Investigations of a Dog*, in: *The Penguin Complete Short Stories of Franz Kafka*, ed. Na-

the „earth" engender it, or does it come „from above"?[28] We can easily recognize that Kafka gives his view of the human condition and its main question: „Do we solely live on earthly nourishment or also on spiritual, religious, transcendental 'food'?" The answer Kafka gives is rather disillusioning: The investigating dog, the 'Hundeforscher', who refuses to eat - as does Kafka's *'Hungerkünstler'* (*'The Hunger Artist'*) - , finds no answer: *homo insciens*; he is unable to discover anything else but earthly, wordly nourishment. Man is a *natural, animal-like being*. (We are reminded of the animal Gregor Samsa has turned into in Kafka's story *'Die Verwandlung', 'The Metamorphosis'*.)

On the other hand, to live the life of a natural being means struggle and pain; therefore the *'Hungerkünstler'* -- not unlike Beckett's *'Krapp'* -- tries to refrain from life, he tries -- like the authors of these two more or less autobiographical works -- to lead a Schopenhauerian life of seclusion and contemplation. But for the hunger artist this life necessarily leads to death.

Let us look more closely at the narratives mentioned. *'Der Bau'* reduces human existence to the question of how one can be secure in a world of enemies. Reduction, abstraction and isolation focus on one fact, on the fact that the animal in its burrow digs itself deep into the earth in order to gain absolute *security*. But finally the great enemy (or a group of enemies) appears from within the earth, a hissing noise not far from the gangways of the burrow can be heard. Being safe is an impossibility. Nevertheless the animal deceives itself; the narrative is full of paradox remarks like the following: „But the most beautiful thing about my burrow is the stillness. Of course, that is deceptive. At any moment it may be shattered and then all will be over."[29] The animal in the burrow also deceives itself in believing that there „have been happy periods in which I could almost assure myself that the enmity of the world toward me had ceased or been assuaged, or that the strength of the burrow had raised me above the destructive struggle of former times".[30] But finally the animal admits that the „great burrow stands defenseless", the hissing of a great animal or of a group of animals can no longer be ignored:

„I rise up and rush, as if I had filled myself up there with new anxieties instead of peace, down into the house again. What was the state of things the last time I was here? Had the whistling grown fainter? No, it had grown louder. I listen at ten places chosen at random and clearly notice the deception; the whistling is just the same as ever, nothing has altered [...]."[31]

Kafka illustrates the dictum of Hobbes: *homo homini lupus*. Man is an *individualist*, but cannot find security and freedom if he thinks only of himself. Even when he withdraws from society the hostility of the world makes itself felt, it is

---

hum N. Glatzer, Harmondsworth 1983, p. 286 f.

28 . Ibid., p. 302 f.
29 . Franz Kafka, *The Burrow*, in: *Complete Short Stories*, p. 317.
30 . Ibid., p. 335.
31 . Ibid., p 357.

now to be found in the interior of the mind.

In *'Beim Bau der Chinesischen Mauer'* communication and social cooperation are represented as „Teilbau" („principle of piecemeal construction"), as a process of *isolated activities* of groups that take no notice of one another. This piecemeal construction is done this way: „gangs of some twenty workers were formed who had to accomplish a length, say, of five hundred yards of wall, while a similar gang built another stretch of the same length to meet the first. But after the junction had been made the consctruction of the wall was not carried on from the point, let us say, where this thousand yards ended; instead the two groups of workers were transferred to begin building again in quite different neighbourhoods."[32] The groups believe their construction work will finally add up and finish the *'Great Wall'*, i.e. the edifice of society. But this belief is an illusion. The anthropological implication of this parable (which in its allegorical construction and its allusions to the myth of Sisyphus may remind us of the cylinder in Beckett's *'The Lost Ones'*) is that man lives on *illusions* and *dreams*.

The allegorical aspect of the *'Great Wall'* can be linked to Kafka's earlier story *'In der Strafkolonie'* (*'In the Penal Colony'*, 1914), in which the condemned are tortured by a machine which itches the sentence into the body of the delinquent: „'It's a remarkable piece of apparatus,' said the officer to the explorer and surveyed with a certain air of admiration the apparatus which was after all quite familiar to him. The explorer seemed to have accepted merely out of politeness the Commandant's invitation to witness the execution of a soldier condemned to death for disobedience and insulting behaviour to a superior."[33] According to the impulses of the „Designer" the so-called „Harrow" with its „needles" itches the appropriate commandment into the flesh of the condemned; the „script itself runs around the body only in a narrow girdle; the rest of the body is reserved for the embellishments."[34] In this rather sarcastic story Kafka portrays a world which appears to be a torture machine; the hell of this *'Penal Colony'* shows certain similarities with the *Inferno* which Beckett depicts in *'The Lost Ones'*.

In *'Josefine, die Sängerin'* the songs of the mouse, who defines herself as an artist, turn out to be nothing but a „whistle" -- which in no way differs from the whistle of the other mice. „After all, it is only a kind of piping that she produces. If you post yourself quite far away from her and listen [...] you will undoubtedly distinguish nothing but a quite ordinary piping tone, which at most differs a little from the others through being delicate or weak."[35] Art is reduced to the mere fact of „phatic"-- that is, meaningless -- communication. Moreover, the communication of the whole of society can be interpreted as meaningless murmur. But man as *ens sociale* is dependent of this form of contact. The meaningless whistle con-

---

32 . *The Great Wall of China*, in: *Complete Short Stories*, p. 235.
33 . *In the Penal Colony*, in: *Complete Short Stories*, p. 140.
34 . Ibid., p. 149
35 . Franz Kafka: *Josephine the Singer, or the Mouse Folk*, in: *Complete Short Stories*, p. 361.

veys a sort of consolation; but, as the whistle is identical with speech/language, it implies no truth. Human society appears as an ensemble held together by meaningless and senseless „phatic" utterances.

In one of his rather unknown sketches Kafka reduces human existence to a minimum of activity, to eating and excreting the digested nourishment; we come close to the most elementary and most simple of human activities, that is, to inhaling and exhaling (beginning at the point of being born and ending at the point of dying) to which the action of Beckett's play *'Breath'* comes down to. Kafka's story could in fact have been written by Beckett; there are striking similarities between it and texts by Beckett like *'Ping'* or *'Stirrings still'*, and -- as far as the characteristics of the location is concerned -- we are also reminded of *'Endgame'*, *'Eh Joe'*, *'Ghost Trio'* and *'Nacht und Träume'*. The parable - which we could entitle *'The Cell'* (*'Die Zelle'*)- is probably the most Beckettian text of all of Kafka's works:

[Die Zelle]

Es war keine Gefängniszelle, denn die vierte Wand war völlig frei. Die Vorstellung allerdings, daß auch diese Wand vermauert sein oder werden könnte, war entsetzlich, denn dann war ich bei dem Ausmaß des Raumes, der ein Meter tief war und nur wenig höher als ich, in einem aufrechten steinernen Sarg. Nur vorläufig war sie nicht vermauert, ich konnte die Hände frei hinausstrecken und, wenn ich mich an einer eisernen Klammer festhielt, die oben in der Decke stak, konnte ich auch den Kopf vorsichtig hinausbeugen, vorsichtig allerdings, denn ich wußte nicht, in welcher Höhe über dem Erdboden sich meine Zelle befand. Sie schien sehr hoch zu liegen, wenigstens sah ich in der Tiefe nichts als grauen Dunst, wie auch übrigens rechts und links und in der Ferne, nur nach der Höhe hin schien er sich ein wenig zu lichten. Es war eine Aussicht, wie man sie an einem trüben Tag auf einem Turm haben könnte.
Ich war müde und setzte mich vorn am Rand nieder, die Füße ließ ich hinunterbaumeln. Ärgerlich war es, daß ich ganz nackt war, sonst hätte ich Kleider und Wäsche aneinandergeknotet, oben an der Klammer befestigt und mich außen ein großes Stück unter meine Zelle hinabgelassen und vielleicht manches auskundschaften können. Andererseits war es gut, daß ich es nicht tun konnte, denn ich hätte es wohl in meiner Unruhe getan, aber es hätte sehr schlecht ausgehn können. Besser nichts haben und nichts tun.
In der Zelle, die sonst ganz leer war und kahle Mauern hatte, waren hinten zwei Löcher im Boden. Das Loch in der einen Ecke schien für die Notdurft bestimmt, vor dem Loch in der anderen Ecke lag ein Stück Brot und ein zugeschraubtes kleinen Holzfäßchen mit Wasser, dort also wurde mir die Nahrung hereingesteckt.[36]

---

36 . Franz Kafka, *Hochzeitsvorbereitungen*, pp. 345 f.

[*'The Cell'*]

It was not a prison cell, for the fourth wall was missing completely. Admittedly, the idea that this wall too was already, or might yet become, walled over, was dreadful, for then, given that the space was just one metre deep and was only a little taller than me, I was in an upright stone coffin. Only provisionally was the wall not yet built over; I could stretch my hands outside freely and, if I took firm hold of an iron hook in the ceiling above me, I could also bend my head outside cautiously - cautiously, it has to be said, for I did not know how high my cell was above the ground. It seemed to be very high up, at any rate I could see nothing in the depths below me but a grey haze; it was the same to the right and to the left, and in the distance; only higher up did the haze seem to clear a little. It was a view such as one might have from the top of a tower on a murky day.

I was tired and sat down at the front edge, letting my feet dangle down. It was annoying that I was completely naked, otherwise I would have knotted my clothes and underwear together, tied them to the hook above me, and let myself down a good way below my cell, where I might perhaps have been able to spy out this or that a fair bit below. On the other hand, it was good that I was unable to do so, for I would likely have done it, restless as I was, but it could have turned out very badly. Better to have nothing and to do nothing.

At the back of the cell, which was otherwise quite empty and had bare walls, there were two holes in the floor. The hole in one corner seemed intended for meeting the call of nature; in front of the hole in the other corner lay a piece of bread and a little wooden barrel containing water, which had its lid screwed shut; so that was where nourishment was put in for me.

Kafka's cell and „upright coffin" reminds us vividly of various of Beckett's cells. There is no way out, man is imprisoned (like in '*Ping*' or '*The Lost Ones*'). There is no communication, the protagonist is isolated completely. Life appears to be a form of „being unto death" like in '*Ghost Trio*' and '*Nacht und Träume*'.

As we can see, in Kafka's late stories -- as in Beckett's late plays -- abstraction and isolation lead to a certain anthropological outlook.

Kafka, like Beckett, isolates certain aspects of human life, but he does this by using the animal-metaphor, by choosing certain animals or certain features of animals to incorporate and illustrate his anthropological views. Kafka mostly works with this animal-metaphor to create isolation and abstraction. However, a complete allegorical equation is never established; the story always leads to a comic play with absurd and paradoxical impossibilites („animals" which „speak" etc.). In this respect, too, we can find similarities between Kafka and Beckett, or, if you like, between Kafka and the drama of the absurd in general.

Beckett however -- unlike Kafka -- uses human figures, not metaphors, in his works. He imagines sexless, de-individualized figures with long white hair in long gowns etc. These androgynous figures may imply certain metaphoric aspects, but Beckett never uses animals or objects for metaphoric purposes. In Kafka there is still much allegory, though he aims at the representation of an absurd universe devoid of any meaning; Beckett, however, leaves allegory and metaphor -- together with hermeneutics and the search for meaning -- behind, and aims for „blosses Spiel".

Apart from these obvious differences, Kafka and Beckett nevertheless have very much in common: they isolate certain aspects of reality and work with reduction, concentration and abstraction -- and by this achieve certain anthropological (and at times behaviouristic) models, models that imply deepest experiences and reveal most fundmental und universal aspects of the human condition.

In both cases this is not done without humour.

Psychoanalyse *von* Kafkas Texten oder Psychoanalyse *in* Kafkas Texten[1]

I. Kafkas Psychologie

Im Folgenden soll der methodologischen Frage nach dem Verhältnis von Psychologie als *Gegenstand* und Psychologie als *Methode* nachgegangen werden, d. h. der Unterscheidung von psychologischen Vorstellungen bzw. Kenntnissen eines Autors (des „Gegenstands"), seien sie nun in expliziter oder in impliziter, höchst verborgener Weise im Text enthalten, einerseits - und der Applikation einer psychologischen *Methode* auf einen beliebigen Autor und/oder seine Texte andererseits.

Die Psychologie eines Werkes oder Autors kann zwei Seiten haben, eine implizite und/oder eine explizite. Psychologisches mag einzig und allein in impliziter Weise im literarischen Werk eines Autors enthalten bzw. verborgen sein (im Sinne einer *intentio operis*, die sich in den Charakteren und Handlungen oder auch in der Textstruktur verrät), aber es kann unter Umständen auch in expliziter Form artikuliert vorliegen, d. h. als theoretische Äußerung des Autors (im Sinne einer *intentio auctoris*). Die genannte Zweiteilung „psychologischen" Interpretierens bedeutet für die Interpretationsarbeit eine notwendige Zweiteilung des Vorgehens: Als primär muß immer die Rekonstruktion der werkimmanenten Psychologie des Werks bzw. Verfassers gesehen werden, d. h. die Rekonstruktion der Intention von Werk und Autor (*intentio operis* und *intentio autoris*); erst nach Klärung dieser Gegebenheiten der *Werkimmanenz* (sozusagen nachdem man den Text bzw. Autor in seiner Intention verstanden hat) kann man daran gehen, den Autor sozusagen „besser" verstehen zu wollen, als er sich selbst verstanden hat, d. h. psychologische oder psychoanalytische („tiefenhermeneutische"[2]) Exegesen nach Maßgabe der Intention des Rezipienten (*intentio lectoris*)[3] unternehmen, also Psychologie als *Methode* - von außen aus der *Werktranszendenz* - an das Werk

---

1. Die Überlegungen dieses zweiteiligen Kapitels gehen zurück auf: Hans H. Hiebel: Franz Kafka: „Ein Landarzt", München 1984, S. 83-105; Hans H. Hiebel: Franz Kafka. Kafkas Roman „Der Prozeß" und seine Erzählungen „Das Urteil", „Die Verwandlung", „In der Strafkolonie" und „Ein Landarzt": Begehren, Macht, Recht. Auf dem französischen Strukturalismus (Lacan, Barthes, Foucault, Derrida) beruhende Textanalysen, revidierte und ergänzte Auflage, Hagen 1998 (= Lehrbrief der Fernuniversität Hagen), S. 95-123.
2. Vgl. diesen Terminus bei: Jürgen Habermas: Erkenntnis und Interesse, Frankfurt a. M. 1968, S. 262-332 (zu Freud), bes. S. 267. Die Selbstüberschreitung des Selbstverständnisses durch „Selbstreflexion" charakterisiert nach Habermas die Verfahren der Psychoanalyse und der Ideologiekritik.
3. Zur genannten Dreiteilung vgl. Umberto Eco: Die Grenzen der Interpretation, München 1992, S. 1-58, bes. S. 35.

herantragen. Im folgenden Kapitel werden wir uns dem ersten Schritt, der Psychologie als *Gegenstand* und der *intentio operis* bzw. *auctoris* zuwenden und nach Kafkas Stellung zur Psychologie fragen.

Zu Kafkas Zeiten gab es noch keine strukturelle Psychoanalyse à la Lacan, keine Diskurs- und Herrschaftstheorie à la Foucault, keine Kritik der logozentrischen Hybris à la Derrida. Wenn der Interpret in Kafkas Werk Parallelen findet, dann bedeutet dies nur, daß er Modelle theoretischer Herkunft nützt, um mit ihrer Hilfe auf *parallele* Ideen bei Kafka, der die Erkenntnisskepsis des modernen (auch poststrukturalistischen) Denkens vorwegzunehmen scheint, hinzuweisen. Allerdings entstand bereits um 1900 die tiefenhermeneutische Psychologie, d. h. die Psychoanalyse; Kafka kannte sie: „Gedanken an [...] Freud natürlich", notierte er erläuternd zu seiner Geschichte 'Das Urteil' (T 294). Weniger über Freud selbst als über Freudschüler und Freudanhänger (wie Blüher, Stekel, Tagger) scheint sich Kafka die moderne Psychoanalyse mitgeteilt zu haben. Ich möchte folgende These aufstellen und meine Deutung der Kafkaschen Freudinterpretation vorwegnehmen: Kafka akzeptierte die Psychoanalyse weitgehend, allerdings nur in ihren differenzierteren Erscheinungen und weniger im Hinblick auf die verwässerten und dogmatischen Phantasien zweitrangiger Freudianer; aber Kafka glaubte auf der anderen Seite nicht an die *Kausalerklärungen* der Psychoanalyse und vor allem nicht an ihre *therapeutischen* Möglichkeiten. Das bedeutet, daß die Psychoanalyse für Kafka nichts anderes war als eine Story: eine Geschichte, eine Erzählung, ein Mythos, eine bildliche bzw. sinnbildliche Interpretation der Welt und der Seele, wie sie eben Mythologie und Erzählkunst auch liefern. Wie der Mythos - Kafkas Metamythos 'Prometheus' (ER 351 f.) zufolge - das „Unerklärliche zu erklären sucht", aber im „Unerklärlichen" endet, so versucht Kafka zufolge auch die Psychoanalyse des Individuums oder des Kollektivs eine Erhellung unseres Daseins zu liefern, muß aber letztlich im bloß Sinnbildhaften verharren, d. h. ins „Unerklärliche" zurückführen.

Kafkas Erzählungen oder Mythen nehmen oft den Charakter von Metamythen an, von metafiktionalen bzw. autoreferentiellen Deutungen von Erzählungen, Sinnbildern, Mythen. Auch die psychologischen Texte - wie 'Der Steuermann', 'Das Urteil', 'Die Verwandlung', 'Der Landarzt', 'In der Strafkolonie', 'Der Proceß' - machen sich eigentlich die Psychologie zu ihrem Reflexions-Gegenstand und erheben sich damit auf die Höhe einer Metaebene. Oft erlangen die Texte geradezu den Status einer Parodie oder zumindest Kontrafaktur („Freuet [sprich: Freud] Euch, Ihr Patienten, der Arzt ist Euch ins Bett gelegt", heißt es in 'Ein Landarzt') (ER 145). Wie 'Prometheus', 'Poseidon', 'Von den Gleichnissen' und ähnliche Texte Kafkas *Meta*-Mythen darstellen, so figurieren Kafkas psychologische Werke auch und vor allem als *meta*psychologische Texte. Kafka portraitiert die Psychoanalyse in indirekter Weise - oder legt zumindest psychologische Mechanismen offen, wie sie die Psychoanalyse beschreibt und typisiert; aber Kafka tut dies teilweise im Sinne einer *Theoriekonkurrenz*[4], d. h. mit dem Anspruch, die Psychoanalyse nicht nur wiederzugeben oder zu spiegeln, sondern sie zugleich

---

4. Diesen Hinweis verdanke ich Gisbert Ter-Nedden.

auch zu hinterfragen und zu problematisieren und vor allem ihren bloß sinnbildlichen (bzw. narrativen, mythischen) Charakter zu demonstrieren.

Kafkas Gedanken zur Psychologie, wie sie sich vor allem in Tagebüchern und Briefen äußern, sollen hier im folgenden rekonstruiert werden. Wie verhält sich Kafkas Theorie bzw. Psychologie, geäußert in Briefen und Aufzeichnungen, soweit etwas derartiges existiert, zu seiner literarischen Praxis und deren psychologischen Implikationen? (Kafkas Primärtexte mit ihrer impliziten Psychologie gehen allerdings – so meine These – weit über das von ihm sporadisch explizit Geäußerte hinaus.)

Bald nach dem Ausbruch der Lungentuberkulose und dem ersten Blutsturz[5] schreibt Kafka am 5.9.1917 an seinen Freund Max Brod im Rückblick auf seine Erzählung vom Januar/Februar 1917: „Auch habe ich es selbst vorausgesagt. Erinnerst Du Dich an die Blutwunde im 'Landarzt'?" (BR 160) Kafka bezieht die Wunde des Patienten also auf sich selbst und deutet sie als psychosomatische Krankheit; er hat das Symptom „Tuberkulose" beschrieben, bevor es offenkundig wurde: ein „Geschwür", das man plötzlich „an seinem Leib" bemerkt, das zunächst „noch nicht zu existieren" scheint, dann jedoch „mehr als alles ist, was wir seit unserer Geburt leiblich besaßen" (T 20, 1910). Brod berichtet, Kafka habe den Bluthusten von Anbeginn als „psychisch" bedingt bezeichnet und in ihm die „Rettung vor der Heirat" und zugleich die „endgültige Niederlage" gesehen (Brod 144)[6].

Die privatsprachliche Anspielung („rosa Wunde") auf die kommende Lungenkrankheit und den Konflikt mit Felice Bauer (die in „Rosa" wiedererscheint) wird durch ein impliziertes verallgemeinerndes Theorem psychosomatischer Natur wieder zum öffentlichen Text. In diesem Sinne bergen Kafkas „semi-private games" oder „Mystifikationen", wie sie M. Pasley nennt[7], immer Allgemeines im Privaten. Kafkas Reflexionen über das Symptom - in den Briefen und Tagebüchern - sind daher auch als Kommentare zu poetischen Darstellungen (und ihren Implikationen) zu verstehen.

Kafka entwickelt zunächst eine 'psychosomatische', dann zunehmend eine 'fundamentalontologische' Theorie des Symptoms. Im September 1917 schreibt er an Brod:

> Manchmal scheint es mir, Gehirn und Lunge hätten sich ohne mein Wissen verständigt. 'So geht es nicht weiter' hat das Gehirn gesagt und nach fünf Jahren hat sich die Lunge bereit erklärt, zu helfen. (BR 161)

Hinter der Wunde liegt eine andere Wunde: „die Wunde, deren Sinnbild nur die

---

5. Vgl. Chris Bezzel: Kafka-Chronik, S. 127 ff.; O 39; BR 159.
6. Vgl. die Parallele zu Gustave Flaubert, für welchen ähnlich die willentlich-unwillentlich, inert-aktiv hervorgerufene „Nervenkrankheit" die allem praktischen Sein entzogene Schriftsteller-Existenz begründet und zugleich die Poetik der „Derealisierung"; Jean-Paul Sartre: Der Idiot der Familie. Gustave Flaubert 1821-1857, Reinbek 1978, Bd. 4.
7. Malcolm Pasley: Drei literarische Mystifikationen Kafkas. In: Jürgen Born u. a. (Hg.): Kafka-Symposion, 2. Aufl. Berlin 1966, S. 21-37; ders.: Kafka's Semi-Private Games. In: Oxford German Studies 6, 1971/72, S. 112-131.

Lungenwunde ist." (BR 161) Die psychische 'Wunde' wird physisch metaphorisiert - oder sie wird tatsächlich als physische - in einem fundamentalen Sinne des Wortes – verstanden (als „Wunde"). Im zitierten Brief schreibt Kafka weiter, er verhalte sich zur

> Tuberkulose, wie ein Kind zu den Rockfalten der Mutter, an die es sich hält. Kommt die Krankheit von der Mutter, stimmt es noch besser, und die Mutter hätte mir in ihrer unendlichen Sorgfalt, weit unter ihrem Verständnis der Sache, auch noch diesen Dienst getan. (Ebd.)

Krankheit und Todeswunsch sind der Griff nach den „Rockfalten" der Mutter, von der die Krankheit vielleicht auch „kommt". Wie der Vater (vgl. H 162 ff.), so ist auch die Mutter unschuldig schuldig. In der Kompromißbildung aus Wunsch und Abwehr, wie sie jedes Symptom konstituiert, vermitteln Elemente des Wunsches oder der Sehnsucht den „Krankheitsgewinn". Die angedeutete Rückkehr zur Mutter weist nicht allein auf einen Zuwendungsgewinn, sondern auch auf das, was Freud den Todestrieb nannte. Jacques Lacan hat diesen als Regressionswunsch, als Zurückwollen hinter Ödipus, Separation und Entwöhnung bestimmt; das Subjekt suche in „seiner Preisgabe an den Tod die Mutterimago wiederzufinden"[8]. Nicht nur der Lebenstrieb mit seiner Tendenz zum todähnlich-anorganischen Ruhezustand absoluter Befriedigung ist paradox, auch der Todestrieb ist es mit seinem lebenwollenden (sic!) Wunsch nach Erfüllung entsprechend dem Bilde ursprünglicher Totalität. Die Anorexie als Inbegriff und bekannteste Ausformung des Todeswunsches (ihre Spur ist in Kafkas Leben wie in seinem Werk - insbesondere im 'Hungerkünstler' - deutlich zu erkennen) erscheint in unserem Zusammenhang wieder in der 'Weigerung' der Lunge 'zu atmen'. Die Wunde des Jungen im 'Landarzt' hat ihn – dem entsprechend - dem „Schoß" der Familie zurückgegeben bzw. ihn dort festgehalten im „Zögern vor der Geburt" (T 561).

Kafkas durchdringendem und zugleich allegorisierendem Blick wurde der Körper transparent und die Seele leibhaftig. Er wiederholt 1917, 1918 und 1921:

> Ich habe es immer als mein besonderes Unglück gefühlt, daß ich (Verkörperlichung der Symbole!) förmlich nicht genug Lungenkraft hatte, der Welt die Mannigfaltigkeit für mich einzublasen, die sie ja, wie die Augen lehren, offenbar hat. (BR 235; 1918)
> Es ist auch glaubwürdig, daß die Tuberkulose eingeschränkt wird, jede Krankheit wird schließlich eingeschränkt. Es ist damit so wie mit den Kriegen, jeder wird beendet und keiner hört auf. Die Tuberkulose hat ihren Sitz ebensowenig in der Lunge, wie z. B. der Weltkrieg seine Ursache im Ultimatum. Es gibt nur eine Krankheit, nicht mehr, und diese eine Krankheit wird von der Medizin blindlings gejagt wie ein Tier durch endlose Wälder. (BR 320; 1921)

---

8 . Jacques Lacan: Die Familie. In: Schriften III, Olten und Freiburg i.Br. 1980, S. 39-100, Zit. S. 52; vgl. die genaue Entsprechung dazu bei Margarete Mitscherlich-Nielsen: Psychoanalytische Bemerkungen zu Franz Kafka. In: Psyche 31 (1977), S. 60-83. (Sie stellt hier zu Recht die Mutterproblematik dem vieldiskutierten Vaterproblem an die Seite.)

> Ich bin zu der Überzeugung gekommen, daß die Tuberkulose, so wie ich
> sie habe, keine besondere Krankheit, keine eines besonderen Namens werte
> Krankheit ist, sondern nur eine [...] Verstärkung des allgemeinen Todes-
> keims. (BR 177, Oktober 1917)

Die somatische Krankheit ist also nur ein Symptom einer tiefersitzenden Krankheit, einer mehr geistigen, psychischen, ja existentiellen Krankheit.

Vom Zusammenhang von Heiratsplan und Vorgeschichte, von Aktualisierung, Wiederkehr des Verdrängten und Urszene spricht schon die Tagebuchstelle vom 15.9.1917:

> Ist die Lungenwunde nur ein Sinnbild, wie du behauptest, Sinnbild der
> Wunde, deren Entzündung F. [Felice Bauer] und deren Tiefe Rechtfertigung
> heißt, ist dies so, dann sind auch die ärztlichen Ratschläge (Licht, Luft, Son-
> ne, Ruhe) Sinnbild. (T 529)

Der Körper ist Sinnbild der Seele, die Seele Sinnbild des Körpers. Die Lungenkrankheit geht auf die Probleme mit der Verlobten zurück und noch weiter auf Rechtfertigungszwänge und den Mangel an Selbstwertgefühl; Licht- und Luft-Therapie andererseits sind auch nur „Sinnbild", d. h. materiell gefaßte, aber seelisch-geistige Gesten. Die Grenze der differentiellen Opposition Körper-Seele ist tendenziell aufgehoben. Es eröffnet sich ein Zirkel, den Kafka - die seelisch-physischen bzw. geistig-physischen Interaktionen hellsichtig erkennend - unter anderem folgendermaßen wiedergibt:

> Die körperliche Krankheit ist hier nur ein Aus-den-Ufern-Treten der geisti-
> gen Krankheit; will man sie nun wieder in die Ufer zurückdrängen, wehrt
> sich natürlich der Kopf, er hat ja eben in seiner Not die Lungenkrankheit
> ausgeworfen und nun will man sie ihm wieder aufdrängen, und zwar gerade
> in einem Augenblick, wo er die größte Lust hat, noch andere Krankheiten
> auszuwerfen. Und beim Kopf anfangen und ihn heilen, dazu gehörte die
> Körperkraft [sic!] eines Möbelpackers, die ich mir eben aus dem obigen
> Grunde niemals werde verschaffen können. (BR 242, Juni 1918)

Die ‚eigentliche' Ursache ist geistig-psychisch, aber um sie zu „heilen" ist stärkste „Körperkraft" nötig. Das Verhältnis von Wesen und Erscheinung hat sich nochmals verkehrt: Das Symptom ist nun die Sache selbst und nicht bloß Indiz einer Eigentlichkeit jenseits seiner selbst. Kafka stellt die Rede von der „Eigentlichkeit" in Frage und hebt sie mit seinem Zirkel-Bild auf.

Als inkarniertes „Sinnbild" („Sinn"-Bild) ist das Symptom *sprachlicher* Natur: Bekanntlich ist in der Psychoanalyse das psychische wie das somatische Symptom verstanden worden als „Kompromißbildung" zwischen Wunsch und Abwehr nach den Gesetzen der metaphorischen Substitution und der metonymischen Kombination.[9] „Le névrosé refoule le signifié de son symptôme."[10] Der Körper

---

9. Vgl. „Symptom" bei Laplanche/Pontalis: Das Vokabular der Psychoanalyse, 2 Bde., Frankfurt a. M. 1973, (= stw 7), Bd. 2, S. 490. Im Körpersymptom und Zwangshandlungssymptom ist

kann selbst Feld der Rhetorik des Unbewußten werden, der Metapher und der Metonymie. (Eine „Fehlleistung" (z. B. ein „Versprecher") oder ein „Ver-sagen" eines Muskels, eine Lähmung usw. – also Symptome - können unbewußte Wünsche oder Konflikte artikulieren.) In dem Maße, wie der Körper einst selbst gezeichnet wurde, vermag er seinerseits zu bezeichnen. Daher gelangt Lacan zu seiner fundamentalen Einsicht, daß „L'inconscient ait la structure radicale du langage, qu'un matériel y joue selon des lois, qui sont celles que découvre l'étude des langues positives"; „l'inconscient est le discours de l'Autre".[11]

All diese Gedanken scheint der '*Landarzt*' zu implizieren. Die rosa-blutige Wunde, die sichtbar und unsichtbar zugleich ist, weist auf eine physische Krankheit wie auf einen psychischen, geistigen Grund. Sie weist auf die Doppelheit von Begehren und Abwehr, Wunsch und Tabu; sie ist Metonymie und Metapher für ein seinerseits selbst metaphorisches bzw. metonymisches Körpersymptom (die „Lungenwunde" z. B.) oder auch direkt für die Ursache des Symptoms („geistige Krankheit", „Rechtfertigung", Urszene) - daher hat sie eine dunkle „Tiefe" und eine hellere Oberfläche; sie dauert und währt als „gewesende", sie ist gegenwärtige Vergangenheit, d. h. „Wiederkehr des Verdrängten"; sie wird wieder „entzündet" durch einen äußeren Anlaß, ein bloßes Zeichen: „Rosa", d. h. eine Frau, einen Namen, ein physiognomisches Zeichen, ein „kleines Wort", eine „kleine Handlung", die „Begehren" und „Angst" erzeugen (vgl. M 180 ff.). Sie weist auf den Todestrieb bzw. „Todeskeim" (!) und den Wunsch nach der Rückkehr zur „Mutter" (BR 161, 177), sie weist auf Thanatos, den Todestrieb, der jeder Verdrängung, jedem Aufschub, jedem Symptom innewohnt[12].

Wenn Kafka von der „Wunde, deren Entzündung F. und deren Tiefe Rechtfertigung heißt", spricht, so läßt sich auch dies auf den '*Landarzt*' beziehen, den Anlaß der Reise („Rosa") und die Entdeckung des Immer-schon-Währenden („Wunde"). „[D]unkel in der Tiefe, hellwerdend zu den Rändern", heißt es: Die Darstellung der Wunde selbst wiederholt jene Doppelung, nach welcher „Rosa"

---

auch die Metapher am Werk: die „Metapher, in der das Fleisch oder die Funktion als signifikantes Element genommen werden", Jacques Lacan: Schriften II, hg. von N. Haas, Olten und Freiburg i. Br. 1975, S. 44.

10 . Anika Lemaire: Jacques Lacan, Brüssel 1977, S. 336 („Der Neurotiker verdrängt das Signifikat seines Symptoms.")

11 . Jacques Lacan: Écrits, Paris 1966, S. 594 u. 549; vgl. die Übersetzung: Jacques Lacan: Schriften I, hg. von N. Haas, Olten 1973 und Frankfurt a. M. 1975, S. 182 („daß das Unbewußte radikal die Struktur von Sprache hat, daß ein Material hier im Spiel ist nach Gesetzen, die mit denen identisch sind, die das Studium der positiven Sprachen freilegt"; Lacan, Schriften II, S. 181 („Das Unbewußte ist der Diskurs des Anderen").

12 . „La pulsion de mort est l'énergie spécifique qui permet le contre-investissement nécessaire au refoulement originaire, créateur de l'inconscient." [Der Todestrieb ist die spezifische Energie, welche die Gegenbesetzung ermöglicht, die nötig ist zur Urverdrängung, der Schöpferin des Unbewußten], Lemaire, Lacan, S. 255; Der tödliche Sinn der Libido trete hervor, „weil der Signifkant als solcher in das Subjekt, indem er in erster Intention es schräg durchstrichen hat [sujet barré $], den Sinn für den Tod eintreten ließ (Der Buchstabe tötet, aber wir erfahren dies durch den Buchstaben selber). Deswegen ist jeder Trieb virtuell Todestrieb", Lacan , Schriften II, S. 228.

Anlaß oder „Entzündung" der „Ränder" der Wunde wäre, und die „dunkle Tiefe" ihr währender Grund; ja, das Drama mit Rosa kann zudem als Verdichtung von *Urszene* und *Wiederholung* derselben gelesen werden, wobei eine Imago bzw. ein Name oder ein Zeichen - „Rosa" - die Gleichsetzung ermöglichte.

Die „Rechtfertigung" nun gehört unmittelbar zum Ödipuskomplex, sie entspringt dem Schuldgefühl, welches nur die der Anklage des Über-Ichs „entsprechende Wahrnehmung im Ich"[13] ist. Schuldgefühl, Mangel an Selbst(wert)gefühl, Selbstherabwürdigung, Selbstanklage, Selbstentwertung, Masochismus, Zwangsgedanke, Zwangshandlung, Scham und Angst sind – schenken wir den orthodoxen Freudianern Glauben - Korrelate des ödipalen Abwehrvorgangs, mithin Male und Äußerungsformen der „symbolischen Kastration"[14]. Der „dunklen Tiefe" der Wunde kann man mithin den Namen „Rechtfertigung" geben; das ist aber gar nicht nötig, da sie als tiefste Blöße und Scham die „Rechtfertigung" und ähnliche Mangel-Erscheinungen und Minderwertigkeitsgefühle impliziert. Ihr anderer Name ist: „grenzenloses Schuldbewußtsein" (H 196).

Die „Wunde", deren „Tiefe" „Rechtfertigung" heißt, ist - für Kafka - eine Art 'Erbkrankheit', d. h. eine *allgemeine* und keine Ausnahme-Erscheinung. Sie rührt von der „Erbsünde" her:

> Die Erbsünde, das alte Unrecht, das der Mensch begangen hat, besteht in dem Vorwurf, den der Mensch macht und von dem er nicht abläßt, daß ihm ein Unrecht geschehen ist, daß an ihm die Erbsünde begangen wurde. (B 295 f.)

Die Vorwürfe des Sohnes und die notwendige Strenge des das Realitätsprinzip abfordernden Vaters begründen demnach die Erb-Wunde. (Kafkas Idee scheint auf Kierkegaards „Entweder-Oder" zurückzugehen: „Was muß das Kind haben? Die Antwort ist: Haue-Haue. Mit solchen Betrachtungen fängt das Leben an, und doch leugnet man die Erbsünde.")[15] Nach Kafka geht es dabei um die Funktion des symbolischen, nicht die des realen Vaters: „Nur eben als [!] Vater warst du zu stark für mich" (H 164), für mich: den - nur vorübergehend - schwachen Sohn. Kafkas '*Brief an den Vater*' (H 162-223) gibt Auskunft über die Genese jener 'Erbkrankheit', 'Erbwunde' aus „grenzenlosem Schuldbewußtsein" und „Rechtfertigungs"-Zwang, d. h. über eine Entwicklung, die – Freud zufolge - mit dem Ödipus- und Kastrationkomplex zusammenhängt. Es geht um die „eine [!]

---

13 . Sigmund Freud: Das Ich und das Es, (1923). In: Studienausgabe Bd. 3, Frankfurt a. M. 1975, . 273-330, Zit. S. 319.
14 . Der Zwangsneurotiker versucht vergeblich, ein Loch zu stopfen, durch das sein Selbstwertgefühl ihm immer aufs neue entschwindet: „Héros dans la possession de sa mère, l'obsessionnel se sent irrémédiablement coupable. La peur de la castration exige afin de l'éviter la nécessité de la mort du père. La castration est évitée par un travail assidu, obnubilant." „Pour l'obsessionnel donc, l'essentiel est de colmater une faille, celle de la castration, afin d'être le phallus sans défaillance." Lemaire, Lacan , S. 338.
15 . Sören Kierkegaard: Entweder-Oder, München 1975, S. 28; vgl. J2 102 („Das Alter ist die Zukunft der Jugend"); die Vorwürfe des Sohnes sind 'sündig', aber berechtigt. Sie gehen gegen eine kulturell notwendige Instanz.

Krankheit", den allgemeinen „Todeskeim", die universelle Verdrängung, das existentielle Leid, das im Einzelfall besonders stark ausgeprägt sein mag, das aber nicht als eine individuelle Krankheit mit „besonderem" Namen verstanden werden kann.

Die „Rechtfertigung" steht im Mittelpunkt des *Processes*, das Legitimations-Problem im Mittelpunkt des *Schlosses* (S 6, 10, 36, 105 f., 174). Vielleicht geht es in den meisten Werken Kafkas um ein Hinabtauchen in die „Tiefe" der „Wunde" der „Rechtfertigung": um ein „Hinabgehen zu den dunklen Mächten" (BR 384), ein Eintauchen ins Reich des „traumhaften innern [sic] Lebens" (T 420), den „Wahn" (BR 431, M 163), den Tod (H 334, T 448 f., BR 385). Deshalb taucht wohl gerade im *Landarzt* autoreferenziell jene halb-private Chiffre vom in der dunklen Tiefe gelegenen „Bergwerk" auf (ER 42), die nach M. Pasley auf die im Doppelsinn des Wortes *nächtliche* Arbeit des Dichters anspielt[16]. Dichtung und (Selbst-)Analyse gehören also eng zusammen. Die „Nachtglocke" im *Landarzt* (ER 65) ruft ja zu einer nächtlichen „Untersuchung"[17] (literarisch-analytischer Natur); die äußere Form der Erzählung (mit zwei Stufen der „Untersuchung") reflektiert die Tatsache, daß es hier zu einer *Analyse* eines Gegenwärtigen und zugleich Vergangenen kommt, eines Symptoms und seiner „dunklen Tiefe" (des unabdingbaren, unbewußten, existentiellen Mals und Urgrundes), einer harmlos scheinenden Oberfläche und einer ernsten Tiefendimension. Kafka unternimmt im *Landarzt* eine Art Analyse, die sich einer Psychoanalyse nähert, aber einer Psychoanalyse, wie sie Kafka versteht.

Wenn in jeder Verdrängung bzw. Verzichtleistung eine Art Sterben statthat, wenn die „Wunde" von Generation zu Generation 'vererbt' wird, dann geht es nicht so sehr um ein bestimmtes und individuelles Symptom als vielmehr um etwas Existentielles und Universelles, um die ontologische Universalität und Unabänderlichkeit dieser „Wunde". Dementsprechend glaubt Kafka, daß

> die Tuberkulose, so wie ich sie habe, keine besondere Krankheit, keine eines besonderen Namens werte Krankheit ist, sondern nur eine [...] Verstärkung des allgemeinen Todeskeims. (BR 177).

Zu dieser Idee gehört dann die Kritik an der Psychoanalyse, wie Kafka sie Milena gegenüber formulierte (M 246) und sie in den Heften (H 335 f., Konvolut A) wiederholte; Krankheit, Not und „Todeskeim" gehören zum Dasein:

> Ich nenne es nicht Krankheit und sehe in dem therapeutischen Teil der Psychoanalyse einen hilflosen Irrtum. Alle diese angeblichen Krankheiten, so traurig sie auch aussehen, sind Glaubenstatsachen, Verankerungen des in Not befindlichen Menschen in irgendwelchem mütterlichen Boden; so findet ja auch die Psychoanalyse als Urgrund der Religionen auch [sic] nichts anderes als was die 'Krankheiten' des einzelnen begründet, allerdings fehlt heute die

---

16. Vgl. Pasley, Semi-Private Games, Drei literarische Mystifikationen; (Kafka schrieb meist spät nachts).
17. Sokel: Franz Kafka - Tragik und Ironie. Zur Struktur seiner Kunst, München/Wien 1964, S. 276.

religiöse Gemeinschaft, die Sekten sind zahllos und meist auf Einzelpersonen beschränkt, aber vielleicht zeigt sich das so nur dem von der Gegenwart befangenen Blick. Solche Verankerungen, die wirklichen Boden fassen, sind aber doch nicht ein einzelner Besitz des Menschen, sondern in seinem Wesen vorgebildet und nachträglich sein Wesen (auch seinen Körper) noch weiter in dieser Richtung umbildend. Hier will man heilen?

In meinem Fall kann man sich drei Kreise denken, einen innersten A, dann B, dann C. Der Kern A erklärt dem B, warum dieser Mensch sich quälen und sich mißtrauen muß, warum er verzichten muß, warum er nicht leben darf [...] C, dem handelnden Menschen, wird nicht mehr erklärt, ihm befiehlt bloß schrecklich B; C handelt unter strengstem Druck, aber mehr in Angst, als im Verständnis, er vertraut, er glaubt, daß A dem B alles erklärt und B alles richtig verstanden hat. (H 335 f. u. M 246 f.)

Kafka führt das (ohnehin mehr oder weniger mythische[18]) Modell des real begründeten und doch blind waltenden Über-Ichs in den Mythos zurück, den Mythos vom Sündenfall (vgl. H 91 ff.), von Prometheus (vgl. ER 351 f.) oder Ödipus, Tantalos und Sisyphos bzw. den namenlosen Mythos von A, B und C. Für Kafka vermag die Psychoanalyse einem fundamentalen „Anthropomorphismus" nicht zu entkommen (H 72); sie scheint eine „Spiegelung der irdischen Welt in der himmlischen Fläche" zu sein, aber „eine Spiegelung erfolgt gar nicht" (H 72). D. h. die mythischen Vorstellungen bzw. „Glaubenstatsachen" verleugnen sich Kafka zufolge - im Unterschied zur Psychoanalyse - nicht ihren Anthropomorphismus durch die Illusion der *Erklärbarkeit* und vor allem *Heilbarkeit*, sie bleiben „irdisch". Die Krankheit ist andererseits nicht ein rein materielles Schicksal der Physis, sie ist „Glaubenstatsache", also nicht „Krankheit" im Sinn eines Ausnahmezustands, einer psycho-physischen Krise, eines physischen Schicksalsschlags. Die Wunde hinter der Wunde, die „Wunde, deren Sinnbild nur die Lungenwunde ist" (BR 161), ist eine seelisch-geistige, aber *auch als seelische* ist sie wieder nur Sinnbild bzw. Mythos. Wenn dieses Sinnbild aber selbst wieder in Termini des Physischen („Wunde") erfaßt wird, die Wunde des Körpers zur Metapher für den Körper wird, dann ist vom Körper nicht als physiologischem Mechanismus die Rede, sondern von ihm als einer *Totalität* von Leib und Seele. Nicht um eine physische und nicht um eine psychische Krankheit - im Sinne eines auflösbaren Selbstmißverständnisses[19] - geht es, sondern um eine Dialektik, die die Grenze zwischen den beiden Termen der Opposition aufhebt, allerdings unter einem Blickwinkel, der anti-metaphysisch „vom Leib ausgeht" und ihn „als Leitfaden benutzt".[20]

Die Wunde im '*Landarzt*' wird daher nicht nur aus rein technischen Darstel-

---

18 . Zur Dialektik der psychoanalytischen Modellbildung mit Hilfe mythischer Texte vgl. Jean Starobinski: Psychoanalyse und Literatur, Frankfurt a. M. 1973.
19 . So lautet die Definition der Psychoanalyse bei Habermas, Erkenntnis und Interesse, S. 262-332 (zu Freud), bes. S. 267.
20 . Friedrich Nietzsche: Werke in drei Bänden, hg. von Karl Schlechta, München 1973, Bd. 3, S. 476.

lungsgründen als physisch-leibliche vorgestellt, sie weist auf den Körper als die wahre Einschreibfläche der seelischen bzw. existentiellen Ereignisse. Obgleich sich die Wunde aus Realem und Psychischem bzw. Symbolischem zusammensetzt, findet sie sich am Leib, und bezeichnenderweise in der „Hüftengegend". Als „allgemeiner Todeskeim", der erstens „von der Mutter" (BR 161) kommt und zweitens „Rechtfertigung" (T 529) heißt, also „Schuld" im „Namen-des-Vaters"[21], indiziert sie eine unumstößliche Struktur, deren elementare Ordnung der Traum, der Mythos, die Religion oder auch das Gesetzbuch umschreiben. Das Bild spielt ja auch auf Jakobs Kampf mit dem Engel an, der eine Hüftwunde hinterläßt (Genesis 25-37, 42-50). Die Wunde hat viele „Schattierungen", aber ein ‚Außerhalb' gibt es nicht. Das Über-Ich ist ihr Mahn- und Denkmal. Die Sehnsucht nach der Mutter, induziert durch die Separation und den ödipalen Schnitt, gehört ihr zu wie das Gesetz des Vaters, das in die symbolische Ordnung und das Realitätsprinzip einführt. Das ödipale Stigma, dem Körper eingeschrieben, ist 'vererbt' (vgl. B 295 f.) durch die Schuld des unschuldigen Vaters: Wiederholung im „Namen-des-Vaters", wobei der *Genitivus subiectivus* anzeigt, daß es nicht um einen Eigennamen geht, sondern um den Vater als Instanz, den „symbolischen Vater", d. h. um eine 'Position' innerhalb der Struktur, um eine von Ontogenese zu Ontogenese weitergereichte Funktion. Weil der Sohn den nostalgischen Wunsch nicht aufgibt, sich auflehnt und schuldig spricht - die „Erbsünde"! (B 295 f.) -, muß er sich und seine unverschuldete Schuld auch unentwegt „rechtfertigen"[22].

Folgerichtig erklärt Kafka den „therapeutischen Teil der Psychoanalyse" zum „hilflosen Irrtum". Freilich wußte auch Freud das fundamentale und ‚unheilbare' „Unbehagen in der Kultur" von der Therapie des extremen Einzelfalls in der „Kur" zu scheiden.[23] Aber noch der 'Einzelfall' ist unter dem Blickwinkel des kollektiven Ganzen und seiner gesellschaftlichen und familialen Ordnung nur ein Symptom und keine absolute Ausnahme.[24]

Die Wirklichkeit des in „Not" befindlichen Menschen nötigt zu phantasmatischen Bewältigungsversuchen, zu Formen des „Glaubens", zu Formen mythischer, erzählerischer oder psychoanalytischer Sinnbildlichkeit, d. h. zu symptomatischen Kompromißbildungen zwischen Wunsch und Wirklichkeit, Es und Über-Ich, mögen sie auch die Gestalt eines Mythos oder einer Theorie annehmen und sich nicht als Fehlleistung oder Somatisierung zeigen. Die Wirklichkeit des Wunsches, nie ganz dem Realitätsprinzip gehorchen zu können - eine „irrtum*wollende* Kraft in allem Leben" oder 'irrenmüssende' Kraft in allem Leben[25] -, bedingt ein 'notwendig falsches Bewußtsein', eine Subversion des Subjekts

---

21. Lacan, Schriften II, S. 89.
22. Vgl. J2 102, H 121, H 164, H 338, T 529.
23. Sigmund Freud: Das Unbehagen in der Kultur. In: Studienausgabe Bd. 9, S. 191-270.
24. Vgl. Michel Foucault: Psychologie und Geisteskrankheit, Frankfurt a. M. 1972; ders.: Wahnsinn und Gesellschaft. Eine Geschichte des Wahns im Zeitalter der Vernunft, Frankfurt a. M. 1973; ders.: Die Ordnung des Diskurses, München 1974, bes. S. 8.
25. Vgl. Nietzsche, Werke in drei Bänden, Bd. 3, S. 477.

im „Verkennen"[26]. Am Symptom, am Ritual, am Mythos, an der Rationalisierung wie an der Ideologie haben Wahrheit und Illusion Teil, Wahrnehmen und Verleugnen, Erkennen und Verkennen.

Die Krankheit als „Glaubenstatsache" gründet demnach in einer Wahl, allerdings in einer notwendigen Wahl, der Wahl einer der Varianten einer unumstößlichen Struktur. So verschieden die „Verankerungen" in „irgendwelchem mütterlichen Boden" sein mögen, es sind dies Reaktionen auf die Struktur, die ihrerseits selbst zur Struktur gehören. Es gibt nur 'notwendige Phantasmen', Verschiebungen, denen kein ursprünglicher und fester Standort - also auch kein „Boden"- entgegengehalten werden kann. Der „Boden" ist nicht hinter oder unter dem „Glauben", er ist dieser selbst: „[...] wir sehen Erde, wohin wir uns auch wenden" (H 72), lautet die dialektische Antithese zur These, daß es *nur* „Glaubenstatsachen" gebe, welche wiederum selbst schon durch die Metapher des „Bodens" anthropomorph und materialistisch (im Sinne von anti-metaphysisch) formuliert worden war.

Einen Sinnes mit der Psychoanalyse behauptet folglich Kafka die Parallelität von individuellem und kollektivem Mythos. Die „Religion" gehe wie die „Krankheit" des Einzelnen bzw. der Individualmythos oder die Individualneurose auf den gleichen Grund zurück, so sehe es auch die Psychoanalyse: „So findet ja auch die Psychoanalyse als Urgrund der Religionen auch [sic] nichts anderes, als was ihrer Meinung nach die 'Krankheiten' des Einzelnen begründet." Die Religionsbildung entspricht der Symptombildung, die Formation des kollektiven Phantasmas entspricht der „Neurosenwahl", das Ritual dem Zwang, das Opfer dem „Schuldgefühl" usw. So hat es Freud in '*Totem und Tabu*' beschrieben.[27] Nicht nur der *Körper*, auch die *Psyche* existiert nur als „Sinnbild"; der Traum, der Mythos, die Religion entwerfen dieses Sinnbild. Das „Gehe hinüber", von dem der Text ,*Von den Gleichnissen*' (ER 411) spricht, weist den Weg der Verbildlichung bzw. der „absoluten" Metapher; wir *sind* das Bild, das wir uns von uns machen[28].

Rebellion und Reue, Aufbegehren und Schuldgefühl (als die vom „Ich" wahrgenommene Anklage des Über-Ichs[29]) bilden das Zentrum jener „symbolischen

---

26 . Vgl. Jacques Lacan: Subversion des Subjekts und Dialektik des Begehrens im Freudschen Unbewußten. In: Schriften II, S. 165-204.
27 . Sigmund Freud: Totem und Tabu (Einige Übereinstimmungen im Seelenleben der Wilden und der Neurotiker) (1912-13). In: Studienausgabe Bd. 9, Frankfurt a. M. 1974, S. 287-444, bes. S. 313, 319, 325, 351 f., 354, 363; Sigmund Freud: Der Mann Moses: In: Ebd., S. 455-581, bes. S. 521.
28 . Ulrich Fülleborn erläutert seinen Begriff der „absoluten Parabolik" bezeichnenderweise mit Kafkas Brief (BR 161 f.) über das „Sinnbild" der „Wunde", einen Ort der existentiellen Verwurzelung der Kafkaschen Gleichnisrede, vgl. Fülleborn: Zum Verhältnis von Perspektivismus und Parabolik, S. 309 f. Wieder könnte man auf die psychologische Darstellung der Ich-Bildung nach Maßgabe von Imagines bzw. Bildern hinweisen: „Das Ich als imaginäre Funktion greift in das psychische Leben nur als Symbol ein. Man bedient sich des Ich, wie der Bororo sich des Papageis bedient. Der Bororo sagt, *ich bin ein Papagei*, wir sagen, *ich bin Ich.*" Jacques Lacan: Das Seminar von Jacques Lacan - Buch II (1954-1955). Das Ich in der Theorie Freuds und in der Technik der Psychoanalyse, Olten und Freiburg i. Br. 1980, S. 54.
29 . Sigmund Freud: Das Ich und das Es (1923). In: Studienausgabe Bd. 3, S. 273-330, Zit. S. 319.

Ordnung", die nach Lacan der „Symbolische und Tote Vater"[30] diktiert. Der ödipale Traum eines einzelnen oder der Mythos von Ödipus, das Symptom eines einzelnen oder die Totemmahlzeit bzw. Kommunion sind einander entsprechende Formen von phantasmatischer, mythischer Bewältigung des Daseins. „A", das unbewußte Gesetz, lenkt; „B", das Über-Ich, „befiehlt"; und „C" „handelt unter strengstem Druck" (H 336), d. h. „C" verankert sich im „wirklichen Boden" der „Glaubenstatsachen" (H 335), wie es paradox heißt.

Als Karl Marx hinsichtlich der „notwendigen Surrogate" oder Sublimate schrieb: „Die Kritik der Religion ist also im Keim die *Kritik des Jammertales*, dessen *Heiligenschein* die Religion ist"[31], so ging auch er von der *Notwendigkeit* der Spiegelung aus, dachte aber doch zugleich an eine Auflösbarkeit derselben durch die Auflösung ihrer weltlichen Grundlage. Nach Kafkas Bild vom „Boden" der „Glaubenstatsachen" aber hat der *„Überbau"* keine *„Basis"*, die Formen der *Praxis selbst sind von der Struktur des Symptoms*, der „Fehlleistung". Sie sind verzerrt vom Wunsch und seiner irrtumwollenden Kraft, von Angst und Zwang, bestimmt durch Projektion und Fetischisierung, Verschiebung und Ersatzbildung, Verleugnung und Verdrängung, Regression und Narzißmus, auch von Sadismus, Größenwahn und Paranoia in ihren politischen Extremen. Reden ist „nur dort möglich", „wo man lügen will" (H 343, vgl. H 99).

Wenn Lévi-Strauss die Religionen und Ideologie-Formationen, die „Überbauten", als „sozial 'erfolgreiche' Fehlleistungen" charakterisiert[32], so gilt das Kafka zufolge für die „Basis" selbst. Kafka setzt zunächst wie Lévi-Strauss Individuelles und Kollektives gleich:

> So findet ja auch die Psychoanalyse als Urgrund der Religionen auch [sic] nichts anderes, als was ihrer Meinung nach die 'Krankheiten' des einzelnen begründet. (M 246)

Indem er 'Krankheit' in Anführungszeichen setzt, hebt er aber auch die Trennung von Krankheit und Gesundheit, Wahnsinn und Vernunft, Religion und Praxis auf. Es gibt keine ‚Krankheit', nur das Sein. Die Idee der „Therapie" ist im einen wie im anderen Fall (für den einzelnen wie für das Kollektiv) ein „hilfloser Irrtum" (M 246). *Das Symptom ist die Sache selbst*. Die Wunde im *'Landarzt'* ist ihr eigenes „absolutes Sinnbild", ihre eigene „absolute Metapher."

Kafka fügt dem eine geschichtsphilosophische Reflexion hinzu: Die individuellen Phantasmen lösen die kollektiven ab; aus der Religion wird der individuelle Mythos bzw. werden die vielen individuellen Mythen: „die Sekten sind zahllos und auf Einzelpersonen beschränkt" (M 246). „Der Pfarrer sitzt zu Hause und zerzupft die Meßgewänder", heißt es dementsprechend im ‚*Landarzt*' (ER 47). In den Oktavheften steht: „*Prag*. Die Religionen verlieren sich wie die Menschen." (H 131) Die Bewegung der Transformation der religiösen Tradition in den individuellen Mythos bilden Kafkas Werke nach.

---

30. Lacan, Schriften II, S. 89.
31. Karl Marx: Die Frühschriften, hg. von Siegfried Landshut, Stuttgart 1968, S. 208.
32. Claude Lévi-Strauss: Das wilde Denken, Frankfurt a. M. 1973, S. 292.

Wenn der Körper zum „Sinnbild" wird, das individuelle Phantasma und die Religion ebenfalls nur „Sinnbilder" darstellen, dann ist die Existenz eine mythische, eine Existenz im „Gleichnis", welchem kein Signifikat (kein „Eigentliches") mehr zukommt; die „Glaubenstatsache" ist selbst der „Boden" des Subjekts. Dieses ist dezentriert, wenn die Leistung sich notwendig mit der Fehlleistung, das Erkennen sich mit dem Verkennen verschränkt, wenn der „Sinn", auf dessen Standpunkt man sich je stellt, „nie der richtige" ist, wie Lévi-Strauss sagt.[33]

Daher nun muß auch der „ärztliche Ratschlag" zum „Sinnbild" werden (T 529) und letztlich auch die *Psychoanalyse* zum Gleichnis.

> Psychologie ist die Beschreibung der Spiegelung der irdischen Welt in der himmlischen Fläche oder richtiger: die Beschreibung einer Spiegelung, wie wir, Vollgesogene der Erde, sie uns denken, denn eine Spiegelung erfolgt gar nicht, nur wir [sic] sehen Erde, wohin wir uns auch wenden. (H 72)

Reflektiert die Religion als 'himmlischer' Spiegelschein das irdische 'Jammertal', seitenverkehrt durch die Umkehrungen der Wunschphantasie (der das Negative und die Verbote freilich immanent bleiben), so gilt dies ähnlich für den totalitären Erklärungsanspruch der Psychoanalyse und ihren „therapeutischen Teil", der selbst von Wunschphantasie, Verleugnung und Verkennung geprägt zu sein scheint.

Mit der „himmlischen Fläche" und dem „Spiegel" scheint Kafka die *Methode* der Psychoanalyse zu meinen, die darin besteht, die Phänomene der Erfahrung der quasi heuristischen Perspektive der Erklärung, der Genese, der Heilbarkeit, der Rationalität, Begrifflichkeit und Objektivität zu unterwerfen. Die Phänomene der Erfahrung werden in einem Spiegel bzw. einer Linse gebrochen, die es gar nicht gibt. Nur die Voraussetzung des „himmlischen" 'Heils' erlaubt, das 'Heillose' so zu beschreiben, wie es die Psychoanalyse tut. (Freilich nimmt die Psychoanalyse diese Voraussetzung häufig wieder zurück[34] - so, wie die Erklärung zum versteinerten „Prometheus" [H 100] sich selbst wieder zurücknimmt.) Der „Spiegel" gehört aber für Kafka selbst der „Erde" zu, er ist nur „anthropomorphistische" (H 72) Projektion; ganz analog dazu heißt es auch, daß der „Beobachter der Seele" selbst zur „Seele" gehöre (H 93). Also auch die Psychoanalyse ist eine „Glaubenstatsache", eine „Verankerung" in „mütterlichem Boden", ein nur „sinnbildlich" zu verstehender Deutungsversuch, eine metaphorische Erzählung - wie andere religiöse, mythische oder individualneurotische ‚Romane' auch.[35]

Der Satz von der „Beschreibung der Spiegelung der irdischen Welt in der himmlischen Fläche" läßt jedoch noch eine andere Lesart zu (wenn man den Genitivus nicht als *explicativus* bzw. *subiectivus* nimmt, sondern als *obiectivus*): Die

---

33. Ebd.
34. Vgl. Freud: „Die Erwartung, alles Neurotische heilen zu können, ist mir der Abkunft verdächtig von jenem Laienglauben, daß die Neurosen etwas ganz Überflüssiges sind, was überhaupt kein Recht hat zu existieren." Sigmund Freud: Vorlesungen, Studienausgabe Bd. 1, Frankfurt a. M. 1974, S. 582.
35. Vgl. Sigmund Freud über den „Familienroman der Neurotiker". In: Studienausgabe Bd. 4, S. 221 ff.; vgl. auch Jacques Lacan: Le mythe individuel du névrosé, Paris 1953.

Psychologie ‚schreibt', produziert die „Spiegelung", d. h., sie glaubt, die individuellen oder kollektiven Phantasmen bzw. Spiegelungen zu ‚enträtseln', verkennt aber, daß sie die Resultate selbst produziert und daß es gar kein Eigentliches hinter dem Gleichnis gibt, keinen „Boden" hinter den „Glaubenstatsachen". Der „Spiegel" ist selbst aus der „Erde", auf die sie ihn zurückzuführen meint. - Die Psychoanalyse wäre also die „Spiegelschrift" eines Mythos, die sich selbst als erklärend mißversteht, sei sie nun *„Beschreibung"* eines (vermeintlichen) Spiegels oder der (vermeintliche) *Spiegel* selbst.

Entsprechend wollte auch Lévi-Strauss den Freudschen Diskurs selbst nur als Variante des Ödipus-Mythos verstehen[36] und nennt sein „Buch über die Mythen" ebenfalls einen „Mythos"[37]. Und war nicht Freud sich dieses Zirkels bewußt, wenn er Mythen zum Modell für Mythen machte, den Ödipusmythos zum Modell ödipaler Träume, Romane und Symptome, wenn er also Mythen und literarische Fiktionen zu Strukturmodellen seiner klinischen und alltäglichen Erfahrung erhob?[38] Manche Kritik von seiten Kafkas geht daher nicht gegen, sondern mit Freud[39]; sie richtet sich zudem meist - man denke an: „Zum letztenmal Psychologie!" und: „Übelkeit nach zuviel Psychologie" (H 107 u. 153) - gegen Trivialisierungen der Freudschen Lehre wie z. B. in Hans Blühers „Die Rolle der Erotik in der männlichen Gesellschaft"[40].

Wenn es den Eigentlichkeitsgrund hinter den Phantasmen nicht gibt, dann können diese auch nicht von der Psychoanalyse *hintergangen* werden, diese gehört im Gegenteil mit zur „Erde", d. h. zur Welt der Phantasmen, des Wunsches und der Angst. Daher kann der „Landarzt" - als ‚Analytiker' – nichts anderes tun, als die „Wunde" zur Kenntnis zu nehmen; ja, es ist folgerichtig, daß er von ihr ‚infiziert' wird, *was er freilich immer schon ist*. Er begegnet ja nur sich selbst, seinem Kindheits-Ich – oder er begegnet der universellen „Wunde". Die Hoffnung auf Heilung entspringt einer Ungeduld. In diesem Sinne heißt es bei Kafka:

> Psychologie ist Ungeduld. / Alle menschlichen Fehler sind Ungeduld, ein vorzeitiges Abbrechen des Methodischen, ein scheinbares Einpfählen der scheinbaren Sache. (H 72)

Die Seele muß unbekannt bleiben:

> Der Beobachter der Seele kann in die Seele nicht eindringen, wohl aber gibt

---

36. Claude Lévi-Strauss: Die Struktur der Mythen. In: Strukturale Anthropologie, Frankfurt a. M. 1971, S. 226-254, Zit. S. 239.
37. Claude Lévi-Strauss: Mythologica I, Das Rohe und das Gekochte, Frankfurt a. M. 1976, S. 17.
38. Vgl. Starobinski, Psychoanalyse und Literatur, S. 81 ff.
39. Vgl. nochmals Freud: „Die Erwartung, alles Neurotische heilen zu können, ist mir der Abkunft verdächtig von jenem Laienglauben, daß die Neurosen etwas ganz Überflüssiges sind, was überhaupt kein Recht hat zu existieren." Freud, Vorlesungen, S. 582.
40. Vgl. H 83: „Aufregungen (Blüher, Tagger)"; T 533: „Tagger, elend, großmäulig"; vgl. dazu Hans Blüher: Die Rolle der Erotik in der männlichen Gesellschaft I. Der Typus inversus, Jena 1917; Th. Tagger: Das neue Geschlecht. Programmschrift gegen die Metapher, Berlin 1917; vgl. auch BR 196 f. u. BR 169 („Stekel").

es einen Randstrich, an dem er sich mit ihr berührt. Die Erkenntnis dieser Berührung ist, daß auch die Seele von sich selbst nicht weiß. Sie muß also unbekannt bleiben. Das wäre nur dann traurig, wenn es etwas anderes außer der Seele gäbe, aber es gibt nichts anderes. (H 93)

Wie der sich selbst Beobachtende kann auch der analytische Betrachter der Seele nicht die Metaebene eines sich selbst wissenden absoluten Geistes erreichen und muß sich selbst notwendig „sinnbildlich" begreifen; so sind denn auch die metaphorischen Termini des Über-Ichs und der Abwehr, des Triebes und der Verdrängung, des Phallus und der Kastration *Bilder* - wie die von Ödipus' Blendung und Prometheus' Leber. Zu ihrer Ordnung gehören auch die vom sich peitschenden „Tier" (H 42) und der „offenen Zelle" (H 345, B 292), vielleicht alle Bilder Kafkas.

„Unbekannt" bleibt die Seele, nur in „Sinnbildern" ahnbar, nur „andeutungsweise" (H 45) vorstellbar; der Analytiker entkommt ihnen nicht, nicht der sie prägenden Kraft, dem Wunsch und dem Tabu, der „Sehnsucht" und der „Rechtfertigung" (H 338, T 529) – der „Erde". Dies gilt auch für den 'Analytiker' der „Wunde" im *Landarzt*.[41]

Die zweite Lesart des Aphorismus von der „Beschreibung der Spiegelung", die mit dem Genitivus *obiectivus* (anstelle des Genitivus *subiectivus*) nahelegt, daß der Spiegel erst angesetzt wird, setzt gleichwohl schon eine rätselhafte, erklärungsbedürftige Seelen-Schrift voraus, eine quasi an sich schon 'spiegelverkehrte' Schrift; dies wird durch eine weitere Notiz Kafkas bestätigt:

> Psychologie ist Lesen einer Spiegelschrift, also mühevoll, und was das immer stimmende Resultat betrifft, ergebnisreich, aber wirklich geschehn ist nichts. (H 122)

Hier wird der Seele selbst die Spiegelung bzw. Verrätselung zuerkannt. Zugestanden wird durchaus die Möglichkeit, das rätselhafte Hieroglyphen-Rebus aus Entstellungen und Verkehrungen (durch Wunschphantasie und Abwehr gebildeten Verschiebungen, Metonymien, Verdichtungen, Metaphorisierungen, Verleugnungen, Rationalisierungen, Projektionen usw.) 'entziffern' zu können. Aber im Grunde wissen wir ja schon alles, die Schrift ist da, nur ein wenig entstellt, seitenverkehrt. Oder anders: Auch wenn wir die Schrift zu lesen vermögen, sie ist nicht „erklärbar", sie ist selbst Mythos, Sinnbild. Und außerdem ändert die Lektüre an der eingravierten Seelen-Schrift keinen Buchstaben, vielmehr folgt sie deren Gesetzen. Die „Not" veranlaßt uns, an den „Glaubenstatsachen" festzuhalten; das bedeutet, daß es gar keine *nicht-verkehrte Schrift* gibt; ja die *Schrift selbst* ist schon die Verkehrung: Mythos, Selbstentfremdung des Ichs in der vorgegebenen Sprache, in vorgegebenen Bildern.[42]

---

41. Und es trifft auch auf Kafkas Schreiben selbst zu, insofern die „Untersuchung" des Landarztes Kafkas literarische ‚Untersuchungen' spiegelt; vgl. dazu die Selbstdefinitionen des Schreibenden: 1) „Ich bin von zuhause fort und muß immerfort nachhause schreiben" (BR 392), 2) „Mein Schreiben handelte von Dir, ich klagte dort ja nur, was ich an Deiner Brust nicht klagen konnte." '*Brief an den Vater*' (H 203).
42. Vgl. Lacan, Das Ich, S. 54; Lemaire, Jacques Lacan, S. 127 ff.

Mit der Entzifferung der Spiegelschrift und der Rückkehr zur Originalschrift ist nichts gewonnen; jetzt stellt sich erst das eigentliche Rätsel. Die *Originalschrift* ist sozusagen schon ‚verkehrt'; damit führt das Entziffern des ver-kehrten Verkehrten (der Spiegelschrift) wieder nur auf eine Verkehrung zurück bzw. in eine neue Ver-kehrung hinein: *'Spiegelschrift einer Spiegelschrift'*. Das heißt, einmal ist die „Spiegelschrift" nur Spiegelung einer nicht verstehbaren Verkehrtheit (wie beispielsweise der Wahn nur wahnsinnige Existenzbedingungen in der Gesellschaft spiegelt), und zum anderen ist das durchaus zur 'Enträtselung' fähige „Lesen einer Spiegelschrift" nur eine Übersetzung in einen anderen Mythos bzw. nur eine Rückführung der „Spiegelschrift" auf die immer schon 'verkehrte', bildliche, sinnbildliche, an sich rätselhafte Schrift, ist also *'Spiegelschrift einer Spiegelschrift'*, das ganze ein tautologischer Umweg. Es „erfolgt" ja eigentlich gar keine „Spiegelung", denn: „[...] wir sehen Erde, wohin wir uns auch wenden." Daneben klingt im Aphorismus vom „Lesen der Spiegelschrift" (H 122) vielleicht auch wieder hauchdünn die erste Lesart des Aphorismus von der „Spiegelung" in der „himmlischen Fläche" (H 72) an: Den „Spiegel" setzt die „Psychologie" erst an, um dann aus ihm zu lesen; der „Spiegel" bzw. die Idee einer „Spiegelung" ist eine Projektion und ein Axiom; die „himmlische Spiegelfläche" der Psychologie erweist sich als ein heuristisches Prinzip, das eine zu entziffernde Spiegelschrift und damit einen Eigentlichkeitsgrund nur unterstellt. Auch hier gilt: „[...] wir sehen Erde, wohin wir uns auch wenden." Die Hypostasierung der „Krankheit" - „ich nenne es nicht Krankheit" - ist die Bedingung der Möglichkeit ihrer 'Analyse'.[43] Die Psychologie ist demnach tautologische und zirkuläre ‚Spiegelschrift einer Spiegelschrift' in der Form einer *petitio principii*. Unter der Voraussetzung der Existenz einer Spiegelung oder Spiegelschrift wird etwas entziffert und zurückgespiegelt; dieses freilich ist wieder nur Spiegelschrift, wie die zu entziffernde mutmaßliche Spiegelschrift auf eine Schrift zurückgeht, die selbst durch „Glaubenstatsachen" und „Sinnbilder" sozusagen ‚verkehrt' wurde. Kurz gesagt: Ob die rein äußerliche Seitenverkehrung (der Schrift) nun zurückverkehrt wird oder nicht: Am eigentlichen unabänderlichen Geheimnis ändert dies nichts: „Wirklich geschehen ist nichts." „Ergebnisreich" ist die Entzifferung, insofern es sich um eine belanglose zweite Seitenverkehrung (Spiegelung einer Spiegelung) handelt; ein so erzieltes Ergebnis „stimmt immer", da es quasi tautologisch ist und nur eine Art Paraphrase darstellt, eine *petitio principii* und Erschleichung des Beweisgrunds bzw. einen *circulus vitiosus*, der jedes Resultat durch die eigene Voraussetzung determiniert. Die ‚Übersetzung' des Mythos ändert nichts am „Unerklärlichen" (H 100) und Unabänderlichen seiner Substanz[44]. Die Formulierung *„Spiegelschrift einer Spiegelschrift"* soll aber auch zu bedenken geben, daß nicht nur eine zirkuläre Zurück-Spiegelung erfolgt, sondern eine weitere Ver-Spiegelung stattfindet: Sie führt zu einem neuen Mythos (einer Fehlleistung, ei-

---

43. Vgl. die Trennung von Wahn und Vernunft als Produkt einer bestimmten Diskursstrategie: Foucault, Wahnsinn und Gesellschaft. Humoristisch mit Karl Kraus gesagt: „Die Psychoanalyse ist die Krankheit, für deren Therapie sie sich hält."
44. Vgl. Anm. 53.

nem Sinnbild, einer „Glaubenstatsache", einer „Verankerung in mütterlichem Boden" – in Form einer Theorie); und sie führt zu einem Mythos über einen Mythos, d. h. einem Theorie-Mythos, der von Mythen, Individualmythen und Fehlleistungen handelt. Aber vergessen wir nicht, was die Metapher vom Spiegel zunächst meint: *die Spiegelung des Wirklichen - das sie selbst ist,* um noch einmal Kafkas Paradoxie zu paraphrasieren.

Statt vorzugeben, die Welt erklärend auf eine eigentliche Bedeutung hin interpretieren zu können, sollte die Psychologie – Kafka zufolge - besser gleich von vornherein erkennen und zugeben, daß sie nur einen Mythos über einen Mythos konstruiert, eine Sage über eine Sage. Die selbstbewußte Sage bzw. das illusionslose Erzählen würden also von vornherein zugestehen, daß ihre Sinnbildhaftigkeit nicht auf ein „Eigentliches" hinführt, sondern letztlich im Unerklärlichen verharrt bzw. in es zurückführt. Genau dies drückt folgende Parabel Kafkas aus, folgender Meta-Mythos, folgendes metafiktionale (die Fiktion selbst thematisierende) und autoreflexive (das eigene Werk reflektierende) Denkbild:

Prometheus

Von Prometheus berichten vier Sagen: Nach der ersten wurde er, weil er die Götter an die Menschen verraten hatte, am Kaukasus festgeschmiedet, und die Götter schickten Adler, die von seiner immer wachsenden Leber fraßen.
Nach der zweiten drückte sich Prometheus im Schmerz vor den zuhackenden Schnäbeln immer tiefer in den Felsen, bis er mit ihm eins wurde.
Nach der dritten wurde in den Jahrtausenden sein Verrat vergessen, die Götter vergaßen, die Adler, er selbst.
Nach der vierten wurde man des grundlos Gewordenen müde. Die Götter wurden müde, die Adler wurden müde, die Wunde schloß sich müde.
Blieb das unerklärliche Felsgebirge. - Die Sage versucht das Unerklärliche zu erklären. Da sie aus einem Wahrheitsgrund kommt, muß sie wieder im Unerklärlichen enden. (H 100; ER 352 f.)

Nicht das Erklärbare des empirisch, rational und kausal faßbaren historischen Geschehens haben Sage - oder moderne Erzählung - zu erhellen, sondern das hinter dem Erklärbaren stehende Unerklärbare; aber dieses läßt sich nicht „*erklären*", sondern nur aufzeigen. „*Unerklärliches kann sich nur im Scheitern von Erklärungsversuchen enthüllen*", schreibt Gisbert Ter-Nedden in bezug auf diesen autoreflexiven Metamythos Kafkas.[45] Und sind nicht Kafkas Werke - vor allem 'Der Proceß' und 'Das Schloß' - Texte, die das Scheitern von Interpretationen inszenieren und sich dieses auch zum Gegenstand machen?

---

45. Vgl. Gisbert Ter-Nedden: Kafka: Prometheus. In: fragen. Kritische Texte für den Deutschunterricht. Kommentar. Hg. von Ulrich Anacker, Helmut Schwimmer, Gisbert Ter-Nedden, München 1972, S. 17 ff.

Mythos und „absolutes Gleichnis"

Wenn Selbst- und Weltinterpretation – sei es psychophysisch in Traum, Individualmythos bzw. Individualneurose und Symptombildung, sei es reflexiv in Mythos, Erzählung oder gar psychoanalytischer Theorie – immer nur sinnbildlich, „anthropomorph", „irdisch" und unterhintergehbar sind, dann verwundert es nicht, wenn von der Literatur nichts Erklärendes, Eigentliches, Realistisch-Deutendes, sondern nur Sinnbildhaftes und Metaphorisches erwartet wird. Und genau dies ist bei Kafka der Fall. Ist der genetisch-erklärende Diskurs selbst nur mythische Konfiguration eines Mythos, Mythos eines Mythos, Spiegelbild eines Spiegelbildes, Gleichnis eines Gleichnisses, dessen Objekt - oder Signifikat - sich entzieht, dann scheint die Rede vom „absoluten Gleichnis", der „absoluten Metapher" oder der „absoluten Parabel" bei Kafka durchaus gerechtfertigt zu sein.[46] Ziehen wir, um diese These zu erläutern, dasjenige mit heran, was sich hinter Lévi-Strauss' Strukturformel für den Mythos, „Zum Raum wird hier die Zeit"[47], verbirgt. Es geht im Mythos um eine uneigentliche Sprache oberhalb der lexikalischen Objektsprache, d. h. um eine „Metasprache", die in Analogien und Oppositionen eine zweite Ordnung, ein sekundäres semantisches System entwirft; hinter aitiologisch-erklärenden Sequenzen eröffnet sich der synchronische Raum der „Mytheme", die nicht als „isolierte Beziehungen" - also fixe Symbole - zu verstehen sind, sondern als binäre und ternäre Oppositionen, als „Beziehungsbündel", als „Bündel differentieller Elemente"[48].

Kafkas Texte bewegen sich in ähnlicher Weise weg von der traditionellen, entschlüsselbaren Symbolik hin auf eine quasi mythische Semiotik. Im 'Landarzt' formiert sich hinter den Relikten logischer und kausal-zeitlicher Diachronie ein synchronisches Paradigma, eine Reihe austauschbarer Analogien (Rosa, rosa Wunde, blutiges Handtuch usw.) bzw. ein Paradigma differentieller Oppositionen: lebendiges Fleisch/sterbendes Fleisch, bekleidet/nackt, gesund/krank, maskulin/feminin, Herr/Knecht, Arzt/Patient, Verbergen/Entbergen usw. Diese „metasprachlichen" Analogien und Oppositionen stehen wie im Mythos zwischen „Bild und Begriff"[49], zwischen sinnlich wahrgenommenem Perzept und verallgemeinerndem Konzept.

Die ‚Symbolik' ist nicht fixierbar: So ist der mit dem Pelz bekleidete Arzt auf einer Sinnachse dem nackten Jungen entgegengesetzt, auf einer anderen - aufgrund des Wortspiels mit „Rosa" - ihm gleichgesetzt; Knecht und Pferdegespann aus dem „Schweinestall" sind dem Arzt entgegengesetzt und spiegeln doch auch sein Inne-

---

46. Vgl. unter anderem Fülleborn, Zum Verhältnis von Perspektivismus und Parabolik, S. 293 f. u. S. 309 f.
47. Claude Lévi-Strauss: Von Chrétien de Troyes bis Richard Wagner. In: Programmheft der Festspiele Bayreuth 1975, dort ein Zitat aus Richard Wagner: Parsifal. In: Die Musikdramen, München 1978, (= dtv 6095), S. 834.
48. Claude Lévi-Strauss: Die Struktur der Mythen, S. 228 ff. u. 232; ders.: Die Struktur und die Form. In: Vladimir Propp: Morphologie des Märchens, hg. von Karl Eimermacher, Frankfurt a. M. 1975, S. 181-215, Zit. S. 203 und 210.
49. Lévi-Strauss, Das wilde Denken, S. 31.

res, usw. Da sich die Oppositions-Achsen in differentiellen Bündeln kreuzen, läßt sich aus der „Position eines Terminus auf der einen Achse [...] nicht deduzieren, welche er auf den anderen einnimmt", wie der Ethnologe Dan Sperber zur „Symbolik" des Mythos schreibt. Also „bedeuten" die Signifikanten des Mythos nichts[50], ihnen entspricht kein festes Signifikat. Das 'absolute Sinnbild' interpretiert demnach nicht, verweist nicht auf etwas ‚Eigentliches', entwirft keine Sinnzusammenhänge, keine Teleologie, keine Aitiologie, kein Erklärungsmodell.

> In der Tat ist ein System von Homologien, Gegensätzen, Umkehrungen an sich reichlich geheimnisvoll. Es ist nicht einzusehen, in welchem Sinn man behaupten könnte, daß es die symbolischen Phänomene erklärt oder interpretiert. Es organisiert sie.[51]

Die partielle Kongruenz der Semiotik des Mythos und der Hieroglyphik des Traumes, dieser Parallele ging die psychoanalytische Tiefenhermeneutik immer schon nach[52], wird in Kafkas „Sagen" deutlich: „Die Sage versucht das Unerklärliche zu erklären. Da sie aus einem Wahrheitsgrund kommt, muß sie wieder im Unerklärlichen enden" (‚Prometheus' ER 351 f.) Die den Mythos wie den Traum kennzeichnenden Momente der Auflösung der homogen-linearen Zeit, des empirischen Raumes, der Logik und Kausalität, der Identität der Person, der Subjekt-Objekt-Relation usw.[53], wie auch die Momente der metaphorischen Substitution, der Verdichtung und der Verschiebung kennzeichnen bekanntlich viele Texte Kafkas. Die Kafkaschen Bilderrätsel, die freilich die Zeichen der Reflexion und Rationalität unseres nachmythischen Zeitalters nicht von sich abstreifen, zielen auf eine Art „Archäologie" des Unbewußten und des Mythos[54], d. h. eine Rekonstruktion und sogar Reflexion des Mythischen. Das traumartige und mythische „Sinnbild" soll sich, so will es Kafka, nicht einer wertenden, erklärenden, teleologischen Aufklärung integrieren, es will „keines Menschen Urteil", es „berichtet" (‚Bericht für eine Akademie'; ER 174) nur, d. h. bezeugt nur, es führt zurück ins „Unerklärliche" (ER 352). Texte wie der ‚Prometheus' werden auf Grund ihres den Mythos und indirekt auch das Erzählen reflektierenden Status quasi zu Meta-Mythen.

Im Gleichnis ‚Von den Gleichnissen' (Titel von Max Brod; ER 411) wird bekanntlich „zum Gleichnis", wer dem Gleichnis „Gehe hinüber" „folgt"; er wird der „täglichen Mühe frei". Wer glaube, daß solche Rede nur ein Gleichnis sei, habe gewonnen „in Wirklichkeit", verloren „im Gleichnis". Es geht um eine radikale Dichotomie von sinnbildlich auslegender Sprache und denotativer, praktisch-zweckbezogener, erklärender Objektsprache.[55] Es gibt kein festes Signifikat hinter

---

50. Dan Sperber: Über Symbolik, Frankfurt a. M. 1975, S. 75 u. 78 u. 102.
51. Ebd. S. 102.
52. Vgl. z. B. Otto Rank: Das Inzest-Motiv in Dichtung und Sage, Leipzig/Wien 1912.
53. Vgl. zur Charakterisierung des Mythischen: Ernst Cassirer: Philosophie der symbolischen Formen. Zweiter Teil. Das mythische Denken, Darmstadt 1973; und von strukturalistischer Seite: Lévi-Strauss, Das wilde Denken.
54. Im Sinne der Erhellung der Tiefenstrukturen bei S. Freud, F. Nietzsche und M. Foucault.
55. Vgl. Max Bense: Die Theorie Kafkas, Köln 1952, S. 88 ff. u. 37.

den Analogien und Oppositionen; der „andere Schauplatz", Ort des „unerklärlichen" Unbewußten, läßt sich nur in einem fortwährenden Prozeß von Metonymien und Metaphern „andeuten" (H 45), keine Metonymie ist durch ein *proprium* ersetzbar, keine Metapher auf ihr *tertium* bzw. das ‚Gemeinte' reduzierbar.[56] Vergleich oder Metapher haben keinen realen Bezugspunkt:

> Die Sprache kann für alles außerhalb der sinnlichen Welt nur andeutungsweise, aber niemals auch nur annähernd vergleichsweise gebraucht werden, da sie, entsprechend der sinnlichen Welt, nur vom Besitz und seinen Beziehungen handelt. (H 45)

Vergleich, Metapher oder Parabel sind folglich nur als „absolute" denkbar.[57] (Aber eine „absolute Metapher" kann niemals absolut „absolut" sein.[58]) Kafkas Psychologie bzw. Kafkas Philosophie und Weltverständnis führen also konsequent zum Konzept einer sinnbildlichen Darstellungsweise, wie wir sie tatsächlich in seinen Werken zu entdecken vermögen.

Es ist deutlich geworden, daß Kafka die Modelle der Psychoanalyse kennt und in gewissem Sinn akzeptiert, sie jedoch als bloße 'Modellierungen', Bilder, Sinnbilder, Mythen, Erzählungen sieht und ihnen jeden Erklärungs- und Therapiewert abspricht. Aus seinen expliziten Äußerungen geht hervor, daß Kafka seine eigene psychologische Theorie besitzt und sie in Konkurrenz zur zeitgenössischen Psychoanalyse entwirft und verteidigt. Diese *Theoriekonkurrenz* aber ist auch seinen eigenen literarischen Werken eigen, in welchen eben diese seine Psychologie in impliziter Weise zum Ausdruck kommt; dies geschieht, wie bereits mehrfach betont, in bewußter Weise, so daß es sich – zunächst jedenfalls – verbietet, die Psychoanalyse als „*Methode*" auf Kafkas Texte und auf Kafka als Person anzuwenden. Bei der Betrachtung der impliziten Psychologie der Werke – der Psychologie als „*Gegenstand*" – können wir allerdings eine Differenziertheit und einen Kenntnisreichtum wahrnehmen, wie sie aus der ausschließlichen Betrachtung der theoretischen Äußerungen nicht hervorgehen. Die Logik der Psyche scheint Kafka mehr aus eigener Erfahrung und Selbstbeobachtung als aus dem Studium der Psychoanalyse deutlich geworden zu sein. Aus seinen Werken und seinen Reflexionen geht hervor, daß Kafka Fehlleistungen, Symptome, Traumstrukturen und Wahngebilde nicht verwendet, um ‚Krankheiten' (eigene oder die anderer) zu charakterisieren, sondern daß er diese Phänomene als *Metaphern für die Existenz* einsetzt (wie es ja für Kafka auch keine ‚gesunde' Existenz neben einer ‚kranken' gibt – und auch kein ‚eigentliches' Sein). Während beispielsweise ‚*Der Proceß*' psychische Mechanismen im wesentlichen an den Figuren und den dargestellten Ereignissen und Traumbildern demonstriert, ist es im ‚*Landarzt*' weitgehend die Textur selbst, die den Gesetzen der psychologischen Mechanik folgt, d. h. weniger die dargestellte Welt als quasi der Schreibprozeß (als traumartiger „Primär-

---

56 . Vgl. Lacan, Schriften II, S. 27 ff.
57 . Vgl. nochmals Fülleborn, Zum Verhältnis von Perspektivismus und Parabolik, S. 293 f. u. S. 309 f.
58 . Das führt uns an den Anfang zurück, vgl. die *Einleitung* in diesem Band.

prozeß"), der die Gesetze der Psycho-Logik demonstriert, wie Kafka sie – hellsichtig wie Freud – vor Augen hatte.

II. Ästhetische und psychologische Intention - Kafkas Simulation psychischer Prozesse

Kafkas Werken scheint Psychologie inhärent zu sein, dies aber nicht nur im Hinblick auf psychologische Motivierung von Handlung und psychologische Charakterisierung der Figuren usw., sondern im Hinblick auf eine quasi ‚professionelle' Mimesis psychologischer Mechanismen, wie sie die Psychoanalyse theoretisch erläutert und tiefenhermeneutisch untersucht hat. Versprecher, Fehlleistungen aller Art, Symptome, Träume usw. charakterisieren nicht allein die *Figuren* in Kafkas Werken (z. B. die K.s in '*Der Proceß*' und '*Das Schloß*'), die *Textstruktur selbst* ist häufig nach den Gesetzen des Unbewußten, nach der Mechanik, wie sie die Psychoanalyse beschreibt, strukturiert - wie ein Traum (*wie* ein Traum, nicht *als* ein Traum), wie ein Netz von Fehlleistungen bzw. Versprechern, ein Netz von Symptomen, wie geprägt von Wiederholungen, Ersatzbildungen, Verdichtungen, Verschiebungen, Vernetzungen, (das gilt vor allem für die ‚alptraumartigen' Erzählungen '*Das Urteil*', '*Die Verwandlung*', '*In der Strafkolonie*', '*Der Steuermann*', ‚*Eine alltägliche Verwirrung*' und das Assoziationsgewebe '*Ein Landarzt*' und ähnliche Texte). Angesichts der bewußten Mimesis psychoanalytisch erfaßbarer Mechanismen[59] scheint es absurd zu sein, Kafka der „Methode" der „psychoanalytischen Interpretation" zu unterziehen, d. h. seine Texte im Hinblick auf verborgene, unbewußte Gehalte hin zu befragen oder sie gar einer „psychopathographischen Analyse" zu unterwerfen[60], die von den Texten auf eine versteckte Pathologie des Autors schließt (z. B. auf eine verborgene Homosexualität[61] u.ä.); ein solches Verfahren darf zumindest erst dann einsetzen, wenn die Immanenz der Texte – und das heißt in diesem Fall, auch deren implizite Psychologie – bereits interpretiert und verstanden worden ist.

Die ‘entlarvende' klassische und auch die dekonstruktionistische moderne Psychoanalyse Kafkascher Texte setzt sich darüber hinweg, daß der Autor weder

---

59 . Vgl. zu diesem methodologischen Problem: Hans H. Hiebel: The „Eternal Presence" of a Static Dilemma. Psychoanalysis and the Use of Tense and Connotation in Franz Kafka's '*Ein Landarzt*'. In: Tales and „their telling difference". Fs. für Franz K. Stanzel, hg. von Herbert Foltinek, Wolfgang Riehle, Waldemar Zacharasiewicz, Heidelberg 1993. S. 337-359, vgl. bes. S. 339 („Kafka's dream stories are not dreams but simulations of dreams or dreamlike textures", „Kafka drafted his stories deliberately and consciously". „It does not make sense to analyse Kafka's writings as symptoms of an illness, as symptoms of the author's private unconscious desires and fears, his private problems with his father or his alleged neurotic constitution, etc., because all these things are in fact portrayed consciously.")
60 . Vgl. z. B. Hellmuth Kaiser: Franz Kafkas Inferno. In: Imago 17 (1931), H. 1, S. 41-103; Joseph Rattner: Kafka und das Vater-Problem, München/Basel 1964.
61 . Vgl. z. B. Günter Mecke: Franz Kafkas offenbares Geheimnis. Eine Psychopathographie, München 1982.

krank noch blind war, und vor allem darüber, daß er die 'Psychizität' seiner Figuren und vor allem die traumanalogen Textstrukturen selbst bewußt konstruiert hat.[62] Nicht Träume, sondern Simulationen von Träumen liegen vor; und diese wiederum sind nicht *als* Träume (als die sie jeden Stachel verlören) gemeint, sondern als Realitäten, die nach Traumgesetz strukturiert sind. (Die Traumform ist nur eine Metapher für das Sein überhaupt.) Und die Versprecher, Fehlleistungen, Wiederholungen und Symptome jeder Art sind nicht unbewußte Artikulationen des ('kranken') Autors, sondern bewußte Signale, den Figuren beigegeben - oder der Text- bzw. Geschehensstruktur selbst integriert: Wenn Josef K. sich quasi verspricht (P 20, 33, 36), wenn er plötzlich und ohne Überlegen nach dem Tischler „Lanz" fragt, offenbar unbewußt an den Hauptmann „Lanz" in seiner Wohnung denkend, und sich dann - wie auf ein „Simsalabim, Sesam öffne dich!" hin - die Räume des Gerichts für ihn öffnen (P 51 f.), wenn in '*Ein Landarzt*' „Rosa" (das Dienstmädchen), das blutrote Handtuch, die blutige „rosa" Wunde und weitere Analogien miteinander verknüpft werden, so ist dies alles bewußt, zumindest intentional konstruiert: Die Logik des Unbewußten wird in *Theoriekonkurrenz* oder zumindest in *Theorieparallelität* dargestellt.

Ein weiteres methodologisches Problem stellt allerdings auch die Tatsache dar, daß wir es bei Kafkas Texten mit *literarischen* und nicht mit *theoretischen* Texten zu tun haben. Es kann nicht das Ziel der Poesie sein, welche sich die ichnahe Darstellung „konkreter Subjektivität" (Hegel) zur Aufgabe gemacht hat, Theoreme der Psychoanalyse, Soziologie, Religionsphilosophie, Geschichtsschreibung, Philosophie usw. zum Gegenstand zu machen. Deren Kenntnis mag in die Poesie als Gestaltung ichnaher Welterfahrung bzw. subjektive Selbstdarstellung eingehen, aber die objektive, wissenschaftliche, theoretische Darstellung nachprüfbarer und analysierbarer Sachverhalte gehört nicht zum Leistungsbereich der Literatur.

Es ist daher grundsätzlich problematisch, einen 'psychoanalytischen Interpretationsansatz' an *ästhetische* Texte heranzutragen - ebenso problematisch, wie *a priori* soziologisch, gesellschaftsgeschichtlich oder philosophisch zu interpretieren. Die „Methode" der Psychoanalyse läßt sich zwar auf jeden Patienten anwenden, aber nicht auf jeden ästhetischen Text, jedenfalls nicht ohne daß die ästhetische Intention deutlich in Rechnung gestellt würde.

Psychoanalyse kann andererseits allerdings „Gegenstand" eines literarischen Werks sein; die Psychologie ist es fast immer, denn Drama und Roman sind kaum ohne eine Psychologie der Figuren denkbar, d. h. ohne die historisch (!) bestimmbare, mehr oder weniger implizite Psychologie der dargestellten Personen.

Die Psychoanalyse als (in gewissem Sinn fachfremde) „Methode" kann sozusagen erst dann eingesetzt werden, wenn die implizite Psychologie als „Gegenstand" des Autors bereits geklärt ist. In jedem Fall ist grundsätzlich zu

---

62. Vgl. nochmals Hiebel, The „Eternal Presence" of a Static Dilemma. Psychoanalysis and the Use of Tense and Connotation in Franz Kafka's 'Ein Landarzt', S. 339 („Kafka's dream stories are not dreams but simulations of dreams or dreamlike textures", „all these things are in fact portrayed consciously.")

klären, ob das *principium stilisationis* des literarischen Textes überhaupt ein Psychologisieren oder Psychoanalysieren erlaubt bzw. verlangt oder ob der Text es als gegenstandsinadäquates Ansinnen von sich weist: Witzige Fügungen oder auktorial intendierte Exklamationen lassen sich z. B. häufig nicht psychologisch auf Persönlichkeitsstrukturen beziehen, sondern ausschließlich auf den Stil- und Gestaltungswillen des Autors.

Bewußt oder unbewußt motivierte Handlungen können und müssen psychologisch gedeutet werden, aber es ergeben sich Fehldeutungen, wenn Handlungen eine psychologische Wertigkeit unterstellt wird, die keine intendieren.[63] Ein Beispiel:

> Triboll stand mitten auf der Straße und konnte nicht weitergehen. Er hatte vergessen, wie man läuft. Er sah um sich, ob nicht einer käme, der ihm hülfe, sich fortzubewegen oder der ihn wenigstens von der Fahrbahn rücken würde. Das war sein letzter Wunsch. Ein Auto kam und rückte ihn weg.[64]

Liegt hier eine hysterische Lähmung vor? Denn ein ‚Vergessen' wie das geschilderte wird gemeinhin als krankhaft eingeschätzt. Sucht Triboll unbewußt den Tod? Fordert er als masochistischer Märtyrer den Mord heraus, um seinen Mitmenschen sadistisch bzw. sadomasochistisch ihre Unmenschlichkeit vorwerfen zu können?[65] Das sind text- bzw. stilinadäquate Fragen.[66] Das „Vergessen" Tribolls, das epische Theater Brechts oder der absurde Roman Becketts sind nicht nach dem Maßstab des realistischen Illusionismus und der psychologischen Stimmigkeit zu interpretieren.

Die 'realistische' Interpretation - die nach Gründen im „Leben" sucht - geht hier offenkundig an der ästhetisch-literarischen Intention des Textes und der Gattung, der er zugehört[67], vorbei. Man muß hier für eine gegenstandsadäquate Interpretation die anderen „Kürzestgeschichten" der „Triboll"-Sammlung zu Rate ziehen, sie alle arbeiten nämlich mit Aussparungen und phantastischen Ereignissen und zielen in ihrer Reduziertheit nicht auf die Darstellung innerer, psychischer Vorgänge, sondern auf absurde Pointen in den Handlungsfolgen.

---

63. Eine These von Gisbert Ter-Nedden: Die Seele und die Formen. Zur Kritik der Literaturpsychologie, Vorlesung Graz Sommersemester 1995.
64. Gisela Elsner/Klaus Roehler: Triboll. Lebenslauf eines erstaunlichen Mannes, Freiburg i. Br. 1956, S. 37.
65. Vgl. zu alltagshermeneutischen bzw. alltagspsychologischen Fehlinterpretationen und Verstehensmängel kompensierenden „Anschlußgeschichten" allgemein: Gisbert Ter-Nedden: Über die Wiederkehr poetischer Fiktionen in Interpretationen. Eine Fallstudie zur literaturwissenschaftlichen Rezeptionsforschung. In: Hans-Georg Soeffner (Hg.): Interpretative Verfahren in den Sozial- und Textwissenschaften, Stuttgart 1979, S. 288-299. Vgl. auch ders.: Leseübungen. Einführung in die Theorie und Praxis der literarischen Hermeneutik, [Lehrbrief] Hagen 1987, S. 68-97.
66. Man könnte bestenfalls in diesem „Vergessen" einen Widerschein bestimmter Alpträume vom Nicht-vorwärts-Kommen sehen, wie sie z.B. in Hanna Johansens ‚Trocadero' literarisch gestaltet sind: Hanna Johansen: Trocadero, München/Wien 1980.
67. Hier ist die „generische" Interpretation unbedingte Voraussetzung des Verstehens. Vgl. Ter-Nedden, Literarische Hermeneutik, S. 98 ff.

Dem zitierten Text kommt es nicht auf die Erklärung des „Vergessens" an, vielmehr auf das witzige Spiel mit dem Wort „rücken": „Wegrücken" erhält in der Form eines *Verschiebungswitzes*[68] die Bedeutung von „töten". Damit wird aus der Kürzestgeschichte, gattungsbezogen bzw. „generisch" interpretiert, eine Art „Witz"[69] bzw. eine *Satire*: Für die Autofahrer gibt es nur eine Methode, einen Passanten, der im Weg steht, „wegzurücken": den Verkehrs-Mord. Für diese Interpretation bzw. für die so rekonstruierte literarische Intention ist die Deutung der Motivation Tribolls sozusagen *irrelevant*. Genauer: Zwar ist jenes „Vergessen" als symbolische oder metonymische Andeutung der *unverschuldeten Ohnmacht* relevant, aber das einfach gesetzte Versagen Tribolls ist eigentlich rein „funktional"[70], funktional im Hinblick auf das weitere Geschehen, d. h., es ist nicht *als solches* thematisch und ist vor allem nicht bedeutsam im Hinblick auf seine psychische Valenz oder psychologische Genese. Ein Psychologisieren oder Psychoanalysieren jenes „Vergessens" und „Nicht-weiter-Gehen-Könnens" wären demnach überflüssig, dysfunktional, gegenstandslos - und verstieße gegen die „Unvollständigkeit" und „Unergänzbarkeit" fiktiver Gegenstände.[71] Der Satz vom Vergessen ist selbst eine Art Witz, da bekanntlich unwillkürliche Bewegungen – wie das Gehen - nicht vom Bewußtsein oder dem „Vergessen" gesteuert werden; die Formulierung impliziert, daß etwas sehr Banales fatale Auswirkungen hat. Eine psychologische „Interpretation" des „Vergessens" würde jedoch den Witz zerstören. Eine 'Psychizität' (der Figur) ist hier schlicht nicht gegeben; Triboll hat keine Seele, ebensowenig besitzt die Venus von Milo ein Herz und einen Blinddarm oder Wilhelm Meister gelbe Hosen oder Baron Eduard ein „grünes Halstuch"[72].

Jedenfalls ist das hermeneutisch naive, aber beliebte Psychologisieren, die allseits praktizierte *Einfühlung*, hier gegenstandslos. Ja, der 'Witz' der Geschichte besteht offenbar gerade darin, die psychologische Motivation auszusparen und einfach ein - fiktionales - Faktum als Ausgangsbedingung zu setzen: eine Lähmung, eine Störung. Der Informationsentzug ist hier entscheidend, die Aussparungstechnik. In der Fiktion ist dergleichen möglich, im Leben nicht: im Leben *muß* es Gründe geben. Nur wer Fiktion mit Leben bzw. Realität verwechselt, sich einfühlt, statt die Künstlichkeit, Formgebundenheit, Gattungsbezogenheit, Hi-

---

68 . Vgl. Sigmund Freud: Der Witz und seine Beziehung zum Unbewußten, S. 51. Diese Studie ist ein Beispiel für die Fruchtbarkeit psychoanalytischer Reflexion in bezug auf die Erläuterung literarisch-ästhetischer Wirkmechanismen. Als Beispiel eines Verschiebungs-Witzes nennt Freud: Zwei Juden treffen sich vor der Badeanstalt. Der eine fragt: „Hast Du genommen ein Bad?" Der andere antwortet: „Wieso, fehlt eins?"
69 . Vgl. André Jolles: Einfache Formen. Legende / Sage / Mythe / Rätsel / Spruch / Kasus / Memorabile / Märchen / Witz, Halle 1930, S. 247-261.
70 . Im Sinne von Clemens Lugowski: Die Form der Individualität im Roman. Mit einer Einleitung von Heinz Schlaffer, Frankfurt a. M. 1976, S. 59 ff.
71 . Vgl. Rudolf Haller: Facta und Ficta, Stuttgart 1986 (= RUB 8299), S. 76; Literarische Gegenstände sind im Gegensatz zu realen begrenzt, untief, wesensmäßig „unvollständig", „dicht", „nicht auffüllbar".
72 . Haller, Facta und Ficta, S. 76.

storizität des Gegenstands zu reflektieren, wird sich hier bemüßigt fühlen, nach der ‚realen' Motivation bzw. psychologischen Basis für Tribolls Vergessen zu suchen bzw. nach der Theorie des Masochismus oder Todestriebs usw. zu rufen.

Genau dort, wo der Interpret den ästhetischen Zweck - die Pointe, den Witz, das Parodistische, das *principium stilisationis*, den Gattungsbezug, den Informationsentzug usw. - mißversteht bzw. nicht erkennt, interpretiert er bevorzugt psychologisch, 'realistisch', nach der Realität, der Lebenswirklichkeit. Dort, wo das Wissen um ästhetische Intentionen, formgeschichtliche Konventionen, aber auch um gesellschaftsgeschichtliche Gegebenheiten (vergangener oder auch gegenwärtiger Zeiten) fehlt, wird gern kompensiert mit Hilfe von psychologischen oder psychoanalytischen Erläuterungen; dort ist man bemüht, den Informations*entzug* rückgängig zu machen, statt ihn *als solchen* einzubeziehen, dort setzt die „Fiktion" ein, die „Anschlußgeschichte"[73].

Ein weiteres Beispiel wäre die Brechtsche Keuner-Geschichte ‚*Das Wiedersehen*' und ihre Mißdeutungen.[74]

> Ein Mann, der Herrn K. lange nicht gesehen hatte, begrüßte ihn mit den Worten: „Sie haben sich gar nicht verändert." „Oh!" sagte Herr K. und erbleichte.[75]

Ist Herr K. (Keuner) neurotisch und narzißtisch fixiert an den Gedanken, daß er eine Schlankheitskur gemacht hat? Oder daran, daß er intellektuelle Fortschritte vorzuweisen hat? Man muß hier das stilistische Gesetz der *Verschiebung* von einem Bereich (Äußeres, Redewendung) in einen anderen (innere Entwicklung) erkennen und zugleich den Kontext reflektieren, vor allem den generischen Kontext, d. h. den Gattungsbezug (witzige Kalendergeschichte, dialogische Weisheitslehre) sowie den Kontext der Keuner-Geschichten selbst, um erkennen zu können, daß hier der Marxist spricht, der sich und der Gesellschaft ein ständiges *Sich-Verändern* abverlangt.

Keuner „erbleicht" nicht, weil er die Begrüßungsformel „Sie haben sich gar nicht verändert" auf sein Aussehen bezieht, unter einer Neurose, einem Minderwertigkeitskomplex oder einem Egozentrik-Beziehungswahn leidet, sondern weil er als Sprachrohr und Kunstfigur des Autors sozusagen die Aufgabe hat, einen marxistischen 'Witz' zu produzieren. Aus Mangel an Verständnis für die Formgebundenheit, Gattungsbezogenheit und Rezeptionsstrategie bzw. Wirkungsabsicht literarischer Texte wird hier gern der ‚Witz' des Beispiels - die Verschiebungstechnik - übersehen. *Herr K. (Keuner) stellt sich natürlich dumm, er mißversteht absichtlich, nein, richtiger: er hat sozusagen gar keine Psyche (genauso wenig wie Triboll), er ist nur Sprachrohr des Autors*. Der Autor gibt uns zu verstehen: Der Mar-

---

73. Vgl. Gisbert Ter-Nedden: Über die Wiederkehr poetischer Fiktionen in Interpretationen.
74. Vgl. Gisbert Ter-Nedden: Über die Wiederkehr poetischer Fiktionen in Interpretationen; und: Heinz Hillmann: Rezeption - empirisch. In: Ästhetische Erfahrung und literarisches Lernen, hg. von W. Dehn, Frankfurt 1974.
75. Bertolt Brecht: Geschichten vom Herrn Keuner. In: Bertolt Brecht: Gesammelte Werke Bd. 12, Frankfurt a. M. 1967, S. 383. Vgl. zur Interpretation des Textes vgl. Ter-Nedden, Über die Wiederkehr poetischer Fiktionen in Interpretationen.

xist, der den Menschen als soziales und historisches Wesen versteht, muß von sich verlangen, daß er sich ständig weiterentwickelt, und darf nicht auf dem Stand, auf den ihn die Natur gestellt hat, stehenbleiben. Aber der 'Witz' der Geschichte besteht nicht in jener verborgenen Botschaft, sondern in jenem Switch, jener Verschiebung vom Äußerlichen zum Innerlichen bzw. von der Grußformel zur uneigentlichen, übertragenen Bedeutung.

Der naiv psychologisierende Leser interpretiert auf Grund eines grundlegenden Daten-Mangels „einfühlend" und psychologisiert oder psychoanalysiert. Hermeneutisch naives Psychologisieren, aber ebenso hochintellektuelles, indes fehlgeleitetes Psychoanalysieren und „Dekonstruieren" (als „Abdrift", motiviert durch hypertrophe Analogie- und „Wunder-Sucht"[76]) haben in der Regel in solchem Verkennen der ästhetischen Intention ihre Quelle. Man darf der Venus von Milo keinen Blinddarm andichten, einer nicht-psychologischen Figur (wie Triboll oder Keuner) keine Seele. „Fiktive Gegenstände", wie gesagt, sind wesensmäßig „unvollständig", „dicht", „nicht auffüllbar, ergänzbar".[77]

Jede psychologische Interpretation muß also in einem ersten Schritt einer werkimmanenten Interpretation *das principium stilisationis* und die poesieimmanenten Intentionen klären und sich fragen, ob sie überhaupt einen Gegenstand für ihr Tätigkeitsfeld vorfindet; Werke ohne psychologische, soziologische, philosophische Implikationen bedürfen keiner psychologischen, soziologischen, philosophischen Interpretation (können aber in einem zweiten – texttranszendierenden – Schritt in einen größeren psychologischen, soziologischen oder philosophischen Zusammenhang gestellt werden).

Zweitens wäre zu klären, ob das jeweilige Werk nicht eine - historisch bestimmte - Psychologie impliziert und in Szene setzt, bevor bestimmte Instrumente einer zeitgenössischen Psychologie oder Psychoanalyse auf es appliziert werden. Die Psychologie (als „Methode") muß erst klären, welche Psychologie (als „Gegenstand") dem Werk zugrunde liegt; das Werk - das nicht mit einem Patienten gleichgesetzt werden kann – muß 'Psychizität' vorweisen, soll die psychologische Interpretation überhaupt einen Gegenstand vorfinden und eine Berechtigung erhalten.

Zwar haben Kafkas Erzählungen gewissermaßen Theoriestatus, so daß in bezug auf Psychologie und Psychoanalyse von einer Theoriekonkurrenz gesprochen werden kann, aber gleichwohl sind diese Erzählungen *ästhetische* Gebilde, d. h., sie sind nicht nur Deutung von Leben und Seelenleben, sie sind auch *kunstvolle* Mimesis von Leben bzw. *spielerische* mimetische und teilweise anti-mimetische Konstruktionen. Eine Interpretation solcher Gebilde darf nicht *a priori* und ausschließlich auf Psychologisches (oder Soziologisches) blicken, sie muß den Spiel- und Formcharakter der Gebilde reflektieren, die Vieldeutigkeit der Kafkaschen Vexierbilder und gleitenden Metaphern hervorheben, die verschiedenen Assoziations-Horizonte und Anspielungs-Welten realisieren und miteinander in Beziehung setzen. Primär ist das *Spiel* mit Paradoxien, Polysemien, Sinnverschiebun-

---

76 . Vgl. dazu Eco, Die Grenzen der Interpretation, S. 120 ff. u. 425 ff.
77 . Haller, Facta und Ficta, S. 76.

gen, Vexierbildern usw.; die Festlegung des Textes auf nur einen Sinn, eine Assoziations-Welt, bedeutet eine Verarmung, nein, genauer: eine Verfälschung des Textes. Wenn der Autor dasjenige hätte explizieren wollen, auf das wir seine Andeutungen oder gar nur einige seiner Allusionen festlegen wollen, dann hätte er dies ja tun können, ohne komplexe ästhetische Gebilde zu konstruieren.

Ein Beispiel einer bewußten Konstruktion psychologischer Phänomene mit Theorie-Status stellt die kleine Parabel 'Der Steuermann' dar. Aber auch sie ist primär ein polysemisches und paradoxes Spiel, dessen Bedeutung man nicht simplifizieren darf. Außerdem wird in Theoriekonkurrenz zur Psychoanalyse ein weiterer Horizont aufgerissen, in dem die Psychoanalyse nur als eine (beschränkte) Sinnbildwelt neben anderen Bildwelten erscheint, z. B. neben die Welt soziologischer Metaphern oder Aitiologien bzw. Geneaologien gestellt wird. Vor allem aber wird wieder die Grenze der psychologischen Sinnbildwelt angedeutet, d. h. die Tatsache, daß - nach Kafkas Vorstellung - die psychoanalytische Mythologie nur *eine* Schicht innerhalb einer umfassenderen bildlich-mythischen Weltinterpretation darstellt. Betrachten wir aber die Parabel im Detail:

Möglichkeit, aber Grenze und Partialität der psychoanalytischen Interpretation

Albert M. Reh hat eine unmittelbar einleuchtende, plausible psychoanalytische Interpretation eines Kafka-Textes gegeben: Er deutet die Kurzgeschichte *'Der Steuermann'* und erkennt in den Figuren des „Fremden", des „Steuermanns" und der „Mannschaft" die Repräsentanten oder Personifikationen von Über-Ich, Ich und Es.[78] Kafkas Text lautet:

Der Steuermann

„Bin ich nicht Steuermann?" rief ich. „Du?" fragte ein dunkler hochgewachsener Mann und strich sich mit der Hand über die Augen, als verscheuche er einen Traum. Ich war am Steuer gestanden in der dunklen Nacht, die schwachbrennende Laterne über meinem Kopf, und nun war dieser Mann gekommen und wollte mich beiseiteschieben. Und da ich nicht wich, setzte er mir den Fuß auf die Brust und trat mich langsam nieder, während ich noch immer an den Stäben des Steuerrades hing und beim Niederfallen es ganz umriß. Da aber faßte es der Mann, brachte es in Ordnung, mich aber stieß er weg. Doch ich besann mich bald, lief zu der Luke, die in den Mannschaftsraum führte und rief: „Mannschaft! Kameraden! Kommt schnell! Ein Fremder hat mich vom Steuer vertrieben!" Langsam kamen sie, stiegen auf aus der Schiffstreppe, schwankende müde mächtige Gestalten. „Bin ich der Steuermann?" fragte ich. Sie nickten, aber Blicke hatten sie nur für den Fremden, im Halbkreis standen sie um ihn herum und, als er befehlend zu mir sagte: „Stört mich nicht", sammelten sie sich, nickten mir zu und zogen

---

78. Albert M. Reh: Psychologische und psychoanalytische Interpretationsmethoden in der Literaturwissenschaft. In: Psychologie in der Literaturwissenschaft, hg. v. Wolfgang Paulsen, Heidelberg 1971, S. 34-55, bes. S. 46 ff.

wieder die Schiffstreppe hinab. Was ist das für ein Volk! Denken sie auch oder schlurfen sie nur sinnlos über die Erde? (ER 319 f.)

Albert M. Reh macht in seiner Interpretation deutlich, daß die psychoanalytische Interpretation dort und nur dort sinnvoll ist, wo ein literarischer Text als „Mimesis der Wirklichkeit des Unbewußten"[79], wie es Freud beschrieben hat, verstanden werden kann, d. h. als Projektion der „inneren Welt" eines Dichters, als „Darstellung eines traumhaften inner[e]n Lebens"[80], wie Kafka selbst einmal formulierte. Reh geht davon aus, daß in 'Der Steuermann' die genannte Voraussetzung gegeben ist; er sieht in 'Der Steuermann' einen traumähnlichen - also Unbewußtes verkörpernden - Text; dieser Text sei zwar nicht „*als* Traum" zu deuten und mißzuverstehen, sei aber doch in der Weise, „*wie* man einen Traum" verstehen würde[81] zu interpretieren.

In methodischer Hinsicht ist relevant, daß Reh sich 1) die *intentio operis* zum Gegenstand der Analyse macht, 2) den *Gesamttext* und nicht Träume, Fehlleistungen und Verhaltensweisen *einzelner literarischer Figuren* interpretiert und 3) auch nicht auf eine Psychographie oder gar Pathographie des *Autors* im Sinne der *intentio lectoris* (bzw. der Psychologie als „Methode") abhebt.[82]

Im „Fremden" erkennt Reh die Instanz des Über-Ichs, dessen Funktion es sei, zu drohen, zu richten, zu strafen, zu verfolgen, zu erniedrigen usw. Das schwache „Ich" – verkörpert im Steuermann - gebe nach. „Bei dieser in seiner 'Grausamkeit' für das Über-Ich typischen 'Machtübernahme' entsteht durch das Umreißen des Steuers einen Augenblick lang die Situation völliger Orientierungslosigkeit."[83] Das Über-Ich aber erfasse die Situation und mache sich auch noch die Mannschaft, die „Kräfte des Es"[84], untertan. Freuds topologisches Modell erscheint also nach Reh in Kafkas Text wieder.

Über das Individualpsychologische hinausgehend und auf Freuds Massenpsychologie rekurrierend, deutet Reh den Fremden tentativ als „politische Verkörperung des Über-Ichs" und Bild eines autoritären politischen „Führers", die Verdrängung des Steuermanns als eine „Vision der 'Machtübernahme' durch das politische Über-Ich".[85] Diese Interpretation ist erhellend, insofern nicht nur ein Bezug zur (psychischen) Innenwelt, sondern auch zur (sozialen) Außenwelt gesucht wird: Man kann mit einigem Recht in der Mannschaft, dem Steuermann und dem Fremden auch das Volk, die legitime Staatsregierung und einen Usurpator bzw. Diktator sehen.

Aber nimmt der Leser, wenn er nicht vorab entschlossen ist, psychologisch

---

79. Reh, Interpretationsmethoden, S. 51.
80. Ebd., S. 46.
81. Ebd., S. 51.
82. Vgl. zu dieser methodischen Überlegung nochmals: Hiebel, The 'Eternal Presence' of a Static Dilemma. Psychology and the Use of Tense and Connotation in Franz Kafka's 'Ein Landarzt', und: Hiebel, Franz Kafka: „Ein Landarzt", S. 94 ff.
83. Reh, Interpretationsmethoden, S. 48
84. Ebd.
85. Ebd., S. 50

zu interpretieren, den Text nicht sogar an erster Stelle als *soziale Parabel* bzw. *Hyperbel* wahr? Kafkas Text beginnt mit der Frage „Bin ich nicht Steuermann?" Der Fragesatz mit seiner scheinbar überflüssigen Negation („nicht") verrät Unsicherheit. Man kann nicht umhin, den Versuch des Steuermanns, sich seiner selbst durch die andern zu versichern, als Schwäche zu sehen. (Nicht in seiner beruflichen Funktion, sondern in seiner sozialen Stellung will er offenbar anerkannt sein.) Und tatsächlich wird der Steuermann sogleich durch einen Rivalen verdrängt: Als sehr sattelfest hat er sich nicht erwiesen. Die zu Hilfe gerufenen Matrosen nicken der erneuten Frage „Bin ich der Steuermann?" zwar zu, aber Blicke haben sie „nur für den Fremden". Die Matrosen geben zwar dem Steuermann recht, aber Gehorsam erweisen sie nicht ihm, sondern dem Fremden! Die Unsicherheit des Steuermanns wird zur *selffullfilling prophecy*.

Das Erzählte verliert sukzessive seine Eigentlichkeit bzw. Wörtlichkeit, es gerät zum symbolischen Sinnbild, d. h., es fungiert a) als *Parabel*, die metaphorisch auf politische Phänomene weist, und b) als *exemplum* oder *Beispiel*, das auf ähnliche Fälle von Unterwerfungsbereitschaft bzw. Usurpation weist, bzw. als *pars pro toto*, das auf das Ganze der Gesellschaft deutet, und schließlich c) als *Allegorie* innerer Vorgänge bzw. als *Psychomachie*. Daher bestünde ein textadäquates Interpretieren darin, den verschiedenen Assoziationen in ihrer Verflechtung und Wechselwirkung sukzessiv nachzugehen - und den *psychologischen* Momenten ausschließlich die (transitorische) Bedeutung zuzugestehen, die sie im Rahmen des ganzen Beziehungsgeflechts und spielerischen Vexierbildes haben.

a) Parabel

Wir haben offenbar eine Art parabolischer Darstellung der Hobbes'schen Staatstheorie vor uns: „*auctoritas, non veritas facit legem*"[86] - Autorität, nicht Wahrheit begründet das Gesetz, oder anders: Die Macht, nicht das Recht schafft das Gesetz. Der Mächtige verdrängt den legitim gewählten oder durch Tradition bestätigten - aber doch schwachen - Herrscher. Die Macht setzt aus sich selbst, was Gesetz heißt, sie setzt sich selbst als das Gesetz („Was der Adel tut, ist Gesetz." „Das [...] Gesetz [...] ist der Adel" - heißt es bei Kafka an anderer Stelle [314 ff.]). Dies geschieht ohne Begründung, ohne Konsens, ohne allgemeine Zustimmung - d. h. ohne legitimierende Verfahren. Schiff, Steuermann, Fremder und Mannschaft wären hier eindeutig sinnbildlich zu nehmen, d. h. metaphorisch zu verstehen und auf den Topos vom Staatsschiff zu beziehen.

b) Exempel

Man kann auch davon ausgehen, daß hier eine Art *exemplum* bzw. ein *pars pro toto* vorliegt, d. h., man muß das Schiff nicht auf das Staatsschiff beziehen, die Usurpation nicht auf den Herrscher oder die Regierung. Man kann auch annehmen, daß hier ein Sinnbild für sozialdarwinistisches Verhalten vorliegt, konkret:

---

86 . Thomas Hobbes: Leviathan, Stuttgart 1976 (= RUB 8348), S. 322 (Zit. aus cap. 26).

ein Bild vom Verhältnis einer selbstbewußten, starken, autoritären Persönlichkeit zu einer unsicheren, sich auf andere verlassenden, schwachen Person sowie zur gehorsamsbereiten, autoritätsfixierten Menge der Mitmenschen: Nicht die Staatsgeschäfte, andere Geschäfte - Leitungsfunktionen irgendwelcher Art - werden hier vom Fremden, weil er der Stärkere und Selbstbewußtere ist, übernommen.

Allerdings: ein eindeutiges *exemplum* oder Sinnbild scheint sich nicht auszubilden, eine unzweideutige Parabel, in der Bild und Begriff klar aufeinander verwiesen, scheint sich nicht zu fixieren. Die parabolischen Momente (der fortgeführten Metapher) und die sinnbildlichen Momente (des demonstrativen *exemplums*) verlieren nämlich ihre Bestimmtheit durch den *Traumcharakter* des Ganzen, der sich z. B. zeigt, wenn der aus dem Nichts mitten auf dem Meer hervortretende Fremde den Erzähler mit „Du" anredet, ihm in unrealistisch-surrealer Weise „den Fuß auf die Brust" setzt und ihn „langsam nieder[tritt]", oder wenn die Matrosen nach dem Erscheinen des gänzlich unbekannten Fremden gehorsam die Treppe hinabschlurfen.

c) Allegorie innerer Vorgänge

Das Phantastisch-Surreale in der Form des *Traumhaften*, typisch für Kafka, impliziert aber auch Indizien eines *allegorischen* Sinnes, d. h. Indizien einer - nur angedeuteten - *Personifikation intrapsychischer Imagines* bzw. Indizien einer Art „*Psychomachie*". Eben der Traumcharakter des Textes läßt uns an eine „innere Welt" denken, nicht nur an eine äußere, soziale, politische. Tatsächlich stellt der „Steuermann" die Imago eines schwachen Ich dar, der „Fremde" die eines gefürchteten und zugleich idealisierten Rivalen, eines stärkeren, überlegenen, dominanten – in diesem Kontext vor allem an die Vater-Instanz erinnernden - Rivalen. Da das „Steuern" (auf dem Meer!) nur eine Metapher für irgendeine leitende Tätigkeit darstellt und das Ich des Textes wohl nicht absolut unfähig zu einer solchen Tätigkeit ist, müssen wir annehmen, daß der Traum-Text sozusagen eine Regression darstellt - vergleichbar den Prüfungsträumen, die uns in die Kindheit zurückversetzen, oder vergleichbar dem „Schwimmer", der eigentlich „schwimmen kann", aber wegen seines Erinnerungsvermögens wiederum „nicht schwimmen" kann. (H 332) Diese Regression führt sozusagen bis zur ödipalen Szene des Kampfes zwischen Vater und Sohn zurück, bis zu einer Entscheidungs- und Ursprungsszene.

Kafkas Allegorese inszeniert in gewissem Sinn auch diese „Urszene", d. h. die Machtübernahme nach dem Ödipus-Modell, in welcher der Vater - als Vertreter des „Realitätsprinzips" - den Sohn 'entmachtet' im Akt der „symbolischen Kastration"[87]. Aber bekanntlich wird der strafende Vater verinnerlicht und bildet schließlich das Über-Ich; Freud nennt es den „Repräsentanten der realen Außen-

---

87. Vgl. Moustafa Safouan: Die Struktur in der Psychoanalyse. Beitrag zu einer Theorie des Mangels. In: François Wahl (Hg.): Einführung in den Strukturalismus, Frankfurt a. M. 1973, S. 259-326, bes. S. 279 ff. Mit „symbolischer Kastration" ist weniger eine reale Kastrations-Drohung bzw. -Angst als vielmehr - in allgemeiner und symbolischer Weise - der Schnitt der Separation von Mutter und Kind bzw. Infans überhaupt gemeint.

welt"⁸⁸. Der äußere Gegner wird zum inneren Gegner.

Der „Fremde" stellt also in allegorischer Weise den „symbolischen Vater" dar, aber zugleich auch das Über-Ich (also die bereits verinnerlichte Vater-Imago). Es liegt demnach eine Bild-Verdichtung vor; sie beinhaltet das Bild einer Genese, eines Ursprungs, einer „Urszene", ein Bild der Entmachtung bzw. 'Entmannung' – und ein Bild einer späteren Machtübernahme, einer Usurpation des Ichs durch das Über-Ich. Das Ich und die Triebimpulse (Mannschaft und Steuermann) erweisen sich als ohnmächtig und erliegen dem Über-Ich, das fortan die Steuerung des Gesamt-Subjekts übernimmt. Das Bild einer Urszene und das Bild einer späteren inneren Entmachtung (die natürlich nichts anderes darstellt als eine „Wiederholung" des Urszene) fallen zusammen. (Und die beiden Bilder fallen letztlich auch mit dem Bild einer realen Entmachtung – verursacht durch Ichschwäche, also der inneren Gewalt des Über-Ichs, das auf einen äußeren Rivalen projiziert wird - zusammen.)

Aus Ich und Vater werden Ego und Über-Ich: Kafkas Bild ist natürlich paradox, da der Fremde zunächst als äußere Gestalt erscheint und schließlich als innere, sozusagen im Steuermann selbst wohnende. Ist der „Fremde" intrapsychische Imago, dann kann er nicht zugleich eine gefürchtete äußere Machtinstanz darstellen; wird die Genese der Ohnmacht gezeigt, dann darf der Steuermann nicht schon von vornherein unsicher und schwach sein - usw. Die eine Lesart kollidiert mit der anderen, so daß Widersprüche bzw. Paradoxien entstehen. Sie sind das Zeichen der polysemischen Allegorese, der „gleitenden Metaphern" Kafkas. Dargestellt wird die Außenwelt der Innenwelt der Außenwelt ... (Man erinnere sich der paradoxen Zeichnungen Eschers: Interieurs erscheinen zugleich als Exterieurs; eine Hand zeichnet eine Hand, die jene erste Hand zeichnet; das Innere eines Möbius-Bandes erscheint plötzlich als Äußeres ...)

Neben die *Parabel* oder *Hyperbel* der sozialen oder politischen Gewalt hat sich die *Allegorese* (oder *Psychomachie)* innerer Kämpfe gestellt. Diese innere Welt verweist aber wieder auf die äußere: 1) auf den Ursprung des Machtgefälles zwischen Ich und Über-Ich in der „Urszene" der ‚Entmachtung' und 2) auf die „Wiederholung" der „Urszene" durch Projektion: Das geschwächte Ich ist anfällig für Machtansprüche von Rivalen oder Vater- und Autoritäts-Figuren der äußeren Wirklichkeit. *An diesem Punkt aber verknotet sich die Allegorese bzw. Psychomachie erneut mit der Parabel bzw. Hyperbel (über das Verhältnis vom Schwachen zum Mächtigen) - die Wiederholung der Urszene (Allegorese) fällt mit einer Entmündigungsszene (Parabel, Hyperpel) zusammen.*

Kafka hat ein ambivalentes Gebilde errichtet, eine Art Doppel-Metapher.⁸⁹

---

88. Sigmund Freud: Das ökonomische Problem des Masochismus. In: Studienausgabe Bd. 3, Psychologie des Unbewußten, Frankfurt a. M. 1975, S. 351.
89. Vgl. die *Einleitung* in diesem Band. Von der Ambiguität der Doppel-Metapher ausgehend, findet Kafka zur „gleitenden Metapher", vgl. Hans H. Hiebel: Die Zeichen des Gesetzes. Recht und Macht bei Franz Kafka, München 1983 u. 1989, bes. S. 46 ff. Die „gleitende Metapher" führt häufig zu einem „Zirkel von Innen und Außen". Ein elementares Beispiel: In einer Reflexion von der Form eines Vexierbildes verdichtet Kafka zwei Perspektiven, verbindet eine psychologische Allegorie mit einer metaphorischen Parabel: „Ich bin gewohnt, in allem meinem Kutscher

Diese Doppel-Metapher weist auf Externes wie Internes - ja, sie weist auf ein logisches *Verhältnis* zwischen Externem und Internem, auf eine Wechselbeziehung. Kafkas vieldeutige Metaphorik von der Form eines „*Zirkels von Innen und Außen*" zeigt ein Zweifaches: a) Die Urszene bzw. die Genese der Ohnmacht - mit der Etablierung des Über-Ichs im Subjekt („Das Ich ist ja nichts anderes als ein Käfig der Vergangenheit" [J2 87]) - und: b) die spätere Wirksamkeit dieser Ohnmacht (wenn der Stärkere, der „Fremde", auftritt und den Schwachen verdrängt) auf der Basis der Projektion bzw. der „Wiederholung" bzw. der „Wiederkehr des Verdrängten". Die eine Lesart setzt die andere nicht außer Kraft; im Gegenteil: Die Doppelheit von psychologischer Allegorie (ödipaler Szene, Internalisierung der externen Macht, Wiederholung der Urszene, Projektion) und sozialpsychologischer Hyperbel oder Parabel (der Unsichere läßt sich durch den Starken einschüchtern, entmündigen, verdrängen auf der Basis von Ich-Schwäche, Projektion und Wiederholungszwang) thematisiert implizit ein dialektisches Verhältnis.

Ein traumartiges, hochverdichtetes, implikations- bzw. anspielungsreiches Gebilde erschließt sich dem unvoreingenommenen Leser. Die psychoanalytische Interpretation hatte in diesem Zusammenhang nur eine *partielle* Funktion, sie war Teil eines allgemeinen Erhellungsversuchs, der die Vieldeutigkeit, Offenheit und spezifische Rezeptionsstrategie des literarischen Werks nicht aus dem Auge verlor.

Eben dies müßte von allen psychoanalytischen Interpretationen, soweit sie die Immanenz des Werkes erhellen, verlangt werden - aber ebenso von allen gesellschaftsgeschichtlichen, philosophischen oder ideengeschichtlichen Erläuterungen; das fiktionale Werk hat es nicht primär auf die Präsentation von Inhalten und Theorien, sondern auf ästhetische Eindringlichkeit und ästhetischen Spielcharakter abgesehen.

Käme es allein auf den psychoanalytischen - oder auch philosophischen, theologischen oder sozialhistorischen - Inhalt an, dann bliebe unverständlich, weshalb ein *Kunstwerk* zum Transport solcher rein diskursiven Gehalte gewählt worden ist, bzw. weshalb der Interpret sich ein ästhetisch-literarisches Gebilde anstelle einer rein erfahrungswissenschaftlichen oder theoretischen Studie gewählt hat, um seinen inhaltlich orientierten Interessen nachkommen zu können; ein solcher Interpret täte dann besser daran, Patienten zu analysieren - bzw. Erkenntnistheorien, Glaubensartikel oder Klassenkämpfe, statt den Kunstcharakter des Werks - seinen Sukzessionscharakter, seine Rezeptionsstrategie, seinen Wir-

---

zu vertrauen. Als wir an eine hohe weiße seitwärts und oben sich langsam wölbende Mauer kamen, die Vorwärtsfahrt einstellten, die Mauer entlangfahrend, sie betasteten, sagte schließlich der Kutscher: 'Es ist eine Stirn.'" (H 153) Zunächst denkt man an eine äußere Grenze, ein äußeres Phänomen, das Konvexe einer Stirn von außen. Aber dann drängt sich auch die Interpretation auf, daß es sich hier um die Innenseite der „Stirn", ihre konkave Wölbung handeln kann. Wir kommen zunächst an die Grenze unserer äußeren Welt (metaphorische Parabel), über die hinauszudenken unmöglich ist; wir sind aber auch zurückgeworfen in das Innere des Kopfes, in eine Art Traumwelt (psychologische Allegorie), und werden so auf die subjektiven Grenzen unserer Wahrnehmungs- und Erkenntnisprinzipien verwiesen. - Das Bild identifiziert verdichtend zwei Welten, läßt jäh - im Umschlag von der parabolischen in die allegorische Perspektive - die äußere Welt als innere erscheinen.

kungsmechanismus, seine Imaginationskraft, seine Anschaulichkeit, sein Spiel mit anamorphotischen Zweideutigkeiten, Polysemien, Paradoxien, Entstellungen usw. usf. - zu verfehlen.

An dieser Stelle sei abschließend an einen Satz Peter Szondis über das hermetische Gedicht erinnert: „Interpretationen sind hier Schlüssel. Aber es kann nicht ihre Aufgabe sein, dem Gedicht dessen entschlüsseltes Bild an die Seite zu stellen. Denn obwohl auch das hermetische Gedicht verstanden werden will und ohne Schlüssel oft nicht verstanden werden kann, muß es doch in der Entschlüsselung a l s verschlüsseltes verstanden werden, weil es nur als solches das Gedicht ist, das es ist. Es ist ein Schloß, das immer wieder zuschnappt, die Erläuterung darf es nicht aufbrechen wollen."[90] Für eine *literarische* Interpretation der Werkimmanenz kann demnach die Entschlüsselung verborgener Gehalte oder Konnotationen - z. B. psychologischer oder psychoanalytischer Natur - immer nur ein dienendes, partielles, begrenztes heuristisches Verfahren darstellen.

---

90. Peter Szondi: Über philologische Erkenntnis. In: Peter Szondi: Hölderlin-Studien. Mit einem Traktat über philologische Erkenntnis, 2. Aufl. Frankfurt a. M. 1970, S. 12.

LITERATURVERZEICHNIS
(Die wichtigsten Texte sind mit Siglen versehen)

PRIMÄRLITERATUR

KAFKA, Franz: Schriften - Tagebücher - Briefe. Kritische Ausgabe, 15 Bde., hg. v. Jürgen Born, Gerhard Neumann, Malcolm Pasley und Jost Schillemeit, Frankfurt a. M. 1982-1996 (Sigle: KA bzw. KS, KP usw.)	KA, KS KP ...
KAFKA, Franz: Amerika. Roman, New York/Frankfurt a. M. 1966 (Gesammelte Werke, hg. v. Max Brod)	A
KAFKA, Franz: Beschreibung eines Kampfes. Novellen, Skizzen, Aphorismen aus dem Nachlaß, New York/Frankfurt a. M. 1954 (Gesammelte Werke, hg. v. Max Brod)	B
KAFKA, Franz: Briefe 1902-1924, New York/Frankfurt a. M. 1958 (Gesammelte Werke, hg. v. Max Brod, unter Mitarbeit von Klaus Wagenbach)	BR
KAFKA, Franz: Erzählungen, New York/Frankfurt a. M. 1967 (Gesammelte Werke, hg. v. Max Brod)	E
KAFKA, Franz: Sämtliche Erzählungen, hg. v. Paul Raabe, Frankfurt a. M. 1969	ER
KAFKA, Franz: Briefe an Felice und andere Korrespondenz aus der Verlobungszeit, hg. v. Erich Heller und Jürgen Born, New York/Frankfurt a. M. 1967 (Gesammelte Werke, hg. v. Max Brod)	F
KAFKA, Franz: Hochzeitsvorbereitungen auf dem Lande und andere Prosa aus dem Nachlaß, New York/Frankfurt a. M. 1966 (Gesammelte Werke, hg. v. Max Brod)	H
JANOUCH, Gustav: Gespräche mit Kafka. Aufzeichnungen und Erinnerungen, 1. Aufl. Frankfurt a. M. 1951	J
JANOUCH, Gustav: Gespräche mit Kafka. Aufzeichnungen und Erinnerungen. Erweiterte Ausgabe, Frankfurt a. M. 1968	J2
KAFKA, Franz: Briefe an Milena, hg. v. Willy Haas, New York/Frankfurt a. M. 1952 (Gesammelte Werke, hg. v. Max Brod)	M
KAFKA, Franz: Briefe an Ottla und die Familie, hg. v. Hartmut Binder und Klaus Wagenbach, New York/Frankfurt a. M. 1974 (Gesammelte Werke, hg. v. Max Brod)	O
KAFKA, Franz: Der Prozeß. Roman, New York/Frankfurt a.	P

M. 1965 (Gesammelte Werke, hg. v. Max Brod)
KAFKA, Franz: Das Schloß. Roman, New York/Frankfurt a.   S
M. 1967 (Gesammelte Werke, hg. v. Max Brod)
KAFKA, Franz: Tagebücher 1910-1923, New York/Frankfurt   T
a. M. 1951 (Gesammelte Werke, hg. v. Max Brod)

HANDBÜCHER ZU KAFKA

BEICKEN, Peter U.: Franz Kafka. Eine kritische Einführung in die Forschung, Frankfurt a. M. 1974

BINDER, Hartmut (Hg.): Kafka-Handbuch in zwei Bänden. Bd. 2. Das Werk und seine Wirkung, Stuttgart 1979

KAFKA-LITERATUR

ADORNO, Theodor W.: Aufzeichnungen zu Kafka. In: Th. W. A.: Prismen. Kulturkritik und Gesellschaft, München 1963 (= dtv 159), S. 248-281

ALLEMANN, Beda: Franz Kafka. Der Prozeß. In: Benno v. Wiese (Hg.): Der deutsche Roman, Bd. 2, Düsseldorf 1963, S. 234-290

BENJAMIN, Walter: Benjamin über Kafka. Texte, Briefzeugnisse, Aufzeichnungen, hg. v. Hermann Schweppenhäuser, Frankfurt a. M. 1981 (= stw 341)

BOGDAL, Klaus-Michael: Neue Literaturtheorien in der Praxis. Textanalysen von Kafkas 'Vor dem Gesetz', Opladen 1993

BROD, Max: Über Franz Kafka. Eine Biographie. Franz Kafkas Glauben und Lehre. Verzweiflung und Erlösung im Werk Franz Kafkas, Frankfurt a. M. 1966 (Sigle: Brod)

DELEUZE, Gilles und GUATTARI, Félix: Kafka. Für eine kleine Literatur, Frankfurt a. M. 1976

DERRIDA, Jacques: Préjugés. Vor dem Gesetz., hg. v. Peter Engelmann, Wien 1992

EMRICH, Wilhelm: Franz Kafka. Das Baugesetz seiner Dichtung. Der mündige Mensch jenseits von Nihilismus und Tradition, Wiesbaden 1975

FINGERHUT, Karl-Heinz: Die Funktion der Tierfiguren im Werke Franz Kafkas. Offene Erzählgerüste und Figurenspiele, Bonn 1969

GRÖZINGER, Karl Erich: Kafka und die Kabbala. Das Jüdische in Werk und Denken von Franz Kafka, Frankfurt a. M. 1992

HART-NIBBRIG, Christiaan, L.: Die verschwiegene Botschaft oder: Bestimmte Interpretierbarkeit als Wirkungsbedingung von Kafkas Rätseltexten. In: DVjS 51 (1977), S. 459-475

HIEBEL, Hans H.:

Bücher:

Die Zeichen des Gesetzes. Recht und Macht bei Franz Kafka, München 1983; 2., korrigierte Aufl. München 1989 (= leicht umgearbeitete und gekürzte Habilitationsschrift des Titels "Franz Kafka. Konfigurationen des Rechts, der

Macht und des Begehrens", Erlangen 1982)

DERS.: Franz Kafka - "Ein Landarzt". München 1984 (= Text und Geschichte. Modellanalysen zur deutschen Literatur, hg. v. Gert Sautermeister und Jochen Vogt, Bd. 17) (= UTB 1289)

DERS.: zus. mit Theo Elm (Hg.): Die Parabel. Parabolische Formen in der deutschen Dichtung des 20. Jahrhunderts, Frankfurt a. M. 1986 (= stm 2060)

DERS.: Franz Kafka. Kafkas Roman "Der Prozeß" und seine Erzählungen "Das Urteil", "Die Verwandlung", "In der Strafkolonie" und "Ein Landarzt": Begehren, Macht, Recht. Auf dem französischen Strukturalismus (Lacan, Barthes, Foucault, Derrida) beruhende Textanalysen, Hagen 1987 (und weitere Nachdrucke) (= Lehrbrief der Fernuniversität Hagen); revidierte und ergänzte Auflage Hagen 1998

Aufsätze

DERS.: Witz und Metapher in der psychoanalytischen Wirkungsästhetik. In: GRM 28/2 (1978), S. 129-154

DERS.: Antihermeneutik und Exegese. Kafkas ästhetische Figur der Unbestimmtheit. In: DVjS 52 (1978), S. 90-110

DERS.: Parabelform und Rechtsthematik in Franz Kafkas Romanfragment 'Der Verschollene'. In: Theo Elm/Hans H. Hiebel (Hg.): Die Parabel. Parabolische Formen in der deutschen Dichtung des 20. Jahrhunderts. Frankfurt a. M. 1986 (= stm 2060), S. 219-254

DERS.: Das Rechtsbegehren des Michael Kohlhaas. Kleists und Kafkas Rechtsvorstellungen. In: Dirk Grathoff (Hg.): Heinrich von Kleist. Studien zu Werk und Wirkung, Opladen 1988, S. 282-311

DERS.: Strukturale Psychoanalyse und Literatur (Jacques Lacan). In: Klaus-Michael Bodal (Hg.): Neue Literaturtheorien. Eine Einführung, Opladen 1990, S. 56-81; 2. Aufl. Opladen 1997, S. 57-83

DERS.: "Später!" - Poststrukturalistische Lektüre der "Legende" *Vor dem Gesetz*. In: Klaus-Michael Bogdal (Hg.): Neue Literaturtheorien in der Praxis. Textanalysen von Kafkas 'Vor dem Gesetz', Opladen 1993, S. 18-42

DERS.: The "Eternal Presence" of a Static Dilemma. Psychology and the Use of Tense and Connotation in Franz Kafka's "Ein Landarzt". In: Herbert Foltinek, Wolfgang Riehle, Waldemar Zacharasiewicz (Hg.): Tales and "their telling difference". Zur Theorie und Geschichte der Narrativik. Festschrift zum 70. Geburtstag von Franz K. Stanzel, Heidelberg 1993, S. 337-357

DERS.: Schuld oder Scheinbarkeit der Schuld? Zu Kafkas Roman "Der Proceß". In: Das Schuldproblem bei Franz Kafka. Kafka-Symposion 1993, Klosterneuburg [Symposion der Österreichischen Franz-Kafka-Gesellschaft in Klosterneuburg/Wien 6.-10. Juni 1993], hg. v. Wolfgang Kraus und Norbert Winkler, Wien/Köln/Weimar 1995 (= Schriftenreihe der Österreichischen Franz-Kafka-Gesellschaft VI), S. 95-117.

DERS.: Beckett's Television Plays and Kafka's Late Stories. In: Marius Buning, Matthijs Engelberts, Sjef Houppermans und Emmanuel Jacquart (Hg.): Samuel Beckett: Crossroads and Borderlines. L'OEuvre Carrefour/L'OEuvre

Limite, Amsterdam/Atlanta: Rodopi 1997 (= Samuel Beckett Today/Aujourd'hui 6), S. 313-327

HILLMANN, Heinz: Kafkas 'Amerika'. Literatur als Problemlösungsspiel. In: Manfred Brauneck (Hg.): Der deutsche Roman im 20. Jahrhundert, Bd. 1, Bamberg 1976, S. 135-167

KAISER, Gerhard: Franz Kafkas 'Prozeß'. Versuch einer Interpretation. In: Euphorion 52 (1958), S. 23-49

KAISER, Hellmuth: Franz Kafkas Inferno. Eine psychologische Deutung seiner Strafphantasie. In: Imago 17 (1931), H. 1., S. 41-103. Auch in: Heinz Politzer (Hg.): Franz Kafka, Darmstadt 1973 (= Wege der Forschung CCCXXII)

KURZ, Gerhard: Traum-Schrecken. Kafkas literarische Existenzanalyse, Stuttgart 1980

KURZ, Paul Konrad S. J.: Verhängte Existenz. Franz Kafkas Erzählung 'Ein Landarzt'. In: P. K. K.: Über Moderne Literatur. Standorte und Deutung, Frankfurt a. M. 1967, S. 177-202

MÜLLER, Michael (Hg.): Interpretationen. Franz Kafka. Romane und Erzählungen, Stuttgart 1994 (= RUB 8811)

MÜLLER-SEIDEL, Walter: Die Deportation des Menschen. Kafkas Erzählung *In der Strafkolonie* im europäischen Kontext, Stuttgart 1986

NEUMANN, Gerhard: Umkehrung und Ablenkung: Franz Kafkas 'Gleitendes Paradox'. In: DVjS 42 (1968), S. 702-744

NEUMANN, Gerhard: Franz Kafka. 'Das Urteil'. Text, Materialien, Kommentar, München/Wien 1981

PAWEL, Ernst: Das Leben Franz Kafkas. Eine Biographie, München/Wien 1986

PHILIPPI, Klaus-Peter: 'Parabolisches Erzählen'. Anmerkungen zu Form und möglicher Geschichte. In: DVjS 43 (1969), S. 297-332

POLITZER, Heinz: Franz Kafka. Der Künstler, Frankfurt a. M. 1978 (1. Aufl. Frankfurt 1965)

POLITZER, Heinz (Hg.): Franz Kafka, Darmstadt 1973

REH, Albert M.: Psychologische und psychoanalytische Interpretationsmethoden in der Literaturwissenschaft. In: Wolfgang Paulsen (Hg.): Psychologie in der Literaturwissenschaft, Heidelberg 1971, S. 34-55

RIES, Wiebrecht: Kafka zur Einführung, Hamburg 1993

ROBERT, Marthe: Das Alte im Neuen. Von Don Quichotte zu Franz Kafka, München 1968

RÖSCH, Ewald: Getrübte Erkenntnis. Bemerkungen zu Franz Kafkas Erzählung 'Ein Landarzt'. In: Rainer Schönhaar (Hg.): Dialog. Festgabe für Josef Kunz, Berlin 1973, S. 204-243

SAUTERMEISTER, Gert: Die sozialkritische Dimension in Franz Kafkas 'Die Verwandlung'. In: DU 26 (1974), S. 99-109

SCHIRRMACHER, Frank (Hg.): Verteidigung der Schrift. Kafkas "Prozeß", Frankfurt a. M. 1987

SEIDLER, Ingo: 'Das Urteil': Freud natürlich? Zum Problem der Multivalenz bei Kafka. In: Wolfgang Paulsen (Hg.): Psychologie in der Literaturwissenschaft, Heidelberg 1971, S. 174-190

SOKEL, Walter H.: Franz Kafka - Tragik und Ironie. Zur Struktur seiner Kunst, München/Wien 1964

VOGL, Joseph: Ort der Gewalt. Kafkas literarische Ethik, München 1990

VOIGTS, Manfred: Franz Kafka "Vor dem Gesetz". Aufsätze und Materialien, Würzburg 1994

WAGENBACH, Klaus: Franz Kafka in Selbstzeugnissen und Bilddokumenten, Reinbek 1972 (1. Aufl. 1964)

WAGENBACH, Klaus (Hg.): Franz Kafka. In der Strafkolonie. Eine Geschichte aus dem Jahre 1914. Mit Quellen, Abbildungen, Materialien [...] und Anmerkungen von Klaus Wagenbach, Berlin 1975

WIESE, Benno von: Franz Kafka: Die Verwandlung: In B. v. W.: Die deutsche Novelle von Goethe bis Kafka, Bd. 2, Düsseldorf 1962, S. 319-345

ALLGEMEINE LITERATUR

BARTHES, Roland: S/Z, Frankfurt a. M. 1976

BARTHES, Roland: Einführung in die strukturale Analyse von Erzählungen. In: Das semiologische Abenteuer, Frankfurt a. M. 1988, S. 102-143

DELEUZE, Gilles: Woran erkennt man den Strukturalismus? In: François Châtelet (Hg.): Geschichte der Philosophie. Bd. VIII. Das XX. Jahrhundert, Frankfurt/Berlin/Wien 1975, S. 269-302

DERRIDA, Jacques: Randgänge der Philosophie. Die différance. Ousia und gramme. Fines hominis. Signatur-Ereignis-Kontext, Frankfurt a. M./Berlin/Wien 1976

DERS.: Die Schrift und die Differenz, Frankfurt a. M. 1972

ECO, Umberto: Die Grenzen der Interpretation, München/Wien 1992

ESCHER, Maurits Cornelis: Graphik und Zeichnungen, Berlin 1991

FOUCAULT, Michel: Überwachen und Strafen. Die Geburt des Gefängnisses, Frankfurt a. M. 1977

FREUD, Sigmund: Studienausgabe, 10 Bde., Frankfurt a. M. 1969-1975

FREUD, Sigmund: Der Untergang des Ödipuskomplexes (1924). In: Studienausgabe Bd. V, Frankfurt a. M. 1972, S. 234-251

FREUD, Sigmund: Der Witz und seine Beziehung zum Unbewußten (1905). In: Studienausgabe Bd. IV, Frankfurt a. M. 1972 (1. Aufl. 1970), S. 9-219

FREUD, Sigmund: Die Ichspaltung im Abwehrvorgang (1940). In: Studienausgabe Bd. III, Frankfurt a. M. 1975, S. 389-394. (Vgl. in diesem Band auch: Die Verdrängung, S. 103-118; Das Unbewußte, S. 119-173; Jenseits des Lustprinzips, S. 213-272; Das Ich und das Es, S. 273-330; Notiz über den 'Wunderblock', S. 363-369; Die Verneinung, S. 371-377; Das ökonomische Prinzip des Masochismus, S. 339-354)

FREUD, Sigmund: Die Traumdeutung. Studienausgabe Bd. II, Frankfurt a. M. 1973 (1. Aufl. 1972)

FREUD, Sigmund: Totem und Tabu (Einige Übereinstimmungen im Seelenleben der Wilden und Neurotiker) (1912-13). In: Studienausgabe Bd. IX, Frankfurt a. M. 1974, S. 287-444

HIEBEL, Hans H.: Henrik Ibsens psycho-analytische Dramen. Die Wiederkehr der Vergangenheit, München 1990

DERS.: "Ich habe - eine Vergangenheit". Zur Semantik der 'psycho-analytischen' Dramenform bei Henrik Ibsen. In: Jahrb. d. Dt. Schillergesellschaft 31 (1987), S. 267-288

DERS.: Robert Walsers *Jakob von Gunten*. Die Zerstörung der Signifikanz im modernen Roman. In: Katharina Kerr (Hg.): Über Robert Walser, 2 Bde., Frankfurt a. M. 1978, Bd. 2, S. 308-345; wiederabgedruckt in: Klaus-Michael Hinz/Thomas Horst (Hg.): Robert Walser (= stm 2104), Frankfurt a. M. 1991, S. 240-275

ISER, Wolfgang: Die Appellstruktur der Texte. In: Rainer Warning (Hg.): Rezeptionsästhetik, München 1975, S. 228-252

ISER, Wolfgang: Der Lesevorgang. In: Ebd., S. 253-276

LACAN, Jacques: Schriften I, hg. v. N. Haas, Olten 1973 und Frankfurt a. M. 1975

LACAN, Jacques: Schriften II, hg. v. N. Haas, Olten und Freiburg i. Br. 1975

LACAN, Jacques: Schriften III. Aus dem Französischen von Norbert Haas, Franz Kaltenbeck, Friedrich A. Kittler, Hans-Joachim Metzger, Monika Metzger und Ursula Rütt-Förster, Olten u. Freiburg i. Br. 1980

LACAN, Jacques: Das Drängen des Buchstabens im Unbewußten oder die Vernunft seit Freud. In: Schriften II, Olten u. Freiburg i. Br. 1975, S. 15-59

LAPLANCHE J., PONTALIS, J.-B.: Das Vokabular der Psychoanalyse, 2 Bde., Frankfurt a. M. 1973

LÉVI-STRAUSS, Claude: Die Struktur der Mythen. In: Strukturale Anthropologie, Frankfurt a. M. 1971, S. 226-254

NIETZSCHE, Friedrich: Zur Genealogie der Moral. In: Werke in drei Bänden, hg. von Karl Schlechta, München 1973, Bd. 2, S. 761-900

TEICHMANN, Gottfried: Psychoanalyse und Sprache. Von Saussure zu Lacan, Würzburg 1983

TODOROV, Tzvetan: Poetik. In: François Wahl (Hg.): Einführung in den Strukturalismus, Frankfurt a. M. 1973, S. 105-179

DRUCKNACHWEISE

1) Einleitung: Kafkas gleitende Metaphern und paradoxe Weltinnenräume
Grundgedanken für dieses Kapitel sind zu finden in:
Die Zeichen des Gesetzes. Recht und Macht bei Franz Kafka; Franz Kafka. Kafkas Roman „Der Prozeß" und seine Erzählungen „Das Urteil", „Die Verwandlung", „In der Strafkolonie" und „Ein Landarzt".

2) Eine Anamorphose Oder: Die Innenwelt der Außenwelt der Innenwelt: ‚Ein Bericht für eine Akademie'
Korrektur des nur leicht veränderten Aufsatzes: Antihermeneutik und Exegese. Kafkas ästhetische Figur der Unbestimmtheit.
3) Exkurs I: Jacques Lacan und die Literatur
Korr. des Aufsatzes: Strukturale Psychoanalyse und Literatur (Jacques Lacan).
4) „Verschleppung" in ‚Der Proceß': Schuld als Metapher
Korr. des leicht veränderten Vortrags: Schuld oder Scheinbarkeit der Schuld? Zu Kafkas Roman „Der Proceß".
5) „Später!" - Die „Legende" ‚Vor dem Gesetz'
Korr. des Aufsatzes: „Später!" - Poststrukturalistische Lektüre der „Legende" *Vor dem Gesetz.*
6) Exkurs II: Metapher, Metonymie, Verschiebung und Verdichtung in Psychologie und Literatur
Neubearbeitung des Aufsatzes: Witz und Metapher in der psychoanalytischen Wirkungsästhetik.
7) Der reversible Text und die zirkuläre „Différance": ‚Ein Landarzt'
Grundideen für dieses Kapitel sind zu finden in:
Franz Kafka - „Ein Landarzt"; The „Eternal Presence" of a Static Dilemma. Psychology and the Use of Tense and Connotation in Franz Kafka's „Ein Landarzt"; Franz Kafka. Kafkas Roman „Der Prozeß" und seine Erzählungen „Das Urteil", „Die Verwandlung", „In der Strafkolonie" und „Ein Landarzt".
8) Recht und Macht in ‚Der Verschollene'. Von der Hyperbel zur Parabel
Korr. des Aufsatzes: Parabelform und Rechtsthematik in Franz Kafkas Romanfragment 'Der Verschollene'.
9) Macht, Recht und die Unbestimmbarkeit des Realen bei Kleist und Kafka. Zu Kafkas Lieblingserzählung ‚Michael Kohlhaas'
Korr. mit Ergänzungen zum Aufsatz: Das Rechtsbegehren des Michael Kohlhaas. Kleists und Kafkas Rechtsvorstellungen.
10) Franz Kafka and Samuel Beckett: Reduction and Abstraction
Korr. des Aufsatzes: Beckett's Television Plays and Kafka's Late Stories.
11) Psychoanalyse von Kafkas Texten oder Psychoanalyse in Kafkas Texten
Grundideen für dieses neu geschriebene Kapitel sind zu finden in: Franz Kafka. Franz Kafkas Roman „Der Prozeß" und seine Erzählungen „Das Urteil", „Die Verwandlung", „In der Strafkolonie" und „Ein Landarzt".